KB196949

숨겨진 여성들

THE EXCEPTIONS
Copyright © 2023 by Kate Zernike
Korean translation rights © 2024 Book's Hill Publishing Co., Ltd.
All rights reserved.
This Korean edition published by arrangement Kate Zernike c/o The Cheney Agency
through Shinwon Agency

The Hidden Women
숨겨진 여성들

초판1쇄인쇄 2024년 12월 10일
초판1쇄발행 2024년 12월 15일

지은이 케이트 제르니케
옮긴이 정미진
펴낸이 조승식
펴낸곳 도서출판 북스힐
등록 1998년 7월 28일 제22-457호
주소 서울시 강북구 한천로 153길 17
전화 02-994-0071
팩스 02-994-0073
인스타그램 @bookshill_official
블로그 blog.naver.com/booksgogo
이메일 bookshill@bookshill.com

정가 22,000원
ISBN 979-11-5971-607-2

* 잘못된 책은 구입하신 서점에서 교환해 드립니다.

The Hidden Women

케이트 제르니케 지음 · 정미진 옮김

북스힐

FZ와 BBZ를 위해
특히 이곳에서, 언제까지나 기억되리

페미니스트에게 가장 좋은 집은
다른 사람의 연구실이라는 생각을
피할 수 없었다.

제임스 왓슨, 『이중나선』 중에서, 1968년

여성에게 신의 가호가 있기를.

바버라 매클린톡, 낸시 홉킨스에게 보내는 편지에서, 1976년 9월 21일

차례

이름과
호칭에 관한
참고 사항

─────── 이 책에서 나는 주요 등장인물을 지칭할 때 대부분 관례대로 이름을 사용했다. 이름이 같을 때는 혼동을 피하기 위해 성을 사용했으며, 한 가지 사례를 제외하면 모두 남자이다.

이 이야기는 50년도 더 전부터 시작되므로 당시의 기록에서 비롯된 일부 호칭은 독자들에게 구식으로 느껴질 수 있고, 문법학자들이 보기에는 부정확하다고 느껴질 수도 있다. 특히 많은 기관이 나중에 '과소 대표 소수자underrepresented minority'로 바꿔 말하게 된 '소수자 minority'라는 표현을 광범위하게 사용하고 있다. 당시 이 말에는 '히스패닉계' 또는 '푸에르토리코인 및 멕시코계 미국인'으로 불리는 사람들이 포함되었고, 아시아계는 포함되지 않았다. 여성인 학생female students은 보통 '소녀들girls'로 불렸는데, 특히 '여학생women students'이라는 표현이 등장한 1970년대 이전에는 더욱 그러했다(일반적으로 female은 주로 생물학적 의미에서의 여성, girl은 여자아이, women은 성인 여성을 지칭할 때 사용된다. 하지만 female, girl, women을 각각 여성, 소녀, 여자 등으로 일관되게 번역하면 어색해지기 때문에, 이들 단어는 맥락에 따라 여학생, 여자, 여성 등으로 번역했다—옮긴이). 나중에 행정 보조원으로 불리게 되는 여성들은 자신들을 비서라고 불렀다.

이에 나는 당시의 호칭을 그대로 사용하면서 그 정의를 명확히 하고 그러한 호칭들이 어떻게 바뀌어 왔는지 반영하려 노력했다. 좀 애매하지만, 경칭은 누군가의 이름에 흔히 붙는 경우에만 썼다. 가령 번팅 부인Mrs. Bunting은 학위에 따라 번팅 박사Dr. Bunting로 표기했다.

프롤로그

1999년 3월, 《보스턴 선데이 글로브》 1면 상단에 매사추세츠 공과대학MIT이 여성 과학 교수진에 대한 오랜 차별을 인정했다는 기사가 실렸다. 이틀 후 《뉴욕 타임스》 1면에 실린 기사의 표현대로 이는 "놀라운 인정"이었고, 관련 소식이 라디오와 텔레비전을 통해 전 세계로 퍼져 나갔다. 오래전부터 남자들만큼 인정받지 못한다는 걸 알고 있었어도, 자기들끼리만 그런 이야기를 해 왔던 여성 과학자들 사이에서는 이메일이 폭주했다. MIT는 과학적으로 매우 우수한, 세계에서 가장 명망 있는 기관 중 하나였다. 그런데 이곳에서 어떤 어두운 시대가 아닌, 새로운 밀레니엄의 여명기인 1990년대, 그러니까 법 제정과 여성 운동이 기회의 문을 연지 수십 년이 지난 시점에 여성 차별이 일어난 것이다. 당시 일을 시작한 여성 대부분은 편견이 자신들을 가로막고 있다고 생각하지 않았다. 그런 까닭에 차별에 대해 항의하는 여성들은 결국 아무런 진전 없이 의견만 분분한 교착 상태에 빠지곤 했다. 그런데 MIT의 총장이 그러한 차별이 사실임을 인정한 것이다.

MIT의 인정이 가능했던 것은 소송이나 정식 고소 때문이 아니라, 아무것도 모르는 상태에서 시작해 비밀리에 활동하며 MIT가 무시할 수 없을 만큼 매우 조직적으로—과연 과학자답게—관련 사례들을 수집한 여성 16명의 노력 덕분이었다. 이들은 과학과 수학 부문에 종사하는 여성이 왜 그렇게 적은지에 대한 일반적인 가정을 뒤엎었다. 이는 다른 대학 및 자선 단체, 정부 기관이 수십 년 동안 여성에게 불리하게 작용했던 편견과 불평등 문제를 앞다투어 해결하려 할 만큼 미 전역에 파문을 일으켰다. 캘리포니아 공과대학의 한 천문학자는 이를 두고 "학계 전반의 기류 변화[1]"라 했다.

《보스턴 글로브》에 해당 기사를 쓴 기자는 나였다. 1956년 미국으로 건너와 MIT 졸업생과 컨설턴트들이 거주하는 케임브리지에 자리를 잡고 작은 엔지니어링 회사에서 근무했던 물리학자 아버지 덕분에, 나는 이 기사가 얼마나 클진 몰라도 반향을 불러일으킬 수 있음을 알고 있었다. 부모님은 내가 태어나기 전에 이사했다. 하지만 나중에 아버지는 MIT 연구센터인 링컨 연구소에서 일하는 동료들을 보러 갈 때면 보스턴에 있는 나를 만나러 오시곤 했다. 아버지는 내게 MIT의 밀리 드레슬하우스Millie Dresselhaus라는 물리학자가 하는 일을 눈여겨볼 것을 권하셨는데, '탄소의 여왕'으로 알려진 그녀는 더 많은 여성이 이 분야에 진출할 수 있도록 장려하고 있었다.

나는 아버지의 말을 흘려들었다. 그러다 MIT 여성들에 관해 듣게 되었는데, 그 이야기를 들으니 그중 가장 나이 든 여성들과 연배가 비숫한 어머니가 생각났다. 어머니는 1954년 대학을 졸업한 후 로스쿨에 가고 싶어 하셨다. 하지만 토론토에 있는 변호사 친구들에게 이런저런 것을 알아본 아버지 말에 따르면, 어머니를 고용할 사람이 아무도 없었다. 그래서 어머니는 MIT 길 위쪽에 있던 경영대학원에 진학해 하버드-래드클리프 경영학 과정에 등록했다. 그것은 여성이 하버드 경영대학원에 다닐 수 있는 유일한 방법이었다. 그해 《월스트리트 저널》은 이색적이거나 가벼운 특집 기사를 위한 1면 가운데 난에 이 교육 과정을 소개했다. 그러면서 비즈니스 리더들의 말을 인용했다. 래드클리프 여학생들이 남학생들만큼 똑똑하긴 하지만, 너무 많은 학생이 너무 일찍 결혼한다는 한탄이었다. 어머니 역시 졸업 후 은행에서 일하셨지만, 곧 일을 그만두고 결혼해 아이 셋을 기르셨다. 어머니는 로스쿨에 가지 않은 것을 늘 후회하셨다. 그러다 세 자녀 중 막내였던 내가 일곱 살 무렵 어머니가 내린 결정은 내 유년 시절을 규정하는 사건이 되었다. 어머니는 예일대에 로스쿨 입학에 대해 문의했는데, 담당자로부터 돌아온 대답은 "저 같으면 제 아내를 로스쿨에 보내지 않을 겁니다"였다. 어머니는 결국 예일대 대신 페이스대학에 입학하기로 했다.

학교를 졸업한 지 1~2년 후, 어머니는 법학 도서관에 있다가 문득 하버드 졸업생 책자에서 자신을 찾아보고 싶은 마음이 들었다. 거기에서 어머니는 자신의 이름과 함께 학사, 경영학 석사, 법학 박사, 'W/M'이라는 약어를 발견했다. 처음에 W/M의 의미를 알아차리지 못했던 어머니는 약어표를 보고서야 그것이 '아내wife와 엄마mother'를 뜻한다는 사실을 알게 되었다.

당시 어머니는 3시간에 걸쳐 로어 맨해튼에 있는 로펌과 집을 왔다 갔다 하면서도 대부분의 저녁 식사를 손수 준비하셨다. 열두 살쯤 되었을 때 법학 도서관 계단에 앉아 있던 나는 어머니가 도서관에서 왜 그렇게 씩씩대며 나오는지 잘 이해하지 못했다. 어머니는 집으로 차를 몰고 가면서 고함쳤다. "아내이자 엄마라니! 아내이자 엄마라고?" 시간이 지나면서 우리 가족은 점차 그 일을 웃으면서 말할 수 있게 되었다. 하지만 나는 보스턴에서 경력을 쌓기 시작했을 때조차 어머니의 심정을 완전히 헤아리지 못했다. 강 건너편의 케임브리지는 더는 부모님이 처음으로 아파트를 소유했던 도시가 아니었다. 이제 그곳은 멋진 식당과 어마어마한 가격의 부동산이 즐비한 도시였다. 하버드가 남녀공학으로 바뀐 지 25년 후였고, 나는 어머니의 경험을 옛날 옛적의 일로 생각했다.

그런데 MIT 여성들은 내게 그것이 적어도 과학계에서는 사실이 아니라는 것을 알게 해 주었다. 그들은 더 미묘하지만 여전히 만연해 있는 성차별의 새로운 형태를 밝혀냈다. 나는 이 여성들의 정교함과 이들이 대학을 운영하는 사람들을 계몽한 방식에 놀랐다. 그들의 경험은 향후 20년 동안 내가 기록하게 될 나 자신의 삶과 여성들을 둘러싼 문제 및 논쟁에 대해 어떻게 판단할지 가늠하는 척도가 되었다. 시간이 흐르면서 MIT 여성들의 설명이 더 가깝게 느껴졌고 더 유의미해지기 시작했다. 많은 변화가 있었지만, 아직은 부족했다.

그때나 지금이나 나는 이 이야기가 자신들을 여성운동가로 여기지 않았던 16명의 여성이 보여 준 놀라운 끈기와 모험에 관한 것이라고 생각한다. 한 주저하는 페미니스트가 이끈 이들은 혁명적이라기보다는 실제적이었다. 그들은 널리 알려지는 것에는 관심이 없었으며, 단지 자기 일을 계속하고 싶을 뿐이었다. 그들의 이야기와 그들 전후에 과학계에 몸담은 여성들의 이야기를 살펴보는 동안, 내가 계속 다양한 형태로 접했던 단어는 '예외'였다. 과학계에서 성공한 여성들은 마치 그들이 그렇게 영리한 것이 정상이 아닌 것처럼 '예외적'이라고 불렸다. 그들은 과학계에서 성공할 수 있었기 때문이 아니라, 장애물에도 불구하고 그 모든 것을 성취했기 때문에 예외적이었다. 많은 여성이 차별과 관련된 개인적 상황이나 사건을 드문 경우로 여기며 수년 동안 과거의 차별을 헤쳐 왔다. 그러한 개인적 상황이나 사건은 편견이 아닌 특수한 환경으로 설명되었다. MIT 여성들은 함께 모이고 나서야 비로소 그 패턴을 발견했다. 그러한 인식만으로도 그들은 또한 예외적인 존재가 되었다.

나는 이들을 이끈 분자생물학자 낸시 홉킨스Nancy Hopkins를 알고 있었지만, 그녀가 낸시 도Nancy Doe(여기에서 Doe는 일반적이고 평범한 사람의 의미로 쓰였다. 처음에는 평범해 보일지 몰라도 예외적이고 영향력 있는 사람일 수 있음을 강조하고 있다─옮긴이)로 삶을 시작했다는 사실을 안 것은 그녀를 알게 된 지 20년이 지난 후였다. '존 도'나 '제인 도'처럼, 그녀는 일반적인 모든 여성의 본보기로서 더 큰 이야기를 들려준다. 낸시는 규칙의 존재를 증명한 예외였다.

1장

디비니티 애비뉴에서의
깨달음

_____ 밝은 전망을 기대하지 않기란 어려웠다.

1963년 4월 두 번째로 맞는 화요일, 아침나절의 햇살이 하버드대학 캠퍼스에 내리쬐었다. 나무에는 새싹이 돋아나고 있었고, 학생들은 학기 중 일주일간의 짧은 방학을 마친 뒤 이제 막 돌아온 참이었다. 백악관에서는 하버드 출신의 한 남성이 미국 역사상 최연소 대통령으로 선출되어 새로운 시대의 서막을 알렸다. 그리고 이곳 케임브리지에서는 다음 세대의 야심 찬 젊은이들이 미국에서 가장 오래된 대학의 가로수 길을 따라 상쾌한 공기를 마시며 (개인적인 생각일 수 있지만) 차기 혁신을 위한 새로운 여정을 시작하고 있었다.

11시가 되자 하버드 야드Harvard Yard(하버드 캠퍼스에서 가장 오래된 장소로 여러 유서 깊은 건물이 있다—옮긴이)의 연철문 바로 북쪽, 그리고 조지 워싱턴이 한때 대륙군의 지휘를 맡았던 부지 동쪽에서 대개 재킷과 넥타이 차림을 한 225명 정도의 학부생들이 20세기 혁명을 이끈

한 교수의 강연을 듣기 위해 완만한 경사 길을 따라 줄지어 강의실로 내려갔다. 5개월 전, 제임스 듀이 왓슨James Dewey Watson 교수는 그가 24세 때 밝혀낸 DNA의 구조 해독에 대한 공로로 프랜시스 크릭 Francis Crick과 함께 스톡홀름에서 노벨상을 받았다. 왓슨은 이 발견을 "생명의 비밀"이라고 불렀다. 겸손하진 않았지만 틀린 말도 아니었다. 왓슨과 크릭의 이중나선 구조는 지구 생명체의 발달을 설명한 다윈, 멘델과 함께 그들을 즉시 위인의 반열에 올려놓았고, 현대 유전학의 치열한 질주가 시작되었음을 세상에 알렸다.

하버드에서 종신 교수가 된 왓슨은 학부생 대상의 생물학 입문 강의를 맡았다. 조교²는 왓슨에게 학생들이 방학 직전에 치른 1시간 동안의 시험에서 대체로 좋은 성적을 냈다고 편지했다. "학생들은 늘 그렇듯 시즌 특유의 활기로 가득한 케임브리지로 돌아와 교수님을 만나길 기대하고 있을 것입니다."

3학년인 낸시 도는 이미 강의실 중앙부의 두 번째 줄, 거의 강단 바로 앞에 앉아 있었다. 여느 때와 달리 좀 일찍 도착한 낸시는 신중하게 자리를 골랐다. 맨 앞줄은 피했다. 친구들이 자신을 유명인을 쫓는 사람으로 생각하는 건 싫었기 때문이다. 평소 숨어 있던 뒷줄도 피했다. 학생들의 강의 평가에 따르면 왓슨은 말끝에 목소리가 작아진다고 했다. 낸시는 그의 말을 하나도 놓치고 싶지 않았다. 키가 크고 날씬한 낸시는 우아한 미소를 지녔고, 크고 푸른 눈은 모든 정보를 빨아들이는 듯 보였지만, 그것만으로는 좀처럼 무슨 생각을 하는지 알 수 없었다. 그녀의 표정은 십대들이 그렇듯 신이 났다가도 금방 조심스럽고 지친 표정으로 바뀔 수 있었다. 지금 그녀는 도통 마음대로 되지 않는

숱 많은 검은 머리와 터무니없이 긴 검은 울 타이츠 때문에 못 견딜 지경이었고, 그녀를 괴롭히는 가장 큰 문제, 즉 앞으로 어떻게 살아야 할지에 대한 고민 때문에 조급하고 불안한 상태였다. 열아홉 살인 그녀의 눈앞에는 가능성이 활짝 열려 있었지만, 접이식 나무 책상에 앉아 있는 지금은 무작정 시간만 보내는 기분이었다. 아버지는 작년에 돌아가셨고, 아이비리그 교육의 특권인 폭넓은 교우관계도, 키 크고 잘생긴 남자 친구도 그녀가 점점 더 불안에 휩싸이는 것을 막진 못했다.

그때 마치 만화 속 바람처럼 불현듯 왓슨이 나타났다. 낸시는 똑바로 앉아 왓슨을 바라보았다. 그는 서른도 안 되어 보였다—사실 토요일에 서른다섯이 되었는데, 그렇다 해도 노벨상 수상자는커녕 교수치고도 젊어 보였다. 왓슨의 키는 180 cm를 훌쩍 넘겼지만 10대처럼 호리호리했고, 귀가 아주 컸다. 코는 길면서 코뼈가 도드라졌고, 동그란 눈은 툭 튀어 나왔다. 틴틴TinTin(벨기에 만화 『땡땡의 모험』의 주인공—옮긴이)처럼 이마 위쪽으로 반항하듯 구불구불하게 솟은 머리는 거의 손질이 안 된 상태로 벗어지는 중이었다. 하지만 그는 열정적으로 에너지를 발산했고, 동시에 모든 것—강의 노트와 강의실을 가득 채운 학생들—을 꿰뚫어 보았다. 그 모습을 보면서 낸시는 왓슨이 어떤 기념비적인 발견이 한창인 와중에 이들 운 좋은 하버드 학부생들에게 소식을 전하기 위해 잠시 들른 날개 단 메신저, 제이프레스 슈트를 입은 마법사처럼 느껴졌다.

쇼맨으로 명성을 쌓아 가고 있던 왓슨은 '생명이란 무엇인가?'라는 물음으로 거창하게 강의를 시작했다.[3] 왓슨은 학생들에게 생명은 몸의 모든 세포 속에 있는 분자, 다시 말해 DNA로 요약될 수 있다고 말했다. DNA는 지퍼의 톱니처럼 항상 서로 잘 들어맞는 2개의 상보적인 쌍으로 이루어진 4개의 염기로 구성되었으며 유전자를 생성했다. 이 염기에는 생명체를 만드는 데 필요한 모든 정보가 담겨 있었다. 지퍼를 완전히 분해하면 DNA가 정확한 사본, 다음 세대를 만들어 낼 수 있는 원형을 제공했다. DNA는 생명이었고, 새로운 생명을 시작할 수 있는 능력이었다.

낸시는 이중나선 구조나 DNA에 대해 거의 몰랐고, 노벨상이 큰 상이라는 것 정도만 알고 있었다. 수업 전에 읽어 둔 자료로 봤을 때, 그녀는 왓슨이 인간생물학을 설명하기 위한 기본 계획을 소개할 것으로 예상하고 있었다.

하지만 왓슨이 강의를 이어 나가는 동안 그녀는 왓슨이 지난 1년간 자신을 사로잡았던 질문에 대한 답을 알고 있거나 최소한 어디서 찾을 수 있는지 알고 있다는 사실을 깨달았다. DNA가 모든 세포에 있다면 DNA에는 눈의 색깔은 물론이고 암과 같은 질병이나 심지어 사람들의 행동 방식까지, 인간에 대해 알 수 있는 모든 것이 어떻게든 기록되어 있어야 했다. 왓슨과 새로운 분자생물학자들은 멍청한 유전자와 영리한 유전자, 뚱뚱한 유전자와 마른 유전자, 좋은 유전자와 나쁜 유전자 등 모든 것을 알아낼 수 있을 터였다.

왓슨은 이야기를 잘했고, 재미있었으며, 생물학 2 강의를 맡은 4명의 교수 중 가장 의욕적이라는 것을 자랑스러워했다. 목소리는 조용했지만, 어조는 단호했다. 낸시는 왓슨이 자신에게 직접 말하는 것처럼 느끼기 시작했다.

생물학, 왓슨 등 모든 것이 점점 더 복잡해질 것이었다. 하지만 그 순간, 삶이 한 세트의 규칙들로 정리될 수 있다는 생각이 들면서 낸시의 마음은 편해졌고 설레기까지 했다. 그 가능성은 꼬리뼈를 누르는 딱딱한 나무 의자의 압박감, 아버지에 대한 슬픔, 홀어머니와 자신의 미래에 대한 걱정 등 모든 것을 삼켜 버렸다.

수업이 끝난 뒤 낸시는 건물 밖으로 나왔다. 그리고는 강의실 밖으로 쏟아져 나와 디비니티 애비뉴로 향하는 학생들의 정오 행렬에 합류했다. 학생들은 거대한 기념관을 지나, 그들이 지나가길 기다리고 있는 4차선 도로를 의식조차 하지 않은 채 커클랜드 스트리트와 브로드웨이를 건너 하버드 야드의 대각선 길로 흩어졌다. 낸시는 보통 이렇게 화창한 날에는 래드클리프 식당으로 돌아가지 않고 하버드 야드 반대편에서 남자 친구인 브룩을 만났다. 둘은 함께 엘시의 샌드위치 가게에서 돌돌 만 고기에 러시안 드레싱을 곁들인 로스트비프 샌드위치를 먹었고, 다른 젊은 연인들처럼 찰스강 변의 풀밭으로 향하곤 했다. 하지만 이날 낸시는 혼자 있으면서 방금 들은 내용을 곰곰이 생각해 보고 싶었다. 그녀는 천천히 시간을 가졌고, 사람들과 시선을 마주치길 피했다. 주의를 흩트리는 것은 어떤 것도 바라지 않았다.

_____ 낸시는 지난 1년 내내 무엇을 하며 살아야 할지 고민했다. 확실히 뭔가 진지하고 의미 있는 일을 하고 싶었지만, 인류의 고통을 줄이고 싶다는 막연한 소망 외에 무엇이 하고 싶은지는 딱히 떠오르지 않았다. 낸시는 또래의 다른 젊은 여성들처럼 결혼해서 아이를 갖는 것을 상상했으며, 출산이 위험하다고 여겨지는 서른 살이 되

기 전에 그렇게 해야 한다고 믿었다. 따라서 아직 정하지 못한 직업적 목표를 달성하기까지 10년이라는 시간이 남아 있었고, 1년 동안 그 목표가 무엇이 될지 알아내야 했다. 그렇게 하지 않으면 졸업 후 결혼, 강아지, 아이들, 교외의 삶으로 너무 쉽게 미끄러질 것 같아 두려웠다. 그녀는 그러한 운명을 특권에 의한 일종의 죽음이라 생각했다.

낸시는 뉴욕시 120번가와 모닝사이드 드라이브에 있는 컬럼비아 대학 소유의 아파트에서 자랐다. 낸시의 어머니는 그곳에서 교육대학을 나와 뉴욕시의 공립학교에서 미술을 가르쳤고, 낸시의 아버지는 뉴욕 공립 도서관의 사서였다. 18개월 먼저 태어난 언니 앤이 있었으며, 영국에서 이민 온 외할머니가 같은 건물에 살았다. 낸시는 평생 그녀의 배경을 알아내려는 사람들을 당황하게 만든 약간의 억양을 외할머니에게서 물려받았다.

유치원 시절부터 낸시와 앤은 맨해튼 어퍼 이스트 사이드에 있는 명문 여학교 스펜스의 장학생이었고, 둘 다 당시 얼마 없는 여학생들과 매우 잘 어울려 지냈다. 스펜스는 학생들에게 그들이 특혜받았으며 그 특혜에는 책임이 따른다는 인식을 심어 주었다. 학생들은 중요한 일을 할 거라 믿었고, 세븐 시스터즈 대학Seven Sisters(미국 북동부에 있는 7개의 명문 여대를 말한다—옮긴이)에 진학해 최고의 학생이 될 예정이었으며, 비록 여자청년연맹이나 자선 단체와 같은 특정한 종류의 리더긴 했지만 어쨌거나 리더가 되도록 교육받았다. 그 과정에서 이들은 예의를 잘 지켜야 했다. 학교는 여학생들에게 버스에서 껌을 씹거나 공공장소에서 큰 소리로 말해선 안 된다고 가르쳤다. 어른을 공경해야 하며 자랑하지 말라고도 했다. 매일 아침 학교에 도착하면 학생들은 제복을 입은 문지기에게 한 발을 빼고 무릎을 굽힌 채 몸을 약간 숙이는 식으로 인사했는데, 선생님들은 이것이 궁정에서 여왕에게 인사드릴 경우를 대비하는 좋은 훈련이라고 말했다.

낸시와 앤, 특히 낸시는 유난히 영리한 것으로 알려져 있었다. 낸시는 라디오에서 노래를 들으면 바로 피아노로 연주할 수 있었다. 그래서 학교 조회에서 연주하던 학생이 연주를 그만두었을 때 낸시가 그 자리를 이어받았다. 낸시는 독서에는 관심이 거의 없었지만, 수학을 사랑했고 그 질서 속에서 아름다운 언어를 발견했다. 그녀는 수학이 사탕을 먹는 것 같다고 생각했다. 문제를 풀 때마다 달콤한 기쁨이 느껴졌기 때문이다. 106 모닝사이드 드라이브에 있는 건물의 전화기는 교환식이었는데, 언젠가 전화 교환원은 밤사이 수학 숙제를 하면서 낸시를 찾는 스펜스 여학생들의 메시지를 서른 통이나 받았다고 앤에게 불평한 적도 있었다.

스펜스에서의 경험을 통해 낸시는 돈에 너무 많은 가치를 부여하지 말아야 한다는 것도 배웠다. 낸시의 학교 친구들은 5번가의 복층 집에 살면서 여자 가정교사를 두고 있으면서도 낸시의 집에서 놀고 싶어 했다. 낸시의 어머니가 바닥에 앉아 다 쓴 전구에 종이를 붙여 인형을 만들어 주곤 했기 때문이다. 낸시가 보기에 다른 친구들의 부모님은 매일 밤 외출하는 것 같았고―그녀는 《뉴욕 타임스》의 사회 면에서 그들에 관해 읽었다―, 늘 이혼하는 것 같았다. 낸시와 앤은 부모님을 이름으로 불렀고 그 이름은 애칭으로 발전했는데, 나중에는 친구들까지도 낸시의 어머니를 '버지'로, 아버지를 '디글스'로 불렀다. 진짜 맨해튼은 결코 96번가 북쪽까지 확장되지 않았지만(일반적으로 맨해튼 남부가 더 부유하고 사회·경제적으로 더 높은 지위에 있는 지역으로 간주된다—옮긴이), 낸시에게 자신의 동네는 도시 속 작은 마을과 같았다. 낸시와 앤은 아파트 사이를 오가며 장난을 쳤고, 모닝사이드 공원에 면해 있는 바닥이 파인 보도에서 놀았다. 부활절에는 5번가를 따라 화려한 모자와 옷을 입은 사람들의 행렬을 구경했고, 누가 밍크 숄을 더 많이 쓰다듬는지 겨루는 게임을 만들기도 했다. 주말이 되면 버지는 가족들을 이끌고 중세 미술관에 가거나, 낸시가 매료된 칸딘스키 그림이 있는 현대 미술관을 찾는 등 도시 곳곳을 누볐다. 낸시는 자신의 유년 시절이 몹시 행복하고 풍요로웠다고 회상했다. 그 풍요는 돈이 아닌 교육과 가족에서 비롯된 것이었다.

그렇지만 낸시는 일찍부터 특정한 불안에 사로잡혔다. 아파트 곳곳에서 라디오 소리가 자주 흘러나왔기에 낸시는 어릴 때부터 제2차 세계대전의 여파로, 강제 수용소에서 집으로 돌아가는 수척해진 고아들, 아버지의 무덤에 꽃을 두었다는 죄로 스탈린의 호위병에게 눈을 찔린 어린 소년에 관한 소식들을 들었다. 인간이 어떻게 그렇게 잔인할 수 있을까? 학교에서 친구들과 함께 책상 밑으로 몸을 숨기는 냉전 공습 훈련을 하는 동안 낸시는 이런 무서운 일이 뉴욕시에 있는 자신에게도 닥칠 수 있다고 생각하게 되었다. 그녀는 단란한 가족을 잃을까 두려웠고, 그중 누구 하나라도 잃는 것은 상상할 수 없었다. 아버지는 어릴 때 류머티즘성 열을 앓고 난 후 심장이 약해진 상태였다. 어머니는 낸시가 열 살일 때 피부암에 걸렸다—의사들이 병을 치료했지만, 낸시는 어머니의 속삭이는 말투에서 그 병이 두려워 마땅한 것임을 알았다.

낸시의 아버지는 뉴잉글랜드 출신답게 조용한 분이셨다. 그의 할아버지는 뉴햄프셔 대법원의 저명한 대법관이었는데, 가문 대대로 그에 관한 이야기가 전해져 내려올 정도로 아주 영향력이 있는 분이셨다. 찰스 코그스웰 도 대법관은 특이했다. 그는 겨울에도 법정의 창문을 열어 뒀고 네 자녀에게 군청색 옷만 입혔다. 하지만 그는 청렴하기 이를 데 없는 것으로도 유명했다. 낸시는 버지가 정기적으로 꺼냈던 할아버지의 이야기를 듣고 자라면서 가장 하지 말아야 할 것이 거짓말이라는 것을 배웠다. 수학 숙제를 도와 달라는 전화가 너무 자주 왔을 때, 낸시는 친구들이 볼 수 있도록 학교 칠판에 그냥 문제를 풀어놓는 것이 빠르겠다고 생각했다. 선생님이 이를 눈치채고 낸시에게 묻자, 낸시는 그런 일을 한 적이 없다고 대답했다. 하지만 그날 밤 그녀는 잠을 이루지 못했고, 다음 날 아침 학교에 갔을 때 사실을 고백했다.

버지는 적극적인 어머니였고, 딸들의 노력과 성공의 동인이었다. 그녀는 낸시와 앤에게 여성의 독립적 삶을 강조했지만, 아이를 갖는 것이 그들이 할 수 있는 가장 만족스러운 일이라고 말하기도 했다. 그녀 자신도 영국 시골에서 의사를 하던 남편이 왕진을 갔다가 말에서 떨어지는 바람에 8명의 자녀를 둔 과부로 가난하게 산 할머니의 이야기를 들으면서 자랐다. 버지는 사람들이 저축한 돈과 직장을 잃고 창문에서 뛰어내렸던 대공황의 절망감을 떠올렸다. 그녀는 예술가로서 먹고살 수 없다는 것을 깨닫고 화가가 되겠다는 야망을 포기한 사람이었다. 1세대 미국인으로서 교육의 변혁적 힘을 믿었던 버지는 일찍부터 딸들이 하버드에 가야 하고, 하버드에 갈 수 있는 가장 좋은 방법은 스펜스를 통하는 것이라고 판단했다.

케임브리지에 먼저 발을 들인 사람은 앤이었다. 낸시는 10학년을 건너뛰고—버지는 낸시가 집에 있는 동안 안이해질까 걱정했다—그 다음 해인 1960년 9월에 앤의 뒤를 따랐다.

_____ 물론, 낸시와 앤은 하버드에 갈 수 없었다. 이들은 하버드가 여성의 입학을 반복적으로 거부하자 1879년 설립된 래드클리프에 입학했다. 1869년 하버드대 총장 찰스 엘리엇은 취임 연설에서 선언했다. "세상은[4] 여성의 역량에 대해 아는 것이 거의 없습니다. 여러 세대에 걸친 시민적 자유와 사회적 평등이 이루어진 후에야 여성들의 타고난 성향과 기호, 능력에 대해 논하는 데 필요한 자료를 얻을 수 있을 것입니다."

래드클리프는 주로 하버드 교수진의 딸과 아내들이 생각해 낸, "더 높은[5] 수준의 학문에 대한 기호와 능력이 있는" 젊은 여성들을 교육하기 위한 시도에서 시작되었다. 수십 년 동안[6] 래드클리프는 매사추세츠 애비뉴를 건너 래드클리프 야드 주변에 마련된 별도의 강의실에서 여학생들을 가르치며, 추가 급여를 받을 의향이 있거나 그러한 급여에 관심이 있는 하버드 교수들에게 의존했다. 하버드는 전쟁에 나가는 남자들이 많아지면서 등록금을 손해 볼 위험에 처했던 제2차 세계대전 중에만 래드클리프 여학생들이 강의실에 들어오는 것을 허용했다. 이러한 '합동 교육' 방식은 20세기 내내 계속되었다. 1960년대 초 낸시가 래드클리프를 다닐 당시에도 두 대학의 총장에서부터 래드클리프 동문, 하버드 학생회에 이르기까지, 모두가 완전한 통합은 정도를 넘어선 것일 수 있다는 데 동의했다. 대신 할당 인원에 따라 래드클리프는 하버드 남학생 4명당 여학생(그들은 여전히 girls로 불렸다) 1명을 수업에 참여시킬 수 있었다. 한정적 배치였다.[7] 또 래드클리프는 다른 세븐 시스터즈 대학보다 더 많은 흑인 여성을 졸업시켰지만, 그 수는 여전히 매년 약 300명 중 두세 명에 불과했다. 낸시의 반에는[8] 1명도 없었다.

하버드대 총장[9]인 네이선 퍼시는 래드클리프 설립 이후 첫딸을 얻었지만, 여성 교육에는 상대적으로 거의 관심이 없었다. 그는 1956년 래드클리프에 새로 지은 대학원 센터 개관식에 참석하기를 거절하기도 했다. 그의 글에 따르면 하버드 대 펜실베이니아 풋볼 경기와 일정이 겹쳤기 때문이었다. 연설과 보고서에서 하버드 관계자들은 여신이나 큰 배를 경외하듯 래드클리프를 '그녀she'로 지칭했다. 하지만 실제로 여성들은 패컬티 클럽Faculty Club(일반적으로 대학의 교수진, 직원, 동문 등이 모이는 장소로 사용되며, 식당, 회의실, 이벤트 공간과 같은 시설이 있다—옮긴이)에 뒷문으로 들어가 별도의 식당에서 식사해야 했다. 그들은 중앙 도서관에 들어갈 수 없었고, 누군가의 데이트 상대인 경우를 제외하고는 하버드 학부생 식당에 들어갈 수 없었다(남학생은 여학생의 식사 비용을 지불해야 했다). 래드클리프 여학생들은 대부분 자신이 외적으로 보기 좋아야 한다는 생각을 받아들였다. 1950년대 래드클리프 학생 편람에는 기숙사 아래층에서 바지를 입지 말라는 규칙을 설명하면서 "아름다움은 피상적인 것일 뿐[10]이란 걸 알지만, 마음만을 위해 사는 것처럼 보일 필요는 없다"라는 말이 적혀 있었다.

그러한 규칙은 낸시가 래드클리프에 다니는 동안 계속 유지되었다. 하지만 1960년, 래드클리프의 다섯 번째 총장이자, 총장으로서는 최초로 박사 학위를 가진 미생물학자 메리 잉그러햄 번팅Mary Ingraham Bunting의 등장을 시작으로 여성 교육에 대한 재고가 이루어 졌다.

어릴 때부터 '폴리'로 불렸던 번팅은 래드클리프 여성들이 이류 시민처럼 느낄 수밖에 없다는 것을 빠르게 알아차렸다. 기숙사에서 그들의 삶은 상주하는 조교와 초청 연사, 다양한 학생 활동이 있는 하버드 기숙사에 비하면 "단절되어 있었고 형편없었다."[11] 번팅은 "숨은 만류자", 그리고 "상속된 영향력, 즉 과학적 직업이 어쨌든 예를 들면 여성스럽지 않다거나 결혼 생활이 모든 여성의 직업으로 충분하다는 믿음을 생성하는 문화적 기준"에 의해 교육에서 멀어져 일찍 결혼해 버리는 미국 여학생들의 "목표 없는 분위기"를 공개적으로 비난하기[12] 시작했다. 역량 평가에서 상위 10% 안에 든 고등학생 중 대학에 가지 않은 학생들의 97%가 여학생이었다. 번팅의 주장에 따르면, 대학에 갔다 해도 이러한 여학생들의 성과나 잠재력은 사회에서 인정받지 못하고 낭비되었다. 자주적이고, 교육을 받고, 참정권을 얻은 미국의 여성들이 '국가적 차원에서 엄청나게 낭비'되고 있는 것이다. 여성들이 대학 학위를 바라고 취득하는 것은 더는 드문 일이 아니었지만, 번팅은 1961년 《뉴욕 타임스》에 "우리는 결코 여성이 자신의 재능과 지식을 활용해 중요한 지적 또는 사회적 발전을 이룰 것이라 기대한 적이 없다"라고 썼다. "우리는 기꺼이 문을 열어 주었지만, 그들이 약속의 땅에 들어서는 것을 중요하게 생각하지 않았다."

번팅은 낸시가 왓슨의 강의실에 자리를 잡기 2달 전인 1963년 2월에 베스트셀러 『여성성의 신화』를 발표한 베티 프리단Betty Friedan보다 훨씬 앞서 이러한 생각을 해 왔다. 프리단은 책에서 지적이고 잘 교육받은 여성들로 하여금, 예의 바른 아이들, 수동적 성, 완벽하게 닦인 부엌 바닥에서 성취감을 느낄 수 있다고 믿게 함으로써—완전한 참여와 완전한 잠재력의 발휘를 막고—조용한 절망의 삶으로 가둬 온 문화에 맞서 분노했다. 번팅은 프리단이 이 책을 같이 작업해 보자고 부탁해[13] 그녀를 몇 번 만났지만, 곧 프리단이 너무 화가 나 있고, 여성 문제에 대해 남성을 비난하는 데 너무 몰두한다는 결론을 내렸다.

번팅은 남자들을 탓하지 않았다. 다만 그녀는 여성에 대한 제한이 모두에게 손해를 입힌다고 생각했다. 번팅은 《뉴욕 타임스》에 "불만족스러운 여성[14]은 좀처럼 좋은 아내도 좋은 어머니도 될 수 없다"라고 썼다.

번팅은 여성이 꼭 직업이 있어야 한다고 생각하지 않았다. 실제로 번팅은 그들에게 남성과 직접 경쟁하기보다는 "늘 여유가 있는" 주변에서[15] 일할 것을 제안했다. 그녀는 학부생들에게 결혼해서 아이를 낳되, "정말로 열심히[16] 하고 싶은 정말로 흥미로운 일"도 찾을 것을 권했다. 자녀를 갖는다는 것은 가정 밖에서의 지적 추구가 잠시 중단되는 것일 뿐 완전히 끝나는 것이 아니었다. 그녀는 전후 미국을 연결하기 위해 새로 뚫린 주간 고속도로처럼 일과 가정이 성공적으로 연결되고, 그 과정에서 여성들이 진입로와 진출로를 찾을 수 있기를 꿈꿨다.

번팅은 이전 세대의 교육받은 여성들이 똑똑한 여성에 대한 부정적 고정관념을 부추겼다고 꼬집었다.[17] 1961년 연례 총장 보고서에서 번팅은 "대부분의 경우 그들은 십자군과 개혁가였고, 열정적이었으며, 두려움이 없었고, 명료했지만, 때로는 너무 큰 목소리를 냈다"라고 썼다. "몇 세대가 지난 오늘날, 여성의 권리를 위한 쓰라린 투쟁은 역사가 되었다. 대의는 승리했다. 고정관념은 사라졌고, 그와 함께 군은 편견도 사라졌다. 하지만 모조리 사라진 것은 아니다. 여성은 자신의 열망이 무엇이든 결국 일과 결혼 중 하나를 선택해야 하며, 두 가지를 다 하려고 하면 둘 다 성공하지 못할 것이므로 아마도 결혼 생활이 더 힘들어질 것이라고 주장하는 일종의 반지성주의가 여전히 만연해 있기 때문이다."

래드클리프의 총장이 되었을 때 번팅은 50세였다. 그녀는 총장직이 가정과 일을 병행하는 행복한 삶의 이미지를 보여 줄 수 있는 자리라고 생각했다. 그녀는 4명의 아이들과 염소 4마리를 키웠고, 학교와 도서관 이사회에서 봉사했으며, 베닝턴Bennington(뉴욕주 와이오밍 카운티에 있는 마을—옮긴이)과 남편이 의대 교수로 있었던 예일대에서 시간제로 일하는 틈틈이 직접 채소를 길렀다. 그러다가 44세에 남편과 사별한 후에는 럿거스대학의 여자 단과대학인 더글라스대학의 학장을 맡는 등 역경 속에서도 꿋꿋함을 잃지 않았다. 번팅은 래드클리프를[18] "필요한 일의 착수를 위한 유망한 도구"로 보았다. 일부 이사들이 하버드와의 통합을 촉구할 때 번팅은 여성과 남성이 같은 방식으로 교육을 받아야 한다고 가정하는 것은 "사실의 부정"이라고 주장했다. 여성도 하버드 남성들과 마찬가지로 엄격히 교육 과정을 이수해야 마땅했지만, 그들의 미래는 많은 면에서 더 복잡했다. 여성들이 길을 잃지 않도록 "현명하고 크게"[19] 계획을 짜려면 도움이 필요했다. 번팅은 래드클리프 야드 주변에서의 강의, 교수들과의 논문 발표, 어머니와 아내가 되는 방법에 대한 가벼운 대화가 포함된 이른바 '적극적 활동 대 무관

심'이란 프로그램을 시작했다.[20]

번팅은 낸시가 입학한 해에 영어를 전공으로 택한 2학년 학생 수가 10년 만에 최저치를 기록하고 역사를 선택한 학생 수도 상당히 감소했다는 사실을 긍정적으로 평가했다.[21] 영어와 역사는 그때까지 여전히 가장 인기 있는 전공이었지만, 번팅은 연례 보고서에서 "이러한 경향은 래드클리프 학생들이 전공을 택할 때 조금 더 대담해지고, 창의적이 되며, 어쩌면 진지해지고 있음을 나타내는 것이므로 환영할 만하다"라고 썼다. 졸업 전에 결혼하는 래드클리프 학생의 수는 꾸준히 감소하여 1955년에 25%였던 수치가 절반으로 떨어졌다. 더 적은 자리를 두고 경쟁했기 때문인지, 낸시 반의 래드클리프 여성들은 하버드 남성들보다 점점 더 좋은 성적을 냈다. 《타임》과 학생들이 "번팅 부인"이라고 불렀던 기사의 표현대로 "무서울 만큼 똑똑한"[22] 학생들이었다. 여성들은 남성들보다 더 높은 SAT 점수로 입학했고 우등으로 졸업할 가능성도 훨씬 더 컸다.

60년대 말, 남녀공학이 도입되고 인종적 다양성이 증가할 것이라는 혁명적 소문이 돌았다. 앤이 졸업한 1963년 봄은 래드클리프 여성에게 처음으로 하버드 졸업장이 수여된 해였다(졸업식은 여전히 따로 진행되었고, 푸시 총장은 계속해서 다른 교수를 대신 보냈다). 래드클리프는 여학생들이 기숙사를 나갈 때 기록을 남기고 새벽 1시가 넘어 외출할 때는 별도의 허가를 받도록 했던 사회적 규칙을 완화했다(래드클리프의 젊은 여성들은 이러한 규칙이 데이트와 섹스에 어떤 영향을 미칠지 토론한 반면, 번팅은 이것이 실험실에서 밤새워 일하고 싶어 하는 젊은 여성들에게 불리하다고 생각했다[23]).

그렇지만 일하는 삶을 원했던 래드클리프 여학생들로서는 폴리 번팅 외에 캠퍼스에서 본보기가 될 만한 사람을 찾기가 어려웠다. 하버드 학부 교수진에는 남자 종신 교수가 295명, 여자 종신 교수가 2명 있었는데, 그중 1명인 세실리아 페인가포슈킨은 30년을 강사로 일한 후에야 종신 재직권을 얻었다(그녀의 급여는 예산 계획서에 '비품' 비용으로 기재되어 있었다). 번팅은 연례 보고서에서 "정부가 흑인과 관련해[24] 현재 고심하듯이, 모든 후보 명단에 여성의 이름이 포함되도록 진지하게 노력할 때 어떤 일이 벌어질지 지켜보는 것은 흥미로울 것"이라고 썼다. 번팅이 고백하기를 래드클리프 관리자들은 어쩌다 요청을 받는다 해도 후보자를 거의 생각해 낼 수 없었다. "능력 있는 여성 학자가 교수진에 더 많이 포함되는 것은 확실히 래드클리프 학생들에게 고무적인 일이 될 것이고, 하버드 남성들에게 내보일 만한 일이 될 것이다. 자격이 있다면 말이다."

_____ 낸시는 생물학 2 수업을 듣는 여학생의 수를 세지 않았다. 강의실에 여학생은 47명,[25] 남학생은 178명이 있었는데, 하버드 남학생과 래드클리프 학생 간 맞춰야 하는 비율에 대략 들어맞았고, 그 수는 계속 증가하고 있었다. 생물학을 전공으로 선택한 여학생[26]의 비율은 지난 10년간 2배 이상 증가하여 이제 생물학은 다섯 번째로 인기 있는 전공이었다.

낸시가 전공을 생물학으로 바꾼 것은 불과 몇 달 전이었다. 낸시는 수학을 전공할 생각으로 래드클리프에 입학했지만, 첫 주에 신입생 상담 담당자는 그녀가 너무 뒤처져서 따라잡기 어려울 것이라고 말했다. 미적분학을 2년은 배워야 했는데, 낸시는 스펜스에서 그것을 접한 적도 없었다. 그래서 전공으로 건축을 택했다. 미술과 수학을 좋아했고 이 둘을 접목할 수 있을 것으로 생각했기 때문이다. 하지만 수학 수업은 예상과 달리 낸시를 감동시키지 못했다. 수학은 그녀가 관심이 있는 어떤 것과도 관련이 없어 보였다. 마지막으로 한 생각은 의사가 되는 것이었다. 하지만 그때까지 생물학 2 강의를 들으면서 내린 결론은 자신은 의학과도 맞지 않는다는 것이었다. 생리학 자체는 그녀를 매료시켰다. 심장이 혈액을 펌프질하고, 근육이 수축하고, 신장이 염분의 균형을 유지하는 방식은 모두 아주 복잡하면서도 아름다웠다. 하지만 낸시는 환자들과 시간을 보내거나 부모에게 자녀가 죽어 가고 있다고 말할 자신이 없었다. 그녀는 애초에 왜 병이 생기는지, 그리고 그 병을 어떻게 고칠 수 있는지 알고 싶을 뿐이었다.

왓슨과 크릭의 이중나선 발견은 갑자기 밀어닥친 홍수로 묘사되곤 했다. 거의 아무도 예상하지 못할 만큼 빠르게 찾아와 과학계의 지형을 영원히 바꿔 놓았기 때문이다. 과학자들은 DNA가 유전물질이라는 데 거의 동의하지 않았고, 그것이 어떻게 형질을 전달하는지 이해하지 못했다. 이중나선은 이러한 역학을 설명했다. 원리는 항상 일치하는 염기쌍의 순서와 자신의 정확한 사본을 만드는 DNA의 능력에 있었다. 이를 알게 된 초기 분자생물학은 모든 자연에 형태와 기능을 부여하는 유전 암호를 밝히기 위한 길을 걷고 있었다.

무신론자였던 왓슨과 크릭은 유전자가 우주의 섭리로써 종교를 대체할 수 있다고 믿었다. 그리고 낸시는 변절할 준비가 되어 있었다.

4월 내내 그녀의 삶은 화·목·토요일 11시, 생물학 2에 관한 것이 전부였다. 왓슨은 학생들에게 뭔가 신비로운 이야기를 들려주듯 DNA를 설명했다. DNA는 어떻게 메시지를 전달하여 유전자가 단백질을 암호화하는 방법을 알고 박테리아가 특정 당을 소화하는 방법을 아는 걸까? 유전자는 언제 활성화되고 비활성화되어야 하는지 어떻게 알까? 그는 세포가 어떻게 성장하는지에 대한 질문으로 시작해 세포가 성장을 멈추라는 신호를 받지 못해 암이 되었을 때 일어나는 일로 끝을 맺었다.

낸시는 책상의 나무 팔걸이가 아니었다면 떨어졌을 정도로 의자 끝에 앉아 있었다. 그녀는 왓슨이 묻기도 전에 다음 질문이 무엇일지 재빨리 짐작했고, 나중에 이를 '과학에 대한 애호'로 이해하게 되었다.

낸시는 수업에 푹 빠져들었다. 마침내 그녀는 강의가 끝난 후 왓슨의 연구실에서 일할 수 있는지 묻기 위해 그의 사무실로 찾아갔다.

하버드 야드의 청교도적 건물과 대조적으로 생물학 연구소 건물은 왓슨 그 자신처럼 특이하고 웅장했다. 디비니티 애비뉴를 벗어나는 길에 숨겨진 그 건물은 넓은 안뜰이 있는 거대한 U자형 벽돌 건물이었다. 건물 정면에는 세계 4대 동물학적 지역을 나타내는 동물들, 그중에서도 아프리카 거대 영양과 아시아 큰사슴의 장식띠가 새겨져 있었다. 양쪽 입구를 지키는 두 마리의 거대한 청동 코뿔소는 알려진 표본 중 가장 큰 표본과 크기가 같았는데, 영국 빅토리아 여왕과 엘리자베스 여왕의 이름을 따 '비키'와 '베시'로 불렸다.

코뿔소들이 내려다보이는 3층 사무실에서 왓슨은 구세계의 질서를 뒤엎느라 바빴다. 그는 노벨상을 탔는데도 그해 1,000달러를 인상해 달라는 자신의 요구를 거부하고 생물학에 물리학이나 화학만큼의 위상을 부여하려 하지 않는 하버드의 관례에 화가 나 있었다.[27] 왓슨은 이곳의 생물학과가 케케묵고 지루하며, 그가 희망이 없다고 생각하는, 기껏해야 취미일 뿐인 생태학이나 동물학 같은 분야에 너무 집중하고 있다고 생각했다. 왓슨 세대의 많은 과학자들처럼, 그는 생물학이 일련의 보편적 법칙으로써 물리학과 화학처럼 이해될 수 있다고 상정한 에르빈 슈뢰딩거의 『생명이란 무엇인가?』를 읽고 매료되었다. 분자생물학, 특히 이 새로운 분야의 가장 중요한 발견인 DNA를 이해하면 생물계를 구성하는 세포 과정 이면의 화학을 이해할 수 있을지 몰랐다. 모든 세포의 작동 원리를 알아낼 수 있는데 분류체계나 종의 경쟁에 시간을 낭비할 이유가 있을까? 왓슨은 에드워드 윌슨Edward O. Wilson에게 뚜렷한 경멸을 표했다. 윌슨은 왓슨과 견줄 만한 천재적인 진화생물학자였는데, 그보다 몇 달 전에 종신 재직권을 따냈다. 점잖은 남부 사람이었던 윌슨 역시 왓슨을 동료 간의 협력과 품위 있는 대화를 할 줄 모르는 사람, 심지어 복도에서 인사조차 할 시간이 없는 탐욕스러운 과대망상증 환자로 보았다. 윌슨은 왓슨을[28] "생물학의 칼리굴라Caligula(로마의 제3대 황제로, 즉위 초에는 민심 수습책으로 환영받았으나 점차 독재자로서 방탕한 생활을 하다 암살되었다—옮긴이)"라고 부르며 "매우 똑똑하지만 내가 만난 사람 중 가장 불쾌한 사람"이라고 표현했다. 여러 해에 걸친 긴장되고 냉랭한 분위기의 교수진 회의 끝에 마침내 왓슨은 생물학과를 둘로 나누는 데 성공했다. 그는 기존 생물학자들을 길 건너 하버드의 비교동물박물관으로 보낸 뒤, 자신의 연구실에서 함께 DNA의 작동 원리를 해독할 물리학자와 화학자를 모집했다.

다른 학생들은 왓슨을 무서워하는 것 같았지만, 강의를 듣는 동안 더 용기를 얻게 된 낸시는 자신 있게 그의 문을 두드렸다. 그녀는 바람이 잘 통하는 넓은 사무실로 들어갔다. 한쪽 벽에는 책이 가득했고 다른 한쪽 벽에는 창문이 가득했다. 대각선 방향으로는 왓슨이 노벨상 상금으로 구매한 예술품이 놓여 있었다. 실물 크기의 발가벗은 파푸아뉴기니 남성의 나무 조각상이었는데, 허리 아래로 봤을 때 대략 해부학적으로 남성임이 틀림없었다. 왓슨은 낸시가 초짜란 것을 알았지만 별다른 논의나 논쟁 없이 함께 일하는 데 동의했다. "물론입니다." 왓슨은 군데군데 덮여 있는 책상에서 벌떡 일어나더니 낸시 옆을 지나 문을 열고 실험대가 길게 늘어선 작은 방으로 들어갔다. 왓슨은 낸시에게 다른 2명의 래드클리프 학생과 함께 이 방을 쓰게 될 것이라고 말했다.

그들은 하버드 학부생 12명과 실험실을 함께 사용했지만, 그래도 이례적으로 여성이 많은 편이었다. 왓슨이 여성들에게 공간을 마련해준 이유 중 하나는 여성이 주변에 있는 것을 그가 좋아했기 때문이다. 그는 아내를 찾고 있었고 래드클리프에서 찾을 수도 있다고 생각했다. 그가 보기에 여성은 삶을 더욱 흥미롭게 만들었다. 왓슨은 1962년 12월 노벨상 시상식에서[29] 스웨덴의 크리스티나 공주에게 래드클리프에 지원하도록 설득했고, 미국으로 돌아온 후 번팅과 푸시 총장에게 그녀가 입학할 수 있도록 손을 썼다(푸시는 젊은 노벨상 수상자의 별스러움을 참기 힘들었지만, "크리스티나 공주는 매우 매력적인 여성인 것 같군요. 이 문제에 관심을 가져 주셔서 감사합니다"라고 답장했다). 그러나 왓슨에게는 인재를 알아보는 눈이 있었다. 그는 첫 여자 대학원생으로 조앤 스타이츠

Joan Steitz를 택했는데, 낸시보다 두 살 많은 그녀는 나중에 예일대 교수이자 그녀 세대에서 가장 존경받는 생물학자 중 하나가 된다. 스타이츠가 처음 택한 곳[30]은 여자라는 이유로 그녀를 거절했다. "결혼해서 아이를 낳게 될 텐데, 박사 학위를 받는 것이 무슨 소용이 있겠습니까?"

왓슨은 웃을 때를 알고, 실험이 실패해도 계속 낙관적일 수 있는 재미있는 사람들로 실험실을 채우고 싶었다. 그는 틀에 박히지 않은 사람을 좋아했으며, 낸시를 그런 사람으로 보았다. 왓슨은 여자로서의 낸시에게는 관심이 없었다. 그는 그녀가 예쁘다기보다는 잘생겼다고 생각했고, 좀 더 전통적인 금발 여성을 선호했다. 하지만 왓슨은 낸시가 자신이 미국 최고의 학교 중 하나로 여기는 스펜스에 다녔다는 사실에 흥미를 느꼈다. 그는 아일랜드인임을 자랑스러워하는 시카고 남부 출신이었고, 집안은 땅이나 현금보다 지성과 문화 면에서 풍요로웠다. 오손 웰즈Orson Welles(가장 위대한 영화 중 하나로 꼽히는《시민 케인》의 감독—옮긴이)가 먼 사촌이었고, 왓슨 자신은 라디오쇼 〈퀴즈 키드〉에 출연했으며, 열여섯 살에 시카고대학에 입학했다. 그는 계속해서 낸시에게 집중적인 관심을 보였다. 왓슨은 낸시의 친구들이 전통적인 가문인 윈스럽스와 프랫츠 출신의 상류층 여성이라는 사실에 끌렸다. 왓슨은 낸시의 억양을 입과 턱의 움직임이 거의 없는 롱아일랜드 억양으로 착각했고, 그 때문에 낸시가 별 볼 일 없는 주소와 문지기 없는 건물이 아닌, 뉴욕 사교계 출신이라 생각하게 되었다.

실험실 학생들은 각자 자신의 실험을 해야 했지만, 지난여름이나 학기에 실험실에서 일한 적이 있는 학생들만 그렇게 하고 있었다. 여전히 직접 실험하는 시간보다 지켜보는 시간이 더 많긴 해도 낸시는 과학과 과학자들이 일하는 방식을 배웠다. 낸시는 그들이 자신의 질문에 열려 있다는 것을 발견했다. 그녀는 궁금한 것이 많았다. 아직 어떻게 실험을 할진 몰랐지만, 머릿속에는 실험에 대한 아이디어가 넘쳐났다. 노스 쇼어의 해변으로 떠났던 토요일의 소풍이나 룸메이트들과 함께했던 기숙사 파티 등 한때 그녀를 사로잡았던 오락 활동이 더는 즐겁게 느껴지지 않았다. 흥미를 끄는 것은 오로지 실험실뿐이었다.

때로 왓슨은 지나친 요구를 하거나 오만하게 굴기도 하고 지루해지면 휙 돌아서기도 했는데, 낸시는 그렇게 하지 않으려고 노력했다. 왓슨은 곧 "별일 없나?" 혹은 "점심 먹을래?"라고 말하며 더 자주 그녀의 작은 실험 공간에 들르기 시작했고, 그녀를 "꼬마"라고 불렀다. 왓슨은 곧잘 짧고 딱딱 끊어지는 말투로 약간의 정보나 농담을 건네곤 했다. 그리고는 눈 깜짝할 새에 사라져 경첩에 매달린 문만 흔들거렸다. 낸시는 학생들과 잘 어울리는 다른 교수들―그중에는 『러브스토리』를 쓴 에릭 시걸도 있었다―의 수업도 들었지만, 왓슨은 특별했다. 그는 놀라운 업적을 이루었으나 여전히 학생들의 수준에 맞춰 말했으며, 교수들의 행동 방식에 대해 불평했다. 그는 곧 낸시의 친구이자 우상이 되었고, 그녀의 인생에서 가장 중요한 사람 중 하나가 되었다.

이후 낸시가 '짐'이라고 부르게 된 왓슨은 래드클리프 야드 근처, 애피안 웨이에 있는 싸구려 기차식 아파트에 살았다. 외벽에 흰색 목재판을 댄 좁은 집에서 그는 교수와 학생, 때로는 유명 인사들―한 번은 공주를 위한 파티였고, 또 한 번은 인기 영화 《일요일은 참으세요》의 그리스 배우 멜리나 메르쿠리를 위한 파티였다―이 섞인 시끌벅적한 파티를 열었다. 교수와 학생들이 이렇게 어울리는 것이 평범하지 않다면, 과학도 평범하지 않았다. 그리고 가족처럼 지냈던 실험실 멤버들도 평범하지 않았다. 이들은 매년 연구소 건물 앞 코뿔소 상 위에 올라가 엉뚱한 단체 사진을 찍곤 했다. 아래층 아파트에는 짐의 사별한 아버지가 살고 있었다. 짐은 아버지를 무척이나 아꼈고 매주 저녁 식사에 그를 초대했다―그들은 평생 함께 열정적으로 조류를 관찰하고 민주당을 지지했다. 짐은 낸시를, 그리고 가끔은 졸업 후 케임브리지에 살고 있던 앤을 초대하기 시작했다. 또 뉴욕에 살았지만 남편이 사망한 후 자주 방문하는 그들의 어머니를 초대하기도 했다.

왓슨과 왓슨의 아버지는 낸시의 가족과 달리 정치에 대해 논쟁하고 이야기하는 것을 무척이나 좋아했다. 이를 계기로 낸시는 처음으로 정치적 의식을 갖게 되었다. 짐과 그의 아버지는 자신들을 뉴딜 사회주의자로 여겼고, 가톨릭교회를 떠났지만 가난한 사람들에게 꾸준히 관심을 가졌다. 반면 낸시가 부모의 정치적 성향에 대해 아는 것은 어머니가 루스벨트를 좋아했고 아버지가 뉴햄프셔 공화당원이었다는 것뿐이었다.

낸시는 어린 시절 이후 가장 행복했다. 연구실은 그녀가 존재하는지도 몰랐고 살 수 있으리라곤 생각지도 못했던 세상을 열어 주었다. 매우 새로운 분야였다. 분자생물학자들의 세계는 정말로 작았다. 왓슨이 그 핵심에 있었던 덕분에 낸시는 눈앞에서 모든 것을 확인할 수 있었다. 왓슨과 그의 동료들은 여전히 유전 암호, DNA를 단백질로 변환하는 20개의 아미노산에 대한 세 글자 부호를 해독하고 있었다. 그들은 이해를 도울 기록들을 공유하기 위해 RNA 타이 클럽이라는 모임을 만들고,[31] 나선형 자수가 놓인 모직 넥타이와 세 글자의 코드가 새겨진 핀(넥타이핀)과 함께 활동을 시작했다. 이 중에는 과학계의 거물들, 시드니 브레너, 에드워드 텔러, 리처드 파인먼도 포함되어 있었다.

매일 오후 3시가 되면 연구실의 학생들과 과학자들은 작은 정사각형 방으로 몰려들어 낡은 라레이 자전거를 타고 식료품점에서 사 온 차와 초콜릿 칩 쿠키를 먹곤 했다. 짐은 영국 케임브리지의 캐번디시 연구실에서 일하던 시절부터 이 전통을 이어 왔다. 낸시와 동료 학생들, 그리고 몇몇 기술자들이 먼저 줄지어 들어왔고, 박사 후 연구원, 교수진이 뒤따랐다. 짐은 보통 맨 마지막으로 들어와 방에서 어떤 소문이나 그날 그가 무엇을 알게 되었는지 듣기 위해 기다리던 다른 사람들을 조용하게 만들었다. 왓슨이 공유하는 정보는 기념비적인 것이 될 수도 있었다. 예를 들어 어느 날의 정보는 유전 암호가 보편적이라는 것, 즉 유전자의 정보 전달 방식은 그 창조물이 바이러스든, 파리의 날개든, 식물의 잎이든, 인간의 뇌든 모두 똑같다는 것이었다.

낸시는 개별적 실험을 통해 밝혀진 소소한 사실들이 모여 어떻게 중요한 문제에 답할 수 있는 더 큰 통찰로 이어질 수 있는지를 목격했다. 생물학의 우아한 논리를 보기 시작한 것이다. 그것은 심오하고 신비로우면서도 전적으로 합리적이었다.

낸시는 세상에서 자신이 있어야 할 자리와 목표를 찾았다. 생물학은 낸시에게 정말로 흥미로운 일이었지만, 그녀는 어떻게 가족이 있는 사람이 이처럼 많은 시간이 소모되는 일을 할 수 있는지에 대한 비결을 번팅 부인이 말해 주지 않는다고 생각했다. 학생들과 박사 후 연구원들은 쉬지 않고 일했다. 1주일에 최소 6일은 일했고, 단백질이나 화합물을 분리할 때 튜브를 확인하거나 기계에서 젤을 걷어 내야 할 때는 7일도 일했다. 왓슨이 모범을 보였다. 어느 토요일 밤 낸시는 왓슨의 사무실 문 아래쪽에서 빛이 새어 나오는 것을 발견했다. 그녀는 그가 무엇을 하는지 보기 위해 문을 열고 들어갔다. 왓슨은 자신의 책상에서 새로운 분야의 최초 교과서가 될『유전자 분자생물학』을 쓰고 있었다. 그는 낸시를 올려다보곤 방해받고 싶지 않다는 표정을 지었다.

낸시의 룸메이트인 데밍 프랫은 짐에게서 거의 매력을 느끼지 못했다. 데밍은 그의 몸짓이 어색하고 옷도 너무 헐렁하다고 생각했다. 게다가 그는 눈도 제대로 마주치지 못했다. 낸시는 부호들의 대저택이 몰려 있는 롱아일랜드 골드코스트의 세상과 콜드 스프링 하버 연구소에서 여름 근무를 하는 동안 얻은 파이핑 락 컨트리클럽 멤버십에 대한 짐의 열망을 재밌어 했다. 데밍은 그녀의 스물한 번째 생일 파티를 그녀의 사유지에서 열어 달라는 짐의 요청을 들어주었지만, 거의 개츠비스러운 그런 행동이 꼴사납다고 생각했다(그곳에서 그녀는 그가 왈츠를 못 춘다는 것을 알아차렸다).

낸시의 남자 친구인 브룩 홉킨스는 낸시가 짐과 어울릴 때 가끔 함께하곤 했지만, 그녀의 새로운 세계에는 거의 관심이 없다고 선언했다. 브룩과 낸시는 입학 첫 주에 신입생 환영회에서 만났다. 브룩은 고교 시절에 낸시가 꿈꿨던 그런 종류의 남자 친구였는데, 그 시절 친구들은 성적이 좋으면 남자 친구가 겁을 먹고 도망칠 거라 말하곤 했다. 브룩은 키가 약 198 cm에 달했고, 머리는 짙은 붉은색을 띠었으며, 눈이 갈색인 조정 선수였다. 볼티모어의 보수적이고 사회적으로 저명한 가문 출신이었던 그는 하치키스 기숙학교를 거쳐 평범한 성적으로 하버드에 입학했는데, 하버드에 다녔던 가족이 합격에 도움이 됐을 게 분명했다. 그는 재즈를 듣고 프로이트와 제임스 볼드윈의 책을 읽으며 반항하는 데 최선을 다하는 중이었다. 그는 하버드의 모든 남성 사교 클럽 중 최고의 엘리트 집단인 동시에, 미국의 사회·정치·비즈니스 기관의 미래 지도자를 위한 시험대였던 포셀리언 클럽에 초대받기도 했다. 클럽 회원은 거의 늘 백인이었고 유대인이 드물게 포함되어 있었다. 하지만 그가 선택한 곳은 좀 더 진보적이라고 생각되는 플라이 클럽이었다.

앤은 하버드의 남자들을 검은 양말을 신은 남자와 흰 양말을 신은 남자로 구분했다. 검은 양말은 기숙학교나 명문 사립학교를 나온 남자아이들이 신었고, 흰 양말은 공립학교, 그러니까 브롱스 과학고나 운 좋으면 스튜이버선트를 나온 남자들이 신었다. 이 흰 양말을 신은 남자들은 실험실에서 낸시의 친구가 되었는데, 그녀는 검은 양말을 신은 남자들보다 그들과 함께 있을 때 더 편안함을 느꼈다. 과학은 그녀의 사회적 세계도 새롭게 형성시켰다.

많은 유명 인사가 연구실을 방문했지만, 프랜시스 크릭보다 더 열렬히 기대되는 사람은 없었다. 크릭은 짐보다 열두 살이 많았고, 짐은 그를 깊이 존경했다. 짐은 크릭의 말을 끊임없이 인용했으며, 그의 대담한 태도와 영어 억양을 흉내 냈다("이중나선 구조가 발견된 직후 연구실을 방문한 록펠러 재단의 한 방문객은 '두 젊은이 모두[32] 케임브리지 특유의 방식으로 그들이 발견한 새로운 구조에 대해 흥분을 금치 못하는 다소 광적인 사람들이었다. 그중 1명이 미국인이란 것을 알아차리기란 어려웠다'라고 썼다"). 1964년 봄, 졸업이 가까워졌을 때 왓슨은 크릭에게 경의를 표하기 위해 애피

안 웨이에 있는 자신의 아파트에서 성대한 파티를 열기로 하고 하버드에서 가장 저명한 교수 몇 명과 학생들을 초대했다. 낸시는 술을 너무 많이 마시지 말아야겠다고 다짐했다(왓슨은 코냑과 와인을 섞은 펀치를 내놓을 예정이었다). 크릭과 지적인 대화를 나눌 수 있을 만큼 맨정신을 유지하고 싶었기 때문이다. 낸시는 크릭을 먼저 만날 기회가 있길 바라며 파티가 있는 날 오후 일찍 연구실로 향했다.

프랜시스 크릭은 영국 중부 지역에서 구두장이의 아들로 자랐지만, 당시 그를 아는 모든 사람에게서 천재로 칭송받는 데 익숙하여 스스로 귀족처럼 처신했다. 그는 키가 컸고, 거만함이 풍기지만 잘생겼으며, 코와 턱이 특출났고—동전에 새겨질 법한 외모였다—, 미소가 묘했다. 시간이 있었다면 낸시는 짐의 사무실에 있는, 두 남자가 약 183 cm의 이중나선 모형을 바라보고 있는 사진에서 그를 알아봤을 것이다. 하지만 크릭이 작은 부실험실에 있던 그녀 뒤에서 갑자기 나타나는 바람에 낸시는 그의 손이 자신의 가슴 위에 와 있을 때야 그가 그곳에 있다는 사실을 깨달았다.

"뭘 하고 있나요?" 크릭이 그 명성만큼이나 큰 목소리로 물었다.

낸시는 얼어붙었다. 크릭은 유부남이었고, 바람둥이라고 들었다. 왓슨의 연구실에서 전에 일했던 한 대학원생에 따르면, 영국에서 그와 잔 박사 후 연구원을 알고 있는데, 크릭의 아름답고 교양있는 아내가 그의 외도를 알면서도 모른 척한다고 했다. 하지만 낸시는 그러한 소문을 신경 쓰지 않았고, 이런 일이 자신에게 생길 것이라곤 생각도 하지 못했다. 그녀는 짐에 대해서도 비슷한 소문을 들은 적이 있었지만, 짐은 그녀에게 단 한 번도 수작을 건 적이 없었던 것이다. 심지어 짐이 데이트하는 모습을 본 적도 없었다.

낸시는 크릭에게서 벗어나기 위해 실험실 의자에서 꿈틀거렸고, 말을 더듬으며 대화 주제를 과학으로 옮길 방법을 찾으려 애썼다. 처음에는 그를 무안하게 만들고 싶지 않다고 생각했고, 그다음에는 자신을 부끄럽게 만들고 싶지 않다고 생각했다. 그녀는 그날 밤 그를 마주볼 수 있어야 했다.

낸시는 그에게 세균성 바이러스를 연구하고 있지만 정말로 연구해보고 싶은 것은 유전자의 억제 기능이라고 말했다. 지금 당장은 그것이 매우 어려운 문제라는 것을 알고 있다고도 했다. 그녀는 크릭이 자신을 진지한 사람으로 보기를 바라며 계속 말을 이어 갔다.

그러던 중 별안간 짐이 문으로 뛰어들어 와 크릭의 뒤에서 손뼉을 치며 그에게 인사를 건넸고, 이어 그를 자신의 사무실로 안내했다. 낸시는 다시 혼자가 되었다. 왓슨이 뭔가를 봤다면, 그렇게 말하지 않았을 것이다. 낸시는 그날 밤 파티에 가서 술을 마셨다. 파티장은 여느때처럼 춤을 추는 사람들로 붐볐다. 짐이 그녀에게 끝까지 있어 달라고 해서, 그녀는 유명한 두 남자를 둘러싼 채 과학을 이야기하는 작은 무리와 어울리며 자리를 지켰다. 그리고 새벽 1시에 혼자 케임브리지를 걷는 래드클리프 여학생은 없기 때문에, 생명의 비밀을 밝힌 왓슨과 크릭, 그러니까 생물학을 공부하는 학생들이라면 누구나 알 수 있는 위인들이 가든 스트리트의 벽돌로 된 보도를 따라 그녀를 에스코트하며 기숙사까지 데려다주었다.

등 뒤에서 무거운 문이 닫힐 때 낸시는 굉장한 하루였다고 생각했다. 크릭이 그녀를 더듬지 않았다면 더욱 그랬을 것이다. 하지만 왓슨의 집에서 저녁을 보낸 후 그녀는 그 일을 거의 잊었다. 대신 그녀의 머릿속을 채운 것은 새로 발견한 확신, 자신이 찾고 있던 의미를 손에 쥐었다는 자신감이었다. 낸시는 사립학교 친구들을 제법 좋아했고, 그들의 파티에 가는 것을 좋아했다. 하지만 이 다른 사람들은 더 높은 차원, 즉 그들이 논하는 개념과 삶에 대한 질문에 답할 준비가 되어 있었다. 낸시는 적어도 아직은 그들의 세계에서 편안함을 느낀다고 말할 순 없었지만, 대화의 가장자리에 있는 것마저 그녀에게는 그때까지의 일 중 가장 흥분되는 일이었다.

2장

선택

———————— 낸시는 짐과 있을 때 결코 편안하진 않았지만, 그가 주변에 있으면 일종의 질서를 느꼈고 그로 인해 특이하게도 평화로운 기분이 들었다. 그녀는 짐을 자신의 더 똑똑한 버전, 혹은 어머니 다음으로 자신의 마음이 어떻게 움직이는지 이해하는 최초의 사람이라고 생각했다.

어느 날 왓슨이 문을 열고 그녀가 일하는[33] 작은 방으로 쓱 걸어 들어왔다. "넌 과학자가 되어야 해. 나처럼 한 가지 일로 머리가 꽉 차 있거든."

낸시는 가슴이 뛰었지만, 여전히 의심스러웠다. 그녀는 한 박사 후 연구원에게 왜 왓슨이 자신에게 관심을 두게 되었을까를 물었다. "우리 모두 과연 여성이 과학 분야에서 최고의 자리에 오를 수 있을지 알고 싶어 하죠." 그가 말했다. "우리는 당신이 그 사람일 수도 있다고 생각합니다."

이제 짐은 낸시가 대학원에 진학해 박사 학위를 받아야 한다고 주장했다. 낸시는 짐이 해야 한다고 생각하는 것은 무엇이든 하려 했지만, 이 일만큼은 설득되지 않았다. 관심이 없어서가 아니라 시간이 없어서였다.

짐의 연구실에서 1년간 일하면서 낸시는 분자생물학을 연구하고 싶다고, 분자생물학을 연구해야 한다고 확신하게 되었다. 그녀는 자신이 훌륭한 연구, 심지어 노벨상을 받을 만한 연구도 할 수 있으리라 믿었다. 다른 사람들이 자신보다 더 똑똑할진 몰라도, 자신에겐 이후의 중요한 문제와 수행되어야 할 다음 실험에 대한 안목이 있었다. 필요한 것은 실험실에서의 더 많은 연습뿐이었다.

하지만 낸시는 하버드 영어대학원에 진학해 교수가 될 계획이었던 브룩과 약혼한 상태였다. 두 사람은 사귄 지 거의 4년이 되어 가던 참이었다. 낸시는 그를 사랑했고, 진정으로 자신을 이해한다고 느끼는 몇 안 되는 사람 중 하나로 여겼다. 그들은 둘 다 서로를 살폈고, 열성적이었다—그들의 어머니들에 따르면 너무 열성적이었다. 물론 브룩에게는 과학에 대한 그녀의 관심을 공유할 수가 없었다. 수학 시험에서 형편없는 점수를 받은 그는 자신이 수학에 소질이 없다는 결론을 내렸고, 낸시가 인간의 행동은 결국 화학반응으로 설명될 것이라는 확신을 점점 더 갖게 되었듯, 브룩은 프로이트와 정신 분석에 확고한 믿음을 보였다. 하지만 낸시는 그들이 서로를 보완한다고 생각했다. 브룩은 낸시에게 그녀가 접해 보지 못한 재즈와 영화와 책—물론 그녀는 자신이 대단한 독서가라 생각하진 않았지만—을 소개해 주었고, 낸시는 태양 아래 빛나는 피부, 불그스름한 금발, 근육질의 긴 팔다리를 보며 브룩이 멋지다고 생각했다.

브룩과 과학 사이의 선택은 낸시에게 불가능한 것으로 보였다. '선택'이라는 단어조차 그녀가 느끼는 것보다 훨씬 더 많은 자유를 뜻했다. 낸시는 아이도 낳아야 했고, 집 밖에서 중요한 성과도 내야 했다. 그녀는 두 가지 일을 어떻게 할 수 있는지 알지 못했다. 그것도 동시에, 과학계에서 말이다. 낸시가 하버드에서 본 과학자들은 거의 모두 남성이었고 때를 가리지 않고 일했다. 아내와 아이들이 저녁이나 주말에 가끔 들러 인사할 정도였다. 연구실에서 일하는 여성들은 대부분 기술자였다. 굳이 대학원에 가지 않아도 그 일은 할 수 있었다. 박사 학위를 가진 여성은 루스 허바드가 유일했는데, 교수는 아니었고 열일곱 살 연상인 남편 조지 월드의 연구실에서 일했다. 낸시는 과학계에 여성이 없는 것은 과학보다 자녀를 선택했기 때문이라고 생각했다.

그래서 낸시는 자신에게 새로운 기한을 제시했다. 육아에 전념해야 하는 서른 살이 될 때까지는 노벨상을 받을 만한 실험을 하기로 한 것이다. 어쨌든 짐도 스물네 살에 위대한 발견을 하지 않았는가(낸시는 실제로 상을 꼭 받을 필요는 없지만, 상을 받을 만큼 이 분야를 발전시키는 발견을 하겠다는 생각만으로도 흥분했다). 어쩌면 그 후에도 기술자로서 과학계에 몸담을 수 있을지 몰랐다. 기술자는 규정 시간 동안만 일할 수 있었기 때문이다. 하지만 그녀는 박사 후 연구원, 조교수, 부교수, 정교수에 이르는 전통적 코스를 밟을 계획이 없다면, 애초에 대학원에 가는 것은 시간 낭비라고 생각했다—연구 포트폴리오를 쌓고 논문을 발표하여 해당 부문의 선배들이 종신 교수 추천서를 쓸 정도로 평판을 얻기까지는 많은 시간이 걸렸다. 낸시는 단지 실험을 하고 싶을 뿐이었다.

대학원에서 공부하고 수업을 듣는다면 실험실에서 보낼 수 있는 시간이 줄어들 게 분명했다. 박사 학위를 받는 데 3년~5년, 박사 후 연구원으로 2~3년, 종신 교수가 되기까지 또 5~6년. 계산이 맞지 않았다.

낸시는 이를 선택의 여지가 제한된 경우로 생각하지 않았다. 그녀에게 이것은 그저 현실이었다. 낸시는 10년 전에 출간된 베티 프리단의 『여성성의 신화』와 시몬 드 보부아르의 『제2의 성』을 읽었다. 하지만 스무 살의 낸시는 책이 묘사하는 역사적·문화적 억압, 즉 기계적 섹스로 가득한 결혼 생활과 최신 가전제품을 사는 것을 정당화하는 것처럼 느껴지는 가사 노동에 대한 묘사 속에 자신의 삶을 투영하지 못했다. 낸시는 이 책들이 문제를 진단함으로써 문제를 해결했다고 생각했다—그 책들은 그녀와 1964년의 다른 젊은 여성들이 집 밖의 삶을 갖게 해 주었으니까. 그에 반해 자신이 아이와 정규직을 모두 가질 수 없는 것은 과학을 선택했기 때문이라고 생각했다. 낸시는 폴리 번팅을 존경했다. 낸시는 몇 년 동안 그녀에 대해 읽어 왔고, 짐을 포함한 모두가 번팅 부인이 얼마나 놀라운 사람인지를 말했다. 하지만 뭔가 앞뒤가 맞지 않았다. 낸시는 번팅 부인이 어떻게 미생물학자와 어머니 역할을 다 할 수 있는지 이해할 수 없었다(낸시는 번팅이 예일대에서 시간제로 일했고, 남편이 아이들을 맡는 저녁 6시에 자기 '일과'를 시작했다는 것을 몰랐다). 낸시는 래드클리프에서 열리는 가벼운 대화 모임에 참석했지만, 그곳에서도 번팅을 설명해 줄 만한 이야기는 듣지 못했기 때문에, 번팅 부인이 뭔가 특별한 재능이나 상황을 갖추고 있어서 그 모든 게 가능했던 거라고 짐작했다.

낸시의 래드클리프 동급생들도 똑같은 딜레마를 가지고 자신만의 방식으로 고심하고 있었다. 혼전 성관계가 금기시되었고 주법은 피임과 낙태를 금지했기 때문에, 조기 결혼만이 받아들일 만한 선택지로 여겨지기도 했다. 1963년 가을, 하버드 관리부는 여성이 제한된 시간 동안 하버드 기숙사에 머물 수 있었던 규칙(문을 열고 한 발은 바닥에 있어야 했다)의 '오용'을 엄중히 단속했다. 학생처장은 학생들이 하버드 기숙사 내에서 성관계를 맺고 있었다는 사실을 대중이 알게 되면 "창피하기 짝이 없을" 것이라고 경고했다.[34] "도둑질, 거짓말, 부정행위와 마찬가지로 사통에 대해서도 위반자에 대해 엄중한 징계 조치를 하는 것이 우리의 분명한 의무입니다."

일부 래드클리프 여성은 남편감을 찾길 바라며 대학에 오기도 했지만—푸시 총장은 기혼한 래드클리프 여성 중 60%가 하버드 남성과 결혼했다고 말하곤 했다—, 많은 여성이 또한 일을 원했다. 하지만 대체로 무언의 지혜는 둘 중 하나를 선택해야 한다는 것이었다. 그러면 그들은 부모, 약혼자, 번팅 부인, 그들 자신 등 누군가를 실망시킬 수밖에 없었다.

1964년 래드클리프 연감은 "오늘날의 젊은 여성들은[35] 문화적으로 초래된 조현병을 앓는 종"이라고 단언했다. "그들은 남성과 똑같이 양육되고 교육받았으며, 과학이나 정치 분야에서 자신의 입지를 굳힌 여성들에 관한 이야기를 셀 수 없이 들어 왔다. 그러나 이 여성들은 또한 집과 가정, 아이들 그리고 파이프를 입에 문 채 손에 신문을 들고 아내를 무릎에 앉힌 남편에 대한 미국의 위대한 신화를 주입당하기도 했다."

연감 편집자들은 이 문제가 "우리 세대만의 고유한" 문제라고 선언했다. 모든 동시대의 사람들이 그렇게 생각했지만, 이 세대는 발밑에서 지각이 변동하는 것을 느낄 수 있었다. 이전 해 11월, 백악관의 하버드 출신 남자가 암살당했다. 학생들은 케네디 대통령이 총에 맞기 불과 34일 전에 하버드 대 컬럼비아의 풋볼 경기장 관중석에서 선글라스를 끼고 작은 시가를 피우고 있는 그의 모습을 보았었다.[36] 2월에 비틀즈가 미국에 상륙하면서 캠퍼스의 분위기는 한결 밝아졌지만, 이제 미국은 민권법의 통과 여부를 두고 다시 분열하고 있었다. 세상은 변화하고 있었고, 이 젊은 여성들이 세상으로 나갈 준비가 되었을 때 그 모습이 어떨지는 아무도 확신하지 못했다.

연감 편집자들은 『여성성의 신화』를 어머니 세대의 상황과 한계, 즉 "어떤 형태의 직업도 여성답지 않으며, 여성은 절대 집을 떠나선 안 된다고 확신하는 남성들의 세계"에 대한 "짜증"으로 일축했다.[37] 여성은 "여성일 뿐만 아니라 기능하는 인간이며 그에 맞는 대우를 받아야 한다"는 것은 더는 뉴스가 아니었다. 페미니즘은 투표권을 요구하며 가로등 기둥에 자신을 묶었던 여성 참정권 운동가들만큼이나 구식인 과거의 현상이었다. 프리단과 드 보부아르는 여성이 결혼을 미루고 직업을 가질 권리를 주장했고 이미 승리를 거두었다.

새로운 선택지와 함께 1964년 래드클리프 학생들은 선택의 역설에 직면했다. 이를 두고 연감 편집자들은 이렇게 상황을 분석했다. "번팅 부인은 오늘의 졸업생이 내일이면 여성 리더십의 선봉에 설 것이라는 희망을 제시하지만, 어떻게 선봉에 설 것인지는 분명하지 않다. 헌신하는 아내와 역동적인 지도자 중 하나를 선택하는 것은 필연적인 것으로 보인다. 선택하려 하지 않거나 선택할 수 없는 대부분의 여학생들은 최선을 다해 결정을 피한다. 그들은 다른 선택지를 충분히 검토해 보지도 않은 채 한 방향으로 표류한다." 어떤 학생은 과학 전공자가 되어 "지식을 안겨 줄 분젠 버너 불꽃에 영원한 헌신"을 맹세하고, 어떤 학생은 미래에 대한 계획 없이 미술에 손을 댄다. 하지만 과학 전공자는 "여전히 실험실 파트너에게 집적거리고" 영어 전공자는 "배리 골드워터에 대해 언쟁하기를 즐긴다."

"그녀는 너무 '깨어'있어 약혼 반지도 없이 졸업한다고 해서 인생이 실패했다고는 생각하지 않지만, 어떤 일을 시작하든 그 일이 몇 년 안에 중단될 가능성이 크다는 것도 알고 있다(그러길 바랄지도 모른다). 그래서 제대로 배우지 않고, 결혼하지 않고, 다짐도 하지 않은 채 졸업한다."

연감 편집자들은 프리단 세대를 비웃으면서도 프리단이 겪었던 많은 문제가 그녀의 또래 집단 역시 겪는 문제들이라고 진단했으며, 대학원에 진학하고 전문 교육을 받는 여성의 비율이 1910년 수준으로 떨어졌고, 대부분의 여성이 졸업 후 곧바로 결혼한다는 점을 언급했다(여성의 평균 결혼 연령은 20세로, 출산 연령은 25세로 낮아졌다. 1964년에는 전체 미국 여성의 절반[38]이 30세에 마지막으로 아이를 낳았다). "그녀는 많은 남성과 똑같은 자격을 갖추었지만, 미국의 위대한 신화는 그녀가 일을 두고 경쟁할 정서적 준비가 되어 있지 않다고 간주해 왔다."

그들의 해결책은 무엇이었을까? 1964년 래드클리프 졸업생들[39]은 "응접실로 다시 돌아가 바느질을 배울" 순 없었다. 프리단의 암울한 묘사에서처럼 "그저 주부"가 될 순 없었다. 그러나 그들은 열망에 선을 그었다. 아이들을 기르고 남편의 수입을 늘리는 두 가지 역할을 해야 했기 때문이다. 이들은 아이를 낳은 후 "어떤 출판사"의 비서가 되거나 "시간제 일을 구하기 위해" 부단히 애썼다. 그들은 자신들의 갖가지 능력을 세상에 알리고, 지적이면서 명료하고 여성스러울 수도 있다는 것을 보여 주기 위해 동급생들을 불러 모았다. 그리고 그들 세대의 다음 숙제는 매사추세츠 애비뉴 건너편의 동급생들을 이 일에 참여시키는 것이라고 주장했다. "슬픈 현실은 여성의 노력만으로는 의미 있는 시간제 일자리에 대한 권리를 얻을 수 없다는 것이다. 1964년 하버드 졸업생은 그의 할머니와 같은 아내를 기대할 수 없고, 비즈니스 세계가 더는 남성만의 영역이 아니며, 여성이 자신들이 이바지할 수 있는 특정한 공헌에 대해 환영받아야 한다는 것을 깨달아야 한다. 여성의 미래를 위한 교육의 상당 부분은 사실 남성을 교육하는 것이다."

낸시는 브룩이 이런 면에서 잘 교육되어 있다고 생각했다. 하지만 그녀는 육아가 주로 자신의 몫이 되리라는 것 또한 알고 있었다(인구 조사에 따르면[40] 여성의 60%가 첫 아이를 낳은 후 일을 그만두었고, 16%는 유급 출산 휴가를, 14%는 무급 휴가를 받았다. 5%는 해고되었다).

그러던 중 브룩의 계획이 바뀌면서 낸시는 대학원에 가라던 짐의 권유를 다시 생각하게 되었다. 옥스퍼드대에 펠로우십을 지원한 브룩은 졸업 논문의 우수성을 인정받아 합격했다. 낸시는 보스턴에서 일을 구하고자 했지만, 짐을 포함해 아무도 그녀에게 일자리를 제안하지 않았다. 그녀는 더 영구적인 결정을 미루기 위해서라도 대학원에 가는 것이 좋겠다는 생각이 들었다.

관행적으로 과학자들은 학사 학위를 받은 기관에서 대학원 과정을 밟지 않았다. 짐이 낸시를 위해 처음 선택한 곳은 뉴욕에 있는 록펠러

의학 연구소였다. 아마도 미국에서 입학이 가장 까다로운 곳에 속할 이곳은 오즈월드 에이버리가 다른 세포로 유전 형질을 운반하는 분자로서의 **DNA**를 처음 확인한 곳이기도 했다. 록펠러는 일반적인 지원이 아니라, 지명도나 관련이 있는—또는 짐의 경우처럼 둘 다 해당이 되는—누군가의 추천을 통해서만 학생을 받았다.

짐은 연구소장에게 "지금 제 연구실에 총명하고 매우 유쾌한[41] 래드클리프 여학생이 있는데 연구소의 대학원생으로 적합할 것으로 보입니다"라고 짧은 추천서를 썼다. 그리고는 낸시를 면접에 보내면서 복장을 단정히 하고《뉴욕 타임스》를 챙겨 가라고 말했다. 낸시는 언니에게서 갈색 치마 정장을 빌려 입은 채 뉴욕에 도착했다. 몸에 꼭 맞는 재킷에 무릎길이의 플레어스커트를 입은 자신이 멋지게 느껴졌다. 높은 철문 뒤에 분수대와 반짝이는 정원이 숨겨져 있는 록펠러 캠퍼스는 이스트강 위의 절벽에 자리 잡고 있었다. 하지만 곧 하버드의 바이오랩과는 다른 딱딱한 분위기가 낸시를 주눅 들게 했다. 식당 벽에는 모두 남성이 주인공인 유화 초상화들이 걸려 있었고, 빳빳한 유니폼을 입은 관리인들이 깔끔하게 손질된 땅바닥에서 잘못 굴러들어 온 자갈을 쓸어 냈다. 록펠러의 연구소장인 데틀레프 브롱크는 국립과학아카데미의 전 수장이었으며 브롱스Bronx(뉴욕주 뉴욕에 있는 자치구—옮긴이)에 이름을 제공한 가문의 후손이기도 했다. 낸시는 그가 출입구에서 사무실에 있는 그의 책상까지 먼 거리를 걸어가는 동안 입학 여부에 관한 결정을 내린다고 들었다. 브롱크는 낸시의 맞은편에 앉아 그녀가 이곳에서 성공할 수 있다고 생각하는지 물었고, 그녀가 "네"라고 대답한다면 입학할 수 있다고 했다. 낸시는 그에게 할 수 있다고 말했다. 하지만 끝내 연락은 오지 않았다. 아마도 브롱크는 왓슨에게 그런 초보자에게 모험을 걸 순 없다고 말했을지도 몰랐다. 그녀는 브롱크를 탓할 수 없었다.

낸시는 좀 더 평범하게 예일에 지원했다. 그렇다 해도 낸시는 가장 중요한 기준이 연구실에서의 경험과 연구실 책임자의 추천이라는 것을 알고 있었다. 짐은 편지를 통해 낸시가 "밝고 쾌활하다"라고 추천했지만,[42] 최근에야 생물학에 집중하기로 했기 때문에 "사실적 지식은 아직 불충분하다"라고 언급했다. 그리고 이렇게 덧붙였다. "충분히 동기 부여가 된다면, 낸시는 빠르게 배우기 때문에 대학원에서 아주 잘 해낼 수 있을 것입니다. 지금까지만 보면 그녀는 진지한 면과 즐거운 사회적 분위기에 몰입하는 젊은 여성의 태평스러운 분위기를 번갈아 가며 보여 주고 있습니다. 그렇지만 저는 낸시가 두뇌를 사용하는 것의 이점을 깨닫고 대학원 학위를 취득하기를 바랍니다. 이런 변화가 생긴다면, 그녀는 최고의 학생이 될 것입니다."

예일은 낸시를 받아들였다. 짐은 마침 강연을 위해 하버드에 방문 중이던 미생물학과장인 에드워드 아델버그에게 그녀를 소개했다. "그가 널 돌봐 줄 거야." 짐이 그녀에게 말했다. 낸시는 아델버그가 그렇게 해 줄 사람처럼 보인다는 데 동의했다.

낸시는 브룩과 떨어져 지내게 되는 것이 싫었다. 하지만 그녀는 자신의 인생에서 가장 중요한 네 사람 중 셋인 어머니, 언니, 짐과 함께 점심을 먹으며 졸업을 축하하는 동안 기운이 북돋는 것을 느꼈다. 곧 브룩은 영국으로, 낸시는 뉴헤이븐으로 이사했다.

_____ 낸시가 대학원에서 최고의 학생이 될 것이라는 짐의 말은 옳았다. 양극단을 오가는 그녀의 경향에 대해서도 옳았다. 결혼과 과학에 관한 양면적 감정이 그녀를 괴롭혔기 때문이다.

예일은 주말에 브룩의 경기나 하버드와의 연례 풋볼 경기에 응원하러 갔던, 그녀가 기억하는 매력적인 곳이 아니었다. 낸시는 대부분의 수업을 본교 캠퍼스가 아닌 의과대학이 있는 지역에서 들었다. 그곳은 뉴헤이븐에서 위험한 지역으로 여겨지는 곳이었기 때문에, 낸시는 어두워지기 전에 서둘러 집으로 향해야 했다. 낸시가 방을 빌린 건물에는 혼자거나 사별한 70대 여성과 사회 보장으로 살아가는 여성들이 살고 있었다. 1주일간 본 여성들은 대체로 이들뿐이었고, 같은 과학생은 거의 없었다. 구 예일대 캠퍼스의 회색 고딕 양식 건물들로 둘러싸인 안쪽 지대는 주말을 제외하고는 여자가 없는 수도원이나 마찬가지였다. 주말에는 멋지게 차려입은 데이트 상대들을 태운 버스가 바사르와 스미스에서 도착했는데, 마치 영화 세트장의 엑스트라처럼 색색의 여자들이 불현듯 나타났다. 낸시는 질투심에 차서 브룩을 걱정했다. 영어과 수석 졸업생인 그레이스 켈리를 닮은 래드클리프 동급생 중 하나가 옥스퍼드에서 그를 쫓아다니고 있다는 소식을 들었기 때문이다.

낸시는 조바심을 내고 있다는 것을 깨닫고 공부에 몰두했다. 모든 과목에서 A를 받았고, 그녀를 주저앉게 할까 봐 걱정했던 생화학도 정복할 수 있었다. 또 사이언스 힐에 있는 브룩의 사립고 시절 친구에게서 인계받은 연립주택으로 이사도 했다. 그곳은 분자생물학자들이 연구실을 준비하고 있던 새로 생긴 클라인 생물학 타워와 더 가까웠다.

낸시는 박사 학위를 받으려면 두 가지 언어를 읽고 쓸 수 있어야 한다는 것을 알고 독일어를 배우기 시작했다—프랑스어는 이미 알았다. 예일대에서 강사로 일하는 새 이웃에게서 배우기 시작한 지 2주 만에, 그녀는 DNA에 관한 과학 기사를 제한 시간 내에 번역하는 시험을 통과할 만큼 실력이 좋아졌다. 주목할 만한 사건도 있었다. 그녀가 예일에 도착한 그해 가을, 영국의 과학자이자 세 아이의 어머니인 도로시 호지킨Dorothy Hodgkin이 X선 결정학을 이용해 페니실린과 비타민 B_{12}의 분자 구조를 규명한 공로로 노벨상을 받았다. 호지킨은 마리 퀴리와 그녀의 딸 이렌에 이어 겨우 세 번째로 노벨상을 받은 여성이었다.

대학원 2년 차에 낸시는 박사 학위 취득을 위한 연구실을 찾아야 했다. 그녀가 하버드 바이오랩에서 일하는 동안 깨달은 것은 가장 중요한 문제만이 탐구할 가치가 있다는 것이었다. 그런데 왓슨이 생물학과로 영입한 물리학 교수 월리 길버트Wally Gilbert는 중요하지 않은 사실을 증명하기 위한 실험에도 중요한 사실을 증명하기 위한 실험만큼이나 많은 노력이 필요하다고 말했다. 그렇다면 홈런에 도전하지 않을 이유가 있을까? 낸시가 프랜시스 크릭을 처음 만났을 때, 실험실 의자에서 곤란한 자세로 했던 말은 진심이었다. 그녀는 '억제자'에 대해 알고 싶었다.

초창기의 분자생물학자들은 박테리아 속으로 침투하는 바이러스인 파지의 유전자를 연구했다. 바이러스는 침투한 세포 안에서 증식하는 단백질로 싸인 작은 유전물질 다발인데, 파지는 단순한 바이러스여서 생물학자들이 유전자 구조를 이해하기가 쉬웠다. 궁극적으로 과학자들은 좀 더 복잡한 시스템에서의 유전자의 역할, 즉 수정란이 어떻게 유기체로 발달하는지를 이해하고 싶어 했다. 하지만 그 과제는 여전히 너무 컸고, 해결을 위해 갈 길이 너무 멀었다. 그 사이에 있는 중요한 질문은 무엇이 유전자가 기능하는 방식을 제어해서 각 유전자가 언제 어떻게 자신을 발현할지 아닐지를 알 수 있게 하는가였다. 모든 세포가 같은 DNA를 갖고 있다면, 어떻게 어떤 세포는 혈액세포가 되고 어떤 세포는 간세포가 되는 것을 알까?

1961년 2명의 프랑스 과학자 프랑수아 자코브와 자크 모노는 그에 대한 답이 다른 유전자가 발현되는 것을 막는 분자들을 생성하는 유전자에 있다고 제안했다. 이 분자들이 통틀어 억제자로 불렸다. 하지만 그것이 단백질이라는 추측만 있을 뿐 억제자가 어떻게 작동하는지, 심지어 무엇으로 만들어졌는지에 대한 가설은 누구도 증명하지 못했다. 어떤 세포든 억제자의 양이 너무 적었기 때문에 이를 알아낸다는 것은 매우 어려운 일이었다. 4년 동안 모노의 연구실에서조차 아무도 억제자를 분리하는 데 성공하지 못했다. 그 일은 성배[43]로 남아 있었다.

낸시는 래드클리프 3학년에 재학 중일 때 왓슨이 강의에서 이에 관한 문제를 제기한 후부터 억제자에 이끌렸다. 그녀는 언젠가, 아마도 100년 후에는 과학자들이 인간의 유전자를 관찰하고 암이 유전자 발현의 실패로 발생한다는 것을 알게 될 거라고 생각했다. 왜 어떤 세포는 암세포가 되는가에 대한 질문은 그 무엇보다도 낸시를 사로잡았다.

예일대에서 억제자 연구에 관심이 있을 만한 사람을 수소문하던 낸시는 유전자 발현을 연구하는 생화학자 앨런 가렌Alan Garen을 소개받았다. 그는 억제자가 중요한 문제라는 데 동의했지만, 자신이 과연 그 문제에 덤비고 싶어 하는지는 확신하지 못했다. 그는 낸시에게 자신이 좀 더 젊었다면 가능했을지 모른다고 말했다. 가렌은 서른아홉 살이었다. 스물한 살의 낸시는 자신이 분자생물학의 노인 병동에 오게 된 것을 한탄했다. 그녀는 짐에게 "교수님이 저를 이렇게 만들었어요"[44]라고 썼다.

하지만 짐의 답변만으로도 낸시는 과학에 관한 흥미를 되찾을 수 있었다. 짐은 가렌이 최고의 생화학자이며―짐이 할 수 있는 최대의 칭찬이었다―, 특히 가렌이 낸시를 받아들이는 데 동의했기 때문에 적어도 몇 달은 그의 연구실에서 일을 해봐야 한다고 말했다. 가렌에겐 배울 만한 것이 있었다. 낸시는 그의 말에 수긍했다.[45]

낸시가 보기에 가렌은 너무 신중한 사람이었다. "그는 '아주' 좋은 사람입니다. 다정하고 뭐 그런 사람이에요." 그녀는 첫 출근 후 짐에게 썼다. "저는 아직 먼 이야기인 억제자와 관련된 일을 틀림없이 하고 있긴 하지만, 그 미래는 실망스러울 정도로 너무 멉니다. 실험에 시간이 엄청나게 소모되고 전체적으로 따분한 일이에요. 제 경우 가장 흥미로운 문제와 직접 관련이 있을 때만 모든 일을 견딜 수 있게 되나 봅니다. 제가 과학에 관심이 있는 이유는 솔직히 억제, 암, 그리고 수정란이 귀나 다른 것들을 만드는 방법과 같은 질문에 대한 답을 찾고 싶기 때문이에요. 하지만 이런 식이라면 저는 그 질문들에 대한 답을 알기도 전에 죽고 말 겁니다."

몇 달 후[46] 다시 편지를 썼을 때 낸시는 좀 더 긍정적이고 단호해져 있었다. 브룩을 쫓아다니던 래드클리프 동급생은 옥스퍼드 출신인 그의 룸메이트와 결혼했다. 가렌은 자크 모노와 함께 연구실에서 박사 후 연구원을 마친 생화학 교수를 새로 영입했고, 낸시는 여전히 대학원이 그만한 가치가 있는지 의심했지만 가렌 대신 그와 함께 일할 수 있기를 기대했다. "그러한 의심에 사로잡힐 때 저는 한 위인이 젊은 과학자에게 했던 '연구에 넌더리가 나면 더 열심히 연구하라'라는 유명한 조언을 떠올려요. 그리고는 새로워진 기분으로 슈뢰딩거 방정식으로 돌아가죠."

연구실은 언제나 조용했다. 낸시는 하버드 연구실의 지적인 웅성거림, 자신의 질문에 기꺼이 대답해 주던 기술자들과 과학자들, 다실 세미나의 열띤 비판이 그리웠다.

가렌은 말수가 적었고, 대부분 아내와 함께 사무실에서 점심을 함께 먹었다. 그는 낸시와 의례적인 대화만 주고받았다. 낸시는 일할 때 가끔 하버드 바이오랩에서 실험이 어떻게 진행되는지에 관한 이야기를 쏟아 내곤 했다. 가렌이 자신을 의심하는 눈초리로 쳐다본다고 생각했기 때문이었다. 그러던 어느 날 오후 가렌이 폭발했다. "나도 짐 왓슨이 어떤 식으로 연구하는지 다 압니다!" 가렌은 그녀에게 왓슨의 연구실에 있는 한 박사 후 연구원이 자신보다 앞서 중요한 발견을 발표했는데, 그가 자신이 정성 들인 실험을 통해 준비 중이었던 답을 훔쳤다고 말했다. 낸시는 더 자세히 묻지 않기로 했다. 그녀는 과학 분야의 경쟁이 치열하다는 것을 알고 있었다. 양쪽 입장에 대해 어떻다고 판단할 만큼 자신이 잘 알고 있는지 확신할 수 없는 데다가, 하버드의 박사 후 연구원들은 그녀의 친구들이었다. 낸시는 대체로 그들 편으로 기울었다. 그리고는 자신이 사랑하는 것이 과학이 아니라, 바이오랩에서 연구가 수행되는 방식이 아닌지 의심하기 시작했다.

낸시는 바이오랩의 박사 과정 학생이었고 낸시가 4학년일 때 들었던 강의의 강사였던 마크 프타신Mark Ptashne이 억제자를 연구하고 있다는 소식을 들었다.[47] 왓슨은 최근 그가 하버드 펠로우협회의 주니어 펠로우십, 즉 위대한 발견이나 발전을 앞둔 것으로 여겨지는 소수의 특별히 유망한 젊은이들에게 주어지는 상을 받도록 도왔다. 프타신은 월리 길버트Wally Gilbert와 경쟁 관계에 있었는데, 길버트는 박사 후 연구원의 도움을 받는 이점을 누리고 있었지만, 프타신은 혼자였다. 프타신은 유망한 결과를 도출하고도 실험을 반복해 결과를 확증하는 데 어려움을 겪고 있었다. 낸시는 마크에게 편지를 보내 왜 억제자를 분리하는 것이 그처럼 어려운지, 그것이 유전자 발현의 열쇠가 된다는 제이콥과 모노의 생각이 틀렸을 가능성은 없는지 물었다. 그들은 실행 가능한 실험에 관한 편지를 주고받았다.

그러는 동안 뉴헤이븐은 낸시를 두고 음모를 꾸미는 것처럼 보였다. 그녀는 어느 비 오는 봄밤, 함께 저녁을 먹기로 한 다른 대학원생을 만나러 가고 있었다. 그런데 자전거를 타고 모퉁이를 돌아 나오던 한 예일대생이 정면으로 힘껏 낸시를 들이받는 바람에 그녀는 뒤로 넘어지면서 보도에 머리를 부딪쳤다. 낸시는 병원으로 옮겨졌다. 새 귤색 코듀로이 코트에 피가 뚝뚝 떨어졌다. 한 인턴이 상처 부위를 꿰매고 이후 몇 번 다시 와서 확인하더니, 어느 날은 그녀의 침대 위, 더 정확히는 그녀 위로 올라오려고 했다. 낸시가 진심으로 인턴에게 머리가 깨질 것 같다고 말하자, 그는 떠났다. 아파트로 돌아온 낸시는 결혼과 과학에 관한 오랜 걱정에 빠졌다. 이틀 반나절 동안 잠을 자고 일어난 후에는 최소 잠깐이라도 뉴헤이븐을 벗어나야겠다고 결심했다.

학기 말 5월, 낸시는 2달 동안 유럽에 머물 예정인 래드클리프 출신의 한 친구와 함께 여행을 떠났다. 미코노스 해변에서 낸시는 자신이 하버드에서 수행되는 연구에만 관심이 있다는 결론을 내렸다. 낸시는 자신이 하버드 대학원에 갈 수 없다는 것을 이해했다—짐이 그녀가 그곳에 다니기를 원했다면 분명히 그렇게 해 줄 수 있었을 것이다. 하지만 아직 낸시가 하버드에서 일할 방법은 있었다. 프타신의 펠로우십은 3년 동안 아무런 조건 없이 그에게 연구실 자금을 지원하기로 되어 있었다. 그 돈으로 기술자 1명 정도는 고용할 수 있었기에 낸시는 그 자리를 탐냈다. 박사 학위는 신경 쓰지 않았다. 그녀는 지루한 일을 하면서 화려한 학위를 받느니 열정적인 일을 하면서 낮은 자리에 머물기를 택했다.

8월에 뉴헤이븐으로 돌아온 낸시는 짐에게 조언과 허락을 구하는 5장짜리 편지를 보냈다.[48] 그녀는 1년 동안 많은 것을 배웠다는 사실을 인정했지만, 가렌의 연구실에서 보낸 시간의 음울함에 관해서도 이야기했다. "그해 말에는 새롭고 유용한 사실을 하나도 습득하지 못했고, 여전히 앞에 놓인 다음으로 큰 문제, 즉 실험실에서 혼자 생산적으로 지내는 법을 배우는 일도 시작하지 못했습니다." 낸시는 앞으로의 2~3년 역시 비참해 보인다고 말했다.

"대학원의 목표는 자신이 하고 싶은 일을 할 자격을 갖췄음을 모두에게 알릴 학위를 취득하는 것이기 때문에, 대학원은 누구에게나 분명히 이런 곳일 수밖에 없다는 것을 깨달았습니다." 낸시가 다소 냉소적으로 글을 이어 갔다. "그런데도 이 과정을 계속할 가치가 있을까요?" 그녀는 두 가지의 단점을 발견했다.

"안타깝게도, 그리고 아무리 해 보려고 해도, 종국에 좋은 결과를 얻게 되리라는 가능성만을 믿고 참는 것은 항상 어렵다는 것을 알았습니다. 이것은 매우 심각한 단점이어서 결국은 아마도 '저를 압도'하겠지만, 그래도 이를 받아들이고 직면해야겠지요. 과학을 향한 저의 열정은 작년에 겪은 지루함과 좌절감으로 이미 심각한 타격을 입었습니다. 열정을 잃고 고통만 남는다면 결국 포기하게 될 텐데, 저는 제가 그렇게 될까 두렵습니다.

또 저는 여학생입니다. 제가 대학원을 마치면 딱 결혼할 때일 것이고(결혼한다면), 얼마 지나지 않아 가족도 갖게 될 겁니다. 트링카우스 박사 같은 사람들의 말("저는 결혼했지만 제가 이룬 것들을 보세요")이나 예외적인 도로시 호지킨을 본보기로 드는 사람들의 말에도 불구하고, 저는 아내 역할을 어느 정도 할 계획이라면 과학에 진지하게 임하는 것은 끝일 거라고 생각해요. 그러니까 다음 5년 동안 제가 하게 될 일에 관심을 기울여 주시면 좋을 것 같습니다."

낸시에게 학위 취득의 장점은 한 가지만 있었다. "진지하게 받아들여지거나 무슨 일이든 하려면 학위가 있어야 하는 건 사실이에요. 저는 여전히 과학을 업으로 삼거나 적어도 평생 '큰 관심'을 두고 지켜보고 싶기 때문에 이것은 매우 중요한 사항입니다."

마크 프타신이 낸시가 정말로 관심이 있는 주제를 연구하는 것도 사실이었다. 낸시는 "그것은 제가 지난 3년 6개월 동안 늘 관심을 두고 있었던 주제였습니다"라고 썼다. 그리고 "수동적인 기술자 이상"이 될 것을 약속했다. 그녀는 지시받은 일을 하는 것뿐만 아니라 일을 적극적으로 추진하는 데에도 매우 관심이 많았다.

"이 일을 하는 것이 제가 줄곧 해 온 연구에 돌이킬 수 없는 결과를 초래하는 것이 아니라면, 제가 이 일을 하는 동안 계속 배울 수 있다고 생각하신다면, 그리고 이러한 생각을 허락해 주신다면, 프타신 밑에서 일하는 것이 여기에 머무는 것보다 더 좋을 것 같습니다." 낸시는 편지에 2개의 추신을 덧붙였다. "제가 한 말은 모두 진심입니다. 장난 삼아 이런 말을 하는 것이 아니에요. 저는 마크 프타신을 사랑한 적이 없고, 사랑하지 않으며, 사랑에 빠질 생각도 없습니다. 제 동기는 위에 쓰인 게 전부죠."

왓슨은 마지막 사항에 관해서는 확신할 수 없었다. 그렇지만 어쨌든 그는 보통 때와 달리 격식을 차리며 사무실에서 낸시를 만났고, 그녀에게서 마크가 눈앞에 놓인 중요한 일에 집중 못하는 일이 없도록 하겠다는 다짐을 받았다. 그러한 확약을 바탕으로 왓슨은 마지못해 낸시의 대학원 중퇴 결정을 지지하겠다고 말했다.

낸시는 자신 때문에 그가 예일에 고개를 못 들게 된 것은 아닌지, 자신이 그가 처음에 생각했던 대로 가벼운 관심만 내보이거나 출세 지향적인 여성임을 증명한 것은 아닌지 걱정했다. 그래도 어쨌든 브룩이 하버드로 돌아올 것이었고, 과학도 마찬가지였다. 그녀는 돌아가게 되어서 정말로 기뻤다.

3장
뻔뻔한
제안

_____ 최고 수준의 과학계에서 일하는 대부분의 사람에게 대학원 과정을 도중에 그만둔 낸시는 취미 삼아 이 일을 하는 사람처럼 보일 수 있었다. 진지하게 인정받고 싶은 사람이라면 학업을 계속 이어 나갔을 테니까. 하지만 낸시는 취미처럼 일을 대한 적이 없었으며, 매 순간 억제자를 이해하기 위해 온 힘을 다했다. 같이 수업을 듣는 다른 젊은 남자들과 달리, 하고 싶은 연구뿐만 아니라 가정을 꾸리는 것까지 해내려면 시간이 촉박했다. 평범한 과학의 길을 걷는 미래는 상상할 수 없었다.

엘리트 과학계에서 개인이 택할 수 있는 다른 경로는 거의 없었다. 과학계에는 엄격한 위계질서가 존재했는데, 연구실 책임자인 교수가 연구 보조금을 관리하고 일자리도 쥐락펴락했다. 이는 관계를 기반으로 구축된 남자들만의 세계이기도 했다. 교수들은 한 대학의 대학원 교수가 다른 대학의 학과장(둘 다 거의 확실히 남성)에게 보내는 추천서로

67

채용되었다. 어떤 연구 결과가 권위 있는 과학 학술지《프로시딩》에 실릴 만큼 중요한지 결정하는 사람들은 국립과학아카데미의 회원들이었다. 전문 협회에서 수여하는 상과 표창도 과거 수상자의 추천에 의존하는 경우가 많았다. 1780년 존 애덤스와 존 핸콕, 그리고 다른 '애국 학자들'이 그들 신생 국가의 지식을 공표하고 발전시키기 위해 설립한 미국예술과학아카데미[49]는 1848년에 마리아 미첼Maria Mitchell을 최초의 여성 회원으로 선출했다. 그녀가 혜성을 발견한 미국 최초의 과학자가 된 지 1년이 지난 후였다. 미첼은 1889년에 사망했고 아카데미는 1942년이 되어서야 다른 여성을 선출했는데, 그 뒤로도 일부 회원들의 압력하에서만 여성을 선출했다. 여성이 충분한 성과를 거두지 못했다고 생각해서 그런 건 아니었다. 한 회원이 설명했다. "주요 층에서 논문이 제시되는 동안에는 반대 의견을 표명하지 않습니다. 위층 방에서 진저에일과 맥주, 프렛즐과 치즈 주위에 둘러앉아 있을 때 반대 의견이 나오는 거죠."

1919년 하버드 의과대학장[50]이 앨리스 해밀턴Alice Hamilton 박사를 하버드 최초의 여성 교수로 채용할 수 있도록 허락을 구했을 때, 애벗 로웰 하버드 총장은 실제로 눈을 굴렸다. 총장은 학장에게 "해밀턴이 정말로 이 나라에서 그 자리에 가장 적합한 사람이라면요"라고 답했다. 해밀턴은 실제로 최고였다. 의과대학은 산업 의학 부문의 교수를 채용할 계획이었는데, 공장 노동자들을 상대로 납과 수은 중독을 진단하고 그들을 치료한 해밀턴은 이 분야를 창시한 것이나 다름없었다. 그런데도 하버드는 세 가지 조건을 내걸고 해밀턴을 채용했다. 그녀는 패컬티 클럽에 들어갈 수 없었고, 전통 의식인 학술 행렬에 참여할 수 없었으며, 교수진에 제공되는 축구 경기 티켓을 받을 수 없었다. 종신 교수직도 결코 얻지 못할 것이었다. 그나마 해밀턴은 명문 기숙학교와 브린모어대학을 거쳐 미시간대학에서 의학 학위를 취득한 특권층 출신이었다. 혜택받지 못한 여성, 특히 유색 인종 여성의 경우에 학위 취득을 위한 교육은 여전히 닿을 수 없는 곳에 있었다. 가령 미국에서 백인 여성이 최초[51]로 수학 박사 학위를 받은 때가 1886년이었던 반면, 흑인 여성은 1943년이 되어서야 처음으로 해당 학위를 받을 수 있었다.

제2차 세계대전 중[52] 대학들은 참전한 남성 과학자들의 자리를 메우기 위해 여성을 고용했다. 전쟁이 끝나자[53] 제대군인원호법에 따라 캠퍼스에 귀향 군인이 넘쳐나게 되었고, 대학들은 전쟁 중에 고용한 여성을 남성으로 대체하며 위상을 높이려 했다. 여성 교수의 수[54]는 여대에서조차도 눈에 띄게 감소했다. 또한 많은 대학이 배우자의 고용을 금지하는 친족 등용 금지 규정을 부활시켰는데, 이 경우 배우자는 거의 늘 아내였다. 남성 과학자들은 외부 지원금을 이용해 아내를 연구원으로 고용함으로써 이 문제를 해결했다.[55] 그런 일자리 정도가 과학계에서 일하고 싶어 하는 여성이 기대할 수 있는 최선이었다. 승진은 꿈도 꿀 수 없었지만 드물게 예외는 존재했다. 예를 들어 거티 코리 Gerty Cori는[56] 세인트루이스에 있는 워싱턴대학교에서 16년간 연구원으로 일하다가 1947년 정교수가 되었다. 남편과 함께 당이 어떻게 대사되는지를 발견한 공로로 노벨상을 받은 해였다. 하지만 같은 의과대학에서 같은 학위를 받고 함께 일했음에도 불구하고, 그녀의 수입은 남편 수입의 1/10에 불과했다.

감히 불평하는 여성들[57]은 남자들보다 일을 더 열심히, 더 잘해야 한다는 말을 들었다. 진로 조언에 관한 책을 쓴 마운트홀리요크대학의 한 여성 화학자는 "필요한 것은 직업적 선택이 보장된 남성에게 기대되는 것보다 더 높은 수준의 성과"라며 2명의 동료를 나무랐다. 어떤 사람들은 여성이 목적에 대한 진지함이 부족하다고 주장했다.[58] 하버드대 심리학 교수인 에드윈 보링은 1951년 《아메리칸 사이콜로지스트》에 실린 한 기사에서 여성은 주 80시간 근무를 꺼리고 성공 지향적인 남성들처럼 "일에 미치지" 않기 때문에 발전이 없다고 주장했다.

여성 고용의 가장 큰 장애물[59]은 여성이 가정을 갖게 될 것이라는 생각이었다. 1957년 《애틀랜틱》에 실린 과학계 여성에 관한 한 기사는 이렇게 물었다. "무엇보다도, 결혼하고 가정을 꾸리면 일을 그만둘 텐데 왜 여성을 뽑겠는가? 여기에 오늘날 직업적 적대의 핵심이 있다." 기사는 여성들이 대학을 졸업한 후에도 몇 년간 일했고 가정에 자녀가 둘일 때는 상황이 달랐다는 점을 지적했다. 전후 호황을 누리는 지금 "여성은 대학 재학 중에 혹은 졸업 후 바로 결혼할 가능성이 크고, 가족 계획에는 3명~5명의 아이가 포함되며, 도움의 손길은 부족하고 돈도 많이 든다."

1957년 소련이 스푸트니크호를 발사해 우주에 위성을 쏘아 올리는 경쟁에서 미국을 꺾자, 미국은 여성 과학 인력을 다시 요구했다. 하지만 그러한 요구는 여성 과학자 비율의 감소를 막는 데 별다른 도움이 되지 않았다. 과학은 여성에게 맞지 않는다는 인식이 여전히 존재했기 때문이다. 존스홉킨스대학에서 방사선 연구실을 운영하던 화학자 베티 루 라스킨Betty Lou Raskin[60]은 1959년 《뉴욕 타임스》에 실린

한 기사에서 러시아인들은 지금껏 미국이 배출시킨 것보다 더 많은 여성 엔지니어를 1년 만에 배출시켰다고 지적했다. "우리 사회에서 여성이 어떻게, 왜, 무엇이 이 세상을 움직이게 하는지 알아내려 하는 것은 어쩐지 '여성스럽지' 않다. 그러나 칵테일을 들고 곳곳을 돌아다니는 것은 확실히 여성스럽다." 그녀는 최근 중학교 1학년 학생들과 대화를 나누던 중 붉은 머리를 하나로 묶은 아이가 자신에게 '진짜 과학자'인지 '과학자 역을 하는 배우'인지 물었던 에피소드를 꺼냈다. 그 소녀는 생물학자가 되고 싶었는데, 어머니가 여성 과학자는 외모에 신경 쓰지 않는다고 말했기 때문에 예쁜 모자와 옷을 착용한 라스킨이 진짜 과학자인지를 의심스러워했다.

그해 말[61] 같은 잡지는 "똑똑한 여자들, 사회에서 어느 위치에 있는가?"로 헤드라인을 장식했다. 기사는 이렇게 질문했다. "기술 교육을 많이 받은 여성은 무조건 덜 여성스럽고, 덜 따뜻하며, 이해심이 부족하고, 아내와 어머니의 역할을 잘 해낼 수 없는 것인가? 오늘날 기술적으로 숙련된 여성은 전통적인 여성의 영역에서 일하는 여성보다 더 혼란스러운 어려움을 겪고 있진 않은가?" 질문에 따른 답이 나와야 했지만, 잡지는 "의견은 다양하다"라고 보도했다. 한 아버지는 대학교 2학년인 딸의 목표가 과학계에서 경력을 쌓는 것이라고 이야기했지만, 그러면서도 그녀가 여름방학 동안 자녀 셋을 둔 어느 가정의 도우미로 일한 것을 자랑스러워했다. "딸은 아이들을 아주 잘 돌보죠." 그가 말했다. "요리도 잘하고요." 생물학 박사 학위가 있는 어느 "젊은 엄마"는 높은 지능을 가진 여학생이 "그냥 머리를 썩히게 두는 것"을 방치해선 안 된다고 말했다. 하지만 그녀는 자기 일을 추천하는 말은 거의 하지 않았다. "역사상 이 시점의 고급 기술 교육은 여성이 미래의 남편, 적절한 직업, 어울릴 친구들을 선택할 기회를 제한하는 것 같아요."

여성과 여학생들은 자신의 최고이자 최선의 쓸모가 남편과 자녀를 위해 봉사하는 것이라는 메시지에서 벗어날 수 없었다. 캘리포니아대학의[62] 연구물리학자인 마리아 거트루드 메이어Maria Goeppert Mayer가 16년 전 거티 코리에 이어 과학계 여성으로서는 네 번째로 노벨상을 받았을 때, 《샌디에이고 트리뷴》은 "샌디에이고의 어머니, 노벨 물리학상 수상"이라는 헤드라인으로 그녀의 가정적 역할을 앞세웠다.

1960년에 이르러 여성은 미국 근로자의 33%를 차지했지만, 국가 과학자 명단에 포함된 여성은 7%에 불과했다.[63] 여성은 같은 교육을 받고도 남성보다 약 40% 적은 임금을 받았다.[64] 상위 20개 대학의[65] 과학 분야 정교수 중 여성은 4%뿐이었다.

1961년, 10년 전 의회가 설립한 국립과학재단은 보고서에서 더 많은 여성이 과학계에 진출하도록 장려해야 한다는 요구를 다시 내놓았다. "기술이 진보할 때마다[66] 전문 지식과 기술에 대한 필요성이 더욱 분명해지는 지금, 귀중한 인적 자원을 낭비하는 중일지도 모른다는 우려가 더욱 커지고 있다."

"여성의 과학적 업무[67] 수행 능력에 대해 여전히 가끔은 의구심이 제기된다는 점"을 고려해 재단은 "이제 여성의 지적 능력은 본질적으로 남성의 지적 능력과 다를 바 없다는 것이 일반적인 인식이다"라는 점을 지적할 필요가 있다고 느꼈다.

1963년 낸시가 짐 왓슨의 강의실에서 DNA에 푹 빠진 그해, 여성이 가정 밖과 과학 부문에서 좀 더 충만한 삶을 살 수 있게 하기 위한 보기 드문 노력이 있었다. 프리단의 책은 2월에 베스트셀러가 되었다. 그리고 6월에 케네디 대통령은 남성과 같은 일을 하는 여성에게 임금을 더 적게 주는 행위를 금하는 동일임금법에 서명했다—여성은 남성이 1달러를 벌 때 60센트를 벌고 있었다. 이 법안은 케네디 대통령이 2년 전 발족시킨 대통령여성지위위원회의 권고에 바탕을 둔 것이었다. 위원회는 정치적 책략의 결과물[68]이었다. 이를 통해 케네디는 '동등한 대우'가 여성에게만 적용되는 몇몇 장치의 철폐를 의미할까 우려해 성평등 헌법 수정안에 반대하는 노조 간부들을 소외시키지 않고 여성을 지지한다는 신호를 보낼 수 있었다.

케네디는 엘리너 루스벨트를 명예 위원장으로 임명했지만, 위원회의 실질적 힘은 워싱턴에서 최초의 여성 노동 로비스트로 활동했던 에스더 피터슨Esther Peterson 부위원장에게 있었다. 1963년 10월에 발표된 최종 보고서의 권고 사항들은 혁명적이었다. 여기에는 유급 출산 휴가, 육아 보조금, 고용 및 승진의 차별을 금하는 연방법 제정, 기본 소득 보장, 호텔 및 세탁소 근무 여성에 대한 최저 임금 적용 확대, 남편이 아내의 수입을 관리하고 기혼 여성의 사업체 소유를 금하는 주법의 철폐가 포함되어 있었다. 피터슨의 보고서는 "각 여성이[69] 가정과 가족의 중심점으로 자리 잡고, 지역 사회 참여자, 경제 기여자, 창의적 예술가나 사상가나 과학자, 정치와 공공 서비스에 종사하는 시민으로서 시대적 목적을 발견하고 표현할 수 있는" 세상을 꿈꿨다. 책으로 펴낸 이 보고서 또한 베스트셀러가 되었다.

이 위원회에서 활동했던 폴리 번팅은 1963년 10월 에스더 피터슨을 비롯한 다른 이들과 함께 '미국의 여성'이라는 야심 찬 주제로 '새로운 물음을 제기'하기 위해 미국 예술 및 과학 아카데미 심포지엄을 기획했다. 행사는 포크너 농장의 넓은 정원이 내려다보이는 보스턴 교외 브루클린의 이탈리아식 저택에서 열렸다. 기조연설을 한 발달심리학자 에릭 에릭슨과 1950년 베스트셀러 『고독한 군중』을 통해 전후 부유해진 미국인들의 불안을 진단한 하버드대 사회학자 데이비드 리스먼을 비롯, 미국에서 가장 저명한 학자와 작가들이 행사에 참석했다.

논의를 위해 초대된 사람 중에는 6년 전 하버드에서 사회관계학 박사 학위를 받은 후 일련의 연구 프로젝트에서 프리랜서로 일하며 네 살과 10개월 된 아들 둘을 키우고 있던 33세의 로테 베일린Lotte Bailyn도 있었다. 로테는 '미국의 여성'에 관한 콘퍼런스라는 개념을 이해하지 못했다. 그녀는 여성을 일반적인 미국인과 다른 사람으로 여기는 것 자체가 이상하다고 생각해 왔지만, 경험을 통해 그런 일이 항상 벌어진다는 사실을 깨닫는 중이었다. 로테는 참가자 명단에 자신이 포함되었다는 사실에 조금 놀랐다. 그녀는 그것이 하버드 역사학과의 떠오르는 스타인 남편 때문이거나 보스턴 지역에서 택할 만한 여성 학자가 너무 적기 때문일 것이라고 짐작했다. 그럼에도 로테는 기뻤다. 그녀는 리스먼과 에릭슨, 그리고 연설이 예정된 또 다른 사회학자 엘리스 로시Alice Rossi를 경외했다.

로테는 자신의 토론 주제 제목으로 '전문직 여성의 심리에서 선택의 역할'을 제안했다. 그녀에게 선택은 분명했다. 자라는 동안 로테가 특히 여성으로서 일하는 삶을 선택할 것이라는 데는 의심의 여지가 없었다. 친할머니인[70] 소피 라자스펠트는 14세 이후 정규 교육을 받은 적이 없었는데도(빈에는 여자고등학교가 없었다), 1920년대 빈에서 알프레드 아들러의 가르침을 받으며 정신분석학자가 되었다. 할머니는 빈의 결혼상담소에서 일했는데, 덕분에 나중에는 신문 칼럼과 책을 통해 여성들에게 결혼과 건전한 성생활을 유지하면서 자립심을 기르는 방법에 대해 조언했다. 이는 영어로도 번역되었는데 1960년대에도 계속 업데이트된『여성의 남성 경험』은 최초의 노골적인 페미니스트 책자 중 하나로 여겨졌다(덜 선정적인 구절 중 하나를 보자면 이렇다. "자신의 성적 능력을 확신하는 남성만이 독립적인 여성에게 끌린다. 실제로 여성의 일자리 문제에 대한 태도에서 남성의 성적 능력을 가늠해 볼 수 있다").

로테의 아버지인 폴은 젊은 사회민주당원을 위해 그가 발족한 모임에서 아내 마리 야호다를 만났는데, 당시 그는 수학 박사 학위를 갖고 있었다. 그리고 '미치'로 알려진 마리는 결혼 직후 사회심리학 박사 학위를 받았다(그녀는 어린 로테가[71] 자신의 논문 초안을 10페이지나 먹었다고 말했다). 이 젊은 부부는[72] 이후 사람들과 일의 관계에 관한 획기적 연구물이 될『마리엔탈의 실업자』를 연구하는 소규모 팀에 합류해, 한때 번성했던 빈의 남쪽 마을로 이사했다. 대다수 주민을 고용했다가 대공황 직전에 문을 닫은 직물 공장이 있던 곳이었다. 연구팀은 새로운 형식의 연구와 글쓰기를 개발하여 사람들이 얼마나 빨리 걷는지, 도서관에서 얼마나 많은 책을 꺼내는지, 지역 상점에서 무엇을 사고파는지에 대한 자료와 실감 나는 기록—술집 손님이나 성직자와의 대화 등—이 합쳐진 이야기식의 결과물을 만들었다. 결론은 직관에 반했다. 정치적 이론에 따르면 실업은 반란을 일으켜야 했지만 무관심만 키웠다. 주민들은 시간과 목적에 대한 감을 잃고("더는 아무것도 급하지 않다. 그들은 서두르는 법을 잊었다") 친구와 이웃에게 적대적으로 변했다.

세월이 흘러 미치와 폴은 이혼했지만, 로테는 나치가 집권하기 직전, 미치가 사회민주당원이라는 이유로 체포될 때까지 빈에 머물렀다. 로테는 아버지와 새엄마와 함께 미국에서 살게 되었는데, 그곳에서 아버지 폴 라자스펠트는[73] 현대 사회학계에서 가장 영향력 있는 인물 중하나로 성장한다. 라디오 청취자의 반응을 실시간으로 분석하는 그의 일은 표본 집단의 전신을 낳았다. 또 유권자 행동에 관한 연구는 현대의 여론 조사를 형성했다(그는 자신의 가장 유명한 연구 중 하나인 1948년 뉴욕 엘마이라에서 수행된 연구에서, 여성이 투표할 때 남편을 따르는 경향이 있다는 사실을 발견했다). 폴은 컬럼비아대학에 응용사회연구국을 설립해 매스컴 연구 부문을 신설했다. 그리고 그곳에서 사람들이 구매하고 생각하는 것에 영향을 미치는 여론 주도자의 역할을 규명하고, 대중 매체가 정치 활동에 미치는 마취성 효과를 분석했다. 미치는 나중에 미국에 있는 딸과 합류해 공공 주택 내 인종 관계, 매카시즘(1950년~1954년 미국을 휩쓴 반공산주의 선풍—옮긴이)이 공무원에 미치는 영향, 비협조적 집단행동을 연구하는 사회심리학자가 되었다. 가장 최근에는 정신 건강의 다섯 가지 필수 요소로 '시간의 구성, 사회적 접촉, 집단적 목적, 사회적 정체성, 규칙적인 활동'을 꼽는 '이상적 정신 건강'이라는 널리 인용되는 이론을 개발했다.

로테의 부모님은 그녀가 보기에 거인이었다. 로테의 남편은 활기가 넘치는 그녀의 아버지를 두고 "좀 놀랍도록 온화한 허리케인" 같다고 평했다. 어머니는 사람들 앞에서 물구나무서기를 좋아했다. 그와 대조적으로 로테는 수줍음이 많았다. 그녀는 주의 깊게 듣고 말을 삼 갔는데, 어린 시절을 빈에서 보낸 탓에 그때의 억양이 아직 남아 있었 다. 하지만 스와스모어에서 대학을 다니기 시작했을 때부터 자신감이 커졌고, 그곳에서 수학을 전공했다. 대다수 여자 친구들은 대학원에 갈 생각을 했고, 실제로도 갔다. 그녀는 케임브리지에 와서야 여성에 게 남성과 같은 기회가 주어지지 않을 수 있다는 사실을 깨달았다. 하 버드에서 그녀는 과에서 가장 우수한 신입생 중 1명이라는 이야기를 들었지만, 여성은 엄밀히 말하면 래드클리프 학생이었기 때문에 받을 수 있는 하버드 장학금은 상대적으로 적은 100달러에 불과했다. 로테 는 라몬트 도서관 출입이 금지되는 것에 화가 났다. 여자 대학원생을 위한 기숙사도 없었다. 로테의 첫 아파트 생활은 집주인이 래드클리프 학장에게 그녀가 밤에 남자들을 초대한다고 불평하면서 끝이 났다.

로테는 '버드'로 알려진 남편 버나드 베일린을 만나 래드클리프 1학 년을 마치고 결혼했다. 버드가 논문 지도 교수에게 그들의 약혼과 로 테의 직업적 계획에 관해 이야기하자 지도 교수는 잠시 생각하더니 "그녀가 타자기를 치나요?"라고 물었다. 한편 로테의 지도 교수는 로테 에게 '하버드는 그녀를 강사로 고용하고 싶어 한다. 하지만 그렇게 되 려면 하버드 기숙사 중 한 곳에서 보조 교사로 일해야 하는데, 그곳은 여성이 허용되지 않는다'고 유감스러운 듯 말했다. 그래서 로테는 대신 남자 동급생 중 1명이 거절했던 한 연구 프로젝트에 참여하기로 했다.

1959년 버드와 로테는 초기 보스턴의 해운 경제에 관한 연구를 공 동으로 수행했다. 이는 컴퓨터로 데이터를 분석한 최초의 역사적 연구 중 하나였다. 버드는 2년 후 하버드의 정교수가 되었다. 로테는 일련의 단기 연구 활동을 계속했고, 아들들을 키웠으며, 하버드 광장 북쪽에 있는 집을 관리했다. 만찬 중에는 여성들과 다른 방으로 물러났으며, 역사학과 배우자들에게 차를 대접하기 위해 은으로 된 다기 세트를 사들였다. 그녀는 여성의 경험에 대해 줄곧 생각해 왔지만, 미국 아카데미 심포지엄에 참가하게 된 지금에서야 이에 대한 글을 쓰게 되었다.

로테의 논문은[74] 특정 계층 내에서 여성이 남성보다 더 많은 선택지를 가지고 시작한 것은 사실이라고 주장했다. 남성은 일하고 생계를 유지해야 했지만, 여성은 여전히 일할지 안 할지를 선택할 수 있었기 때문이다. 하지만 여성이 일단 일을 하기로 마음먹었을 때 선택의 폭은 좁아졌고 남성은 거치지 않는 제약에 직면했다. 고용주, 대학, 교육 프로그램은 계속해서 여성의 자리를 제한하거나 거부했다. 여성이 무슨 일을 할 수 있든 남편의 직업은 더 많은 돈을 가져다준다는 이유만으로 여성의 지리적 이동성을 제한했다. 이러한 상황을 잘 알고 있었던 고용주들은 이를 악용해 여성이 남성 근로자들은 받아들이지 않을 조건, 즉 자격과 경험에 비해 낮은 급여와 일자리를 받아들이도록 강제했다.

그런 다음에는 감정적인 선택이 있었다. 일하는 엄마는 아이들은 뒷전이라는 이웃들의 수군거림을 듣지 않을 수 없었다. 그들은 로테의 자신감을 약화하고 죄책감을 악화시켰다. 그녀는 자신이 일하느라 부족한 엄마가 아니라는 것을 보여 주기 위해 꼭 일해야 하는 시간에만 아이들을 맡기고, 집과 학교, 지역 사회에서 필요 이상으로 많은 일을 하며 괴로운 마음을 잠재웠다. 로테는 "예를 들어, 과제에 참여해 달라는 학부모회장의 요청을 받았을 때 '아니오'라고 말하는 것이 내게는 가정에만 충실한 여성의 경우보다 대체로 더 어렵다"라고 썼다. 평일에 감기에 걸려 깬 아이는 일하는 엄마가 자신이 과연 옳은 '선택'을 했는지를 두고 심각한 고민에 빠지게 하기에 충분했다.

로테는 '중도 하차'로 병리화되는 패턴을 발견했다. 그녀는 이렇게 썼다. "일하다 낙담한 그 순간, 아이들이 정말로 늘 자신을 필요로 한다는 것을 떠올리기란 어렵지 않다. 또 취미에 그친다해도 그것이 수렁에 빠진 진지한 노력만큼이나 용인될 수 있는 것임을 떠올리는 것도 어렵지 않다. 사실 그만둔다는 선택지는 분명히 강력한 사회적 지지를 받을 것이다."

행사에 참석한 남성들의 생각은 달랐다. 하버드대 사회학자인 리스먼은 지금의 예기치 않은 문화에 문제가 없다는 태도를 보였다. 그는 일하기를 원하는 젊은 여성들에 대한 낙인을 인정하면서도[75] "그들은 말하자면, 음속 장벽을 뚫고 여성성에 대한 전통적인 기준을 내던진다. 이를 위해 그들은 평범한 남자들보다 더 강력한 뻔뻔스러움을 지녀야 한다"고 말했다. 부득이하게도 그들은 "공격적인 여성에 대한 고정관념"을 만들어 냈다. 하지만 그는 자신의 어머니 세대와 딸 세대를 대조하면서 현대의 젊은 여성들이 운 좋게도 "페미니스트적 야망에서 멀어졌다(즉, 남성우위주의)"라고 주장했다. 그에 따르면 그들은 더는 공학과 건축, 법과 경영, 경제학과 고고학 분야로 진출하려는 전과 같은 동기를 느끼지 못했다. 그들은 "자신의 아이들과 즐거운 시간을 보낼 권리"를 얻었다. 벤저민 스포크(미국의 소아과 의사로 제2차 세계대전 이후 태어난 베이비붐 세대의 부모들에게 큰 영향을 끼쳤다—옮긴이) 박사의 안심시키는 말 덕분에 새로운 사실을 알게 되고, 용기를 얻고, 편안해진 그들은 "아이를 충분히 사랑하지 않는다거나, 아이들에게 지쳐서 아이를 대신 돌봐 줄 사람이 필요하다는 생각 같은 게 들면 두려움을 느끼게 되었다." 그들은 결혼 후 "중산층이 그러하듯 단순히 뒷마당에서 스테이크를 굽는 것이 아니라 캐서롤, 줄풀(볏과의 여러해살이 풀—옮긴이), 미식가가 먹는 수프를 탐구하면서" 요리 실력을 발전시킬 수 있는 자유를 얻었다. 대학 졸업 후 잠시 일을 하기로 선택한 사람들에게는 '동력 저하'가 예상되는 수순이었다. 리스먼은 이러한 현상으로 인해 "일반적인 악순환의 고리에서 남성들이 여성을 최고의 성취를 이룰 수 없는 존재로 깎아내리게 되었다"라는 점을 인정했지만, 자신은 그러한 남성에 포함시키지 않았다. 오히려 리스먼은 이 세대의 젊은 여성들이 이전 세대보다 "체념과 거리낌이 덜하다"라고 칭찬했다. "국내외적으로 갈등을 일으키지 않고도 완전하고 다차원적인 삶을 살기 위한 노력이 있다."

에릭슨은 "심화된 산업 경쟁"에 직면한 지금 기존의 성 역할을 재정의할 것을 요구했다.[76] 하지만 그는 그 주장을 자신이 "성적 차별의 생물학적 근간"이라고 부르는 것에 기초했다. 요컨대, 여성은 다르고 앞으로도 항상 다를 것이었다. 출산의 고통을 견디도록 설계된 여성은 "고통을 감내"하며 고통을 더욱 이해하고 완화할 수 있었다. 실험실에서 같은 장난감 세트를 보여 줬을 때 여자아이들과 남자아이들의 장면 묘사가 다르듯(여자아이들은 '내부' 공간과 낮은 벽에 관한 이야기를, 남자아이들은 '외부' 공간과 높은 탑에 관한 이야기를 했다) 여성은 남성보다 더 깊이 관찰하고 생각했다. 몸의 구조는 운명이었다. 남성은 "외부 기관이 있다. 이 기관은 똑바로 설 수 있으며, 침투적이고, 이동하는 정자 세포의 통로 역할을 한다." 여성은 "내부 기관이 있다. 이 기관은 통로를 통해 접근 가능하며, 통로는 가만히 대기하고 있는 난자로 이어진다." 에릭슨은 궁극적으로 여성이 전통적인 남성의 일을 "여성 정신의 잠재력과 욕구"에 맞게 조정할 수 있다는 점에서 흥미로운 기회가 있다고 생각했다. "이러한 혁명적 재평가는 현재 남성적이라고 불리는 직업이 남성에게 역시 무자비한 조정을 강요한다는 통찰로까지 이어질 수 있다." 여성도 남성만큼 성과를 내고 능력을 선보일 수 있지만, 본성에 맞춰 일할 곳을 정할 때에만 완전한 성공을 거둘 수 있었다. "진정한 평등은 고유의 창의성을 발휘할 수 있는 권리만을 의미할 수 있다."

로테에게 이는 본질주의처럼 보였고 말도 안 되는 이야기였다. 화장실에서 만난 사회학자 앨리스 로시 역시 같은 생각이었다. 그들은 여성이 법을 다르게 집행할 것이라는 에릭슨의 주장에 특히나 경악했다. 모임의 의도 자체가 이상했다. 심포지엄 제목을 '미국의 남성'으로 착각한 걸까?

로테보다 열 살이 많은 로시는 컬럼비아대학에 다닐 때 로테의 아버지 밑에서 공부했다. 이제 세 아이의 어머니이기도 한 그녀는 각기 다른 세 곳의 대학에서 연구 조교로 일하며 만족스러운 삶을 살았는데, 가장 최근에 근무한 곳은 남편이 교수로 있는 시카고대학이었다. 그곳에서 연구 조교로는 국립과학재단에 보조금 제안서를 낼 수 없다는 말을 듣게 된 로시는 남자 교수에게 그의 이름으로 제안서를 좀 내달라고 부탁했다.[77] 그는 로시의 부탁을 들어주었지만, 보조금을 받고 로시의 프로젝트를 가로챈 후 그녀를 해고해 버렸다. 그전까지 로시는 주택과 시민권에 중점을 둔 연구를 했지만, 이 일을 겪은 뒤에는 여성과 페미니즘에 관한 글을 쓰기 시작했다.

1963년 10월 미국 아카데미 심포지엄에서 로시가 발표한 논문[78]은 큰 화제를 불러일으켰다. 〈성 간 평등: 뻔뻔한 제안〉이라는 제목의 이 논문에서 로시는 일이 지금보다 더 여성의 삶의 일부가 되고 아이들이 지금보다 더 남성의 삶의 일부가 될 수 있으며, 여성의 "지적 공격성"과 "남자 형제의 다정한 정서"가 "인간적 특성으로 환영받고 받아들여지는" 일종의 사회적 양성 구유를 주장했다.

로시는 가족과 함께 농장, 공예품점, 인쇄소를 운영하는 여성이 줄고 일부 여성은 집 밖에서 일할 이유가 없어지면서, 역사상 처음으로 여성이 어머니 역할에 전념하게 되었다고 주장했다. 하지만 아이를 키우는 일은 영원히 지속되지 않았고, 여성들은 점점 길어지는 여생을 "지적, 사회적 빈곤이 계속되는 상태"로 살아갔다. 기술이 발전함에 따라 과거에 시간을 잡아먹었던 많은 집안일이 사라졌지만, 가정에서 하는 일은 "쓸데없이 정교해졌다." 이러한 패턴은 여성뿐만 아니라 결혼 생활을 위축시켰고, 아이들을 지나치게 의존적이고 방향성 없는 상태로 만들었다(로시는 "적절한 무신경"이 필요하다고 주장했다).

로시의 주장은 번팅이나 프리단의 주장과 크게 다를 것이 없었다. 하지만 로시는 더 나아가 미국 사회에 대한 "전면적 재검토"를 주장했다. 그녀는 특히 많은 백인 여성의 아이들을 돌보는 "흑인 여성과 푸에르토리코 여성들이 더 나은 급여와 대우받는 일자리"로 옮겨 갈 수 있기 때문에 새로운 보육 센터 망을 구축해야 한다고 주장했다. 교외는 여성들의 열망을 꺾었다. "여성은 교외에서 소비할 순 있지만, 배우거나 돈을 벌 순 없다." 부모들이 직장과 더 가까워질 수 있도록 집은 도시와 더 가까운 곳에 마련되어야 했다. 또 "여자아이들이 여성적 모델의 좁은 한계"를 넘어 꿈을 키울 수 있도록 직업의 "성적 범주화"가 사라져야 했다. 로시의 유토피아에서 임신과 초기의 어머니 역할은 "인생에서 똑같이 중요한 여러 빛나는 일 중 하나로, 강렬하고 기쁜 경험으로, 하지만 자기 충족감과 삶의 목적에 대한 배타적 근거가 되진 않는 일"로 여겨졌다.

포크너 농장에서 열린 콘퍼런스에서 발표된 글들이 이듬해 이 아카데미의 저널인 《다이달로스》에 실렸다. 로시의 글은 항간의 물의를 일으켰다. 로시는 괴물, 부적합한 엄마로 불렸고,[79] 누군가는 로시의 남편에게 조롱하듯 아내의 "죽음"에 조의를 표하는 익명의 카드를 보냈다.

하지만 로시는 물러날 사람이 아니었다. 그녀는 《레드북》 잡지에 '전업주부에 대한 반대론'이라는 제목의 글을 발표했다. 그리고 1964년 10월에는 과학계 여성의 문제에 대한 자신의 주장을 더 분명히 밝혔다.

로시는 MIT 여학생들의 주관으로 이틀간 열리는 이공계 여성 심포지엄[80]에 연사로 초청받았다. 청중은 전국 곳곳의 캠퍼스에서 온 약 300명의 학생과 600명의 고등학교 및 대학교 관계자들로 구성되었다. MIT의 여성들은 여학생들에게 과학계에서 마주할 수 있는 어려움을 소개하고, 그러한 어려움은 극복할 수 없는 것이 아니며 보상도 크다는 것을 보여 주고 싶었다. 그들은 에로 사리넨이 설계한 새로 지어진 크레스게 오디토리움에 모였다. 초현대적인 유리 돔이 전후 캠퍼스의 상상력과 야망을 보여 주는 듯했다. 저명한 프로이트파 심리학자인 브루노 베텔하임이 개회사를 하고 에릭 에릭슨이 다시 기조연설을 했다. 연단에는 여성도 여러 명 있었다. 그해 원자력위원회에서 일하기 위해 래드클리프 총장직에서 휴직 중이었던 폴리 번팅, 남자들이 최초로 우주로 나갈 수 있도록 궤도를 계산한 선구적인 흑인 물리학자이자 수학자인 캐서린 고블 존슨Katherine Goble Johnson(그녀는 수십 년 후 나사 초기 탐사의 숨겨진 인물 중 하나로 칭송된다), 그리고 산업공학자이며 때로 '공학계의 영부인'으로 불리기도 했지만 영화《12명의 웬수들》속 줄줄이 늘어선 아이들의 엄마로 더 유명한 릴리안 길브레스 Lillian Gilbreth가 그들이었다.

로시는 더 많은 여성이 의사, 엔지니어, 과학자가 되지 못하는 주된 원인이 결혼과 자녀 때문이라고 주장했다. 여성들은 사회, 특히 남성 동료들의 기대에 굴복하고 있었다. 그녀는 3년 전인 1961년에 미국 대학을 졸업한 남성과 여성을 대상으로 진행된 설문 조사 결과를 바탕으로 이야기를 풀어 나갔다. 대부분 여성은 결혼한 상태였고, '주부'가 되거나 주로 여성이 많은 분야에서 직업—교사, 사회 복지사, 간호사 등—을 택할 계획이었다. 과학, 의학, 경제학, 법학 등 '매우 남성적인' 분야에서 일을 찾는 여성은 7%에 불과했다(그들은 결혼했을 가능성도 가장 낮았다). 1961년 남자 졸업생은 같은 해 졸업한 여성보다 훨씬 더 높은 비율로 여성은 육아와 병행하기 어려운 직업을 추구해서는 안 되고, 자녀가 학교에 가기 전일 때는 시간제로라도 일해서는 안 되며, 아이가 다 자랄 때까지 정규직으로 일해서는 안 된다고 응답했다. 남성은 또한 여성보다 훨씬 더 높은 비율로 대통령여성지위위원회의 권고 사항이 '전혀 필요 없다'라고 응답했다.

설문 조사는 다음과 같은 가상의 상황을 제시했다. '한 여성이 우수한 성적으로 생물학과를 졸업하고 남편의 로스쿨 진학을 돕기 위해 초등학교에서 교사로 일하게 되었다. 이후 남편이 좋은 직장에 자리를 잡게 되어 이제 그녀는 아이를 갖기 전에 생물학 석사 학위를 받으려 한다. 아이를 갖기 위해 직업적 야심을 포기하거나 미뤄야 할까? 아니면 일을 위해 출산을 미뤄야 할까? 두 가지를 동시에 해도 될까?' 설문에 참여한 여성의 4분의 3은 여성이 꿈을 포기해선 안 된다고 생각했다. 하지만 여성들은 같은 비율로 '대부분의 남편'이 포기하기를 원할 것이라고 답했다.

"여성은 그들 자신이 석박사 학위를 받고 연구 경력을 쌓길 바라는지와 상관없이, 그렇게 하고 싶어 하는 여성들에게 강한 공감을 표합니다." 로시가 청중에게 말했다. "저는 많은 여성이 과학 및 공학과 같은 분야에서 고급 학위를 원하진 않을 것으로 생각합니다. 그렇게 함으로써 남자들처럼 노력과 업적에 대한 보상을 받는 대신, 사회적이나 심리적으로 비난만 더 받게 된다면 말이죠."

로시에 따르면 부모와 학교는 과학이 요구하는 분석 능력을 여학생들에게 키워 주기 위해 여학생들이 독립적이고 자립적이 되도록 장려해야 했다. "조용하고 착하고 상냥한 소녀로 보내는 어린 시절의 전형은 여성 과학자를 많이 배출할 수 없을 것이다." 아이들의 그러한 성향은 가정에서 시작되었다. 어머니는 필요할 때 늘 있었고(어머니에게 책상이 있다면 부엌에 놓였을 것이다), 아버지는 서재나 작업실에 들어가 있었다. "조용히 해라, 아버지가 생각 중이시잖니"가 "조용히 해라, 어머니가 생각 중이시잖니"보다 명령으로써 훨씬 잘 어울렸다.

로시와 MIT 행사에 관한 긴 기사에서 《새터데이 리뷰》는 "과학이 결혼 생활을 바꿀 것인가?"라고 물었다. 기사를 쓴 존 리어는 도입부에 로시의 생각이 "남성의 폭력적 반응"을 불러올 수 있다고 경고했다. 하지만 그는 곧 어조를 누그러뜨리고, 아내보다는 딸에게 법학, 과학, 의학, 공학으로의 진출을 권유하는 아버지들에게서 태도상의 변화가 시작될 수 있다고 말했다(왜? 리어는 로시의 말을 인용했다. "아버지는 그 결과를 감당하지 않아도 될 테니까"). "딸의 꿈을 지지할 의향이 있는 아버지들이 발밑의 어린 소녀들이 질문을 던지는 것을 지적인 도전으로 받아들일 수 있다면, 갈등의 절반 이상이 해결될 것이다." 리어가 썼다. "로시 박사의 연구에 따르면, 어머니들은 이미 여성의 문학상이나 예술상보다 과학상이나 학술상에 훨씬 더 큰 환호를 보내고 있다."

하지만 그러한[81] 사회적 변화를 상상한 사람은 거의 없었다. 《보스턴 글로브》는 심포지엄에 관한 기사에서 로시를 언급하지 않고 과학계 여성의 '함정'에만 초점을 맞췄는데, 가장 큰 함정은 아기였다. 'MIT의 아기 소동: 여성들이 말하는 과학의 역할'이라는 제목의 이 기사는 "여성의 일에서 독특한 특징은 가족에 대한 책임이다"라는 번팅의 말과 "우리는 여성이 좋은 과학자와 엔지니어가 되고 싶어 하는 만큼, 무엇보다 남자들의 여성스러운 동반자이자 어머니가 되고 싶어 한다는 사실을 깨닫는 것부터 시작해야 한다"는 브루노 베텔하임의 말을 인용했다.

이 모임에서 음모를 감지한 MIT 학생 신문 《테크》의 편집국은 특히 비판적인[82] 입장을 내세웠다. "많은 MIT 남성들은 여성이 어떻게 평등과 여성성 모두를 고집할 수 있는지 늘 궁금해했다. 실험실 기술자가 그런 행동을 바라고 일부러 짐을 많이 든 여성 동료에게 냉장실 문을 열어 주려다가 시험관에 걸려 넘어진 적이 몇 번인가? 매니큐어 때문에 생긴 오염으로 못 쓰게 된 박테리아는 대체 몇 백만 마리던가?"

과학계 남성들에게[83] 현 상황은 잘 돌아가는 것처럼 보였다. 펜실베이니아 주립대 생물물리학과장은 1964년 《사이언스》지에 실린 한 기사를 통해 학과를 이끌면서 어떻게 실험실에도 남아 있을 수 있는지에 대해 이렇게 말했다. "실험실 조교가 있어야 하는데, 여성이면 더 좋다. 여성은 단독으로는 그렇게 선뜻 결정을 내리지 않기 때문이다. 이것이 바로 여러분이 원하는 것이다."

4장

하버드 위인들의
발치에서

──────── 1966년 가을 낸시가 돌아왔을 때 케임브리지는 달라져 있었다. 베트남 전쟁에 반대하는 움직임이 커지면서 도시와 하버드 캠퍼스가 요동쳤다. 11월, 800명의 학생이 로버트 맥나마라 국방부 장관의 앞을 막아섰다. 그는 하버드가 최근 3년 전 암살된 케네디 대통령을 추모하며 이름을 바꾼 행정대학원에 연설하러 가던 길이었다. 시위자들이 전쟁에 관해 이야기할 것을 요구하며 퀸시 하우스 뒤쪽에서 그의 차로 몰려들었고,[84] 맥나마라는 도전적으로 보닛 위로 뛰어올라 5분간의 시간을 제안했다. 대치 상황은 캠퍼스 보안 요원과 주최자이자 미래의 하원 의원인 바니 프랭크가 캠퍼스 지하 터널(헨리 키신저 교수와의 약속 장소로 이어졌다)을 통해 그를 몰래 데려가고 나서야 끝이 났다. 이 사건은 《뉴욕 타임스》 1면에 대서특필되었고, 이후 2,700명의 학생이 맥나마라에게 보내는 사과 편지에 서명했다. 이듬해 10월에는[85] 200명의 학생이 말린크로테(특수 의약품을 제조하는 글로

벌 기업—옮긴이) 화학 건물 내부에 바리케이드를 치고 미군이 베트남의 숲과 마을을 파괴하는 데 사용했던 네이팜탄 제조사인 다우 케미칼 채용 담당자가 방문한 데 항의했다. 학생들은 '다우는 살인하지 말라'라는 플래카드를 내걸고 그를 9시간 동안 회의실에 인질로 가두었다.

그해 연례 보고서[86]에서 네이선 푸시 하버드 총장은 진급, 은퇴, 예산 문제 등 평소 늘 언급하던 주제에서 벗어나 학생 운동가들의 "공격적이고 어리석은 행동"을 비난했다. "하버드 학생들의 그러한 행동이나, 그러한 행동을 정당화하기 위해 일부 동시대인들이 지금 제시하는 이유를 받아들이기가 고통스럽다. 질서 정연한 사회의 안식처에서 안전하게 지내며 영광을 꿈꾸는 월터 미티Walter Mitty(터무니없는 공상을 하는 사람—옮긴이) 좌파(좌파가 맞긴 한가?)들은 혁명가 행세를 하며 사회 구조가 붕괴할 때 그 잔해의 꼭대기에, 지휘관의 자리에 오르는 공상을 한다."

이제 스물여섯이고 낸시의 새 상사가 된 마크 프타신은 혁명가들과 뜻을 같이했다—짐은 그를 "동조자"로 불렀다. 마크는 시카고와 미니애폴리스에서 자랐는데, 그의 아버지는 그곳에서 가업으로 방한복을 만들었다. 그의 부모는 좌파 정치에 적극적이었다. 마크는 배우이자 흑인 활동가이며 그들 가족의 친구인 폴 로브슨이 마크의 집에 있던 피아노 옆에서 영가를 부르는 것을 들었다고 회상했다. 당국에 대한 부모의 회의적 태도[87] 때문에 마크 역시 같은 성향을 지니게 되었고, 정치뿐만 아니라 모든 과학에 의문을 갖는 법을 배웠다. 오리건주의 리드대학—위치와 문화면에서 모두 하버드보다 좌측에 있었다—에서 학사 학위를 받은 그는 매일 아침 검은 가죽 재킷을 입고 한 손에는 오토바이 헬멧을, 다른 한 손에는 바이올린을 든 채 바이오랩에 도착했다. 그는 피델 카스트로를 만나기 위해 하바나에서 열린 문화평의회에 참석하고, 미국의 베트남 철수를 촉구하는 결의안을 위해 종신직이 아닌 연구원으로서 하버드 교수진을 이끌 만큼 대담했다. 진화생물학자 윌슨은 그를 왓슨의 "젊은 돌격대"[88] 중 하나로 분류했다. 윌슨이 마크의 옆쪽에 있던 사무실에서 길 건너편에 있는 비교동물박물관의 새 연구실로 이사하기 직전, 마크가 넘겨받을 공간의 치수를 측정한다면서 공사 감독과 함께 예고도 없이 들이닥쳤기 때문이었다.

낸시는 마크가 명석하고 지금까지 만난 사람 중 가장 재미있는 사람이라고 생각했다. 그는 작지만 강인했고, 재빨리 움직였으며, 거의 모의를 꾸미는 듯한 어조로 집요하게 말했다. 그는 자신의 키에 관한 자기비하적 농담을 했지만, 낸시는 자신보다 약 15 cm 더 큰 그가 매우 크다고 생각했다. 마크는 방을 가득 채우는 능력이 있었다. 냉소적인 말투와 짙은 구레나룻이 특징이었던 그는 낸시와 낸시가 다니던 여학교의 우아함과는 거리가 먼 사람이었으나—그는 낸시의 억양을 듣고 그녀가 필라델피아 메인라인(필라델피아 북서쪽의 부유한 교외 지역—옮긴이) 출신이라고 생각했다—, 두 사람 모두 억제자에 대한 궁금증에 사로잡혀 있었다.

생물학자들은 유전자가 다양한 조건에 반응하여 활성화되거나 활성화되지 않는다는 것을 이해했다. 그들이 아직 이해하지 못한 것은 이것이 어떤 식으로 작동하는가였다. 단순한 유기체라도 수백 개의 유전자가 있는데 왜 그중 몇 개만이 주어진 시간에 발현되는 것일까? 유전자는 특정 단백질이 얼마나, 언제 필요한지 어떻게 알까?

파리의 파스퇴르 연구소에서 일하던 프랑스 과학자 자코브와 모노는 다른 유전자들의 발현을 차단하는 것이 유일한 기능인 분자, 즉 억제자를 만드는 특별한 조절 유전자가 존재한다는 가설을 세웠다. 하지만 아무도 이 가설을 검증할 억제자 분자를 분리하지 못했고 억제자가 어떻게 작동하는지 이해하지 못했다. 어느 세포든 억제자의 양은 극히 적었고, 효소 활성enzymatic activity(효소 전구체가 활성 요소로 전환되는 현상—옮긴이)도 없었기 때문에 표준적인 생화학적 분석으로는 분자를 검출할 수 없었다. 여러 과학자가 이 문제에 도전했지만 포기했다.

　　프타신은 대학교에 다닐 때 자코브와 모노의 연구에 대해 처음 들었다. 그는 이 마스터 스위치 설에 매료되었고, 과학에 뛰어들 이유는 억제자를 알아내는 것 하나만으로도 충분하다고 선언했다. 그는 이것이 어떻게 수정란이 수만 개의 유전자에 의해 통제되는 더 복잡한 유기체, 즉 초파리나 인간이 되는지에 대한 풀리지 않는 의문의 열쇠를 쥐고 있다고 생각했다.

　　마크는 월리 길버트와 거의 1년 반 동안, 거의 24시간 내내 억제자를 먼저 분리하기 위한 경쟁을 해 왔다. 마크보다 여덟 살이 많았던 월리는 짐 왓슨이 고르고 고른 또 다른 스타였다. 짐은 생물물리학 종신 교수로 있던 그를 채용해 3층에 있는 그의 연구실 옆방으로 데려왔다. 파이프를 입에 물고 트위드 재킷을 입은 월리는 과연 교수처럼 보였다. 월리는 독백하듯 사려 깊은 태도로 말했고, 그를 친한 친구로 여기는 마크와 주로 이야기를 나눴다. 월리를 무서워했던 낸시는 그에게 거의 말을 걸지 못했는데, 그는 낸시를 알아차리지도 못한 것 같았다. 하지만 그와 마크는 자주 월리의 집에서 과학·정치계의 인사들과 모여 저녁 식사 후 밤늦게까지 끊임없이 이야기를 나눴다. 윌리의 아내인 셀리아는 당시 베트남 전쟁에 반대하는 《스톤스 위클리》를 발행했던 스톤의 딸이었다.

크릭은 과학계에서 가장 친한 친구란 자료를 발표하기 전 그에 대해 가장 비판적인 사람이라고 말한 적이 있었는데, 마크와 윌리는 이 점을 마음속 깊이 새긴 것 같았다. 다실 세미나에서 두 사람은 교수, 박사 후 연구원, 학생 등 20여 명의 관중이 커다란 직사각형 테이블에 둘러앉아 지켜보는 가운데 눈에 불을 켜고 서로의 주장에서 결점을 찾으려 애썼고, 자신의 가설을 다듬어 나갔다. 연구실에서는 누가 신틸레이션 계수기scintillation counter(방사선을 측정하는 계수관으로 실험실에서 매우 중요한 장비로 여겨진다—옮긴이)를 차지할지를 두고 다투기도 했다.

짐은 ABC 뉴스[89] 제작진에 연락해 두 사람의 경쟁을 다룬 다큐멘터리를 제작했다. 해설은 곧 아카데미 상을 받게 될 전기 영화에서 패튼 장군으로 출연한, 힘찬 목소리의 조지 스콧이 맡았다. "이것은 전투에 관한 이야기입니다." 어둠이 깔린 후 윌리가 바이오랩의 무거운 청동 문을 밀고 들어가는 누아르풍의 장면 위로 스콧이 말했다. "전투에서 승리하면, 그 파급력은 원자폭탄보다 더 클 것입니다. 이 전투에서 승리하면 인류는 어떤 유형의 인간이 지구를 물려받을지 결정할 수 있는 힘을 얻게 됩니다." 영화는 이중나선의 경로와 크기에 대한 발견으로는 파악하기 어려운 억제자에 대해 소개했다. 억제자는 스콧의 해설처럼 "왜 어떤 세포는 천재를 만들고 어떤 세포는 암을 만드는지"를 이해하기 위한 열쇠였다. 억제자를 밝히기 위한 질주가 성공한다면 "인간은 궁극적으로 유전을 통제할 수 있게 될 것입니다."

낸시는 마크와 윌리가 카메라 앞에 서기 위해 팔꿈치로 서로를 밀어내는 모습을 지켜보았다. 낸시는 마크의 지시에 따라 현미경을 가지고 작업하는 모습으로, 또 마크와 윌리가 다실에서 옥신각신할 때 뒤에서 짐에게 속삭이는 모습으로 조용히 짧게 영화에 출연했다. 그녀는 그 경쟁에 짜증이 났다. 보스턴 주변의 다른 과학자들은 전도유망한 젊은 프타신이 얼마나 연구를 진척시켰는지 보기 위해 자주 연구실에 들르곤 했다. 그리곤 그가 소문대로의 좋은 결과를 재현하는 데 또 실패했다는 소식을 접하는 순간, 낸시는 그들의 얼굴에서 안도감을 느꼈다. 길버트와 함께 일하는 독일 박사 후 연구원 베노 뮐러 힐은 툭하면 3층 연구실에서 올라와 연구가 얼마나 잘되고 있는가를 심술궂게 바라봤다. 적어도 낸시는 밤에 퇴근해 브룩과 함께 늦은 저녁을 먹거나 영화를 볼 수 있었다. 그녀는 사실상 연구실에서 사는 마크가 어떻게 그렇게 정중함을 유지할 수 있는지 의아했다.

자코브와 모노는 처음에 그 억제자가 RNA 분자라고 생각했지만, 마크와 윌리는 단백질이라고 믿었다. 그들은 서로 다른 접근법을 이용해 서로 다른 억제자를 분리하려고 했다. 윌리는 대장균 박테리아의 락토오스(유당)를 소화하는 능력을 제어하는 억제자, 즉 락 억제자를 분리하려고 했고, 마크는 대장균을 감염시키는 람다 파지 lambda phage 로 알려진, 바이러스의 유전자를 비활성화시키는 람다 억제자를 찾으려고 했다(파지는 박테리아를 감염시키는 바이러스의 총칭이고 람다는 특정 파지이다).

마크는 문서상으로는 깔끔하지만 수행하기에는 복잡한 실험을 설계했다. 그와 낸시는 대장균 세포에 엄청난 양의 자외선을 조사한 다음, 이들을 각기 다른 2개의 유리병에 넣고 2개의 바이러스, 즉 억제자 분자를 생성할 수 있는 바이러스와 그렇지 않은 변종 바이러스에 감염 시켰다. 그들은 각 유리병에 다른 방사성 아미노산을 추가했다. 이를 이용해 새로 생성되는 단백질이 있으면 태그를 붙일 생각이었다. 하지 만 방사선이 박테리아를 너무 많이 손상시켰기 때문에 세포가 실험이 가능할 만큼 충분한 억제자 단백질을 생성하게 하는 것은 어려운 일이 었다. 낸시는 실험을 위해 박테리아 군집을 골라 밤새도록 배양해야 했다. 마크는 그녀에게 현미경으로 군집을 관찰해 어떤 박테리아가 단 백질을 생성할 만큼 건강한지 알 수 있는 독특한 능력이 있다고 생각 하게 되었다. 하지만 낸시는 그것이 어떤 비결이나 직감이 있어서가 아니라, 고된 노력과 학습된 기술 덕분이라는 것을 알았다. 처음에 마 크는 그녀가 걸음을 옮길 때마다 그 뒤를 따라다녔다. 그래서 그녀는 마크가 자신의 행동 하나하나를 평가한다고 생각했다. 낸시는 자신이 작은 실수라도 하면 마크가 비난하는 표정을 지을까 두려웠지만, 과학 에는 그 정도의 정확성이 필요하다는 것을 깨달았다. 곧 그녀는 일일 이 지시받지 않고 그와 함께 일할 수 있게 되었다.

낸시는 기술자로 일했지만, 거기에는 평범한 행정 업무도 수반되 었다. 매일 그녀는 디비니티 애비뉴에 있는 푸드트럭으로 가 마크가 점심으로 먹을 에그 샐러드 샌드위치를 샀다. 그가 기운이 없어 보일 때는 디저트로 에클레어도 샀다. 그래도 어쨌든 그녀는 계속해서 꾸준 하고, 체계적이며, 꼼꼼한 연구원이 되는 법을 배우고 있었다. 실험을 되풀이하기란 얼마나 힘든 일인지도 이해했다. 실험에 실패하면 참담 했고, 성공했을 때는 정말로 기뻤다.

1966년 9월 낸시가 케임브리지로 돌아왔을 때 월리는 실험에서 확실히 앞서고 있었다. 그녀는 이곳에서 그렇게 많은 일이 벌어지는 동안 미코노스 해변에서 몇 주를 헛되이 보낸 자신을 책망했다. 10월 말, 실험이 좀 더 일관된 결과를 내기 시작했을 때, 낸시는 마크에게 월리와 베노를 제치기 위해 서둘러야 한다고 말했다. 마크는 그럴 수 없다고 대답했다. 월리가 5월에 락 억제자 분리에 성공할 수 있는 첫 힌트를 얻었고, 여름과 초가을 내내 그 결과를 확인했다는 것이었다. 월리와 베노는 이 발견을 최초로 한 사람들로 그들을 특징짓게 될 발표를 준비하고 있었다. 마크는 월리를 존경할 수밖에 없었다. 마크는 낸시에게 월리는 자신이 알고 있는 과학자 중 실험이 잘될 때보다 잘 안 될 때 더 열심히 일하는 유일한 과학자라고 말했다.

왓슨은 10월에 월리와 베노의 논문을 제출했고,[90] 이는 12월에《국립아카데미 회보》에 실렸다. 마크와 낸시 역시 그해 마지막 주에 람다 억제자를 분리하는 데 성공했고, 왓슨은 크리스마스 이틀 뒤에 마크의 논문을 보냈다. 이는 2월[91] 같은 학술지에 발표되었다.

마크와 낸시는 곧바로 억제자의 작동 방식에 관한 더 큰 문제로 넘어갔다. 억제자는 DNA에 직접 결합해 DNA에서 RNA로의 전사를 차단하는 것일까? 만약 그렇다면, 수없이 많은 유사한 서열에서 아주 작은 특정한 DNA 서열을 인식해야 했다. 분자생물학에서 이것이 가능하다고 믿을 만한 선례는 없었다. 하지만 마크와 낸시는 그 가능성을 믿었다. 다시 마크가 설계한 실험은 복잡했다. 그들은 방사성 억제자 단백질을 람다 바이러스의 DNA, 그리고 람다 바이러스와 밀접하게 관련된 바이러스의 DNA와 혼합했다.[92] 후자에는 억제자의 활동에 필수적인 것으로 확인된 특정 서열이 없었다. 그런 다음 그들은 두 혼합물을 초원심분리기에서 분당 3만 회의 속도로 회전시켜 억제자가 람다 DNA에 결합하지만 관련된 바이러스의 DNA에는 결합하지 않는지 확인했다.

이 실험을 제대로 준비하는 데는 몇 주가 걸렸다. 마침내 금요일에 실험할 준비가 되었는데, 마크가 세미나에 참석해야 했기 때문에 낸시 혼자 실험을 진행할 수밖에 없었다. 그녀는 혼합물을 회전시켜 DNA를 관 아래로 침전시킨 다음, 각 혼합물에서 샘플을 채취해 여과지에 떨어뜨렸다. 그리고 여과지를 반복해서 씻은 뒤 DNA와 함께 이동한 억제자가 있는지 감지할 수 있는 특수 액체가 담긴 유리병에 넣었다. 낸시는 유리병들을 5층으로 가져가 신틸레이션 계수기에 넣은 다음, 기계의 거대한 뚜껑을 덮고 각 유리병의 방사선량이 측정되기를 기다렸다. 기계는 전신타자기의 맹렬한 소음과 에너지를 내뿜으며 그 결과를 돌돌 말린 긴 종이에 내뱉었다. 샘플은 각각 10분 동안 기계 안에 있어야 했다. 너무 일찍 기계를 열면 실내의 빛이 샘플을 오염시킬 수 있었기 때문이다. 10분이 그렇게 길 수 있다는 것을 미처 몰랐던 낸시는 한 층 아래에 있는 마크의 연구실에서 시간이 가길 기다렸다. 그리고는 10분마다 계단을 오르내리며 다음 측정점을 수집해 모눈종이에 표시했다.

그러다 별안간 낸시는 패턴을 발견했다. 억제자는 람다 DNA에는 결합했지만, 관련 바이러스의 DNA에는 결합하지 않았다. 가설은 정확했다.

낸시는 마크에게 이 사실을 알리기 위해 세미나실로 달려갔지만,

문이 닫혀 있는 것을 보고 연구실로 다시 돌아와 서성이기 시작했다. 마침내 마크가 돌아왔을 때 그녀는 모눈종이를 그에게 내밀었다. 그는 결과를 빠르게 훑어보더니 함성을 지르고 종이를 흔들면서 연구실을 뛰쳐 나갔다. 낸시도 그의 뒤를 따랐다. 그들은 복도 끝까지 달려갔다가 이 소식을 전할 유일한 젊은 교수를 떠올리고는 다시 반대 방향으로 뛰어 왓슨의 연구실로 내려갔다.

짐과 윌리는 저녁을 먹으러 나가기 위해 외투를 걸치고 있었다. 마크가 모눈종이를 보여 주자 짐의 얼굴이 환해졌다. 하지만 윌리는 별다른 반응을 보이지 않고 곤란한 표정을 지었다. 윌리는 무슨 일이 일어났는지 알 수 있었다. DNA에 결합한 억제자는 유전자 발현을 이해하기 위한 기초가 될 터였다. 그런데 그의 젊은 동료가 그를 제치고 세계 최초로 이를 증명한 것이다.

낸시와 마크는 4층 연구실로 돌아왔다. 윌리의 반응 때문에 이제 흥분은 가신 상태였다. 월요일 아침 그들이 다시 연구실에 왔을 때, 낸시는 어서 빨리 더 실험을 하고 싶었다. 마크는 차분했고 지쳐 보였다. 그는 낸시에게 윌리가 주말에 그들이 한 결합 실험을 반복했다고 말했다. 윌리는 마크보다 먼저 발표할 수 있을 만큼 빠르게 그들과 일치하는 결과를 낼 수 있을 거라 생각했다. 낸시는 어안이 벙벙했다. 어떻게 마크가 그토록 존경하는 사람이자 친구인 사람이 승리의 순간을 빼앗으려 할 수 있을까?

왓슨은 윌리에게 따라잡을 시간을 주기 위해 마크가 저널에 실험 결과를 넘기는 것을 보류하는 데 동의했다. 왓슨은 과학은 승자독식이 되어서는 안 된다고 주장했다. 특히 두 사람이 결승선을 목전에 두고 있을 때는 더욱 그랬다. 윌리가 선배였으므로 왓슨은 마크가 자신을 충분히 존중하고 이해해 줄 것이라 믿었다. 마크는 낸시가 기억할 수 있는 한 처음으로 몸이 안 좋다며 며칠을 쉬었다. 낸시는 짐에게 마크가 부당한 취급을 받았다고 항의했지만, 짐은 기술자가 끼어들 일이 아니라며 평소와 다르게 그녀를 야단쳤다. 젊은 스타들 간의 경쟁을 중재하는 데 점점 짜증이 났던 짐은[93] 다른 사람들에게 다시는 같은 과의 두 과학자가 같은 문제를 연구하는 것을 허용하지 않겠다고 불평했다. 하지만 그 경쟁은 짐에게 유리하게 작용하기도 했다. 이제 짐은 하버드가 파스퇴르 연구소를 제치고 유전자 조절의 중심에 서게 되었다고 자랑할 수 있었다.

두 달 후, 윌리가 방사성 표지 단백질을 정제하는 데 어려움을 겪자, 짐은 마크의 논문을 발표용으로 보냈다. 1967년 7월, 《네이처》는 즉시 이 논문을 실었다. 마크는 낸시에게 윌리가 왜 그랬는지 이해한다고 말했다. 경쟁이 두 사람 모두를 몰아붙였다. 마크는 윌리와의 대화를 통해 더 나은 실험을 설계할 수 있었다. 또 마크에 따르면 그러한 어려운 실험을 그렇게 빨리 반복할 만큼 똑똑하고 끈기 있는 사람은 윌리가 유일했다.

하지만 낸시는 그렇게 쉽게 용서할 수 없었다. 그녀는 스펜스 친구들이라면 절대 이런 식으로 친구를 깎아내리지 않을 것이라고 말했다. "그 친구들은 정말 착해요."

"그 친구들은 아무것도 하지 않잖아요." 마크가 말했다. "아무것도 안 하면 착해지기는 쉽죠."

그렇다 해도 마크 역시 마음이 아픈 것은 마찬가지였다. 윌리와의 우정은 완전히 회복되지 않았다. 이 일을 겪고 난 후 낸시는 지금껏 과학의 일부로 생각했던 경쟁을 어쩌면 자신은 감당할 수 없을지 모른다고 생각했다. 마크의 말은 일리가 있었다. 낸시는 자랑해선 안 된다고 배우며 자랐고, 자신을 수줍음이 많은 사람이라 여겼다. 매년 왓슨과 길버트 연구실의 학생들과 교수진은 단체 사진을 찍기 위해 바이오랩 정문을 지키고 서 있는 거대한 청동 코뿔소 상 위로 올라갔는데, 남자들이 여자들을 들어 올릴 때면 여자들은 웃으면서 입고 있던 원피스를 다리에 바짝 붙였다. 낸시는 이 의식이 너무 싫어서 피했다—바이오랩의 전통 의식 중 그녀가 드물게 참여하지 않은 의식이었다. 낸시는 왓슨과 같은 영향력 있는 인물이 연구실에 지지자로 있는 것이 얼마나 중요한지 알 수 있었다. 짐은 확실히 마크가 종신 재직권을 얻고 월리의 일이 잘되도록—나중에 노벨상을 받았다—도왔고, 두 사람 모두 자신의 기여에 대해 적절한 인정을 받을 수 있게 했다. 연구실의 힘 있는 사람들은 모두 남성이었다.

왓슨은 위로의 뜻으로 마크가 자신의 연구 결과에 대해 강연할 수 있는 자리를 마련했다. 낸시는 방 뒤쪽으로 이동해 마크의 말을 경청했다. 사람들은 실험이 성공했고, 거기에는 부단한 노력이 있었음을 알게 되었다.

"이 모든 일을 누가 했나요?" 누군가가 물었다.

"제가 직접 다 했습니다." 마크가 말했다.

그는 이것이 사실이 아님을 알고 있었지만, 그 순간에는 이를 완전히 깨닫지 못했다. 질문 자체가 엉뚱한 것이었기 때문에, 그는 방어적으로 대답했다. 낸시도 별생각이 없었다.

하지만 그날 저녁 늦게 마크는 낸시에게 집으로 전화를 걸어 사과했다. 세미나가 끝난 후 저녁 식사 자리—여성은 금지된 패컬티 클럽—에서 왓슨은 낸시의 중요한 역할을 인정하지 않았다며 마크를 꾸짖었다. 그 전화와 나중에 마크가 보낸 꽃은 그녀를 놀라게 했다. 낸시는 대학원을 중퇴했을 때 기술자에 대한 통례를 알고 있었기 때문에 공을 인정받을 것이라고는 전혀 생각지 못했다. 마크가 실험을 설계했고, 사실 그것이 가장 어려운 부분이었다. 또 그녀는 마크가 자신을 존중한다는 것을 알고 있었다. 마크는 낸시에게 그녀가 하버드의 어떤 여성보다, 적어도 절반의 남성들보다 더 똑똑하다고 말했다.

결합 실험의 성공은 낸시의 인생을 바꿔 놓았고, 바이오랩에서의 지위도 높여 주었다. 곧 왓슨이 4층에 있는 마크의 연구실로 찾아와 그녀에게 힘찬 목소리로 이제 다시 대학원으로 돌아갈 때라고 말했다. "그동안 즐거웠지." 그녀는 하버드에서 대학원 과정을 마칠 수 있을지도 몰랐다. "이미 박사 학위 논문의 절반 이상을 쓸 만큼은 연구를 마쳤어."

왓슨의 지원으로 낸시의 입학은 거의 확실시되었다. 아니나 다를까, 그는 며칠 안에 돌아와 그녀가 합격했다는 소식을 전했다.

———————— 대학원생으로서 낸시는 이제 그녀의 박사 지도 교수인 마크의 연구실에서 계속 일했다. 하지만 더는 그에게 점심을 사다 주지 않았다. 그리고 원하는 시간에 연구실을 오갔는데, 이는 그녀가 전보다 훨씬 더 오랜 시간 일했다는 것을 뜻했다. 낸시는 독자적으로

실험을 설계하기 시작했고, 그 결과를 다실 세미나에서—처음에는 초조하게, 그다음에는 자신 있게—발표했다. 그녀는 질문을 무사히 넘겼다. 그리고 준비한 것이 성과를 거두었으며 자신이 그 방의 앞에 속해 있다는 것을 깨달았다. 낸시는 다른 대학의 사람들이 그녀의 연구에 관해 이야기하고 듣기 위해 그녀를 찾는 과학 회의에 참석했고, 자신의 이름으로 논문을 발표했다.

낸시는 겨우 스물네 살에 래드클리프를 떠나면서 열망했던 중요한 실험을 해냈다. 낸시는 브룩의 아내가 되면 자신의 정체성을 잃을까 걱정했지만, 이제는 그런 걱정이 덜해졌다. 뉴헤이븐에서 돌아왔을 때, 낸시는 새크라멘토 거리의 허물어져 가는 빅토리아풍 건물 3층에 자신의 아파트를 빌리겠다고 주장했다. 하지만 1967년 가을, 억제자 실험이 끝난 후 그녀는 하버드 스퀘어의 더 크고 더 멋진 브룩의 아파트로 이사했다. 그들은 굿윌스토어에서 산 소파를 인디언 침대보로 덮고 내닫이창의 노출된 전구 위에 커다란 종이 랜턴을 걸었다. 그리고 낸시 도는 낸시 홉킨스가 되었다. 그녀와 브룩은 파티를 열어 결혼을 발표했는데, 손님 중에는 옥스퍼드에서 브룩을 쫓아다녔던 그레이스 켈리를 닮은 친구와 그런 그녀에게 알랑거리는 마크와 짐도 있었다. 낸시는 7년 전 래드클리프에 도착했을 때 똑똑한 여학생으로 알려지는 것보다 더 나쁜 운명은 거의 없을 거라고 생각했다. 지금 그녀는 아름다운 여성과 함께 있는 것을 어색해하는 이 지적인 두 남자를 보면서, 또 누군가 문학에 관한 이야기를 걸어 주길 바라는 이 아름답고 똑똑한 여성을 보면서 움찔했다.

브룩은 과학자가 아닌 친구들이 많았지만, 낸시는 그들을 좋아했고 연구실 밖에서의 삶도 좋아했다. 케임브리지는 갑자기 더 활기차고 흥미진진한 세상의 중심에 있는 작은 마을처럼 느껴졌다. 그녀와 브룩은 하버드 광장에서 밥 딜런의 연주와 앨런 긴즈버그의 시 낭송을 들었고, 브래틀 극장에서 영화를 봤다. 가끔은 짐과 셋이서 저녁을 먹거나 영화를 보기도 했다. 하지만 낸시 혼자서 짐을 보거나 짐과 그의 아버지를 만나러 간 적이 더 많았다.

어느 날 점심을 먹고 돌아오는 길에 짐은 낸시에게 결혼 선물로 실물 크기의 가죽으로 된 돼지를 사 주었다. 그녀가 처치 거리에 있는 런던 하네스사의 쇼윈도에서 감탄하며 바라보던 것이었다. ("접시 같은 지루한 선물을 주고 싶진 않거든." 짐이 낸시에게 말했다. "볼 때마다 내 생각이 나는 뭔가 특이한 걸 선물하고 싶어.") 그들은 집으로 돌아오는 길에 박제한 돼지를 들고 하버드 야드를 돌아다니는 노벨상 수상자를 놀란 눈으로 쳐다보는 사람들을 보며 웃었다. 짐은 이제 대학원생인 낸시에게 더 마음을 열었다. 아내를 찾는 일에 점점 더 집착하게 된 그는 저녁을 먹으면서 그가 자신의 잠재적 여자 친구라고 불렀던 여러 '후보자들'의 장점을 검토해 보곤 했다. 낸시는 대화 주제가 너무 과학에 머물러 있을 때 이런 이야기를 하는 것이 좋았다.

1967년 어느 여름날, 낸시와 짐은 짙은 녹색 MG 컨버터블을 타고 1937년 아스코르브산(비타민 C)을 발견한 공로로 노벨상을 받은 헝가리 태생의 생화학자 센트죄르지Albert Szent-Györgyi를 방문하기 위해 케이프코드 남쪽 끝에 있는 우즈 홀로 향했다. 센트죄르지는 왓슨에게 그의 새 아내를 소개해 주고 싶어 했다. 그리고 왓슨은 집필 중이던 회고록에 신선한 시각이 필요했기에 낸시가 동행하기를 원했다.

케임브리지를 출발할 때 짐은 낸시에게 1953년 케임브리지대학에서 크릭과 함께 어떻게 DNA의 구조를 발견하게 되었는지에 관한 이야기를 되는 대로 마구 늘어놓은 원고 한 무더기를 건네주었다. 읽는 속도가 느린 편이었던 낸시는 이 원고를 어느 정도 읽어야 하나 고민했다. 하지만 몇 장 만에 그녀는 책이 베스트셀러가 될 것을 확신할 수 있었다.

왓슨은 이전 해에 출간된 트루먼 카포티의 『인 콜드 블러드』와 같은 논픽션 소설을 쓰고 싶어 했다. 40억 년 동안 생명체가 복제되어 온 과정의 본질을 이해하기 위한 경쟁 이면의 인물들과 사건들을 담고 싶어 한 것이다. 책 속에서 아직 종신 재직권이 없는 열정적인 풋내기 왓슨과 크릭은 박식하지만 따분한 영국인 모리스 윌킨스Maurice Wilkins와 로절린드 프랭클린Rosalind Franklin, 그리고 캘리포니아에서 비공식적으로 연구를 하고 있던 미국인 라이너스 폴링Linus Pauling과 경쟁 관계에 있었다.

왓슨의 말에 따르면, 책은 신비로운 인산염과 폴리뉴클레오타이드를 정복하려는 어설프지만 결연한 2명의 믿기지 않는 영웅들─서른여섯 살의 크릭은 아직 박사 학위를 받지 못한 상태였다─의 신나는 모험에 관한 이야기를 담고 있었다. 그 도전은 이들의 사회적, 지적인 활동에도 영향을 미쳤다. 즉 과학에 관한 대화가 테니스 게임을 할 때도, 펍에서 점심을 먹을 때도, 술자리에서도, 스코틀랜드에서 휴가를 보내며 게임을 하는 중에도 이어졌다. 왓슨은 회고록의 제목을 『정직한 짐』으로 짓고는 예외 없이 모든 사람에게 창피를 주었다. 예를 들어 크릭은 젊은 여성에 대한 열정을 드러낼 때를 제외하고는 집중한 상태와 멍한 상태를 오가며 지나치게 큰 소리로 너무 말을 많이 했다. "외국 여학생들의 정서적 문제에 관한 기껏해야 1~2분간의 담론은 지루한 케임브리지의 저녁에 늘 충분한 강장제가 되었다." 크릭의 아내는 보그[94]에서 무언가를 읽고 중력[95]이 3마일 상공에서 끝난다고 남편에게 말했다. 윌킨스는 그룹 내에서 이요르Eeyore(《곰돌이 푸》에 등장하는 우울하고 비관적인 태도로 유명한 당나귀—옮긴이) 같은 사람이었다. 너무 신중한 그는 속을 알 수 없고, 신랄하고, 똑똑하지만 "진정할" 필요가 있는 프랭클린에 대한 불만을 길게 늘어놓았다. 왓슨이 뒤에서 '로지'로 불렀던 프랭클린은 "냉소적인" 미소와 농담을 참지 못하는 성격, 함께 일해야 하는 남자들에 대한 인내심 부족 때문에 얼음 공주로 통했다.

왓슨은 이 궁정에서 열정은 있으나 경험이 부족한 광대 역할을 자처했다. 그는 DNA 구조의 해독에 관한 "꽤 괜찮은 아이디어 하나 없이" 영국에 발을 들였다. 하지만 그는 명성과 노벨상에 대한 꿈에 부풀어 즐거운 마음으로 열심히 연구했다. 그리고 DNA가 생물학에서 가장 중요한 문제라는 것을 보지 못하는 근시안적인 나이 든 과학자들—"옹졸하고 따분할 뿐만 아니라 멍청하기까지 했다"—에게 영향받지 않고 냉정함을 유지했다.

낸시는 3번 국도를 따라 남쪽으로 향하는 MG의 덜커덕거리는 1인용 좌석에 앉아 바람에 종이가 날아가지 않도록 안간힘을 썼다. 그녀는 세계에서 가장 영향력 있는 일부 과학자들에 대한 짐의 못된 묘사에 숨을 헐떡이며 크게 웃었다. 짐이 무엇 때문에 낸시가 그런 반응을 보이는지 확인하려고 자꾸 몸을 기울여서, 낸시는 짐에게 앞을 보라고 나무라야 했다. 책은 불손하고 수다스러웠지만 명쾌하고 흥미로웠으며, 아데닌, 시토신, 구아닌, 티아민에 대한 도식과 함께 가십을 엮어 냈다. 왓슨과 크릭은 폴링의 아들이 아버지의 연구 진척 상황을 흘릴 수도 있다는 생각에 그를 영국으로 오게 했는데, 그를 통해 폴링이 DNA의 구조를 두 가닥이 아닌 세 가닥으로 잘못 제안했다는 사실을 알고 기뻐하기도 했다. 왓슨과 크릭은 판지와 철사로 만든 분자 모형을 뒤틀고 고안하는 동안 맥박이 뛰었고 신경이 곤두섰으며, 기분은 날 것 같다가도 곤두박질쳤다.

한 중요한 장에서, 왓슨은 런던으로 가서 윌킨스를 만났는데, 그는 프랭클린처럼 더 전통적이고 시간이 오래 걸리는 X-선 결정학 방법을 사용해 DNA의 구조를 밝히려 하고 있었다. 연구실에서 윌킨스를 찾지 못한 왓슨은 어쩌다 프랭클린의 연구실에 들어서게 되었다. 예상치 못한 그의 방문에 너무 짜증이 난 프랭클린은 실험대 뒤에서 성큼성큼 걸어 나와 그를 거의 칠 뻔했다. 왓슨은 몸을 수그리고 윌킨스의 사무실로 가 그녀와 함께 일하느라 겪는 "감정적 지옥"에 위로를 표했다. 왓슨은 "페미니스트에게 가장 좋은 집⁹⁶은 다른 사람의 연구실이라는 생각을 피할 수 없었다"라고 썼다.

뜻밖에도 윌킨스는 프랭클린이 몇 달 전에 DNA가 나선형의 두 가닥임을 나타내는 엑스레이 사진을 찍었다는 사실을 털어놓았다. 그는 그녀가 찍은 사진 중 하나인 51번 사진을 보여 주었다. 특별할 것 없는, 심지어 일상적인 행동이었다. 하지만 집으로 돌아오는 기차 안에서 왓슨은 그들이 "무심코 비밀을 누설했다는 사실"을 깨달았다. 고집 때문인지 상상력이 부족해서인지 로지는 자신의 사진이 무엇을 보여 주는지 알아차리지 못했다. DNA는 나선형이었다. 연구실로 돌아온 왓슨은 만찬 모임 후 약간 숙취가 있는 크릭에게 DNA의 구조를 밝힐 날이 목전에 있다고 말했다. 더 많은 저녁 식사와 더 많은 테니스를 거쳐야 했고, 나선 주위의 염기쌍 배열을 정리하는 데 어려움을 겪긴 했지만, 곧 모형을 완성한 두 사람은 저널에 그들의 발견 소식을 알렸다. 동시에 윌킨스와 프랭클린도 같은 저널에 그들이 찍은 사진으로 DNA의 구조를 규명하는 논문을 발표했다. 왓슨의 책에 따르면 모든 것은 잘 끝났다. 윌킨스와 프랭클린은 왓슨과 크릭의 천재적 발견을 인정했고, 왓슨은 프랭클린이 "잘못 판단한 페미니스트"가 아니라 "일류" 과학자라는 사실을 깨달았다.

몇 년 동안 책을 집필해 온 왓슨은 1967년 현재, 낸시에게 책을 출판하는 데 어려움을 겪고 있다고 말했다. 크릭과 윌킨스가 고소하겠다고 위협하자 하버드대학 출판부가 최근 그와의 계약을 취소한 것이다. 크릭은 6장에 걸쳐 쓴 편지에서 왓슨이 우정, 사생활, 예의를 저버렸다고 비난했다.[97] 그는 이 책이 싸구려 가십, 자만, 잘못된 기억으로 가득하며 "오해의 소지가 있고 상스럽다"라고 말했다. 또한 "과학은 다른 과학자들과 다투거나 잡담하는 것으로 이루어질 만큼 단순하지 않다"고 꼬집었다. 크릭은 이 책이 "과학을 저속하게 대중화했다"라고 비난했고, 자신이 책을 보여 준 한 정신과 의사는 "이 책은 여성을 증오하는 사람만이 쓸 수 있는 책"이라고 결론지었다고 말했다.

왓슨은 이제 새로운 출판사를 찾았고, 변호사들을 만족시키기 위해 원고를 수정하고 있었다. 그는 원고를 여러 사람에게 보여 주었다. 1965년 노벨 물리학상을 받은 리처드 파인먼[98]은 "그들은 비밀을 드러낸 자연의 아름다운 면모를 함께 목격하고 그 경이로움 앞에서 자신을 잊는다"라며, 이 책이야말로 보잘것없는 사람들을 위대하게 변화시키는 과학의 힘에 관한 탐구이니, 한 마디도 바꾸지 말라고 말했다.

"약간의 과학적 낙서와 실패가 뒤섞인 일상의 고르지 못한 사소한 정보에서 시작해, 진실에 가까워질 때의 강렬하고 극적인 집중과 마지막 환희(그리고 점차 그 빈도가 줄어들면서 갑자기 고통스럽게 치솟는 의심)에 이르기까지, 이것이 과학이 이루어지는 방식이다." 파인먼이 썼다. "나는 안다. 나도 똑같이 아름답고 무서운 경험을 해 봤기 때문이다."

1968년 2월『이중나선』이라는 제목으로 출판된 이 책은 즉시 성공하여 케임브리지 출신의 또 다른 유명 인사 줄리아 차일드가 쓴『프랑스 요리의 기술』과 함께 17주 연속《뉴욕 타임스》베스트셀러에 올랐다.『이중나선』은《애틀랜틱》에 연재되었고, 20개 이상의 언어로 번역되었으며, 과학에 관한 대중적 글의 모델이 되었다. "《뉴욕 타임스》를[99] 집어 들거나 TV만 켜도『이중나선』에 관한 이야기가 나와요. 유명 인사가 된 그를 직접 볼 수도 있죠." 낸시가 플로리다에서 겨울을 보내고 있는 짐의 아버지에게 썼다. "지금으로서는 어떠한 비판도 억지소리로 해석될 뿐이에요."

왓슨이 경쟁자를 묘사하는 방법에 관한 그 모든 불만에도 불구하고, 프랭클린을 성차별적으로 립스틱을 바르지 않거나 예쁜 옷을 입지 않는 잔소리하는 여교사로 그린 것에 이의를 제기하는 사람은 거의 찾아볼 수 없었다.

"프랭클린은 자진해서 자신의 여성적 특성을 강조하지 않았다." 왓슨이 썼다. "말에서 상냥함이나 경박함은 전혀 찾아볼 수 없는" 결정학에 관한 그녀의 "불안한" 강의를 듣는 동안, 그의 마음은 DNA의 X선

회절도를 벗어났다. "순간적으로 그녀가 안경을 벗고 머리를 좀 새롭게 하면 어떻게 보일지 궁금했다." 나중에 프랭클린의 친구들은 왓슨이 51번 사진을 가로챘고 그 발견에 대한 프랭클린의 공을 부인했다고 주장하지만, 당시 이 사건은 과학적 경쟁의 결과로 받아들여졌다. 게다가 프랭클린은 자신을 변호할 수 없었다. 발견이 있고 5년 후인 1958년에 난소암으로 사망했기 때문이다. 왓슨, 크릭, 윌킨스가 노벨상을 받기 5년 전이었다. (프랭클린의 사망으로 노벨위원회는 누가 가장 상을 받을 자격이 있는가에 대한 논쟁을 피할 수 있게 되었다. 노벨상은 최대 3명에게까지 수여될 수 있었지만, 사후 수상은 불가능하다는 규정 또한 있었기 때문이다.)

왓슨은 로절린드 프랭클린에 대한 자신의 첫인상이 틀렸다고 말하는 에필로그를 추가했다. 그는 "대체로 여성을 과학적 사고에서 벗어난 존재로 여기는 과학계에서 지적인 여성이 인정받기 위해 부딪혀야 하는 어려움을 너무 늦게" 깨달았다. 책이 나오기 직전에 그는 낸시에게 책이 비평가들을 만족시키지 못할 것 같다고, 페미니스트들이 싫어할 것이라고 말했다.

낸시는 페미니스트들이 과학에 대해 틀림없이 잘 모를 거라고 생각했다. 낸시 자신도 짐의 책을 읽기 전까지는 로절린드 프랭클린에 대해 들은 적이 없었다. 낸시는 그녀에 관한 짐의 묘사를 의심할 이유가 없었다. 『이중나선』은 낸시가 직접 본 것, 즉 과학은 경쟁이 치열한 분야라는 것을 확인시켜 주었다.

낸시의 반응은 단지 영향력 있는 멘토의 영향을 받은 스물네 살 여성의 반응이 아니었다. 그것은 1968년의 세상이 과학계의 여성을 바라보는 방식이었다. 그들은 뛰어났지만, 더없이 뛰어났다기보다 비정상적인 존재에 가까웠다. 여성들이 매우 높은 자리나 가장 명망 있는 연구소에서 일할 만큼 똑똑하다면, 그들은 여성스럽지 않고 친절하지 않으며 분명히 재미없는 사람일 거라 여겨졌다.

과학계 여성이나 다른 일하는 여성 중 이러한 고정관념에 도전하는 사람은 찾기 어려웠다. 앨리스 로시와 베티 프리단 등은 1966년에 전미여성기구를 설립했다. 하지만 대부분의 장소에서 여성은 여전히 소수였다. 여성 의원은 12명으로, 2%에 불과했다. 대학생의 40%가 여성이었지만, 예일, 프린스턴, 다트머스와 같은 엘리트 학교의 학생들은 모두 남성이었다. 하버드는 전년도에 시범 기간을 거쳐 여성들이 남성들의 주의를 흩트리거나 방해할 것이라는 우려를 잠재운 뒤 마침내 1967년에 여성의 라몬트 도서관 출입을 허용했다. 하지만 하버드는 여전히 인원 할당 규정과 제한 규정을 고수했고, 이에 반기를 드는 사람은 거의 없었다. (1969년 래드클리프 학생들이[100] 하버드와의 통합을 요구하기 시작했을 때, 하버드대 부학장인 프랜시스 스키디 폰 스타드는 래드클리프 입학처장에게 이에 반대하는 서한을 보냈다.) "저는 고학력의 여성들이 가까운 미래에 우리 사회에 이바지하는 데 큰 진전을 이룰 것으로 생각하지 않습니다. 제 생각에 그들은 결혼 또는 출산을 멈추지 않을 것입니다. 멈춘다면, 그들은 여성으로서의 현재 역할에 실패할 것입니다." 하버드에는 여성 종신 교수가 단 1명 있었는데, 문리대학부의 코라 듀 보이스라는 문화인류학자였다. 그녀는 래드클리프를 통해 여성에게 할당된 교수직을 맡았다. (그녀가 1969년에 은퇴하면서 하버드에는 여성 종신 교수가 단 1명도 남지 않게 되었다.)

바이오랩에서 루스 허바드 박사는 남편인 조지 월드의 연구실에서 연구원으로 일하며 시각의 분자적 기초를 연구했다. 1967년 두 사람은 권위 있는 카러상을 공동 수상했지만, 이는 윌드가[101] 행사 담당자에게 자신의 아내도 수상자에 포함될 수 있을지 묻는 편지를 보냈기에 가능한 일이었다. "아내는 저의 주된 협력자로서 제가 앞으로 이야기할 연구의 많은 부분을 저와 함께했으며, 가장 중요한 측면의 일부를 담당했습니다." 그해 말 윌드가 노벨상을 받았을 때 거기에 허바드의 이름은 없었다(윌드는 다른 두 남성과 함께 수상했다). 래드클리프를 졸업한 허바드는 하버드에서 일할 수 있게 된 것만으로도 "행운이다"라고 생각했다. 수십 년이 지나고 은퇴한 후에야 그녀는 래드클리프에 자체 교수진이 있었다면 자신이 더 많은 것을 열망할 수 있었을지도 모른다고 생각했다. "래드클리프는 자랑스레[102] 학생들에게 하버드 위인들의 발치에 앉을 수 있는 특권을 제공함으로써, 우리도 언젠가는 위대한 여성이 될 수 있을 거라는 기대를 우리 안에서 일깨울 기회를 잃게 했다."

낸시 또한 자신이 운이 좋다고 생각했다. 그녀는 억제자를 연구하길 바라며 대학을 떠났고, 억제자를 정의하는 실험에 참여했다. 브룩과 결혼하고 싶었고, 그렇게 했다. 또 암에 관해서도 연구하고 싶었는데, 이제 그 일도 할 수 있을 것 같았다. 암은 어렸을 때 낸시를 무서움에 떨게 했던 불가사의한 미스터리 중 하나였다. 그녀는 부모님이 어떻게 어머니의 피부암에 대해 속삭였는지를 떠올렸다. 의사들은 암 조직을 절제할 수 있었다. 하지만 20년이 지난 지금도 암 환자에게는 수술만이 유일한 희망이었다. 의사가 암 조직을 잘라 낼 수 없다면, 그 병은 사형 선고가 되었다. 화학 요법을 쓸 수 있다 해도 일부 혈액암만 치료될 수 있었다. 치료제는 상상도 할 수 없었다. 암은 여전히 블랙박

스였다. 너무나 많은 과학자가 암이 어떻게 생기는지 밝히는 데 실패했기 때문에 암을 연구하는 것은 거의 어리석은 일로 여겨졌다.

1911년 페이턴 라우스라는 바이러스 학자가 닭의 암 종양이 바이러스에 의해 생긴다는 사실을 발견했다. 하지만 오랫동안 과학자들은 이 새로운 정보를 올바로 이해하거나 이용할 수 있는 분자생물학적 지식이 없었기 때문에 바이러스가 왜 동물에게 암을 일으키는지, 바이러스가 무엇인지조차도 알 수 없었다. 파지 탐구와 DNA 구조의 발견은 유전자의 내부 작동 방식에 관한 커다란 신비를 밝혔다. 이중나선의 발견은 프랜시스 크릭이 분자생물학의 "중심 원리"로 불렀던 원칙, 즉 생명체의 유전 정보는 DNA에서 RNA로 한 방향으로 흐른다는 공식을 탄생시켰다. 하지만 1970년 서로 독립적으로 연구하던 두 과학자 하워드 테민Howard Temin과 데이비드 볼티모어David Baltimore가 그 반대 현상을 가능하게 하는 역전사 효소reverse transcriptase라는 효소를 발견했다. RNA가 DNA로 복사되고, 이후 숙주 세포의 DNA에 삽입된다. 그러면 DNA는 복제를 시작해 숙주 세포의 게놈을 영원히 변화시켰다. 중심 원리의 방향을 거스른 RNA바이러스는 레트로바이러스로 알려지게 되었다. 더욱 중요하게도 여기에는 동물에게 암을 일으키는 것으로 알려진 바이러스가 다수 포함되어 있었기 때문에, 과학자들은 이 바이러스들을 연구함으로써 유전자가 어떻게 정상 세포를 암세포로 바꾸는지 알 수 있을 것이라는 희망을 품게 되었다. 동물 바이러스에는 상대적으로 유전자가 적었으므로 그 구조를 밝히고 바이러스가 어떻게 손상을 입히는지 알기까지는 오랜 시간이 걸리지 않을 터였다. 이러한 바이러스가 인간에게 암을 일으킨다고 확신하는 사람은 아무도 없었지만, 일으키지 않는다 해도 어떤 유전자가 어떻게 정상 세포를 암세포로 만드는지 이해하는 것은 세상을 바꿀 만한 발견이었다.

박테리아 바이러스에 대한 경험이 있는 낸시는 동물 바이러스 연구를 시작하기에 적격이었다. 이번에도 짐이 그녀를 도왔다. 1968년 롱아일랜드에 있는 콜드 스프링 하버 생물학 연구소의 소장을 맡게 된 짐은 그의 아내인 리즈와 함께 그곳으로 이사했지만, 하버드에서의 직위도 유지했다. 짐은 원숭이에게 암을 일으키는 SV40이라는 DNA 바이러스를 연구하기 위해 콜드 스프링 하버에서 프로그램을 시작할 예정이었다. 낸시는 롱아일랜드와 케임브리지를 오가며 시간을 유연하게 나눠 쓸 수 있었다. 브룩이 박사 학위를 마치고 하버드 영문학과 조교수로 일하게 되어 다행이었다. 그 자리는 적어도 5년간은 그를 케임브리지에 머물게 할 수 있었다. 낸시가 콜드 스프링 하버에서 많은 시간을 보내긴 하겠지만, 둘이 완전히 떨어져 있을 필요는 없었다. 브룩은 낸시가 그 일을 해야 한다는 데 동의했다.

암 연구는 여전히 모험적인 일로 여겨졌다. 한 유명한 파지 유전학자는 낸시에게 "암은 과학계의 무덤입니다. 연구비도 받을 수 없을 거예요"라고 말했다. 낸시는 꼭 그렇게 생각하진 않았고, 그에 대해 걱정도 하지 않았다. 아이를 갖기 전까지 과학계에 있을 수 있는 시간이 몇 년밖에 없었다. 예일대에서 그랬듯 낸시는 자신에게 가장 흥미로운 문제를 연구하는 것이 좋겠다고 마음먹었다. 암 연구에 대한 기대감으로 흥분한 그녀는 서둘러 박사 학위 논문을 작성했다―이미 발표한 논문이 있어서 이를 엮고 서문만 작성하면 되었다.

1971년 낸시는 콜드 스프링 하버에서의 연구를 지원할 제인 코핀 차일드 기금의 권위 있는 연구 펠로우십에 선정되었다(수락을 알리는 편지는 "친애하는 브룩 부인에게"[103]로 시작되었다). 펠로우십을 지원할 때 짐은 망설임 없이 마크의 연구실에서 낸시가 이룬 "뛰어난 성과"를 언급하며 "매우 강력하게" 그녀를 추천했다.[104] 그는 낸시가 "대단히 총명하고, 흥미로운 문제를 선별하는 방법을 알고 있으며, 문제가 해결될 때까지 그 문제에 매달린다"라고 썼다.

어느 날 아침, 아파트에서 연구실로 걸어가며 매사추세츠 애비뉴 모퉁이를 돌던 낸시의 눈에 하버드 야드로 통하는 연철문이 들어왔다. 그녀는 잠시 자축했다. 아직 최종 기한까지는 다다르지 않은 27세의 스펜스 출신 소녀가 하버드에서 과학 박사 학위를 받았다. 10년 전 케임브리지에 도착했을 때는 상상도 못 했던 일이었다. 세상이 활짝 열려 있는 것처럼 보였다.

5장

벙타운
로드

_____ 마티네콕 인디언 부족, 양키 고래잡이 상인들, 대호황 시대의 요트 타는 사람들과 피서객들, 이들 모두 19세기 후반의 생물학자들보다 먼저 콜드 스프링 하버 고유의 풍요로움을 발견한 사람들이다.

마티네콕족이 "멋진 작은 물가"라고 불렀던 이곳은 소금기 있는 습지와 민물 샘, 숲과 들판, 경사면을 따라 해안선까지 이어지는 풍부한 작은 사냥감들, 잘 보호된 항구 등 자연을 탐험하고 이용하기에 완벽한 조건을 갖추고 있었다. 구조가 단순한 해양 생물은 신다윈주의 진화 이론을 검증하기 좋은 모델로 여겨졌고, 전 세계의 기관들은 앞다투어 해안에 동물학 연구소를 설립했다. 조난 사고와 석유 발견으로 롱아일랜드의 포경 산업이 쇠퇴한 후인 1890년, 브루클린 예술 과학 연구소가 내항을 따라 빈 창고들을 인수하여 생물학 연구를 위한 전초 기지를 만들었고, 이를 콜드 스프링 하버 생물학 연구소라 불렀다. 뉴욕시에서 동쪽으로 40마일(약 64km) 떨어져 있었던 이 연구소는 고등학생과 초창기 미국 과학 교사들을 교육하기 위해 하계 강좌를 운영했는데, 이들은 낮에는 그물과 통을 들고서 표본을 모았고 밤에는 캠프파이어를 하며 배아와 수정에 관한 노래를 불렀다.

1898년 연구소는 하버드에서 공부한 뒤 교수가 된 찰스 대븐포트를 새로운 소장으로 영입했다. 그는 1년 내내 유전학에 전념하는 연구소를 세우고 싶어 했다. 그래서 그는 앤드류 카네기라는 자본가를 설득해 부지를 확장했고, 포경업자들이 살았던 판잣집과 소방서를 기숙사로 바꾸었다. 또한 생물학자들이 현지의 고양이, 닭, 물고기를 이용해 번식 실험을 하는 새로운 이탈리아식 "동물의 집"을 지었다. 그로부터 10년 동안[105] 대븐포트는 자신이 생각하는 이상적 인간 창조를 앞당기려는 야망을 키웠다. 대븐포트는 지능과 피부 색소에서부터 "바다에 대한 욕망", 교활함, 불감증에 이르기까지 모든 형질이 유전적으로 유전되며 "우리가 통제할 수 있는 대상"이라고 주장했다. 그는 세심한 육종을 통해 바람직하지 않은 특성을 가진 개체군, 즉 바람직하지 않은 개체군 전체를 없앨 수 있었다. 대븐포트는 연구소를 우생학의 신흥지구로 탈바꿈시켰고, 철도왕 해리먼의 미망인인 메리 해리먼으로부터 자금을 지원받았다. 《뉴욕 타임스》에 따르면 그녀는 "세상에서 가장 부유한 여성"이었다. 연구자들은 공공시설의 거주자들과 "다루기 힘든 여성들"을 관찰하고 콜드 스프링 하버 캠퍼스에 새로 지어진 우생학 기록 사무소에서 그들의 특성을 분류했다. 의구심이 드는 과학이었지만, 이는 교묘하게 영향력을 미쳤다. 특정 이민자 집단에서 "사회적으로 부적합한 특성"을 분류하려 했던 대븐포트의 시도는, 미국에 정착할 수 있는 유대인과 기타 동유럽 및 남유럽인의 수를 엄격하게 제한했던 1924년 이민법에서 출신 국가별 이민자 수 할당의 근거가 되었다.

이민법이 통과된 해, 대븐포트의 소장 임기가 끝나고 롱아일랜드 생물학협회로 이름이 바뀐 연구소는 밴더빌트,[106] 모건, 티파니, 마셜 필즈 등 골드코스트 이웃들의 관대함과 모금 활동을 통해 살아남았다 (카네기 연구소는 부지 내에 유전학과를 유지했다). 연중 근무하는 직원은 소수였고, 연구소는 연례 여름 심포지엄을 개최하는 데 대부분의 노력을 기울였다. 주최자들은[107] 다음과 같은 글로 그들의 첫 모임을 알렸다. "현대의 양적 생물학은 신생 분야이고 일반적으로 생물학은 매우 전문화되어 있으므로, 생산적인 사람들이라면 자기 일과 아이디어를 안목이 있는 비평가들에게 노출할 적절한 기회를 갖는 것이 바람직하다. 이들 비평가는 해당 연구자가 무엇을 하고 있고, 왜 그 일을 하는지 실제로 아는 전국에서 몇 안 되는 사람들이다."

1941년에 이르자 연구소는 존폐의 갈림길에 선 것처럼 보였다. 미국이 제2차 세계대전에 참전하면서 부유한 지역 유지들의 재정적 지원이 끊겼기 때문이다. 하지만 그해는 생물학과 콜드 스프링 하버에 중대한 시기였다. 새로운 연구소장[108]으로 발령받은 밀리슬라브 데메레츠는 우생학 기록 사무소가 포함된 땅을 팔아 새 연구소 건물을 지었고, 그해 여름 2주간 열리는 심포지엄에서 처음으로 유전학—향후 수십 년간 여름 심포지엄과 생물학을 지배하게 될 주제였다—에 초점을 맞추기로 했다.

《사이언스》에 실린 심포지엄의 공고[109]에 따르면 참가자는 36명이었고, 별도의 초청 없이 누구라도 "논문 토론에 참여할 수 있었으며", "다수의 과학자 말고도" 몇몇 참가자가 연구소를 여름 본부로 삼을 예정이었다. 그중에서도 두 사람, 살바도르 루리아Salvador Luria라는 이탈리아 미생물학자와 막스 델브뤽Max Delbrück이라는 독일 물리학자가 처음으로 박테리아에 관한 실험을 함께하며 그해 여름을 보냈다. 아주 최근까지도 형질과 유전에 관한 믿기지 않는 생각의 인큐베이터였던 콜드 스프링 하버는 파시즘을 피해 도망친 두 남자의 전시 피난처가 되었다―유대인이었던 루리아는 무솔리니가 권력을 장악하자 이탈리아를 탈출했고, 델브뤽은 가족이 저항 세력으로 활동하던 나치 독일을 탈출했다. 그해 여름 그들의 실험은 유전학에 대한 과학적 이해에 혁명의 씨앗을 심었다.

그때까지 유전학은 생쥐, 옥수수, 초파리에 의존해 생물의 형질이 유전자로 결정된다는 기본적인 지식을 제공했다. 하지만 아무도 유전자가 어떻게 유전 기능을 수행하는지는커녕 무엇으로 구성되어 있는지도 몰랐다. 박테리아는 분자 기반으로 연구될 수 있었지만, 박테리아가 고등 생물의 것과 같은 유전자를 가졌는지는 확실하지 않았다. 파지 연구는 박테리아가 유전자를 가졌다는 것, 그리고 그러한 유전자가 돌연변이를 일으킬 수 있다는 것을 보여 주었다. 바이러스는 단백질에 싸인 유전자들의 묶음으로 구조가 매우 단순했고 박테리아를 감염시키는 박테리오파지는 그중에서도 가장 단순했다. 박테리아와 파지는 모두 쉽게 증식할 수 있었다. 이 때문에 이들은 유전자가 분자 수준에서 어떻게 기능하는지 연구하는 데 쓰일 새로운 모델 유기체가 되었다.

델브뤽과 루리아의 연구는 전국의 대학에서 연구하는 생물학자들의 파지 그룹Phage Group—파지 교회Phage Church로 불리기도 한다—을 탄생시키며 분자생물학이 크게 도약하기 위한 발판을 마련했다. 파지 신봉자들은 1944년 물리학자 에르빈 슈뢰딩거가 쓴 『생명이란 무엇인가?』라는 작은 책에서 영감을 받아, 생물학이 화학과 물리학을 설명하는 것과 같은 보편적 법칙에 따라 지배될 수 있다고 가정했다.

1945년 파지 교회의 교황으로 알려지게 된 델브뤽은 새로운 복음[110]을 전파하기 위해 콜드 스프링 하버에 첫 연간 파지 과정을 만들었다. 인디애나대학에서 루리아의 첫 대학원생이었던 짐 왓슨은 1948년 스무 살에 처음으로 이 과정에 참석했다. 그리고 1953년 여름, DNA 구조의 발견에 관한 첫 공개 토론을 위해 성공한 모습으로 돌아왔다.

제2차 세계대전 이후 연구소에서는 많은 중요한 발견이 이루어졌다. 과학자들은 쥐를 이용해 어떤 사람들이 암에 더 취약하다는 사실을 증명했고, 애디슨병Addison's disease(부신 피질 분비 부전증—옮긴이)의 치료법을 발견했으며, 페니실린을 대량으로 생산할 방법을 개발했다. 하지만 콜드 스프링 하버를 전설로 만든 것은 여름 심포지엄이었다. 심포지엄은 생물학자들과 유전학자들의 연례행사가 되었는데, 그들은 일주일 때로는 2~3주 동안 천막을 친 오두막이나 콘크리트 벽으로 된 기숙사에서 잠을 자고, 작은 세미나실에 모여 관련 분야의 최신 연구 소식을 들었으며, 실험실에서 밤늦게까지 연구에 몰두했다. 저녁에는 잔디밭에서 피크닉을 즐기고 스퀘어 댄스를 추었다. 이 행사의 발표

자료집은 그 무렵 분자생물학으로 전향한 사람들을 위한 바이블이 되었다.

냉시는 마크 밑에서 일하기 시작한 뒤인 1967년 여름에 처음 이 심포지엄에 참석했고, 이후 짐의 다른 박사 과정 학생들 몇 명과 함께 다시 찾았다. 그녀에게 그곳은 천국이었다. 롱아일랜드의 북해안을 따라 뻗어 있는 2차선 주 고속도로를 달리다 보면 급하게 꺾이는 놓치기 쉬운 갈림길이 하나 나왔다. 한때 고래기름으로 가득 찬 통을 막았던 마개, 그러니까 '벙bung'에서 이름을 따온 이 '벙타운 로드Bungtown Road'는 100에이커(약 40만m²)에 달하는 부지로 이어졌다. 길 양쪽에는 1950년대에 점점 증가하는 심포지엄 참가자들을 수용하기 위해 지어진 연구실 건물, 오두막집, 식당, 새 단층 건물, 강의실이 곳곳에 자리 잡았다. 연구소는 소수의 상근 과학자들에게 지급되는 보조금만 가지고 운영됐던 터라 끊임없이 빚을 지고 있었고, 퀴퀴한 냄새를 풍기는 방치된 여름 거처처럼 보였다. 처진 바닥, 비가 새는 천장, 넝쿨로 뒤덮인 오래된 나무가 눈에 띄었고, 동물의 집 양쪽을 따라 옥수숫대가 자랐다. 길 한쪽에는 지금은 유람선만 다니는 고요한 항구가 있었다.

하지만 여름 심포지엄이 열리는 몇 주 동안 벙타운 로드는 생물학자들을 위한 초고속 정보 도로였다. 걸으면서 과학 이야기에 열중하는 사람들이 곳곳에 가득했다. 마치 축제가 열리는 현장 같았다. 또는 냉시의 친구 중 한 사람의 비유에 따르면 영화《카사블랑카》에 나오는 릭의 카페처럼 열정적 대의에 사로잡힌 혁명가들이 모여 정보를 교환하는 술집 같았다. 냉시는 세미나에서 생물학계의 유명 인사들이 그들의 연구에 관해 이야기하는 것을 들을 수 있었고, 그런 다음에는 길에서 또는 모두가 식사하는 공동 식탁에서 그들을 붙잡고 질문할 수 있었다. 하버드 연구소에서 처음 일하던 날들처럼 낸시의 머릿속에는 실험에 대한 아이디어가 넘쳐났다. 그녀는 종일 과학에 관해 이야기하고 싶었는데, 이곳에서는 아침 식사 때부터 야외 파티를 거쳐 밤늦게까지 그렇게 하는 것이 가능했다.

모든 사람이 서로의 이름을 불렀다. 짐은 분위기가 가볍고 모든 사람이 같은 수준에 있다고 느낄 때 과학이 번창할 수 있다고 믿으며 이러한 전통을 장려했다. 그는 또한 과학자들이 스트레스를 날릴 수 있을 때 가장 창의적이 될 수 있다고 믿었다. 콜드 스프링 하버에서 펼쳐진 배구 경기는 경쟁이 치열했다. 아웃을 둘러싼 두 유전학자 사이의 입씨름이 몇 년간 지속되었을 정도였다. 대부분 건물에 냉방 시설이 없었기 때문에 참가자들은 외항까지 이어지는 0.5마일(약 0.8km) 길이의 해변에서 수영을 하거나 조개를 잡았고, 때론 카누를 타고서 건너편 마을로 가 아이스크림을 먹으며 더위를 식혔다.

심포지엄에는 약 300명의 과학자가 참석했다. 많은 사람이 낸시와 마찬가지로 젊었지만, 남성이 압도적으로 많았다. 낸시는 그중 몇 명, 그리고 자신처럼 유전학에 사로잡힌 여성 몇 명과도 친해졌다. 밤에 그들은 블랙포드 홀의 바에서 술을 진탕 마시고 추파를 던지는 다른 젊은 여성들을 보았다. 낸시와 친구들은 그러한 여성들이 과학계에서 오래 버티지 못할 거라는 데 조용히 동의했다. 젊고 여성스러운 것—수없이 많은 남자들 사이에서 밝고 드문 존재가 되는 것—에는 힘이 있었지만, 그들은 과학에 전념해야 했다. 그녀가 여러 사람과 잔다고 동료들이 생각한다면, 그들은 그녀를 진지하게 받아들이지 않을 것이다. 낸시는 집에서 아이들을 돌보도록 남겨진 아내들을 생각했고 그들에게 약간의 동정심을 느꼈다. 그녀는 결혼 이후 보호받는 기분을 느꼈지만 동시에 저녁 식사 준비를 위해 집에 가야 한다고 걱정하거나 브룩을 만나는 데 늦었다고 죄책감을 느낄 필요가 없다는 사실에 안도감도 느꼈다. 낸시는 콜드 스프링 하버에서 만난 친구들과 매우 친해져 학기 중에도 매주 케임브리지에서 캘리포니아나 뉴욕에 있는 그들과 이야기를 나눴다.

1968년 왓슨이 소장으로 왔을 때,[111] 콜드 스프링 하버는 다시 존폐의 갈림길에 서 있었다. 기부금이 점점 줄어 매년 연구소를 운영하는 데 드는 300만 달러를 더는 감당할 수 없었기 때문이다. 하버드는 왓슨이 정교수로 남아 케임브리지와 롱아일랜드를 오가며 시간을 보낼 수 있도록 했다. 그처럼 중요한 기관은 유지될 필요가 있다는 판단에서였다. 왓슨은 소장으로서의 급여는 받지 않았다. 1941년 파지 연구가 연구소에 활력을 불어넣었듯, 이제는 암의 발생 과정을 밝힐 수 있을지 모른다는 가능성이 연구소에 새로운 사명과 새로운 자금을 불러왔다. 짐은 더는 실험에 직접 참여하지 않고 기획자가 되어 자금을 모으고, 정부의 자문에 응하며, 유망한 분야와 탐구할 만한 중요한 문제들을 발굴했다. 가장 큰 과제는 암을 유발하는 바이러스 유전자, 즉 바이러스성 암 유전자를 찾는 것이었다. 짐은 레트로바이러스가 전염성이 너무 높아 동물에서 인간으로 옮겨 갈 수 있는 가능성을 우려했다. 그래서 콜드 스프링 하버의 프로그램은 원숭이에게 암을 일으키는 DNA 바이러스를 연구하게 되었다. 짐은 500만 달러의 모금 운동을 시작했고 미국 암 협회로부터 160만 달러의 연구 보조금을 확보했다.

1년 만에 연구소의 수입이 2배가 되었고, 2년 만에 직원도 거의 2배가 되었다.

1971년, 낸시가 이곳에서 박사 후 연구원을 시작한 첫해, 공사 인부들이 바쁘게 연구실과 거주 공간을 개조하고 월동 준비를 했다. 소음이 벙타운 길을 따라 어느 때와 같은 겨울의 고요함을 방해했다. 낸시는 거의 매주 편도 5시간에 걸쳐 케임브리지에서 기차로 통근했고, 자주 밤낮없이 일했으며, 다른 남녀 대학원생 및 박사 후 연구원들과 함께 큰 기숙사에서 생활했다. 그들은 매일 밤 같이 밥을 먹었는데, 돌아가면서 요리를 했으므로 어떤 날은 인도식, 또 어떤 날은 프랑스식 저녁을 먹었다. 어떤 날은 로스트 치킨만 먹어야 했다. 그것이 낸시가 할 줄 아는 유일한 요리였기 때문이다. 그들은 모임을 자주 가졌고, 토요일 밤에는 보통 남성인 선배 과학자들의 집에서 저녁을 먹었다. 아내들은 푸짐한 식사를 준비했고, 식사가 끝나면 일어나 식탁을 치우고 과학자들이 이야기를 나누게 했다. 낸시는 대개 유일한 여성 과학자였기 때문에 어떻게 처신해야 할지 모르는 왈가닥이 된 기분을 느꼈다. 낸시는 그 여성들이 자신을 그들 중 하나가 아니거나 심지어 고상한 척하는 사람으로 생각하는 것을 원치 않았지만, 과학 이야기에 계속 끼고 싶었고 남자들과 떨어지면 흥미로운 아이디어나 소식을 놓칠 거란 걸 알고 있었다. 그녀는 전략적으로 한 그룹이나 다른 그룹의 가장자리에 앉아 여성들과 이야기하면서 남성들의 이야기에 귀를 기울이려고 노력했다.

주말에 브룩은 자주 콜드 스프링 하버를 방문했지만, 저녁 시간은 대체로 좋지 않게 끝났다. 그는 하버드에서 인기 있는 조교수였지만 이곳에서는 불안해했다. 그는 수학에 자신감을 가지거나 과학에 흥미를 느껴 본 적이 없었다. 파티에서도 대화에 끼려고 노력했지만, 과학자들은 그가 그들의 언어를 구사하지 못한다는 것을 깨닫고 등을 돌렸다. 그와 낸시는 그녀가 케임브리지에서 더 많은 주말을 보내는 것이 좋겠다고 결정했다. 브룩과 함께 보내는 주말이 끝나면 마음이 아팠지만, 한편으로는 얼른 연구소로 돌아가고 싶었다.

동물 바이러스를 연구하는 일은 박테리아 바이러스를 연구하는 일보다 더 느리고, 더 어렵고, 더 복잡했다. 우선 바이러스가 암을 일으킬 수 있는지 연구하기 전에 동물 세포를 배양해야 했다. 박테리아는 물, 당, 필수 염분만 있으면 거의 어디에서든 자랐다. 박테리아는 빠르게 분열하여 2개의 박테리아가 5시간 만에 1,000개 이상으로 불어날 수 있었다. 일단 이들을 감염시키면 바이러스의 증가를 확인할 수 있을 때까지 몇 시간밖에 걸리지 않았다. 동물 세포는 완전한 몸에서 자라는 것을 선호했기 때문에, 과학자들이 실험실 배양 접시에서 세포를 배양하는 방법을 알아내는 데는 수십 년이 걸렸다. 세포 성장에는 혈청과 성장인자, 초순수(불순물이 거의 없는 물—옮긴이)가 필요했고, 복제하는 데 최소 24시간, 바이러스의 증가를 확인하는 데 2주 정도가 걸렸다. 아무 세포나 쓸 수 있는 것은 아니었다. 바이러스를 세포 위에 떨어뜨려 바이러스가 세포를 암세포로 만드는지 확인하려면 가능한 한 평평한 세포를 선택해야 했기 때문이다.

어느 여름날 박사 과정을 밟을 때 낸시는 콜드 스프링 하버에서 밥 폴락Bob Pollack이 강의하는 동물 세포 배양에 관한 강의를 들은 적이 있었다. 폴락은 바이러스로 인해 암세포가 된 동물 세포를 정상 세포로 바꾸는, 박사 후 연구원으로서는 기적과 같은 일을 해냈던 사람이었다. 그런 폴락을 왓슨이 콜드 스프링 하버로 데려와 암 회귀를 연구하는 연구실을 맡겼고, 낸시는 지금 그곳에서 일했다. 어느 날 폴락이 연구실에 들어왔을 때, 낸시는 세포의 뇌로 여겨지는 핵을 튀어나오게 하는 약물을 실험하고 있었다. 핵은 일반적으로 가느다란 줄기로만 세포와 연결되었다. 하지만 낸시가 원심분리기에서 세포를 저속으로 회전시켰을 때 핵이 세포에서 분리되어, 세포는 그 유명한 머리 잘린 닭과 같은 것이 되었다. 낸시는 폴락에게 방금 핵이 없는 세포 일부를 새 실험용 접시에 올려두었다고 말했다.

"그건 불가능해요." 그가 말했다. 세포는 핵 없이 새로운 표면에 붙지 않았다. 그런데 거기에 세포가 있었다. 심지어 뇌를 잃기 전과 같은 모양을 하고서 말이다. 낸시는 처음에 그것이 발견이란 것도 몰랐지만, 자신의 발견에 기뻐했다. 세포가 어떻게 모양을 형성하는지, 바이러스가 세포 안에서 복제될 때 핵의 역할이 무엇인지에 대해서는 알려진 바가 거의 없었다. 낸시와 폴락, 다른 동료들은 이러한 제핵세포에 관한 다른 실험을 하기 시작했고 함께 몇 개의 논문을 발표했다. 새로운 분야에 뛰어든 지 1년 만에 낸시는 인정을 받기 시작했다.

낸시는 콜드 스프링 하버 연구소에 상주하는 가장 유명한 과학자 중 하나였던 유전학자 바버라 매클린톡Barbara McClintock의 관심을 받았다. 이제 일흔이 다 되어 가던 매클린톡은 미국 과학계에서 가장 많은 훈장을 받은 여성이자 세계에서 가장 중요한 유전학자 중 1명이었다. 그녀는 1944년 41세의 젊은 나이에 국립과학아카데미에 선출된 세 번째 여성이었다—아카데미가 창립된 지 81년이 되는 해였는데, 1970년까지도 1,000명이 넘는 회원 중 여성 회원은 10명에 불과했다. 1970년 닉슨 대통령은 국립과학훈장을 받을 최초의 여성으로 매클린톡을 선정했다. 1920년대에 코넬대학원생이었던 매클린톡은 옥수수를 연구하는 유전학자 중 유일한 여성이었다. 그녀는 유전자를 운반하는 긴 가닥인 염색체의 독특한 모양과 구조를 구별할 수 있는 기술을 개발했다. 그리고 함께 유전되는 유전자 사이의 연관성을 파악하고 세대를 거치는 동안 유전자들이 어떻게 변하는지 확인했다. 그런 다음에는 그녀가 지도하는 여자 대학원생 해리엇 크레이튼Harriet Creighton과 함께 성세포가 만들어질 때 염색체 물질이 교환된다는 사실을 최초로 밝혀냈다. 유전학자들은 바버라를 염색체 연구 부문 세계 "최고 연구자"[112]로 빠르게 인정했다.

그러나 그녀는 가정학과 외에는 여성 교수가 없는 코넬대에서 교수로 취직할 수 없었다. (유전학과는 여성을 받지 않았기 때문에 그녀는 식물학과에서 대학원 과정을 마쳤다). 매클린톡은 미주리대학에서 조교수로 일하게 되었지만, 곧 종신 재직권을 얻지 못할 것을 깨닫고 일을 그만두었다. 그녀의 임금은 한 남성에게 주어지는 연구 보조금에서 지급되고 있었는데, 총장이 만약 그 남성이 다른 대학으로 가게 되면 그녀가 해고될 것이라고 말했기 때문이다. 바버라를 아이오와주립대에서 일하게 해 주려 애썼던 남자 동료들은 책임자에게서 여성은 고용하지 않는다는 말을 들어야 했다.

1942년 마침내 카네기 연구소가 콜드 스프링 하버에 있는 유전학 연구실에 그녀의 자리를 마련해 주었다. 그곳에서 매클린톡은 당시에는 깨닫지 못했지만, 또 다른 획기적인 발견을 했다. 옥수수의 문양을 관찰하면서 염색체가 끊어지거나 합쳐질 수 있으며, 심지어 유전자가 염색체의 한 영역에서 점프해 다른 영역에 다시 삽입될 수 있다는 사실을 발견한 것이다. 그때까지 과학자들은 유전자가 진주 목걸이처럼 염색체를 따라 고정되어 있으며 늘 같은 패턴으로 복제된다고 믿었다. 그녀는 이러한 유전자가 주변의 새로운 유전자를 비활성화하고 다시 활성화하기도 한다는 의견을 제시했다. 그러나 매클린톡이 1951년 콜드 스프링 하버의 여름 심포지엄에서 자신이 발견한 내용을 발표했을 때, 청중들은 어깨를 으쓱하고 믿으려 하지 않았으며, 심지어 비웃기까지 하는 등 싸늘한 반응을 보였다. 이중나선이 유전자 구조의 이해를 돕기 2년 전이었기 때문에, 매클린톡의 '점핑 유전자jumping genes'는 그레고어 멘델의 완두콩이나 페이턴 라우스의 닭처럼 시대를 너무 앞섰고, 그 가치를 인정받기 어려웠다. 일부 동료들은 그녀의 글이 난해해서 이해하기 어렵다고도 주장했다. 이로 인해 매클린톡은 다시는 콜드 스프링 하버에서 세미나를 열지 않았고 논문 발표도 그만두었다. 그녀는 자신 정도의 과학자라면 당연히 더 큰 존중을 받을 자격이 있다고 생각했다. "매클린톡은 자신이 남자였다면 더 자유로운 과학적 기회를 가질 수 있었을 거라는 확신 때문에 세상에 화가 나 있습니다."[113] 한 저명한 유전학자가 매클린톡에게 연구비를 지원하고 있던 록펠러 재단에 편지를 썼다. 1930년대에 대학은 연구비를 지원하지 않았다. 재단의 한 후원자 또한 편지를 통해 "매클린톡은 그녀가 만나는 대부분 남성보다 자신이 훨씬 유능하다는 것을 잘 알 만큼 영리합니다." 그래서 그녀는 자신의 성별 때문에 "과학적 기회가 주어지지 않는다는 사실에 매우 억울해하고 있습니다"라며 공감을 표했다.

일찍이 바버라는 자신이 과학계 여성으로서 다르게 대우받을 것이라곤 생각하지 않았다. 그러다 자신이 일하는 여성, 또 노처녀로 낙인찍힌 것에 놀랐다. "어디로 가는지도 모른 채 이 자리까지 오게 되었어요." 그녀가 한 전기 작가에게 말했다. 그녀는 자신이 국립과학아카데미 회원으로 선출된 것에 "깜짝 놀랐다"라고 말했다. "저는 페미니스트는 아니지만, 유대인, 여성, 흑인 등에게 불합리한 장벽이 허물어질 때늘 기쁨을 느낍니다. 그것은 우리 모두에게 도움이 되지요."

바버라는 자신의 문제는 성별의 문제를 넘어서는 것이라고 생각했다. 자신은 독불장군이고 괴짜였다. 그것은 그녀가 스스로 키운 이미지였다. 별나고 자그마했던—키는 157 cm, 몸무게는 기껏해야 45 kg 정도—바버라는 테 없는 동그란 안경을 쓰고 머리를 짧게 자른 채 다녔다. 신여성이 단발머리를 유행시키기 전 대학에 다닐 때부터 그랬다. 젊었을 때 그녀는 옥수수밭을 걸을 때 걸리적거리지 않도록 치마를 자르고 꿰매 임시변통의 바지를 만들어 입었다. 그 뒤에는 남성용 흰색 셔츠와 카키색 바지를 입은 다음, 그 위에 낡아서 헝겊 조각[114]을 덧댄 실험복을 입었다. 그녀는 연구소 경내의 아파트에 혼자 살았고, 전화를 놓는 대신[115] 자신에게 연락하고 싶은 사람은 누구든 편지를 보내라고 말했다.

코네티컷 출신의 바버라는 메이플라워호를 타고 온 이민자의 후손과 외과 의사 사이에서 태어났다. 바버라의 부모는 그녀의 이름을 처음에 엘리너로 지었다가, 바버라라는 이름이 더 남성적이며 갓난아기로서 일찍이 보여 준 독립심을 잘 반영한다고 생각해 그녀가 겨우 4개월일 때 이름을 바꿨다. 바버라가 네 살이 됐을 때 그녀의 아버지는 권투용 장갑을 쥐여 주었고, 어머니는 남자아이들이 하는 운동을 할 수 있도록 반바지를 만들어 주었다. 어린 시절부터 바버라는 집에서 여자도 남자도 아닌 성별에 구애받지 않는 모습으로 자랐고, 자신의 몸이 "성가시다"라고 불평하기도 했다. 그녀는 너무 많이 배우면 결혼할 수 없을지 모른다는 어머니의 걱정에도 불구하고 대학 진학을 고집했다. 대학에서 인기가 많았던 그녀는 여자 신입생 반의 대표로 뽑혔고, 여학생 클럽(너무 배타적이어서 가입은 거절했다)의 러브콜을 받았으며, 재즈 밴드에서 밴조를 연주하기도 했다. 하지만 그녀는 진지한 연애는 하지 않는 쪽을 택했다. 그러한 애착이 불러오는 자유의 상실을 받아들일 수 없었기 때문이다.

바버라는 남성 과학자였다면 그러한 별난 행동이 용인되고 심지어 찬양받았을 거라고 생각했다. 그녀에 대한 평가[116]는 심리적 초상화처럼 읽힌다. 록펠러 기금 제공자 중 하나는 "인정하건대 그녀는 불안정하고 신경질적이다"라고 썼다. 또 다른 사람은 "그녀는 몇 년 동안 전혀 옷을 사지 않았다. 그녀가 입은 옷을 보면 알 수 있다"라고 썼다.

콜드 스프링 하버에서, 그녀는 옥수수에 물을 줄 줄 아는 사람은 자신뿐이라고 중얼거리며 옥수수밭을 돌아다니는 일종의 유령 같은 인물이었다. 옥수수 유전학 연구는 새로운 세대의 분자생물학자들이 다른 연구에 더 집중하게 되면서 인기를 잃었다. 그러나 바버라는 하던 연구를 계속했다. 바버라는 숲이 우거진 길을 돌아다니거나 동물의 집에 있는 연구실과 벙타운 로드의 다른 쪽 끝에 있는 해변 사이를 걷는 모습으로 가장 자주 목격되었다. 손에는 그녀가 수집해 유전자 패턴을 분석하는 나뭇잎과 검은 호두, 야생 당근이 가득했다. 그녀는 심포지엄이 열릴 때면 늘 맨 앞줄에 앉아 예리한 질문을 던졌다. 그녀는 특히 일련의 연구소장들을 대할 때 쉽게 발끈하곤 했지만—왓슨은 고집이 세고 약간 오만한 그녀를 "과학계의 캐서린 헵번"[117]으로 불렀다—, 따뜻한 면과 야한 유머 감각으로도 유명했다. 그녀는 젊은이들, 특히 재능이 있다고 생각되는 여성들을 눈여겨보았다.

낸시는 스물다섯 살에 바버라를 만났다. 낸시는 그녀가 이상하고 구식이라고 생각했다. 하지만 그녀의 새 친구 중 하나인 데이비드 봇스타인David Botstein의 말에 따르면, 바버라는 옥수수 유전학 부문에서 기념비적 연구를 한 사람이었다. 낸시는 자신의 연구실에 방문해 달라는 바버라의 초대를 기쁘게 받아들였다.

연구실은 물건들이 가득했지만 정교하게 잘 정돈되어 있었다. 긴 연구실 테이블에는 바버라가 자로 밑줄을 그어 놓은 자료, 논문, 학술지들이 쌓여 있었다. 정치 토크쇼 시청을 위한 텔레비전과 잠을 많이 자진 않지만 가끔 연구실에서 밤을 보낼 때 쓰는 간이침대도 있었다—낸시에 따르면, 바버라는 연구실에서 하루에 15시간씩 일했다. 그녀는 수십 년 전으로 거슬러 올라가는 과학 문헌들도 완벽하게 기억하고 있었다. 말을 하다가도 자리에서 일어나 벽을 따라 길게 늘어선 검은 서류 캐비닛 쪽으로 가 빠르게 기록 하나를 꺼내 방금 언급한 인물의 페이지와 위치를 찾아낼 정도였다.

바버라는 과학적 발견에 관한 이야기와 포드의 모델 T를 끌고 미국을 가로질러 캘텍대학교까지 혼자 운전한 이야기를 들려주었다. 그녀는 어떤 차든 고칠 수 있는 능력에 자부심을 가지고 있었다. 지금은 대시보드가 그녀의 작은 체구를 거의 집어삼킬 것 같은 거대한 폰티악을 몰았다. 그녀는 낸시에게 사람들이 좀 이상하게 볼 때도 있지만, 운전 중에 누가 그녀를 희롱해도 큰 차 덕분에 그에 대응할 수 있게 되었다고 말했다. "전 그들에게 손가락을 들어 보이죠." 바버라는 남자들이 더는 그녀에게 "그런 식으로" 관심을 두지 않는 나이가 되어서 얼마나 좋은지, 더는 "그런 말도 안 되는 일을 겪을 필요가 없어서" 과학계 생활이 얼마나 편해졌는지를 말했다. (그녀는 성관계를 "여성의 성 기능 수행"으로 부르며 순전히 생식적인 용어로 언급했다.)

낸시는 바버라 매클린톡의 발견이 대단하다는 것을 알 수 있었지만, 그중에는 그녀가 한 번도 들어 본 적이 없는 유기체에 관한 내용도 있어서 가끔은 이야기를 따라가기가 어려웠다. 낸시는 빨리 자신과 같은 언어를 구사하는 분자생물학의 젊은 친구들에게 돌아가고 싶었다. 하지만 콜드 스프링 하버에서 보내는 시간이 길어질수록 바버라는 더 적극적으로 그녀를 찾기 시작했다. 바버라는 과학계에서 보내온 삶을 회상하며 차별이 자신을 가로막았던 모든 순간을 이야기했다. 바버라는 여러 번 그녀의 연구 결과를 남성들에게 넘기라는 지시를 받았었는데, 그때 남자들은 그녀를 밖에서 기다리도록 놔두고 연구 결과를 논의하기 위해 방으로 들어가 문을 닫았다. 학계 밖에서 바버라의 위상이 높아졌을 때도 미주리대학은 그녀와 같은 경력의 유전학자를 찾는 다른 대학에서 온 편지를 한 번도 전달해 주지 않았다. 그녀는 미국 유전학회의 회장이었지만 없는 존재나 마찬가지였다.

이야기는 5시, 바버라가 브랜디 한 잔과 기름 없이 볶은 땅콩 한 접시를 들고나오는 칵테일 시간까지 이어지곤 했다. 어느 날 저녁 그녀는 파일 캐비닛에서 누렇게 된 편지 1장을 꺼내 왔다. 유명 유전학자가 교수직을 찾는 한 과학자에게 보낸 편지였다. 유전학자는 바버라가 이 분야의 최고 인재임을 알지만, 여성이기 때문에 채용할 수 없어서 유감이라고 썼다.

낸시는 편지를 읽는 바버라의 목소리에서 원통함을 느낄 수 있었다. 낸시 역시 그 편지에 화가 나 바버라의 분노를 이해했지만, 같은 감정을 느끼진 않았다. 낸시는 그런 이야기들이 사실일 수 있다고 생각하고 싶지 않았다. 일부는 마치 실제로 일어날 수 없는 일처럼 너무 억지스러워 보였다. 짐은 낸시에게 바버라가 대하기 힘든 사람이라고 말했다. 로절린드 프랭클린처럼 말이다. 낸시는 사람들이 왜 그렇게 생각하는지 알 수 있었다. 낸시 자신은 하나도 문제 될 것이 없었다. 자신에게 말을 걸지 않는 남자들이 있었지만, 그녀는 그들이 여성 주위에 있는 것을 불편해하기 때문이라고 생각했다. 반면에 과학계에서 가장 똑똑한 몇몇 남자들은 그녀에게 말을 걸고, 그녀를 진지하게 받아들였다.

낸시는 바버라가 뭔가 잘못한 것이 틀림없다고 생각했다. 게다가 지난 10년 동안 일자리 차별을 금하는 새로운 민권법들이 쏟아져 나왔다. 낸시는 그러한 법들이 이러한 문제를 막아 줄 거라고 생각했다. 바버라의 이야기가 사실일 수도 있긴 하지만, 낸시에게 그것은 바버라 시대의 이야기, 이전 시대의 이야기였다. 오래된 규칙과 근거 없는 가정은 더는 적용되지 않거나 적어도 낸시에게는 적용되지 않을 터였다. 낸시는 그렇게 확신했다.

6장

"여성들이여,
지원하십시오"

——————— 바버라 매클린톡은 다른 사람들의 이야기에 거의 신경을 쓰지 않았다. 그녀는 자신에게는 영웅이나 롤모델이 없다고 단언하며 그런 사람이 필요 없다는 인상을 주었다. "과학자는 헌신적[118]이어야 하지만, 절대적이어선 안 됩니다." 그녀가 《애틀랜틱》에서 말했다. 그렇지만 바버라는 다소 혼란스럽게도 자신을 따르는 사람들에게 모범을 보여야 할 책임이 있다는 것은 인정했다. 국립과학아카데미에 선출되는 예기치 않은 상황에 처했을 때 그녀는 이렇게 말했다. "저는 여성들을 실망시킬 순 없다고 생각했어요."[119] 그녀는 스스로 롤모델이 되어야 했다.

늘 통하는 것은 아니었지만 바버라는 모범으로 여겨졌다. 1955년 메리-루 퍼듀Mary-Lou Pardue가 버지니아주 윌리엄스버그에 있는 윌리엄 앤 메리대학교 4학년에 재학 중일 때, 교수들은 그녀에게 생물학 대학원에 진학할 것을 권유했다. 그들은 바버라 매클린톡을 보라고 했다. 메리-루는 흔들리지 않았다. 생물학에 관심이 없어서도, 매클린톡을 존경하지 않아서도 아니었다. 그녀는 겨우 스물한 살이었지만 교수들이 매클린톡의 이야기에서 빠뜨린 부분, 즉 대학이 매클린톡의 임용을 어떻게 거절했는지, 대학에 여성 교수들이 얼마나 적은지를 충분히 알 수 있을 만큼 현명했다. 메리-루는 교수들이 바버라 매클린톡에 관해 이야기하는 이유가 매클린톡이 그들이 생각할 수 있는 유일한 여성 과학자이기 때문 아닐까 하고 의심했다.

메리-루는 공학과 라틴어 등 다양한 분야에 관심을 두다가 역사를 전공하기 시작했다. 식민지 시대풍의 대학 캠퍼스는 역사 그 자체였고, 붉은 벽돌 건물과 철저한 대칭성은 처음 본 순간부터 그녀를 매료시켰다. 사실 그녀에게는 선택의 여지가 별로 없었다. 윌리엄 앤 메리 대학교는 버지니아에서 여성을 받아 주는 유일한 주립 대학교였다. 물리학자이자 버지니아 공대의 학장이었던 그녀의 아버지는 그녀에게 우선 공립대학을 간 뒤 더 높은 학위를 받고 싶으면 사립대학에 가라고 말했다.

메리-루는 늘 동경했던 고대 그리스어를 배울 생각으로 역사에서 언어학으로 전공을 바꿨다. 그다음에는 생물학에 끌렸다. 고등학교에 다닐 때 생물은 그녀가 좋아하는 과목이 아니었다. 분류체계와 암기해야 할 사항들은 그녀를 지루하게 했다. 하지만 그녀는 늘 자연의 일상적인 경이로움에 끌렸다. 메리-루는 켄터키주 렉싱턴에서 어린 시절을 보냈다. 그녀는 숲속에서 무릎을 더럽히며 곤충과 동물을 관찰했고 개구리를 잡았으며 가족과 함께 블루릿지산으로 하이킹을 갔다. 그러던 중 대학에 가기 전 여름, 버지니아 공대의 농업학교에서 일하던 친구의 아버지가 그녀와 다른 친구 4명을 대학에서 작물을 실험하는 현장 작업자로 고용했다. 이들은 일부 옥수숫대의 수염을 덮고 다른 옥수숫대에 꽃가루를 살살 뿌리는 식으로 옥수수를 교차 수분했다. 메리-루는 실험실에서 본 교잡 옥수수에 매료되었다. 주황색과 보라색, 빨간색 알갱이가 서로 모여 무지갯빛 옥수수를 만들었고, 네모난 검은 알갱이가 박힌 노란 옥수수는 마치 십자말풀이처럼 보였다. 그녀는 3학년 때 전공을 바꿨다. 왓슨과 크릭이 이중나선을 발견한 이듬해였고, 생물학이 현대 유전학의 밝은 전망과 함께 다시금 부풀어 오르고 있던 때였다. 메리-루는 특히 매클린톡이 연구한 춤을 추고 모양을 바꾸는 DNA 가닥인 염색체에 매료되었다.

하지만 메리-루는 과학계에서 여성 롤모델을 거의 찾을 수 없었다. 생물학과에 아는 사람이 1명 있긴 했으나, 그녀는 지역 병원에서 학생들이 실험 수업에 사용할 표본을 수집하느라 정신이 없어 보였다. 박사 학위가 있더라도, 앞으로도 실험실에서 쭉 학생들을 가르칠 것이 분명했다. 메리-루가 과학계에서 본 다른 여성들은 일반적으로 나이가 많았다. 이들은 과중할 정도의 수업을 해냄으로써 남성들(대부분 박사 과정을 막 마친 젊은 남성들이었다)이 연구비와 교수직, 동료들의 존경을 얻게 될 연구를 수행할 수 있게 해 주었다. 남성들은 메리-루에게 자극제가 되었지만, 여성들은 전형을 보여 주었다. 메리-루는 그들처럼 살거라면 박사 학위를 받을 필요가 없다고 판단했다.

메리-루는 여행을 떠나면 어떨까 생각했다. 그녀는 돌아다니는 데 익숙했다. 그녀의 아버지는 켄터키주 스코츠빌 출신으로, 전화 회사와 식료품 및 사료 가게를 운영하는 가정에서 7남매 중 하나로 자랐다. 아버지의 부모님은 그가 10대일 때 학교를 그만두고 전화 교환원이 되길 바랐지만, 아버지는 식료품점에서 일하는 조건으로 고등학교에 계속 다닐 수 있었다. 그런 다음에는 성적이 좋아 켄터키대학에 진학할 수 있었는데, 그곳에서 교수들은 그에게 물리학을 전공할 것을 권유했다. 그는 예일대에서 박사 학위를 받고 아이들을 가르치기 위해 켄터키로 돌아왔다. 메리 루는 켄터키에서 태어났지만 다섯 살이 되던 해 여름 그녀의 가족은 차를 몰고 켄터키에서 캘리포니아로 떠났고, 그곳 캘텍대에서 그녀의 아버지는 1년간의 안식년을 보냈다. 다음 해 여름 그들은 도중에 친구들을 만나 가며 켄터키로 다시 돌아왔다. 메리-루가 열 살이 되던 해, 그녀는 어머니와 남동생과 함께 아버지를 따라 시카고로, 그다음에는 테네시주 오크리지로 갔다. 그곳에서 아버지는 제2차 세계대전 말 히로시마와 나가사키에 투하된 원자폭탄을 개발한 비밀 프로젝트인 '맨해튼 프로젝트'에 참여했다.

메리-루의 어머니 역시 젊었을 때 이곳저곳을 돌아다녔다. 미주리주에서 자란 그녀는 푸에르토리코에서 교사로 일했고, 캔자스 시티에서 오대호로, 세인트로렌스강에서 대서양으로 배를 타고 여행했다. 메리-루는 탐험하고 세상을 구경하는 것이 재미있을 것 같다고 생각했다. 크고 단호한 푸른 눈과 얼굴에 불꽃처럼 번진 미소가 모험을 떠나고 싶다고 말하고 있었다. 그녀는 앞머리를 빽빽이 드리우고 긴 갈색 머리를 무심하게 틀어 올렸다. 자신감이 넘쳤다.

메리-루는 예의를 지키고 싶었기 때문에 교수들이 요청한 대로 몇 개의 대학원 펠로우십에 지원했다. 그리고 모든 펠로우십에 선정되었지만, 모두 거절했다.

그러던 중 버지니아 공대의 대학원 학장이었던 그녀의 아버지가 오크리지 국립 연구소에서 암 연구 기술자로 일할 여성을 채용하고 있다는 소식을 들려주었다. 메리-루는 아버지가 자신의 약혼자인 의대생과 떼놓으려 하는 것일지 모른다고 생각했다. 하지만 그녀는 자신이 오크리지에서의 생활을 좋아했었다는 기억을 떠올렸다. 일도 재미있을 것 같았다. 전쟁이 한창일 때 미국 정부는 맨해튼 프로젝트에 쓸 우라늄과 플라토늄을 정제하는 시설을 만들기 위해 테네시주 동부에 6만 에이커(약 243km²)에 이르는 외딴 농지를 점유하고 단기간에 7만 5,000명이 북적대는 '비밀의 도시'를 건설했다. 10년이 지난 후 이제 원자력위원회는 암을 치료하고 생물학적 표본을 추적하기 위한 동위원소를 만드는 등 방사선의 평시 활용을 위해 연구소 인력을 훈련하고 있었다. 메리-루는 이곳이 생물학을 공부하기에 안성맞춤이라는 것을 알았다. 방사능은 여전히 과학자들이 생물을 연구하는 데 필요한 최고의 도구 중 하나였다. 그리고 이곳의 연구소장은 돈을 벌고 그곳에서 일할 재능있는 젊은 과학자를 알아보는 데 능숙했다.

하지만 연구소에 도착했을 때 메리-루는 자신의 일자리가 사라졌다는 것을 알게 되었다. 그녀가 대체하기로 한 여성의 남편이 군 신체검사에 불합격하는 바람에 계속 일할 수 있게 된 것이었다. 하지만 오히려 잘된 일이었다. 그녀는 최근에 고용된 생물학자인 잭 폰 보르스텔Jack von Borstel의 연구실에 배치되었는데, 이는 그가 젊고 신입이었기 때문이었다. 메리-루는 모든 것을 배워야 했고, 폰 보르스텔은 그녀를 동료처럼 대했다. 그는 그녀에게 초파리 유전학을 가르쳤다. 그리고 대학 친구들하고만 시간을 보내지 않고 도시를 둘러본다는 약속하에 그녀를 뉴욕으로 보내 논문을 발표하게 했다. 그는 또한 그녀에게 대학 졸업생들이 전국의 대학 연구실에서 수업을 듣고 연구하여 석사 학위를 취득할 수 있도록 지원하는 국립과학재단의 새로운 박사 전 과정 펠로우십을 노려 볼 것을 권유했다. 그 결과 메리-루는 놀랍게도 하버드에서 생물학을 공부할 수 있는 기회를 얻게 되었다. 그런 일이 생길 줄은 생각지도 못했다. 그런데 그녀는 오크리지에서 젊은 화학 엔지니어를 만나 결혼한 상태였다(대학을 떠난 지 얼마 되지 않아 의대생과는 헤어졌다). 그녀가 폰 보르스텔에게 하버드 펠로우십을 거절하겠다고 말하자, 그는 그렇다면 차로 1시간 거리인 테네시대학에서 수업을 받는 쪽으로 지원서를 다시 내보자고 제안했다. 결과적으로 그녀는 계속 그의 연구실에서 일하면서 그의 지도하에 논문을 쓸 수 있었다. 메리-루는 연구실에서 하는 연구를 맘에 들어 했지만 결혼 생활 때문에 이 일을 포기해야 할지도 모른다고 생각했다. 그녀는 계속 연구할 기회를 찾아 뛰어들었다.

메리-루의 삶은 두 갈래로 나뉘게 되었다. 남편인 피트는 MIT에서 엔지니어를 위해 운영하는 일종의 부속 인턴십 과정인 MIT 실습학교에 다녔다. 그는 오크리지 연구소의 경영 전반을 이어받은 유니온 카바이드에서 일하다가 3년 후면 전 세계에 진출해 경영 업무를 시작할 계획이었다. 그들의 사회적 관계는 대부분 실습학교를 중심으로 이루어졌다. 아내들은 남편을 따르고, 가정을 꾸리고, 어디서든 사회적 자산이 될 준비를 했다. 그 사이에 오크리지는 조립식 주택과 반짝이는 슈퍼마켓이 들어선 호황을 누리는 도시가 되었다. 여자들은 파티와 피크닉을 준비했고, 남자들은 정박지에 보트를 묶어 둔 뒤, 주말이면 아내와 함께 호숫가에서 수상스키를 즐겼다. 메리-루는 이러한 편한 생활도 좋았지만, 연구소에서 아는 사람들과 함께하는 시간이 훨씬 더 즐거웠다.

3년이 다 되어 갈 무렵 메리-루는 석사 학위를 받았는데, 테네시대학의 교수들은 그녀가 박사 학위를 받아도 될 만큼 충분한 연구를 했다며 논문을 쓰라고 권유했다. 메리-루는 거절했다. 그녀는 지금 하는 일이 좋았고 계속하고 싶었다. 주변에는 박사 학위가 있는 여성이 몇 명 없었고, 연구실을 이끄는 여성도 없었다. 그 몇 안 되는 여성 중 1명은 임신 가능성이 있는 여성의 X선 촬영에 대한 경고를 이끌어 낸 리안 러셀Liane Russell 박사였다. 러셀은 중요한 쥐 유전학 프로그램인 '마우스 하우스Mouse House'에 참여해 일하고 있었고, 연구소의 중역과 결혼한 상태였다―그녀는 한때 그의 학생이었다. 그런 경우가 아니라면 여성은 그저 남성이 이끄는 연구소에서 일하는 연구원이었다. 메리-루는 자신도 똑같이 되리라 생각했고, 그 일을 위해 필요한 것은 석사 학위면 충분했다.

그녀는 또한 자신과 피트가 서로 다른 삶을 원한다는 것을 깨닫기 시작했다. 피트는 한 곳에 머물고 싶어 했지만, 그녀는 그렇지 않았다. 그는 아이를 원했다―나중에 재혼해서 네 아이를 키우게 된다. 메리-루는 정착할 준비가 되어 있지 않았다. 그녀는 연구를 계속하고 싶었다. 결국, 결혼은 불가피하게 끝이 났지만, 아주 안 좋게 끝나진 않았다.

버지니아로 돌아와 큰 대학 연구실에서 기술자로 일하게 된 메리-루는 고용되어 일하고 싶은 과학자들의 목록을 작성하기 시작했다. 1961년, 과학자들은 어떻게 DNA가 그것의 단일 가닥 사촌인 RNA

를 통해 세포 기능을 수행하는 단백질에 메시지를 전달하는지 밝히기 위해 전에 없는 속도로 활약하고 있었다. 그녀는 먼저 오크리지에서 들은 적이 있는 2명의 남자를 떠올렸다. 시모어 벤저Seymour Benzer는 콜드 스프링 하버에서 파지 과정을 통해 깨달음을 얻고 유전자의 하부 구조를 이해하는 데 새로운 지평을 연 물리학자였다. 그는 DNA에서 단백질로의 정보 전달을 가능하게 하는 필수 분자 구성 요소들을 분리하고 있었다. 조 갤Joe Gall은 진핵생물로 알려진 다세포 유기체를 이용해 DNA와 RNA를 연구하고 있었다. 메리-루는 단백질을 다루는 기술에 대해서는 거의 아는 것이 없었기 때문에 벤저의 연구실에서 배운 내용을 갤과의 작업에 적용할 순 있어도, 그 반대의 경우는 불가능하다고 결론지었다.

인디애나주의 퍼듀대학교에서 일하고 있던 벤저는 메리-루를 기술자로 고용하는 데 동의했다. 그는 그녀를 단백질을 합성하는 리보솜의 구조에 관해 연구하는 박사 후 연구원과 함께 일하도록 했다. 여성 2명이 기술자로 일하고 있었고, 정규직으로 보이는 박사 후 연구원으로 일하는 여성이 또 2명 있었다. 박사 후 연구원들—하지만 모두 교수직을 준비하고 있었던 남성들—은 매일 시모어와 함께 작은 구내식당에 모여 샌드위치를 먹으면서 그날의 일에 관해 이야기했다. 그리고 그들이 식사를 마치면 기술자들이 들어가 테이블을 치웠다.

어느 날 시모어가 메리-루에게 테이블을 치워야 한다고 말했다.

그녀가 대답했다. "시모어, 저는 테이블을 치우러 여기 온 게 아니에요."

그는 잠시 생각하더니 자신과 다른 직원들과 함께 점심을 먹지 않겠냐고 물었다.

그래서 메리-루는 남자들이 프랑스어로 하는 야한 농담을 이해하지 못하는 척하며 그들과 함께 점심을 먹었다. 그녀가 새로운 점심 동료들과 밥을 먹는지 잠을 자는지 수근거리는 다른 여성들의 말은 무시하면서 말이다.

벤저는 불안했다. 그는 분자생물학 부문의 경쟁이 너무 치열해지고 있다고 생각했다. 그는 유전학이 행동에 관해 밝힐 수 있는 것을 탐구해 볼 계획이었다. 그에게는 두 딸이 있었는데, 같은 방식으로 자란 두 딸이 매우 다를 수 있다는 사실에 흥미를 느꼈다. 그는 메리-루에게 초파리 유전학에 대해 아는 것을 가르쳐 달라고 부탁했다. 그들은 초파리의 뇌를 해부하기 시작했다(소의 뇌[120]도 해부했는데, 모험하기를 좋아하는 벤저는 가끔 저녁 식사를 위해 그것을 집으로 가져갔다).

시모어는 곧 캘텍대로 가기로 마음먹고 메리-루에게 자신의 연구실에 대학원생으로 오지 않겠느냐고 물었다. 시모어는 파지 교회의 추기경이나 마찬가지였고, 이 분야를 이끄는 사람 중 1명으로 여겨졌다. 그때쯤에는 메리-루도 영향력 있는 연구실 책임자가 자신의 경력에 얼마나 큰 도움이 될 수 있는지 잘 알 만큼 충분한 연구실 경험이 있었다—그 관계는 매우 중요해서 과학자들은 누가 누구의 멘토였는지 가계도를 그릴 정도였다. 메리-루는 박사 학위 취득의 가치 역시 깨닫기 시작했다. 그녀는 시모어 연구실의 일부 박사 후 연구원들보다 아는 것이 더 많았다. 그들은 점점 더 그녀의 지식과 연구에 의존했는데, 그녀는 그들에게 이용당하는 느낌이 싫었다. 하지만 1964년 당시 여성 교수는 여전히 찾기 힘들었기 때문에 메리-루는 교수직을 구하는 데 시모어나 다른 사람의 도움을 받을 필요가 없다고 생각했다. 그녀는 시모어와 함께 캘텍대에 가지 않기로 했다. 그녀에게는 경력을 개발하는 대신 가장 관심이 가는 질문을 좇을 수 있는 선택의 자유가 있었다. 지금 그녀는 다세포 유기체에서 유전자가 어떻게 작동하는지 더 잘 알고 싶었다.

진핵생물을 연구하는 몇 안 되는 사람 중 1명은 몇 년 전 그녀의 목록에 올랐던 조 갤이었다. 갤은 최근 사이언스 힐에 새 클라인 생물학 타워를 완공한 예일대학교로 자리를 옮긴 참이었다. 유명 건축가 필립 존슨이 설계한 이 건물은 뉴헤이븐에서 가장 높은 건물로 자리매김할 것이었다. 메리-루는 예일대 박사 과정에 지원했고 1965년 그의 연구실에 대학원생으로 가게 되었다.

_____ 메리-루보다 다섯 살이 더 많았던 조는 그녀가 자라는 동안 함께 어울렸을 법한 아이였다. 조가 열네 살일 때 그의 부모님은 워싱턴에서 버지니아주 샬러츠빌 근처에 있는 500에이커(약 2km²) 규모의 농장으로 이사했다. 그는 이곳저곳을 돌아다니며 곤충을 채집한 뒤 집으로 가져와 책에서 곤충의 부위를 확인했다. 그리곤 그것들을 낡은 시가 상자에 넣고 핀으로 고정했다. 노동 변호사였던 그의 아버지는 바슈롬에서 일했는데, 회사가 생산을 중단했음에도 제2차 세계대전 중 용케 집으로 현미경을 하나 가져올 수 있었다. 조는 연못의 조류, 농장에서 키우는 동물의 이, 토끼와 마멋의 내장 등 손에 잡히는 것은 무엇이든 모아 침실에 마련한 실험 공간으로 가져왔다. 그리고

는 그것들을 슬라이드에 묻혀 자세히 살펴봤다. 대학원생이 됐을 때쯤에는 식물과 동물에 대해 백과사전만큼의 지식을 갖게 되었고, 덕분에 어느 것이 답을 구하고 싶은 생물학적 문제에 대한 가장 좋은 모델이 되어 줄지 알았다. 그는 거의 현미경과 붙어살았다. 급기야는 아버지가 준 현미경을 분해한 다음 기계공이었던 삼촌의 도움을 받아 그 부품으로 더 강력한 현미경을 만들기까지 했다―그는 여전히 이 현미경을 실험실에서 사용했다.

조는 서두르거나 잘난 체하지 않았고 메리-루는 이 점을 높이 평가했다. 어떤 과학자들은 질문에 답할 때 자신의 똑똑함을 과시하려 들며 질문한 사람을 바보로 만들었는데, 조는 절대 그런 법이 없었다. 그는 대학원생들 사이에 경쟁이 아닌 독립심을 부추기고 각자가 논문 주제로 탐구할 흥미로운 질문을 찾을 수 있도록 도왔다. 본인 역시 토요일에 자주 연구실에 들르면서도 대학원생을 만나면 "토요일인데 여기서 뭐 해?"라고 물었다. 메리-루는 긴장하면 한 손을 더 심하게 떠는 버릇이 있었다. 이를 알아본 조는 모두의 긴장을 풀어 주기 위해 테니스를 함께 치곤 했다. 박사 후 연구원과 대학원생에게 실험을 맡기는 다른 교수들과 달리 그는 여전히 직접 실험을 했다. 일부 교수들은 단지 연구실을 운영한다는 이유만으로 대학원생들의 논문에 자신의 이름을 올렸지만, 조는 실제로 연구에 참여한 경우에만 그렇게 했다.

갤은 또한 이례적으로 많은 여성을 고용하고 멘토링하는 것으로도 유명했다. 어느 여름에는 미네소타대학에서 그의 밑에서 일했던 조앤 스타이츠를 하버드 의대 과정에서 생물학 박사 과정으로 전환할 수 있도록 짐 왓슨을 통해 주선하기도 했다. 메리-루가 도착한 그해 갤의 연구실에 있던 대학원생 7명은 모두 여성이었다. 그들은 여성에 대한 지원 때문에 갤을 선택한 것이 아니라, 그가 하는 연구 때문에 그의 연구실에 있고 싶어 했다. 하지만 그들은 자신들이 얼마나 운이 좋은지 알고 있었다. 그들은 다른 곳의 사정이 얼마나 안 좋은지에 대해 이야기를 교환했다. 한 여성은 존스 홉킨스의 연구실에 지원했다가 "여긴 이미 여성이 있어요"라는 말을 들었다. 여성의 수는 제한적이었다. 대부분이 아기를 가지면 일을 그만둘 여성에게 자리를 낭비하고 싶지 않아 했다.

갤의 연구실에서 일하는 여성들은 그와 친해졌고 서로와도 친해졌다. 이례적인 여성의 수는 그들을 더욱 대담하게 했다. 메리-루가 예일대 박사 과정을 밟기 시작한 첫해, 그들은 미국세포생물학회의 연례 회의에 참석하기 위해 한 차에 몸을 구겨 넣고 필라델피아로 향했다. 그리고 8명이 호텔 방 하나에서 잤는데, 가장 나이가 많은 한 사람이 여비로 방값을 내는 동안 나머지 여성들은 침낭을 들고 뒷문으로 숨어 들어갔다. 다음 해 회의는 휴스턴에서 열렸지만, 여성들은 여비를 받을 수 있는 자격시험을 아직 통과하지 못한 상태였다. 메리-루는 어쨌든 여비를 먼저 지급해 달라고 관련 부서를 설득했다. "지금 일단 가고, 나중에 통과할게요!" 그들은 회의 마지막 세션에 청중들이 칵테일 시간이 되어서 또는 집으로 가는 비행기를 타려고 슬금슬금 자리를 빠져나가는 것이 안타까웠다. 그래서 그들은 응원의 의미로 그 시간에 맨 앞줄에 앉기로 했다. 곧 그들에게 '갤의 소녀들'이라는 별명이 생겼다.

다른 대학의 남자 생물학자들은 "조 갤이 뭘 가진 거죠?"라고 물었다. 그들의 말은 여성들을 즐겁게 하기도, 짜증 나게 하기도 했다. 남자들은 사려 깊고 부드러운 말투에 올빼미 같은 눈을 가진 그들의 상사가 일종의 바람둥이일 것이라고, 이 소수의 여성들이 아주 비범한가 보다고, 여성들을 연구실에서 일하게 하는 데는 어떤 비밀이 있는 것이 틀림없다고 말했다.

이런 평판은 갤을 당황하게 했다. 그는 주목받는 것이 싫었고, 자신이 어쨌든 너무 순진해서 이 모든 일이 일어나게 되었다는 근거 없는 믿음이 싫었다. 하지만 거기에도 진실은 있었다. 그는 굳이 여성을 고용하려고 애쓴 것이 아니라, 단지 최고의 학생을 뽑은 것뿐이었다. 비밀 같은 건 없었다. 그는 남성도 고용했다는 점을 지적했다. 하지만 여성들은 기회가 더 적었음에도, 아니 어쩌면 더 적었기 때문에 더 큰 성공을 거두었다.

굳이 설명해야 한다면, 조는 그의 어머니에게로 공을 돌렸다. 어머니는 가족 중 처음으로 대학에 진학해 수학을 전공했지만, 1920년—바버라 매클린톡이 코넬대에 입학한 다음 해—에 학교를 마쳤을 때 과학 분야에서 일자리를 찾을 수 없었다. 그녀는 주부가 되어 조에게 과학에 대한 사랑을 심어 주었다. 그는 어머니가 낡은 옷걸이로 곤충 채를 끊임없이 만들어 주고 마당에서 발견한 생물들의 표본을 모으는 것을 도와주었다고 회상했다. 열 살이 되었을 때 그는 어머니에게『소년 곤충 도감』을 사 달라고 졸랐다. 어머니는 알았다면서 세포생물학의 고전적 초기 교과서인 윌슨 E. B. Wilson 의『발달과 유전의 세포』도 같이 사 주었다. 어린 조는 곧바로 책을 통해 침대 밑에 있던 현미경으로 관찰한 조직에서 박편을 만드는 법을 배웠다. 그는 어머니 덕분에 여성이 과학에 관심이 있는 것이 이상한 일이 아니라고 생각하게 되었다. 오히려 그는 아버지가 벌레를 무서워한다는 인상을 받았다.

조는 학구적이기만 한 것이 아니었다. 그는 추진력이 강하고 열정적인 사람이었다. 조는 각 염색체가 단일한 이중나선 모양의 DNA로 되어 있다는 사실을 최초로 입증했다. 그리고 일부 유전자가 염색체를 떠나 염색체 외부에서 수백 또는 수천 개의 DNA 사본을 만드는 유전자 증폭을 최초로 확인한 사람 중 하나였다.

1965년 메리-루가 그의 연구실에서 처음 일을 시작했을 때, 갤은 세포 조직에서 특정한 유전자 서열을 찾아내는 기술을 개발하기 위해 노력하고 있었다. 그의 아이디어는 방사성 물질로 표지된 리보솜 RNA 한 가닥을 용액에 섞어 조직에서 리보솜 DNA의 상보적인 단일 가닥을 찾는 것이었다. RNA가 상보적인 염기쌍과 일치하면 유전자 서열을 정확히 찾아내는 방사성 태그 역할을 할 수 있었다.

발톱개구리의 난소 세포를 대상으로 연구를 진행하던 그는 RNA와 DNA를 성공적으로 혼성화했음을 암시하는 몇 가지 결과를 얻었다.[121] 하지만 자가 방사선 촬영 이미지에는 방사성 신호가 나타나지 않았다.

메리-루는 논문 주제로 유전자 증폭과 가외의 DNA가 염색체에서 어떻게 빠져나오는지에 관한 복잡한 문제를 생각했다. 그것은 한 가닥인가 두 가닥인가? 이 문제는 너무 어려웠던 것으로 드러났다—50년이 지난 후에도 이 의문은 풀리지 않은 상태로 남아 있었다. 하지만 그녀는 단일 가닥 핵산을 정제하는 데 매우 익숙해졌다. 또한 그녀는 조가 슬라이드 위의 DNA를 고정하기 위해 사용하는 고정제가 사실상 슬라이드를 너무 두껍게 만들어 신호가 통과하지 못한다는 사실을 발견하기도 했다. 조는 그녀에게 함께 일해 달라고 부탁했다.

1968년 후반, 이들은 '제자리 혼성화in situ hybridization'로 알려지게 될 새로운 기술[122]을 성공적으로 선보였다. 이듬해 《국립과학아카데미 회보》에 실린 이 발견은 생물학과 의학에 획기적인 발전을 가져왔다. 과학자들은 세포핵의 유전자를 매핑할 수 있었지만, 그것은 원시적인 그림에 불과했다. 반면 그들이 발견한 것은 위성 사진에서 나무에 달린 잎사귀를 확인하는 것과 같았다. 제자리 혼성화는 특정 유전자를 찾기 위한 표준 방법이 되었고, 유기체를 만드는 전체 유전적 지침을 분석하는 유전체학이라는 새로운 분야의 발판을 마련했다. 덕분에 임상 현장에서는 조직 내 박테리아나 바이러스의 존재를, 산전 검사와 관련해서는 비정상적인 발달을 나타내는 염색체의 재배열을 감지하는 진단 도구를 만드는 것이 가능해졌다.

1970년 메리-루는 박사 학위를 받고 명성을 쌓아 가고 있었다. 대학을 졸업한 지 15년이 된 그때, 그녀는 이듬해 하버드에서 박사 학위를 받게 되는 낸시 홉킨스를 포함해 같은 수준에 있는 다른 사람들보다 열 살이 더 많았다. 하지만 메리-루는 어떤 지체도 후회하지 않았다. 그녀가 한 모든 일은 가치가 있었다. 대학원 학위 몇 개와 맞먹는 교육을 받았고, 실험이 성공할지 그것이 취업에 어떤 영향을 미칠지 걱정하는 일 없이 위험을 감수한 채 관심 있는 문제를 좇을 수 있었다. 시간이 지난 후 그녀는 이것이 자신의 성공 비결이라고 말하기까지 했다.

그해 경기 침체로 취업 시장이 어려워지자 메리-루가 아는 남자 박사들은 박사 후 과정을 통해 교수직에 더 가까워질 수 있기를 바라며 미국에 머물렀다. 메리-루는 여전히 자신이 교수가 될 수 있을 거라고는 기대하지 않았다. 예일대에 여성 생물학 교수는 단 1명뿐이었고, 예일대나 다른 곳에서 박사 학위를 받은 여성들은 대부분 연구원이었기 때문에 그녀는 자신도 그렇게 될 것으로 생각했다. 그래서 그녀는 이왕이면 언어도 배우면 좋겠다고 생각해 유럽에서 박사 후 과정을 밟기로 했다. 하지만 이번에 목록을 만들었을 때는 함께 일하고 싶은 네 사람이 모두 스코틀랜드에 있었다. 1970년 가을, 그녀는 미국 암학회의 펠로우십을 받아 에든버러로 이주하여 유전학자 맥스 번스티엘Max Birnstiel의 연구실에서 일하게 되었다.

이듬해 맥스가 취리히로 옮기게 되었다는 소식에 메리-루는 연구원으로서 계속할 수 있는 일을 찾는 것에 대해 고민해 봐야겠다고 생각했다. 그녀는 자신을 위협적인 존재로 여기지 않을 만큼 뛰어난 성과를 이룬 사람 밑에서 일하고 싶었다. 조 갤이 이에 딱 맞는 사람이라는 걸 알았지만, 박사 학위 지도자 밑에서 일하는 것은 적절하지 않았다. 그녀는 조의 친구이며 스코틀랜드에서 함께 일한 적이 있는 볼티모어 카네기 연구소의 돈 브라운Don Brown을 떠올렸다. 그녀는 돈에게 경쟁이 치열할 것으로 예상되지만 내후년에 자리가 생긴다면 기꺼이 가고 싶다는 편지를 보냈다.

돈 브라운은 그녀가 자신의 연구실에 오는 것을 환영한다고 답했지만, 한편으로는 메리-루가 스스로를 너무 과소평가한다고 생각했다. 그녀 정도의 경력이면 자신 밑에서 계속 박사 후 연구원으로 있을 것이 아니라, 어딘가에서 자기 연구실을 운영하며 교수를 하고 있어야 했다. 그는 그녀에게 이력서를 보내주면 다른 대학에 있는 지인들에게 보여 주겠다고 말했다. 그리고 1971년 2월호《사이언스》에서 오려 낸

'편집장에게 보내는 편지'도 함께 보냈다.

편지는 MIT 생물학과장인 보리스 마가사닉Boris Magasanik이 보낸 것으로, "여성들이여, 지원하십시오"[123]라는 제목이 붙어 있었다. 편지는 "사회에서 여성의 역할은 재평가되고 있습니다"라는 말로 시작되었다.

"자격에 문제가 없는데도 일반적으로 많은 부문에서 여성의 참여가 제한되고 있습니다. 우리는 기존의 장애물을 잘 알고 있습니다. 여성이 과학에 참여할 수 있게 하려면, 우리는 이를 열망하는 자격 있는 여성들을 적극적으로 지원해야 합니다. 첫 번째 단계로 우리는 생물학과에서 신경생물학 및 발달 분야의 교수직을 맡을 자격이 있는 여성을 찾고 있습니다." 그는 MIT가 지원자들을 격려하고 다른 대학의 모범이 되기를 바란다고 썼다.

_____ 메리-루는 마가사닉이 이런 편지를 쓰게 만든 기사[124]를 읽은 적이 있었다. 1970년 9월《사이언스》에 실린 '학계의 여성들'이라는 제목의 그 기사는 바나드대학 역사 및 교육학 부교수인 페트리샤 그레이엄Patricia Albjerg Graham이 쓴 것이었다. 그레이엄은 경고로 서두를 열었는데, 그녀에 따르면 이미 반전 운동과 흑인 인권 운동이 가져온 "피포위 심리(늘 적들에게 둘러싸여 있다고 믿는 강박 관념―옮긴이)"로 허덕이고 있는 미국의 캠퍼스는 "또 다른 위기, 즉 이번에는 '여성 문제'를 다루게 될 것"이라고 했다. 여성은 캠퍼스에서 학부생의 약 40%, 박사 학위 취득자의 약 10%를 차지했는데, 두 수치는 모두

1920년대의 수치보다 낮았다. 박사 학위 취득자 중 이제 여성이 꽤 많은 비율을 차지하게 된 분야에서도 여성 교수는 남성 교수보다 훨씬 적었다. 여성은 단과대 및 종합대 교직원의 약 18%를 차지했지만, 이들은 주로 소규모 대학에서 일하거나 명망 있는 학교에서 하위 직급—강사 및 기타 비정규 교사—으로 일했다. 시카고대학의 경우 여성 종신 교수는 1900년의 8%에서 감소해 2%에 불과했다. 여성이 박사 학위 취득자의 15~20%를 차지하는 스탠퍼드대와 컬럼비아대도 사정은 마찬가지였다. 여전히 여자 대학이었던 바나드대의 남성 교수 비율은 제2차 세계대전 이후 꾸준히 증가했다. 그리고 여자 아이비리그로 여겨졌던 세븐 시스터즈 대학 중 두 곳에서는 남성이 여성 대신 총장을 맡았다. (래드클리프 대학의 총장은 여성이었지만 자체 교수진이 없었다.)

그레이엄은 한 "선구적인 역사학과의 상급 교수"가 자신이 있는 한 (없다 해도) 역사학과에 여성은 없을 것이라고 자신했던, 10년 전과 같은 그런 식의 차별은 그리 흔하지 않다고 썼다. 하지만 이제 "더 교묘하고 쉽게 대응하기 힘들어진" 새로운 차별이 이를 대체했다. 그녀는 주로 고질적인 문화적 규범과 야심 찬 젊은 여성들이 겪는 "내적 갈등", 즉 "성취를 위한 경쟁적인 상황에서 성공하면 인기와 여성성을 잃는 등 부정적인 결과를 초래할 수 있다는 우려"를 그 원인으로 꼽았다. 여성들은 남편보다 더 많은 돈을 버는 일이 용납될 수 없다는 것을 알았다—그리고 여성은 결혼하는 것이 당연한 일로 여겨졌다. 학계나 전문직에 종사하는 여성은 거의 없었고, 있다 해도 독신이거나 그와 대조적으로 "어떻게든 똑똑하고 성공한 남편을 만나 5명의 자녀를 낳고, 다양한 주제에 대해 지적인 글을 쓰며, 마흔이 되면 여성 잡지의 뷰티 섹션에 실리는 드문 사람"이었다. 하지만 어떻게 살아야 할지 당장 결단을 내려야 하는 대다수 여성은 이러한 모델을 "정말 예외적"인 것으로 인식했다.

그레이엄은 "여성의 스스로에 대한 낮은 기대치가 사회를 감염시킨다. 남성과 여성 모두 여성이 일반적으로 중요한 자리에 앉을 것이라곤 생각하지 않는다"라고 썼다.

그녀는 칵테일파티에서 도는 수수께끼를 하나 제시했다. "한 남자와 그의 아들이 끔찍한 교통사고를 당했다. 남자는 사망했다. 중상을 입은 그의 아들이 서둘러 병원으로 옮겨졌는데, 그곳의 의사가 그를 보더니 갑자기 소리쳤다. '세상에, 내 아들이야!' 손님들은 의사가 의붓아버지라느니, 인공 수정을 통해 얻은 아들이라느니 하며 복잡한 설명을 늘어놓았다." 그레이엄이 썼다. "수수께끼를 낸 사람은 거의 항상 '의사는 그의 어머니예요'라는 답을 내놓아야 했다."

미국 캠퍼스에서 특출나고 학벌 좋은 여성 중 상당수가 영국과 유럽 출신이었다. 이들 나라의 여유 계층 여성들에게는 집 밖에서 활동할 수 있는 돈과 시간이 있었다. "이러한 여성들은 모두 다른 문화를 직접 경험했으며, 아마도 지금 닉슨 부인과 애그뉴 부인이 보여 주는 미국 중산층의 정형화된 모습보다 여성에게 더 다양한 선택지가 있다는 것을 알 것이다."

그레이엄의 해결책은 무엇이었을까? 우선, 거의 전례 없는 출산 휴가를 도입해 대체로 많은 여성이 출산을 시작하는 시기에 끝나 버리는 재직 기간을 연장하는 것이었다. 그리고 미국 대학은 더 많은 여성을 고용해야 했다. 비록 "흑인에 대한 형식주의가 거부된 것과 마찬가지로, 덜 공격적인 대다수 여성에 대한 형식주의도 거부되어야 한다"고 경고하긴 했지만 말이다. 그녀는 남성 교수진의 결정을 좀 더 수월하게 하기 위해 여성을 하급 교수로 채용하는 것부터 시작하자고 제안했다. "많은 나이 든 남성 교수들은 동년배의 여성을 자신과 같은 위치에 앉히는 것보다 젊은 여성을 (힘이 거의 없는) 하급 직책에 앉히는 것이 훨씬 쉽다고 생각한다."

하지만 그레이엄의 기사에 대한 반응이 보여 주듯이 채용에 어려움이 있을 때 사람들의 태도를 바꾸는 것은 훨씬 더 어려울 수 있었다. 오하이오의 한 남성은 "완전한 평등"에 대한 그녀의 "기이한" 아이디어를 조롱하며 그것은 불가능하다고 말했다. 학계 여성들이 자녀를 "떠넘기는"[125] 어린이집에서 일할 여성이 막상 충분치 않을 것이기 때문이었다(그는 여성만이 어린이집에서 일할 것이라고 가정했다). 그는 "실제로 사실이 알려진다면, 아마도 대다수 여성이 여성으로 사는 삶을 즐긴다는 사실이 드러날 것이다"라고 썼다. 펜실베이니아대학의 한 심리학 교수[126]는 그레이엄이 쓴 글에서 자신이 겪는 어려움을 알아보았다. 그녀는 어린이집이 도움이 될 순 있지만, 아이가 있는 전문직 여성을 끊임없이 깎아내리는 사람들의 생각을 바꿀 순 없을 거라고 썼다. 즉 고용주들은 그들이 일에 전념하지 않는다 생각하고, 선생님, 지도 상담사, 비판적인 이웃들은 그들이 자녀에게 전념하지 않는다 생각했다. 교수는 "성 결정권이 있는 두 성인이 자녀를 가족의 책임으로 여기기 전까지 여성은 고용에서 남성과 동등한 기회를 가질 수 없다"라고 썼다. "사회적 역할이 일하는 남성과 여성의 동등한 노력을 요구할 때만 기회의 평등은 존재한다고 말할 수 있다."

메리-루가 그 기사를 떠올린 것은 몇 년이 지난 후였지만, 그녀는 거기에 언급되지 않은 문제 때문에 그 기사를 기억하고 있었다. 여성은 남성들과의 술자리에 초대받지 못했고, 초대받더라도 과학자가 아닌 성적인 대상으로 보일 위험이 있었으므로, 보통 더 가벼운 분위기에서 논의되는 아이디어 교환의 기회를 놓치곤 했다. 그녀는 기사에 언급되지 않은 문제에 익숙했다. 그러한 문제를 알아차리지 못하는 여성은 거의 없었다. 그녀는 단지 그러한 문제들에 대해 깊이 생각하지 않았거나 생각할 수 없었다. 그레이엄은 "이 사회의 여성들은 자신을 세상의 정복자로 생각하지 않는다"라고 썼다. 하지만 그들은 자신을 희생자로 생각하지도 않았다. 그것이 그들의 생존 방식이었다. 여성들은 문제를 피하며 일했다. 그렇지 않으면 그러한 문제들이 그들을 압도하거나 최소한 과학에서 멀어지게 만들었기 때문이다.

1972년 메리-루는 박사 후 과정을 마친 후에도 여전히 돈 브라운의 연구원으로 일하게 될 거라고 생각했지만, 그는 그녀에게 친절을 베풀었다. 그는 그녀에게 편지를 보내 MIT에 지원하고 자신의 이름을 이용하라고 말했다—그는 그곳 생물학과의 방문 위원, 즉 일종의 외부 감독 위원회에 속해 있었다. 그녀는 그가 만족하기를 바랐기 때문에 그렇게 했다.

1971년 여름, 메리-루는 콜드 스프링 하버에서 세포학 강의를 맡아 달라는 요청을 받았다. 바버라 매클린톡이 그녀를 찾아낸 것이다. 이후 두 사람은 친구이자 동료가 되었다(바버라는 이후 10년 동안 그녀가 이 강의를 하는 데 도움을 주었다). 전국에서 세미나를 해 달라는 초대들이 잇따랐다. 메리-루는 이러한 기관들 사이에 여성을 채용해야 한다는 압박이 있었음을 알고 있었다. 이러한 강연은 일종의 테스트로 간주되었다.

메리-루는 콜드 스프링 하버에서 강의를 마치고 케이프코드의 우즈 홀에 있는 해양 생물학 연구소에 세미나를 하러 가는 길에 뉴헤이븐에 들러 조 갤과 그의 아내를 만났다. 메리-루와 조는 제자리 혼성화에 관한 연구를 계속 함께해 왔었고, 덕분에 그녀는 강의 초대도 받을 수 있었다. 그녀는 다른 여러 주소를 거쳐 최종적으로 조에게 전달된 것으로 보이는 편지가 자신을 기다리고 있다는 사실에 놀랐다.

편지는 그녀가 몇 달 전에 보냈던 지원서에 대한 답장으로 MIT의 보리스 마가사닉이 보낸 것이었다. 편지는 짧고 공격적이었다. 메리-루가 조와 그의 아내인 돌로레스에게 큰 소리로 읽어 주었다. "지원해 주셔서 감사합니다. 자격을 갖춘 지원자분들이 많은 관심을 보여 주셨지만, 저희는 최고의 인재만 고려합니다. 귀하는 고려 대상이 아닙니다."

"그대로 읽어요, 메리-루. 바꿔 읽지 말고요." 돌로레스가 말했다.

"정확히 쓰인 대로 읽은 거예요." 메리-루가 대답했다.

그녀는 편지를 찢고 '지옥이나 가라지' 하고 생각했다. 자존심이 상했다. 그녀는 세미나 요청이 밀려들어 기분이 좋은 상태였다. 게다가 볼티모어의 카네기 연구소에서 좋은 제안도 받은 참이었다. 돈 브라운은 존스홉킨스대학의 특별 임용을 통해 연구소에서 교수진으로 일할 수 있고 원한다면 다른 조건도 가능하다고 답했다. 그는 학과장이 외국에 나가 있으니 크리스마스 휴가 때 다시 와서 더 논의하길 원했다.

에든버러로 돌아와 보니 듀크대와 하버드대에서도 관심을 표하는 편지가 와 있었다. 메리-루는 크리스마스 일정을 짜던 중에 MIT 생물학과의 진 브라운Gene Brown이라고 밝히는 사람에게서 전화를 받았다. 그는 그녀와 채용에 관해 이야기하고 싶어 했다.

"누구요?" 그녀가 물었다. "어디라고 하셨죠?"

알고 보니 같은 과의 다른 교수인 모리 폭스가 우즈 홀에서 메리-루의 강연을 듣고 마가사닉에게 그녀를 채용할 것을 주장한 것이었다. 메리-루는 그 순간을 즐기기로 하고 냉담하게 굴었다. 그녀는 진 브라운에게 12월에 하버드에서 강연이 있으며, 그 후에나 MIT에 들를 수 있다고 말했다.

브라운은 끈질겼다. 그는 미안하다는 듯 "설명해야 할 편지가 있다는 것을 알고 있습니다"라고 말했다.

메리-루는 그에게 연결 상태가 좋지 않으니 크리스마스에 케임브리지에 도착하면 그때 더 자세히 이야기하자고 말했다.

7장
서약

여성운동은 대학의 시민권 운동과 반전운동에 뒤처져 있었지만, 1960년대 후반 여성들은 남녀공학을 시작으로 캠퍼스에서 여성의 자리를 확보하기 위한 노력을 시작했다. 예일대와 프린스턴대는 1968년과 1969년에 여성을 입학시키기 시작했고, 하버드대와 래드클리프대는 몇 년 후 있을 결합을 향해 어색한 첫 발걸음을 뗐다. 1970년대의 첫 2년간 혁명적인 변화가 휘몰아쳤다. "이 세대는 비전통적인 세대[127]입니다." 전년도 가을에 편입한 10명의 남학생이 전 여대 최초의 남자 졸업생이 되던 1970년 5월, 글로리아 스타이넘이 바사르대 졸업식 연설에서 말했다. "여러분은 캠퍼스를 세상의 일부로 만들었습니다."

스타이넘이 말한 대로 그해는 '여성 해방의 해'였다. 그녀는 여성들에게 전통적인 역할과 편견에 도전하고 그것들을 파괴함으로써 "혁명을 실천"할 것을 촉구했다. "남성과 여성, 우리 모두의 첫 번째 문제는 배우는 데 있는 것이 아니라, 배운 것을 버리지 않는 데 있습니다." 실제로 더 많은 사람이 여성을 과학계에서 멀어지게 만드는 것은 아이를 낳고 집에서 아이와 함께 있고 싶은 욕구 이외의 다른 요인들이라고 주장하기 시작했다.

점점 커지는 분노가 《사이언스》의 지면을 가득 채웠다. 페트리샤 그레이엄의 기조를 따르는 글들이 잇따랐고, 특히 여성의 급여가 남성보다 적다고 대놓고 말하는 구인 공고에 항의하는 편지들이 편집장 앞으로 도착했다.

여성들은 과학계가 여성에 대한 공정한 대우를 보장하기 위해 더 큰 노력을 기울일 것을 요구했다. MIT 물리학과 연구원이었던 42세의 베라 키스티아코프스키[128]는 고용할 여성 물리학자가 없어 여성을 고용할 수 없다는 남성 동료들의 말에 질려 1971년 4월 미국물리학회 내에 여성위원회를 만들었다. 위원회는 자격을 갖춘 여성들의 목록을 작성해 남성들과 공유하기 시작했고, 1만 달러의 지원금을 확보해 물리학계 여성들이 겪는 어려움도 조사했다. 결과는 예측했던 것처럼 우울했다. 박사 과정에 들어간 여성들은 교수들의 만류로 학업을 마치지 못했고, 마친다 해도 기혼 여성의 경우에는 친족 등용 금지법으로 인해 일을 구하기가 어려웠다. 일자리를 구한다 해도, 대개는 아이를 가졌다는 이유로 해고되거나 남성보다 낮은 임금을 받거나 낮은 직급에 계속 머물러야 했다. 심지어 한 여성이 지적했듯이 같은 논문 지도 교수 밑에서 같은 박사 학위를 받은 경우에도 그랬다. 한 여성은 원하는 것이 무엇인지 물었을 때 이렇게 썼다. "잡무는 줄이고 책무를 늘리는 것."

예일대 클라인 생물학 타워의 여성들이 과학 콘퍼런스의 패널과

연단에 여성이 부족하다는 문제를 논의하기 시작한 후, 미국세포생물학회에서도 비슷한 모임[129]이 만들어졌다. 대학원생이었던 지니 윌봇과 연구원이었던 메리 클러터는 1971년에 열린 연례 학회에서 여자 화장실에 안내문을 붙여 여성들을 호텔 바로 모이게 했다. 약 30명의 여성이 마치 궐기대회에 온 듯 긴장한 목소리로 술렁거렸다. 그들은 현재 문제점 중 하나가 구인 공고나 다른 공개적인 광고를 내걸지 않고 주로 입에서 입으로 채용이 이루어지는 것이라는 데 동의했다. 그래서 윌봇과 클러터는 소식지 제작비를 마련하기 위한 모금 활동을 시작했고, 모두에게 각자의 대학으로 돌아가 어떤 자리가 비어 있는지 정보를 수집해 달라고 부탁했다. 그런 다음 그들은 입수한 정보를 타자하고 인쇄하여 학회 내 여성스러운 이름을 가진 모든 구성원에게 보냈다. 얼마 지나지 않아 새로 태어난 여성 세포생물학 모임은 300명의 여성을 끌어들였다. 소식지에는 회의 중 연사들의 성차별적 발언을 모아 정리한 내용도 포함되어 있었다. 이 모임은 "아이를 가질 계획이 있나요?"와 같은 일상적인 질문을 잘 넘길 수 있도록 모의 인터뷰를 통해 여성들을 훈련시키기 시작했다(아직 결정하지 않았습니다. 당신은 어떤가요, 가족이 있나요? 아이들을 좋아하시나요?).

더 큰 조직이 늘 힘이 되어 주는 것은 아니었다. 세포생물학자들은 소식지를 계속 발행하기 위해 돈을 달라는 여성들의 요구를 거부했다. 하지만 다른 기관들은 작지만 의미 있는 변화를 보여 주었다. 가령 1971년 11월, 과학자와 학생, 기자들의 안내서인 《미국의 남성 과학자》[130]의 발행인은 책의 이름을 《미국의 남성과 여성 과학자》로 바꾸는 데 동의했다. 어쨌든 65년 역사의 대부분 시간 동안 여성의 이름이 올라가 있었기 때문이다. (2달 전 하버드 의대 최초의 여성 졸업생 중 1명이자 스탠퍼드대에서 알코올 중독 전문가로 있었던 도라 골드스타인도 《사이언스》에 편지를 보내 그 책의 이름에 대해 불만을 토로했었다. 그녀는 "사소한 장애물"[131]인 것 같아도 그러한 것들이 쌓이고 쌓이면 "여성에 대한 광범위하고 은근한 무시, 여성이 무엇을 할 수 있고 무엇을 하는지에 대한 인식의 거부"로 이어진다고 말했다.)

한때 남학생만 있던 캠퍼스에 여학생이 늘어나면서 여성 교수의 부족 현상은 더욱 두드러졌다. 학과장에게 가상의 이력서[132]를 보내는 여러 실험이 보여 주었듯이 남성 중심의 문화는 쉽게 깨지지 않았다. 실험에서 연구자들이 보낸 이력서는 1명은 여성이고 1명은 남성이라는 점을 제외하면 거의 모든 면에서 동일했다. 두 지원자 모두 결혼해서 같은 수의 자녀를 두었고, 경력도 동일했다. 하지만 상당수의 고용주가 남성의 경력이 더 인상적이라고 생각하거나 여성보다 남성을 더 높이 평가했다. 1971년 자연과학과에서 수행한 한 연구는 이러한 패턴이 특히 "수준이 높은 학교"에서 뚜렷하게 나타난다는 사실을 발견했다. 그러한 학교에서 일부 학과장들은 여성의 이력서를 두고, '채용되면 지원자의 남편이 어떻게 할 것 같은가? 아이들은 어떻게 할 것인가? 성격은 어떤가? 다른 사람들하고는 잘 어울리는가?'와 같은 공연한 질문을 해댔다.

1960년대의 민권법은 채용 및 승진과 관련된 차별을 금지하는 광범위한 보호 조항을 마련했지만, 그러한 보호는 학계 여성에게까지 미치지 못했다. 수백 명의 교수가 좌파적 신념이나 소속을 의심받아 의회에 소환되거나 대학에서 해고되었던 조지프 매카시(제2차 세계대전 후 미국에 반공 선풍을 일으킨 미국의 정치가—옮긴이) 시대의 반공 공포가 남긴

후유증이었다. 의회는 정부가 더는 대학의 고용 결정에 참견하지 않겠다는 의지를 보여 주기 위해, 1963년 동일임금법과 성별, 인종, 민족, 종교에 따른 차별을 금지하는 민권법 '타이틀 7'에서 고등교육기관의 경우 면제를 허용했다.

거의 10년이 지난 지금, 대학들은 자유주의적 근간에도 불구하고 더 많은 여성을 고용하도록 재촉받지 않고는 행동하지 않을 것이 분명해졌다. 그리고 여성들은 자신들을 위해 특별히 고안된 법을 쟁취하기 직전이었다.

그 일은 1969년 메릴랜드대학교에서 시간강사로 일하던 심리학자 버니스 샌들러Bernice Sandler(버니로 알려져 있었다)가 7개의 정규직 중 하나에 지원했다가 떨어지면서 시작되었다. 교수진 중 남자인 한 친구가 샌들러에게 이유를 말해 주었는데, 그녀는 자질이 뛰어났지만 "여자치곤 너무 드셌다."[133] 샌들러는 그의 말에 동의했다. 집에 돌아온 그녀는 울면서 교직원 회의에서 목소리를 높였던 매 순간을 후회했다. 변호사였던 그녀의 남편은 학과에 드센 남성이 있는지 물었다. 버니는 모두가 그렇다고 말했다. "그럼 당신이 드세서가 아니네요." 그가 그녀에게 말했다. "그건 성차별이에요."

버니는 확신하지 못했다. 그녀는 페미니스트들이 거칠고, 남성을 혐오하며, 여성스럽지 않다는 이미지를 갖고 있었기 때문에 그들의 대의에 동참하고 싶지 않았다. 많은 여성이 같은 식으로 느꼈다. 일부 여성들은 화난 여성들이 브래지어를 불태웠다는 신문 보도에 더는 그들에게 관심을 주지 않았다(이 기사는 나중에 사실이 아닌 것으로 드러났다. 확인된 것은 일부 여성들이 미스 아메리카 대회에 항의하기 위해 애틀랜틱 시티 산

책로에 있는 쓰레기통에 브래지어를 던졌다는 것이 전부였다). 또 다른 여성들은 '여성 변호사'나 '여성 과학자'가 아닌 변호사와 과학자로서, 성별이 아닌 능력으로 평가받기를 원했다. 그들은 남성이 지배하는 세상에서 열심히 일하는 것만으로도 성공할 수 있다는 증거로 그들 자신을 꼽았다. 한편 폴리 번팅을 비롯한 일부 여성들은 자신이 차별받았다고 느낀 적이 없다고 말했다. 1963년 노벨상 수상자이며 샌디에이고의 어머니로 불렸던 마리아 거트루드 메이어[134]는 자신은 그런 일에 대한 전문적 지식이나 관심이 없다며 베라 키스티아코프스키의 여성물리학위원회 입회를 거절했다.

버니는 다른 두 곳에서 또다시 채용을 거절당한 뒤 마음을 바꿨다. 한 고용주는 그녀에게 "학교로 돌아간 주부일 뿐" 전문가가 아니라고 말했다. 다른 고용주는 여자들은 아이가 아프면 직장에 나타나지 않는다면서 자신이 여성을 고용하지 않는 이유를 1시간 동안 설명했다. 화가 났지만 늘 학구적이었던 샌들러는 흑인 운동가들의 전략을 배우기 위해 책을 읽기 시작했다. 그녀는 민권법이 여성에게 적용되지 않는다는 사실을 깨달았지만, 잘 알려지지 않았고 거의 집행되지 않는 조항도 발견했다. 1968년 린든 존슨 대통령은 연방 정부와 계약한 업자들의 차별을 금지하는 행정 명령에 성별에 따른 차별도 포함하도록 확장했다. 샌들러는 이 조항을 읽었을 때 혼자였는데, 자신이 발견한 내용에 숨겨진 힘을 깨닫고 환호성을 질렀다. 이는 연방 정부의 자금을 지원받는 대학은 성별을 근거로 차별할 수 없다는 것을 의미했다.

샌들러는 자신을 덜 전투적이라고 여기는 여성들이 만든 전미여성기구의 파생 단체 여성평등행동연맹에 가입해 1970년 1월, 미국의 모든 대학을 대상으로 여성에 대한 "대학 전반의 차별적 행동"을 주장하며 집단 소송을 제기했다. 샌들러는 닉슨 대통령 노동부 산하 연방계약준수국 부국장인 빈센트 마칼루소로부터 막후에서 전략적 조언을 들었다. 그는 샌들러에게 전국에 있는 대학의 여성들을 활용해 그들 학과의 직위별 남녀 수를 조사해 보라고 권유했다. 샌들러는 이 수치를 해당 분야의 여성들에게 수여되는 박사 학위 수와 비교했다. 예측했던 대로 결과는 우울했다. 많은 학과에 여성 교수가 1명도 없었다. 심지어 여성이 전체 박사 학위 취득자의 4분의 1을 차지하는 분야에서도 그랬다. 직급이 높을수록, 더 명망 있는 대학일수록 여성은 더 적었다.

오리건주의 이디스 그린 민주당 의원은 여성평등행동연맹의 이사이자 고등교육기관과 관련한 하원 소위원회를 이끌고 있었다. 그녀는 오랫동안 캠퍼스 내 여성 차별에 관한 청문회를 열고 싶었지만, 증언할 지지자 집단을 찾지 못할 것을 우려해 왔다. 그런데 샌들러가 수집한 정보에 따르면 지지자들은 확실히 있었다.

그린은 1970년 6월 청문회를 시작하며 "우리 자신을[135] 속이지 맙시다. 우리의 교육기관은 민주주의의 보루가 아님이 드러났습니다"라고 선언했다. 7일간 계속된 청문회는 1,300장가량의 증언을 남겼고, 그린은 샌들러를 고용해 이를 정리하게 했다. 그린은 이후 하와이의 팻시 밍크 민주당 의원과 협력하게 되었다. 팻시 밍크는 의회에 선출된 최초의 유색 인종 여성으로, 여러 의과대학에서 거절당한 뒤 로스쿨에 들어갔다. 하지만 학교를 졸업한 후에는 여러 법률회사에서 또다시 거절당한 이력이 있었다. 그린과 밍크는 '타이틀 9'로 알려지게 될 법안을 작성했다. 이 법안은 연방 정부의 자금을 지원받는 모든 고등 교육기관의 성차별을 금지했다. 그리고 이후 수십 년 동안 주로 여성 스포츠를 확대시켰다고 알려지게 되었지만(법안에는 스포츠란 단어가 전혀 등장하지 않았는데도[136]), 입학과 채용은 물론이고 대학이 강간 및 성범죄 혐의에 대처하는 방식에도 변화를 가져왔다.

1972년 6월에 서명되었을 때 타이틀 9는 거의 주목을 받지 못했고, 광범위한 고등교육 지출 법안의 한 조항에 불과했다. 《워싱턴포스트》는 법안에 관한 기사에서 이 조항에 관한 내용을 마지막에서 두 번째 문단에 단 한 줄만[137] 실었다. "캠퍼스 내 성차별에 대한 새로운 금지 조항도 포함되었다."

하지만 닉슨 정부는 예일대, 하버드대, 미시간대 등 대학에 조사팀을 보내 더 많은 여성을 고용하고 승진시키기 위한 소수집단 우대 계획을 내놓을 것을 요구했다. 노동부는 여성 교수가 없거나 적은 학과에 공문을 보내 여성을 고용하지 않으면 연방 지원금을 받지 못할 수 있다고 경고했다. 별안간 대학들은 여성을 고용해야 한다는, 최소한 형식적으로라도 몇 명은 고용해야 한다는 새로운 긴박함을 느꼈다. 어떤 학교는 수년 동안 연구원으로 일했던 여성을 승진시키기도 했다. 예를 들어 메리 헬렌 골드스미스는 남편이 학과장으로 있는 예일대의 생물학 교수가 되었고, 생물학 박사 학위를 받은 후 30년 동안 연구원으로 일했던 안나마리아 토리아니-고리니는 MIT의 생물학 교수가 되었다. 물리학과의 베라 키스티아코프스키도 마찬가지였다.

1972년 로테 베일린이 MIT 슬론 경영대학원의 사무실에 앉아 있을 때, 학장이 사무실로 들어와 그녀를 종신 교수로 고용할 계획이라고 말했다―그녀는 그곳에서 최초의 여성 종신 교수가 될 터였다. 학장의 말에 그녀는 깜짝 놀랐다. 자신은 마흔둘이었고, 래드클리프에서 박사 학위를 받은 지 16년이 지난 뒤였기 때문이다. 로테는 케임브리지에 처음 왔을 때 그녀를 놀라게 했던 제약 사항들에 익숙해져 있었다. 그녀는 여러 연구 프로젝트를 통해 경력을 쌓아야 한다는 사실을 받아들였다. 그래서 1969년 가을에 MIT에서 맡은 프로젝트를 계기로 그곳에서 선임 강사로 일하는 중이었다. MIT는 대학원생들이 여전히 양복 상의와 넥타이를 착용하며 격식을 차리는 하버드와 달랐다. MIT 학생들은 그녀의 이름을 불렀다.

로테에게 그 자리를 원하는지 물어본 사람은 아무도 없었다. 학장이 교수진에 그녀를 고용하려 한다는 사실을 알렸는지도 확실하지 않았다. 그녀는 종신 재직권을 가지고 정규직으로 일하는 것에 약간의 거리낌이 있었다. 두 아들은 이제 열네 살과 열 살이었다. 연구원으로 일하는 동안 로테는 아이들의 학교 프로젝트와 음악 수업에 참여하고, 1963년 그녀가 미국 아카데미에서 발표한 글에 썼던 PTAParent-Teacher Association(사친회, 교육 효과를 높이기 위해 조직하는 교사와 학부모의 상호 협동체―옮긴이) 기대치―늘 일 중간에 잡혀 있는 회의에 쿠키를 가져와야 했다―를 만족시킬 수 있었다.

로테는 어머니를 따라 사람들과 일의 관계를 탐구하는 일을 하게 되었지만, 어쩌다 보니 그렇게 됐다고 말할 수밖에 없었다. 1969년 로테는 남편 버드의 안식년을 위해 아이들과 함께 영국에 간 적이 있었다. 그곳에서 맞벌이 부부를 연구하고 있던 사회학자 로나와 밥 라포포트를 만난 로테는 프로젝트 하나를 시작했다. 당시 맞벌이는 이들이 용어를 새로 만들어 낼 만큼 대중에게는 생소한 개념이었다. 로테는 이 프로젝트에서 얻은 설문 조사 결과를 바탕으로 여성의 일에서 남편의 역할이 얼마나 중요한지에 관해 자체 조사를 진행했다. 그녀는 설문 조사[138]를 통해 남편에게 가정과 일 중 어느 쪽에서 더 큰 만족감을 얻는지 묻고 남편과 아내 모두에게 일을 추구하는 여성에 대한 태도를 물었다.

남편과 아내 모두 결혼 생활이 "매우 행복하다"라고 답한 부부들의 경우에는 두 가지 패턴이 있었다. 첫 번째 패턴의 부부들은 모두 노동의 전통적인 분업을 원했다. 즉 남편은 자기 일을 가장 중요하게 여겼고, 아내는 여성이 가정 밖에서 일하는 것에 반대하며 자신의 역할을 자녀 양육으로 생각했다. 두 번째 패턴의 경우 아내는 가정을 돌보는 일과 가정 외부에서 구한 직업을 통합하려 노력했고, 남편은 가정에서 가장 큰 만족감을 얻는다고 답했다. 그러나 그러한 결혼 생활 역시 남편이 일에 대한 야망이 크고 수입이 많으며, 아내는 자녀 양육과 집안일을 도울 수 있을 때 가장 행복했다.

행복할 가능성이 가장 낮은 결혼은 여성이 일에 대한 열망과 가정을 이루려는 욕구 사이에서 균형을 맞추려 하고, 남편은 가족보다 일을 더 중요하게 여기는 결혼이었다. (이 연구는 또한 결혼을 결정하기 전에 이러한 목표에 대해 논의한 부부는 거의 없었다는 것을 보여 주었다. 당연히 이는 결혼 생활에 해가 되었다.)

버드는 항상 로테의 일을 지지해 주었고 그 자신도 굉장한 성공을 거두었다. 그의 저서 『미국 혁명의 이념적 기원』은 1968년 퓰리처상과 뱅크로프트상을 모두 수상했다. 《뉴욕 타임스》 북리뷰는 책이 출간되자

마자 이를 즉시 명저로 추켜세웠다. "이 책을 읽지 않고서는 미국 혁명을 이해한다고 말할 수 없다.") 그는 당대의 가장 영향력 있는 미국 역사학자의 길을 걷고 있었다.

로테는 MIT에 취직해 일에 대한 태도 연구를 계속했다. 하나는 MIT 졸업생에게서 수집한 데이터를 활용한 연구였고, 다른 하나는 과학계에서 성공한 여성에 관한 연구였다. 그녀는 일에 관한 사람들의 생각을 탐구하다 보면 결국 가족에 대한 그들의 생각을 논할 수밖에 없게 된다는 사실을 발견했다. 연구는 또 다른 연구를 불러왔다. 로테는 대중의 의식을 이제 막 들쑤시기 시작한 개념, 로테 자신도 싫어하는 말인 '일과 삶의 균형'에 대해 처음으로 연구하게 되었다.

───────── 1971년 12월, 메리-루가 하버드에서의 강연을 앞두고 케임브리지에 도착했다. 일은 순조롭게 진행되었다. 강연이 끝난 후 메리-루의 구혼자들은 그녀를 하버드 패컬티 클럽으로 데려가 저녁을 대접했다. 하버드 야드 뒷길에 자리 잡은 인상적인 벽돌 건물인 패컬티 클럽은 얼마 전에야 주요 식당에 여성의 출입을 허용하기 시작했다(오로지 뒷문 근처의 여성 대기실을 포함해야 하는 보수 공사 때문이었다. 그전까지 여성들은 뒷문으로 출입해야 했다). 클럽 내부는 진홍색 카펫이 깔린 우아한 곡선의 계단과 짙은 목재 패널로 차분한 분위기를 풍겼다. 금박 테두리가 둘린 유화 초상화가 3세기에 걸친 하버드 남성들의 이야기를 들려주었다. 가죽 의자는 깊었고, 대화는 진지하고 차분했다.

다음 날은 MIT에서 강연했다. 구혼자들은 슬론 경영대학원의 6층에 있는 패컬티 클럽으로 그녀를 데려갔다. 그 건물은 버려진 공장과 산업 시설이 많은 이스트 케임브리지의 공터 쪽, 캠퍼스의 가장자리에 있었다―한때 비누 제조사인 레버 브러더스의 본사가 있던 곳이었다. 방은 중급 호텔의 흔한 연회실처럼 네모나고 별다른 특징이 없었다. 교직원들은 그곳에서는 좀처럼 식사를 하지 않았다. 대신 그들은 파스트라미와 소고기 스튜가 있고 창문에 버드 네온사인이 붙어 있는 모퉁이의 F&T 식당을 자주 찾았다. 그런 이유로 MIT는 자주 지역 단체에 비는 공간을 빌려주었다. 메리-루가 방문한 날 밤은 클럽이 케임브리지 볼링 연맹에 대여된 상태였기 때문에 술 취한 볼링 선수들이 복도를 차지하고 있었다. 그녀는 그 모든 장면이 재미있다고 생각했다. 하버드보다 훨씬 더 편안했고 자신의 취향에 더 가까웠다.

메리-루는 '갤의 소녀들'과 어디에서 제안을 받았는지, 어디에서 연락을 기다리고 있는지, 어디로 가고 싶은지를 상의했다. 그들은 서로 경쟁하고 싶지 않았다. 모두가 원하는 곳에 갔다. 수전 거비는 브라운 대에, 앤 스튜어트는 하버드대에 갔고, 메리-루는 1972년 가을에 MIT에서 일을 시작하기로 했다.

메리-루는 사실 위험을 감수하고 있었다. 학과 내에 그녀가 했던 세포생물학을 연구하는 사람이 아무도 없었기 때문이다. (세포생물학은 나중에 조 갤이 창시자 중 1명으로 여겨질 정도로 새로운 분야였다.) 하지만 그녀는 동료들에게서 새로운 분야에 대해 배울 수 있다고 생각했고(실제로 흥미로웠다), 다른 기관들에 여전히 협력자가 있을 것을 알았기 때문에 의도적으로 위험을 감수했다. 그녀는 보스턴에 가 본 적이 없었지만, 그곳에서 사는 것도 좋을 것 같았다. MIT는 그녀에게 종신직 코스의 부교수 자리를 제안했다. 다른 곳에서 그녀가 제안받은 직위는 이보다 한 단계 낮은 조교수였다. 그녀는 이것이 먼젓번의 지원을 거부한 편지에 대해 MIT가 할 수 있는 가장 정중한 사과라고 생각했다.

학과에 다른 여성이 2명 더 있다는 점도 마음에 들었다. 1명은 1967년에 생물학과 교수로 임용된 최초의 여성이자 면역학자인 리사 스타이너Lisa Steiner였고, 다른 1명은 그해 초 교수로 승진한 연구원 안나마리아 토리아니-고리니였다. 메리-루가 제안받은 다른 모든 곳에서 그녀는 최초이자 유일한 여성이었을 것이다. 메리-루는 유일한 여성이라는 것을 걱정하지 않았다. 이미 많은 곳에서 유일한 여성이었기 때문이다. 그녀는 단지 자신이 여성이라서 고용되었다는 생각을 하고 싶지 않았다.

＿＿＿＿＿＿ 몇 달 후 1972년 어느 시원한 봄날 저녁, 낸시 홉킨스는 친구인 데이비드 봇스타인과 함께 독립 전쟁 시절의 흔적을 느낄 수 있는, 그러니까 웅장한 집들과 우아한 느릅나무들이 거리를 따라 늘어서 있는 케임브리지의 어두컴컴한 브래틀 거리를 걷고 있었다. 그녀는 데이비드를 콜드 스프링 하버의 여름 프로그램에서 만났는데, 그는 곧 그녀의 멘토이자 좋은 친구가 되었다. 케임브리지로 돌아온 그는 가끔 브룩과 테니스를 쳤고, 그녀가 하버드의 연구실에서 일할 때는 저녁에 자주 함께 걸으며 과학에 관해 이야기했다. 지금 그들은 특히 빗속에서 케임브리지의 보도란 보도는 다 걷고 있었다.

데이비드는 시끄럽고 고집이 셌지만 잡다한 호기심이 많았다. 낸시는 그가 자기 생각만큼 다른 사람의 생각에 관해 논하는 것도 재미있어 한다는 점을 좋아했다. 모든 과학자가 그렇진 않았기 때문이다. 그는 제2차 세계대전 당시 스위스에서 의학 공부를 마친 폴란드계 유대인 부모님과 함께 어렸을 때 미국으로 이주했다. 브롱스과학고와 하버드대를 나온 그는 대학원 졸업 후 MIT 강사로 채용되었고, 곧바로 그 임시직에서 탈출해 생물학과의 조교수가 되었다. 그는 지금 알레르기 때문에 재채기가 나오려는 걸 참으며 낸시에게 학과에서 이제 막 고용한 메리-루에 관해 이야기하고 있었다.

그는 모든 상황이 어이가 없다고 말했다. 전에 메리-루가 지원했을 때 MIT는 그녀에게 전혀 관심이 없었다. 그런데 이제 그들은 압박감을 느끼고 그녀를 고용했다. "여성을 고용해야 한단 이유로 쓰레기통에서 이력서를 꺼내더군."

낸시는 가던 길을 거의 멈출 뻔했다. 그녀는 메리-루를 개인적으로 알진 못했지만, 1969년 하버드 도서관에서 메리-루와 조 갤의 제자리 혼성화에 관한 논문을 읽은 것을 기억하고 있었다. 그 기술의 탁월함 그리고 유전자 서열을 실제로 볼 수 있게 되면 생물학이 어떻게 변화할 것인가를 생각하면서 그녀는 깊은 인상을 받았었다.

데이비드는 생물학과 사람들이 메리-루의 연구가 너무 생소해서 잘 이해하지 못한다고 생각했다. 낸시는 데이비드 자신도 그 연구의 중요성을 인식하지 못하는 것이 아닌가 걱정했지만, 그에게 말을 하진 않았다. 또 메리-루가 여성이기 때문에 그녀의 연구가 인정받지 못할 수 있다는 생각도 하지 않았다.

낸시가 보기에 민권법과 여성운동은 차별을 무너뜨렸다. 일자리를 찾는 데 어려움이 있었지만, 이제 여성들은 고용되고 있었다. 낸시도 이미 두 가지의 잠재적인 일자리를 갖고 있었다. 그녀는 하버드 의대에서 암 유발 바이러스에 대한 더 많은 연구를 위해 확충 중인 바이러스학 관련 일자리의 면접에 와 달라는 전화를 받았다. 데이비드가 메리-루에 대해 말한 지 얼마 지나지 않아 하버드의 바이오랩에 있을 때도 전화 한 통을 받았다. 전화를 건 사람은 박테리아 연구로 1969년 막스 델브뤽, 알프레드 허시와 함께 노벨상을 받은 살바도르 루리아였다. 이제 MIT에서 일하고 있던 루리아는 그가 짓고 있는 암 분자생물학 연구 전용 센터에서 일할 의향이 있는지 그녀와 이야기하고 싶어 했다.

낸시는 그들이 자신에게 관심을 두는 이유가 부분적으로는 자신이 여성이기 때문이라는 사실을 알아차렸다. 그녀는 짐이 몇 년 전에 하버드가 곧 여성을 고용해야 할 것이라고 말했던 일을 기억했다. 그때 그녀는 '소수집단 우대 정책'이라는 말을 처음 들어보았다. 그녀는 과학에서는 능력이 중요하다고 믿었기 때문에 능력주의가 나쁘다고 생각하지 않았다. 멘토가 있는 것도 좋지만, 그녀가 본 앞서가는 사람들은 똑똑했고 열심히 일했다. 그들은 그렇게 노력해서 일자리를 얻었다. 마크와 함께 진행한 연구와 출판물 덕분에 그녀는 전국적으로 유명해졌다. 하버드에서 그녀가 했던 박테리아 바이러스를 연구한 사람은 거의 없었고, 지금 콜드 스프링 하버에서 하고 있는 동물 바이러스 연구를 하는 사람도 거의 없었다. 덕분에 그녀는 암 연구에 이상적인 자격을 갖추게 되었다.

지난 12월, 리처드 닉슨 대통령은 1971년 국가암법에 서명하며 암과의 전쟁[139]이 시작되었음을 알렸다. 수십 년 동안 암 환자의 가족들은 암 치료법을 찾기 위해 미국의 과학 자원을 집결시킬 것을 주장해 왔다. 이들은 이러한 노력을 "암 퇴치를 위한 맨해튼 프로젝트"로 부르거나, 당시 아폴로 11호의 달 착륙에 매료되어 "암을 향한 로켓 발사"로 불렀다. 치료법은 여전히 멀고도 먼 곳에 있었다. 하지만 베트남 전쟁이 장기화되고 중간 선거가 다가오면서 닉슨은 미국에서 두 번째로 높은 사망 원인이자, 법에 기술된 바와 같이 "오늘날 미국인의 주요 건강 문제"인 암과 맞서 싸워 달라는 대중의 호소를 받아들였다. 이 법안으로 전국의 병원과 대학에 전문 암센터를 설립하는 데 15억 달러가 투자되었다.

짐은 낸시에게 두 군데 모두 면접을 보되, MIT를 택해야 한다고 말했다. (바버라 매클린톡은 그녀에게 어떤 대학에서도 일하지 말라고 이야기했다. "차별을 감당할 수 없을 거예요.") MIT에는 짐의 멘토였던 루리아가 있었다. 짐은 암과의 전쟁이 대체로 과장되었다고 생각했다. 그는 돈을 받은 병원들이 환자들에게 치료될 날이 코앞에 있다는 그릇된 희망을 줄까 걱정했다. 그러나 MIT는 암의 기초과학, 암의 근본적인 원인을 이해하는 것이 첫 번째 과제임을 정확히 알고 있다고 그는 믿었다. 루리아에게는 데이비드 볼티모어도 있었는데, 레트로바이러스에 대한 그의 획기적 연구는 대학원 졸업 후 낸시가 암 연구를 시작하는 데 큰 영감을 주었다. 역전사 효소 발견으로 볼티모어는 당대 최고의 바이러스 전문가가 되었고, 모두 곧 그가 이 발견으로 노벨상을 받을 것이라 기대했다.

루리아는 국가암법에 따라 바로 440만 달러[140]를 확보해 이스트 케임브리지 롱펠로우 다리 근처에 있는 오래된 초콜릿 공장을 개조해 암센터를 설립했다. 왓슨은 낸시에게 루리아와 볼티모어가 아주 기가 막히게 건물을 설계했다고 말했다. 심지어 최신식의 최고 급수시설을 갖춰 초순수까지 확보할 수 있었다. 초순수는 종양 바이러스 연구에 필요한 동물 세포를 성장시키기에 가장 적합한 물이었다. 왓슨은 낸시에게 하버드는 파지 연구에만 전념하느라 그런 세부 사항의 중요성을 파악하지 못했다고 말했다.

추천서에서 짐은 낸시가 대학교 4학년 때부터 암을 "궁극적인 연구 목표"[141]로 삼았다고 말했다. 짐은 8년 전에 "밝고 쾌활한" 소녀로 추천했던 이 젊은 여성을 이제는 지난 10년간 하버드가 배출한 최고의 박사 중 1명으로 칭했다. 그는 가장 중요한 것은 그녀가 "매우 중요한 문제"에만 집중하는 방법을 알고 있다는 점, 그리고 "아무리 새로운 장애물이[142] 튀어나오더라도 하던 일을 계속할 수 있다는 점"을 보여 준 것이라고 썼다.

"낸시는 매우 영리하고 생각이 빠르며 판단이 필요할 때 감정을 철저히 배제합니다." 왓슨이 루리아에게 썼다. 하버드는 대체로 교육 과정을 막 마친 박사 후 연구원을 채용하지 않았지만, 왓슨이 덧붙였다. "만약 그녀가 우리 과 출신이 아니었다면, 저는 하버드가 그녀에게 다른 기관에서 받을 수 있는 것과 동등한 수준의 제안을 해야 한다고 강력히 요구했을 것입니다."

하지만 낸시를 점점 더 괴롭히는 문제는 연구실 밖에 있었다. 낸시는 이제 과학계를 떠나 가정을 꾸리기 위해 스스로 정한 최종 기한인 서른 살을 불과 몇 달 앞두고 있었다. 그녀는 서른이 넘어 아이를 가지면 산모와 아이에게 위험할 수 있다고 믿었다. 하지만 양수 검사는 여전히 흔치 않았고 위험했기 때문에 당시 고령 임산부로 여겨졌던 사람들에게 도움이 될 만한 정보는 거의 없었다. 과학에 입문한 첫날 낸시가 내린 결론은 어느 연구실을 보아도 바뀌지 않았다. 즉, 자신은 어머니이자 과학자가 될 수 없었다. 적어도 자신이 원하는 수준의 과학자는 그랬다. 연구하는 일만으로도 이미 시간이 부족해 브룩과 함께 강아지 한 마리를 키우는 일도 버겁게 느껴졌다. 그들은 맘에 쏙 드는 강아지 한 마리를 입양해 헥터라는 이름도 지어 주었지만, 결국은 헥터가 볼티모어에 있는 브룩의 부모님과 함께 사는 것이 더 낫겠다는 결론을 내렸다. 대학원생 수준의 임금만 받고 있던 두 사람에게는 도우미를 쓸 돈이 없었다.

낸시는 오랫동안 결혼과 가족에 대한 생각을 미뤄 왔다. 대학원에 다닐 때 브룩은 낸시에게 그와 그의 어머니가 디자인한 약혼반지를 선물했다. 그들은 낸시에게 의견을 물었고, 반지는 정말로 아름다웠다. 하지만 낸시는 그 반지가 내포하는 헌신을 생각하면 산 채로 묻히는 기분이 들었다. 그들은 낸시가 예일대에서 자신의 길을 찾기 위해 열심히 애쓰는 동안 헤어졌다가 다시 만났다. 낸시는 걱정이 해결되었다고 생각했다. 마크와 함께 자신이 열망하던 중요한 일을 해냈고, 그 이후로도 상상도 못 했던 더 많은 일을 해냈기 때문이다.

낸시는 브룩과 과학 사이의 삼각관계에 있는 기분이었다. 그녀가 브룩을 사랑한다는 데는 의심의 여지가 없었다. 두 사람의 어머니들은 이 결혼이 좋은 생각은 아니라고, 또 낸시가 브룩보다 더 똑똑하다고 생각했다—그들은 터놓고 의견을 나눴다. 하지만 낸시는 생각이 달랐다. 그녀는 자신과 반대인 그를, 자신의 재미있는 면을 끌어내고 자신이 부족하다고 여기는 부분을 발전시켜 주는 그를 사랑했다. 이제 그는 자신 역시 뛰어난 학자임을 보여 주고 있었다.

브룩은 키가 크고 운동 신경이 뛰어났으며, 근심이 없는 사람처럼 크게 웃고 큰 동작으로 움직였다. 그는 땀에 흠뻑 젖을 때까지 춤추고, 푸짐한 요리를 하고, 재즈를 듣는 것을 좋아했다. 그는 철학과 정치에 대해 치열하게 토론했고—그는 보수적인 부모에 반항하는 민주당원이었다—, 탐독했으며, 낸시가 한 번도 들어 본 적이 없는 작가와 영화 제작자들을 그녀에게 알려주었다. 또 다방면에 아는 사람이 있었고, 그들 중 많은 이가 낸시의 친구가 되었다.

낸시와 브룩은 둘 다 걱정과 두려움이 많은 편이었다. 브룩은 짜증을 내기도 했는데, 그의 커다란 갈색 눈과 얼굴에 서서히 번지는 미소 덕분에 낸시의 화는 결코 오래 간 적이 없었다. 대학 시절 찰스강가에서 샌드위치를 먹으며 함께 긴 대화를 나눴던 그들은 여전히 몇 시간 동안 이야기를 나눌 수 있었다.

하지만 브룩은 과학을 싫어했고 관심도 없었다. 낸시의 과학계 친구들은 그가 대화에 끼어들려고 할 때마다 그를 무시했다. 그는 그들이 과학 외에는 어떤 이야기도 할 줄 모른다며 불평했다. 낸시도 동의했지만, 신경 쓰지 않았다—낸시는 친구들의 말을 놓칠세라 그들에게 집중했다. 낸시는 한편으로 남편의 연구실에서 일하는 여성 과학자들이 부러웠다. 낸시는 스스로 성공하고 싶었고 그렇게 할 수 있다고 믿었지만, 가정을 꾸리는 데 성공하고 과학계에도 남아 있을 수 있었던 그러한 여성들을 동경하기도 했다.

1972년 여름, 낸시는 브룩과 함께 나흘간 기차를 타고 캘리포니아로 향했다. 라 호야의 소크연구소에서 데이비드 볼티모어가 진행하는 종양 바이러스 강의를 듣기 위해서였다. 도중에 필라델피아에서[143] 낸시는 콜드 스프링 하버의 비서에게 지원금 신청서에 첨부한 메모를 통해 "침대 2개가 어디에서 나올지 또는 어떻게 들어갈지, 특히 브룩에게 맞는 긴 침대가 있을지" 걱정했지만, 객실이 "아주 편안하다"라고 전했다. 강의가 끝난 후 낸시와 브룩은 며칠 동안 해안 고속도로를 따라 북쪽으로 운전했고, 행복하고 편안한 마음으로 여행에서 돌아왔다.

그해 가을, 브룩은 앞으로의 일을 걱정하며 점점 더 우울해했다. 하버드에서 그의 강의는 거의 전례가 없을 정도로 많은 청중과 기립 박수를 끌어냈다. 하지만 그는 자서전과 관련된 책을 써야 했다(그가 가장 선호하는 사람은 프루스트와 제임스 조이스였다). 종신 재직권을 생각하면 책을 완성해야 했지만, 그는 거의 한 단어도 쓸 수 없었다. 그와 낸시는 하버드가 조교수에게 종신 재직권을 주는 일이 극히 드물다는 사실을 처음부터 알고 있었다—그들은 다른 곳에 갔다가 다시 돌아올 수도 있었지만, 하버드는 인기 강사를 고용하고 싶어 했다. 역사적으로도 통념적으로도 하버드의 조교수는 미국 어느 대학에나 고용될 수 있었다. 하지만 경제가 둔화하면서 영어 교수—하버드를 나온 사람이라 해도—에 대한 수요가 줄어들고 있다는 소문이 돌았다.

종신 재직권 심사 기간이 다가오자 브룩은 스트레스 때문에 정신과 의사를 찾기 시작했다. 낸시도 걱정이 되었다. 브룩이 새 직장을 찾고 정착하는 데 몇 년이 걸려 당장 아이를 가질 여유가 없게 되면 어떻게 하지? 낸시는 어느 먼 대학 도시의 집에 들어앉아 과학을 그리워하는 자신의 모습을 상상했다. 그녀는 가족을 부양해야 하는 브룩의 일이 늘 자기 일보다 더 중요하다고 생각했기 때문에 자신이 가장이 될 수 있다는 생각은 전혀 하지 못했다. 그녀는 과학을 떼어 내려 했고, 브룩을 사랑한다고 스스로에게 이야기했으며, 자녀를 갖는 기쁨과 만족에 대해 어머니가 했던 말을 떠올렸다.

밤에 낸시는 같은 꿈을 반복해서 꾸었다. 꿈속에서 그녀는 화창한 여름날 경사가 완만한 시골 언덕에서 태평하게 노는 어린아이였다. 그녀는 데님으로 된 멜빵바지를 입고, 우유 배달 트럭을 타고, 우유 배달원의 배달을 도우면서 행복하게 이리저리 뛰어다니는 꿈을 꾸었다. 유리병을 뒤쪽 계단 위에 막 올려놓았을 때, 갑자기 한 여성이 칸막이 문 앞에 나타나 물었다. "넌 여자애니, 남자애니?" 답을 몰랐던 낸시는 대답할 수 없었다. 낸시는 겁에 질린 채 숨을 헐떡이며 잠에서 깼다. 그녀는 과학을 인간의 복잡함과 감정에서 자유로운 완벽한 피난처, 모든 질서와 논리로 여겼다. 낸시는 곧 그러한 과학을 포기해야 한다는 것을 알았다.

하지만 일자리 제안은 그녀를 계속 앞으로 나아가게 했다. 1973년 초, MIT와 하버드 의대 두 곳에서 일자리를 제안받은 낸시는 MIT를 택했다. 암센터는 1년 안에 완공되지 않을 것이었기 때문에 공사 지연은 그녀에게 좀 더 시간적인 여유를 가져다주었다. 그녀는 콜드 스프링 하버에서의 근무를 연장하기 위해 연구 보조금을 신청했고, 그 기간이 끝날 무렵에는 자신과 브룩이 어디로 갈지 알 수 있기를 바랐다.

하지만 브룩이 보스턴에 직장을 구한다 해도 낸시는 아이를 갖는 것에 대해 생각해야 했다. 그녀는 MIT에서 RNA 바이러스를 연구하기로 되어 있었는데, 이 바이러스가 인간에게 암을 유발하는지, 전염성이 있는지는 아직 밝혀진 것이 없었다. 그녀는 짐이 콜드 스프링 하버의 실험실에서 RNA 바이러스를 연구하게 하지 않으리란 것, 고양이 사이에 퍼질 수 있는 백혈병이 인간에게도 전염될지 모른다는 두려움에 실험실의 모든 고양이를 없애도록 했다는 것을 알고 있었다. RNA 바이러스가 태아에게 어떤 영향을 미치는지 아는 사람은 아무도 없었고, 낸시는 자신이 임신조차 하지 못할 수 있음을 걱정했다.

오랫동안 해결책을 찾아 고민하던 낸시는 깨끗이 이별을 고하기로 마음먹었다. 사랑과 엄마가 될 기회와 당대의 관습에 이끌린 낸시는 결국 MIT의 루리아에게 전화를 걸어 정말로 죄송하지만 그 일을 맡지 않겠다고 말했다.

그해 봄, 브룩이 강의를 쉬는 동안 낸시는 그가 케임브리지의 압박에서 벗어나 책을 쓸 수 있길 바라며 콜드 스프링 하버에 방을 하나 빌렸다. 박사 후 과정을 마쳐 가던 낸시는 저녁에 브룩과 함께 해변이나 예쁜 마을로 산책하러 나갈 수 있었다.

집은 마을을 가로지르는 주요 도로를 따라 언덕 위에 자리했다. 그들의 방은 도로 앞을 향했는데, 그 때문에 트럭들이 한밤중에도 언덕을 오르내리며 내는 삐걱거리는 소리가 들렸다. 브룩은 그에 대해 불평하며 잠을 이루지 못했다. 낸시는 방을 바꾸려 했지만 남는 방이 없었다.

어느 날 오후 집으로 돌아온 낸시는 브룩의 타자기와 옷이 사라진 것을 발견했다. 케임브리지에 있는 집과 그의 사무실로 전화를 걸어 보았지만, 아무런 응답이 없었다. 나쁜 징조였다. 낸시는 비행기를 타는 것이 싫었지만 기차는 너무 느렸다. 낸시는 보스턴으로 날아가 프레스콧가에 있는 그들의 아파트로 달려갔다. 하지만 그곳에서도 브룩의 물건은 보이지 않았다. 그녀는 바닥에 앉아 울면서 플라스틱 숟가락으로 파인애플 통조림을 떠먹었다—브룩은 은식기도 가져갔다.

그녀는 브룩이 조교로 일했던 하버드대 학부생 기숙사인 엘리엇하우스에서 그를 발견했다. 그는 울면서 낸시에게 여전히 그녀를 사랑한다 말하고 그들의 아파트로 돌아왔지만, 며칠 후 다시 떠났다. 그는 집으로 돌아왔다가 다시 떠나는 행동을 반복했는데, 그때마다 몹시 마음 아파했다.

마침내 브룩은 낸시에게 그녀가 MIT와 하버드에서 동시에 일자리를 제안받았을 때 그의 자신감이 무너져 버렸음을 고백했다. 그런 제안이 있고 난 뒤부터 단 한 단어도 쓸 수 없었다고 했다. 똑똑하고 연이어 성공을 거두는 그녀는 명망 있는 대학들이 원하는 인재였지만, 그는 실패했고, 글도 쓸 수 없었으며, 종신 재직권도 따내지 못할 터였다. 그는 낸시가 결코 과학을 그만둘 수 없을 것이란 걸 알고 있었고, 그녀에게 그만두라고 말하고 싶지도 않았다.

낸시는 충격을 받고 죄책감에 빠졌다. 그녀는 일적인 성공에 대해 생각해 본 적이 없었고, 그저 실험을 계속하고 싶었을 뿐이었다. 노벨상 수상도 신경 쓰지 않았다. 대신 그만한 가치가 있는 연구를 하고 싶었다. 낸시는 브룩이 자신을 그런 식으로 생각한다는 것을 알지 못했다. 늘 결혼 생활이 과학에 방해가 될 것이라 생각했을 뿐, 과학이 결혼 생활에 방해가 될 것이라고는 생각지 못했다.

이제 낸시는 과학이 싫었다. 이 모든 일이 과학 때문이었다. 브룩보다 자기 일을 더 신경 쓴 그녀는 그 대가를 치르고 있었다. 낸시는 과학을 통제할 수 없는 집착으로 여기기 시작하면서 과학과 관련된 것은 아무것도 하지 않으려 했다. 그해 여름만 해도 콜드 스프링 하버에서 박사 후 과정을 마치기로 되어 있었지만, 케임브리지에 머물렀다. 연구실 생활을 하는 동안 피웠다가 아이를 갖기 위해 끊었던 담배도 다시 피우기 시작했다. 그러다 음식을 먹지 못해 20파운드(약 11㎏)가 빠지면서 결국 하버드 병원에 입원하게 되었고, 그곳에서 의료진이 자신의 신발 끈을 가져가는 것을 초조하게 지켜보았다. 낸시를 찾아온 독신 과학자 친구들은 그녀가 그저 외로워서 그런다고 생각했는지 그녀에게 성관계를 제안했다. 낸시는 친구들의 친절을 고마워했지만 거절했다. 그녀는 외롭지 않았다. 그녀는 브룩이 그리웠다.

낸시의 한 친구는 낸시에게 브룩이 엘리엇하우스의 다른 조교와 바람이 났다고 말했다. 친구는 낸시에게 그 여자를 소개해 주었다. 낸시가 그녀에게 브룩을 만나고 있느냐고 물었다. "누가 그런 말을 해요?" 여자가 대답했다. "그건 사실이 아니에요." 브룩도 다른 사람은 없다고 주장했다. 그는 낸시에게 말한 대로 그해 여름 시골에 집을 하나 빌려 책을 완성할 예정이었다. 그리고 그곳에 혼자 머물 생각이었다. 낸시의 언니인 앤은 브룩이 누군가와 함께 가는 것이 틀림없다고 생각했다. 앤은 감이 좋았기 때문에 사실일 가능성이 높았지만, 브룩이 자신에게 거짓말을 할 거라고 믿고 싶지도 않았다. 그녀는 직접 사실관계를 확인하기로 했다.

낸시는 브룩이 두 사람이 함께 타던 볼보를 주차해 둔 차고로 갔다. 차 바닥에서 그녀는 손으로 그린 지도를 발견했는데, 피크스섬 어딘가에 X자가 표시되어 있었다. 피크스섬은 메인주에 있었기에 낸시는 포틀랜드로 차를 몰고 가 섬으로 들어가는 여객선을 탔다. 그곳은 상점 몇 개와 우뚝 솟은 숲, 바위투성이 해안을 따라 늘어선 방갈로 몇 채가 전부인 작은 섬이었다. 자동차도 거의 눈에 띄지 않았다. 낸시가 하룻밤 묵기로 한 호텔 밖에서 X자로 표시된 곳이 어디인지 지도에서 찾고 있을 때, 소니라고 자신을 소개하는 한 젊은 남자가 다가와 도움이 필요하냐고 물었다. 소니는 스물한 살도 안 되어 보였고 완전히 낯선 사람이었다. 하지만 지난 몇 달간 얼마나 절박하고 혼란스러웠던지, 낸시는 그에게 모든 이야기를 털어놓고 도움을 구했다.

소니는 내일 새벽까지 기다리자고 했다. 아직 어둡고 머리 위로 별이 빛나고 있을 때 그들은 섬을 가로질러 비포장도로를 따라 숲속으로 걸어 들어갔다. 그리고는 마침내 덤불을 헤치고 지도상에 X자로 표시된 집이 있는 작은 마당의 가장자리로 기어들어 갔다. 빽빽한 나뭇가지 사이로 집을 지켜보고 있을 때, 브룩이 커피 한 잔을 들고 현관 앞에 나타났다. 그는 기지개를 켜고 새로운 아침을 맞이하고 있었다.

낸시와 소니가 나뭇가지 사이에서 모습을 드러냈다. 브룩은 놀라서 얼마간 말을 잇지 못하더니—낸시가 보기에—체념한 표정으로 그들을 안으로 초대했다. 낸시는 출입구를 통해 엘리엇하우스에서 조교로 일하는 세실리아가 아직 침대에 누워 있는 것을 볼 수 있었다.

소니가 "제 일은 끝났어요"라고 말하며 자리를 떠났다. 브룩이 낸시를 세실리아에게 다시 소개했고, 둘은 함께 낸시를 선착장까지 데려다주었다. 예쁘고 어린 세실리아는 걷는 동안 웃으면서 가볍게 수다를 떨었다. 그녀는 브룩에게 홀딱 빠져 있었다. 낸시는 그들의 관계가 오래가지 못할 것이라 생각했다.

피크스섬 여행은 낸시에게 전환점이 되었다. 그녀는 브룩이 떠났다는 것을 깨달았다. 그는 그녀에게 거짓말을 했다. 낸시는 과학을 탓하기를 멈추고 대신 수년간 브룩과 함께 저녁을 먹기 위해 제시간에 연구실을 떠나는 것이 얼마나 힘들었던가를 생각했다. 이제 그녀는 누구를 위해서도 저녁에 집에 갈 필요 없이 다시 과학에 빠질 수 있었다. 그러한 생각은 그녀를 덜 상처 입게 했다. 낸시는 다시 연구실로 돌아갔다. 더는 다른 많은 여성처럼 일을 계속해야 하는지 고민할 필요가 없었다.

그해 여름 낸시는 서른 살이 되었다. 그녀는 다시는 결혼하지 않고 아이도 갖지 않겠다고 결심했다. 그녀는 그것을 서약으로 생각했다. 몇 년 후 그녀는 이를 두고 과학의 수녀[144]가 되었다며 농담하곤 했다! 하지만 당시 그녀는 그 맹세를 진지하게 받아들였다. 그녀는 살바도르 루리아에게 전화를 걸어 MIT에 아직 자신의 자리가 있는지 물었다.

8장

"모든 경쟁자와
거리 벌리기"

MIT는 매사추세츠 애비뉴를 따라 하버드에서 1마일(약 1.6km)도 떨어지지 않은 곳에 있었지만, 하버드와는 전혀 달랐다.

1861년에 설립된 이곳은 버지니아 출신의 야심 찬 지질학자 윌리엄 바튼 로저스의 꿈이었다. 그는 수십 년 동안 기계 시대를 위한 새로운 교육, 즉 이론과 실습을 아우르면서 엔지니어, 건축가, 기타 "실무자"[145]에게 물리, 화학, 수학의 원리와 이를 실제 문제에 적용하는 방법을 전달하는 교육을 주창했다.

보스턴 출신의 아내와 결혼한 로저스는 그가 보스턴의 "지식 추구 정신"[146]이라 부른 것에 빠졌다. 버지니아에 있는 그의 집에는 6명의 노예[147]가 있었다. 하지만 아직 요람기에 있던 미국이 노예제를 두고 갈라졌을 때 그는 북부의 손을 들었다. "많은 사람이 함께해야 하는 슬픈 시련[148] 속에서도, 그리고 전쟁에 대한 끊임없는 염려와 주장에도 불구하고, 우리는 뉴잉글랜드, 특히 매사추세츠가 교육과 인도주의적 대

183

의를 장려하는 계획을 추진하는 데 여전히 열정적이라는 증거를 매일 계속해서 보고 있습니다." 그는 새롭게 산업화하는 국가에 이바지할 대학을 설립하기 위해 신설된 연방 토지 지원금 정책을 통해 정부로부터 자금을 지원받아 학교를 세웠다. 로저는 '유용한 일의 가치'를 존중하고 육성하는 학교를 만들고자 했다. 또한 사립대이지만 "연구와 발명을[149] 장려할 뿐만 아니라 선도하는" MIT의 공적 역할도 구상했다. 이 새로운 학교는 '멘스 앳 마누스Mens et Manus'—정신과 손—를 모토로 채택하고 남북전쟁이 끝나기 2달 전 시내에 있는 한 임대 건물에서 15명[150]의 남학생과 함께 첫 수업을 시작했다.

1891년에 이르러 등록생은 1,000명을 넘어섰다. 흔히 보스턴 공대로 알려지게 된 이 학교는 백베이에 10개 이상의 건물로 흩어져 국가 발전에 이바지했다. 조기 졸업생 중에는 산업 연구 부문을 개척하고 자신의 이름을 딴 컨설팅 회사를 설립한 아서 D. 리틀과 가족 소유의 화학 회사를 이끌고 이후 제너럴모터스를 미국 최대의 제조사 중 하나로 성장시킨 피에르 듀폰이 있었다. 또 알렉산더 그레이엄 벨은 보일스턴 거리의 새 물리학 연구실에서 나중에 전화기 개발로 이어지는 초기 연구를 수행했다.

다른 대학들은 서둘러 이 '과학 학교'를 모방했고, 하버드는 MIT를 세 번이나 인수하려 했다. 재정 상태가 좋지 않았던 MIT는 이러한 제안에 거의 넘어갈 뻔했다. 하지만 1916년[151] MIT는 찰스강의 케임브리지 쪽으로 이전하여 나름의 방식대로—하버드의 영역에서—경쟁할 것을 선언했다. 250만 달러에 이르는 익명(후에 이스트먼 코닥의 설립자인 조지 이스트먼이 기부한 것으로 밝혀졌다)의 기부금으로 지어진 거대한 새 캠퍼스가 메모리얼 드라이브를 따라 새로 메워진 갯벌에서 성채처럼 솟아올랐다. 신고전주의 양식의 건물들이 10개의 기둥이 받치고 있는 그레이트 돔에서 대칭으로 펼쳐졌다. 건물들은 일반적인 대학의 벽돌에서 벗어나 흰색 인디애나산 석회암으로 덮여 있었는데, 이는 과학의 순수성과 합리성에 경의를 표하기 위해서였다. 건물들의 정면에는 아리스토텔레스, 뉴턴, 다빈치, 다윈 등 위대한 사상가들의 이름이 새겨졌다. 세계에서 가장 긴 복도로 알려진 '무한 복도'는 캠퍼스를 동서로 연결하여 학과와 학문 사이의 원활한 교류를 강조했다. MIT는 학교의 마스코트로 부지런한 야행성의 비버를 채택했다.

학교는 빠르게 성장했고,[152] 제2차 세계대전과 함께 MIT로 군사 연구 및 개발 자금이 흘러들어오면서 더욱더 급격히 성장하기 시작했다. 웨스턴 일렉트릭, 제너럴 일렉트릭, RCA, 듀폰, 웨스팅하우스 연구소로 투입되는 총 자금의 3배에 이르는 규모였다. MIT는 새 건물들을 지어 프랭클린 D. 루스벨트 대통령의 전시 연구 책임자였던 전 MIT 공대 학장 버니바 부시가 과학의 "끝없는 한계"로 여겼던 것, 즉 전투기 시험을 위한 풍동, 연합군이 사용하는 레이더를 개발한 시험소, 아폴로 달 착륙을 위한 항법 장치, 그리고 최초의 실시간 디지털 컴퓨터를 탄생시킨 비행 시뮬레이터 등을 탐구할 공간을 마련했다.

제2차 세계대전이 끝나갈 무렵, MIT는 군사 연구지원금에 대한 지나친 의존을 걱정했다. 이를 보완하기 위해 MIT는 기존의 3개 대학, 즉 건축학·공학·과학 대학에 인문학과 경영학 대학을 추가로 설립했다. 하지만 냉전 덕분에 군사 예산은 계속 늘어났다. 베트남 전쟁 당시 MIT는 국방부에서 다른 어떤 대학보다 더 많은 자금[153]을 지원받고 있었다. 성장하는 캠퍼스에 대한 수요를 맞추기 위해 학교는 한때 사탕과 쿠키, 비누와 구두약을 만드는 공장이었던 건물을 인수하는 등 이전에 산업 지대였던 케임브리지 구역으로 확장했다. (한때 후드 유제품 회사[154]가 아이스크림을 만들던 곳에서 금속공학자들은 원자로를 세우기 위해 베릴륨과 지르코늄을 연구했다. 그리고 연한 푸른색으로 칠해진 실제 원자로가 길 아래에 세워졌다.) 찰스강을 따라 늘어선 우아하고 독창적인 건물들과 달리, MIT의 건물들은 기계 공장과 나란히 사무실이 있고 입자가속기 위에 강의실이 있는 등 형태나 유행보다 실용적 기능을 중시했다. 1949년 캠퍼스 시설을 평가하기 위해 소집된 위원회는 "학생들이 사회적인[155] 수치심을 느끼지 않고 다른 대학에서 온 방문객을 맞이하기가 어렵다"라고 불평했다. 광활한 무한 복도조차도 노출된 관과 칙칙한 벽 때문에 아이비리그보다는 대도시의 고등학교 분위기를, 파란색 재킷보다는 돌돌 만 셔츠 소매가 어울리는 분위기를 풍겼다. 그 뒤 수년에 걸쳐 에로 사리넨, 알바 알토, 동문인 이오 밍 페이를 비롯한 건축가들의 건물이 들어섰다. 그러나 MIT의 규모와 영향력이 아무리 커지고 명성이 아무리 높아져도 학교 앞 찰스강 위의 다리는 여전히 늘 '하버드 다리'로 불렸다.

하지만 MIT는 고유의 산만함을 찬양하고 다른 학교와의 차이를 받아들였다. 모두가 건물이 예쁘지 않다는 것을 인정했다. 하지만 이곳에는 어쨌든 드라이버로 벽에 구멍만 뚫어도 한 연구실에서 다른 연구실로 전선을 연결할 수 있는 장점이 있었다. 1955년 MIT에서 오랜 경력을 쌓은 유명 좌파 언어학자 노암 촘스키는 '합판 궁전'이라 불리는 건물 내 그의 어수선한 방을 보고 의아해하는 일본인 방문객들에게 해맑게 설명했다. "겉모습은 추레해도 지적으로는 최고가 되는 것이 저희 모토[156]랍니다." 캠퍼스 건물에는 과학이 자부심이나 감화력보다 우선이라는 것을 나타내듯 이름이 아닌 번호가 매겨져 있었다. 학생들은 화학이나 물리학 대신 과정 5나 과정 8에 등록했다. 학생들의 비공식적 모토 중 하나는 "기술은 지옥이다"였다. 나중에는 그보다 더 어두운 모토인 "나는 이 빌어먹을 곳이 너무 싫다I Hate This Fucking Place"의 약어가 반지에 새겨지기도 했다. 하지만 이곳은 그들의 천국이기도 했기에 그들은 이곳을 사랑했다. 전 세계에 해커들이 등장하기 훨씬 이전부터 MIT에는 익명의 해킹 전통이 있었다. 학생들은 하룻밤 만에 돔 위에 소 혹은 포드 자동차를 올려놓거나 그레이트 돔을 거대한 호박 모양으로 바꿔놓곤 했다(포드 자동차를 올려놓은 해커 중 1명인 제임스 킬리언은 나중에 MIT의 가장 유명한 총장 중 하나이자 드와이트 아이젠하워 대통령의 과학 고문이 되었다). 해커들은 텍사스주 베어 카운티 출신의 '올리버 스무트 주니어'라는 신입생을 자로 이용해 하버드 다리의 길이—364.4스무트(약 620 m), 오차 범위 귀 하나—를 쟀다. 그들은 환한 대낮에 전차를 선로에 용접했고, 하버드 전화선을 묶었으며, 다리의 표지판을 '기술 다리TECHNOLOGY BRIDGE'로 바꿨다. 또 하버드대 예일 경기장에 MIT라는 글자를 15피트(약 4.6 m) 크기로 띄울 수 있는 도화선을 설치했다(케임브리지 경찰은 이 사건을 저지시켰지만, MIT 학생들은 이 경기를 이후 많은 해킹의 중심으로 만들었다.) 어느 해에는 하버드대 점수판의 진리VE-RI-TAS(하버드대의 모토—옮긴이)를 '자아 과잉HU-GE-EGO[157]'으로 바꾸기도 했다. 마치 그들의 화려한 경쟁 상대에게 '너희는 장엄한 도서관, 풋볼 경기장, 아빠의 돈을 가졌을지 몰라도, 우리는 이런 일들을 어떻게 하는지 알고 있다'라고 강력히 상기시켜 주는 것 같았다.

무엇보다 MIT는 스스로 능력주의를 표방했다. MIT에는 풋볼팀도, 기여 입학제도 없었다. 기득권층의 자녀들은 하버드대나 예일대에 갔지만, MIT는 1세대 자녀들을 받아 그들과 다른 모든 노력하는 학생에게 중요한 것은 오직 노력뿐이라고 말했다. 이들은 미흡한 학자들과 미흡한 학교들이 두려워하는 문제를 해결함으로써 존경을 받았다. 중요한 문제를 해결할 만큼 성과를 거둔 교수진은 MIT의 운영 전반에 참여할 수 있는 특권을 기대했고, 대학 정책을 결정하는 상임위원회에 참가했다. 교수 평의회가 없었기 때문에 이사회와의 관계는 덜 적대적이었다. 총장이 교수진 회의를 주재했고, 그의 사무실은 신입생들이 물리학 및 화학 입문을 듣는 강의실과 같은 복도에 있었다.

1960년대 말과 1970년대 초, 남성만 다닐 수 있었던 대학들이 정식으로 여성의 입학을 허가하기 시작했을 때, MIT는 단 한 번도 남자만 다닐 수 있는 대학이었던 적이 없다고 말하곤 했다. 엄밀히 따지면 사실이었지만, 그들은 좀 더 마지못해 여성을 받아들였다. 초창기에 MIT는 무료 저녁 강의에만 여성들의 출입을 허용했다. 1867년에는 화학적 조작에 관한 강의를 들은 보스턴 여성 4명이 주간 수업에 돈을 내고 계속 참석하고 싶다고 요청했지만, MIT는 이를 거절했다. 같은 해 한 교수는 윌리엄 바튼 로저스에게 MIT가 과학 기술 학교에서 종합 대학으로 확장하면 여성을 입학시켜 유리한 고지를 점할 수 있다고 제안했다. "남녀 모두에게 거리낌 없이 문을 여는 대담한 조처를 한다면, 모든 경쟁자와 거리를[158] 벌릴 수 있을 것으로 생각합니다."

그 대신 최초의 여성은 특별한 조건으로 옆문을 통해 입학했다. 바사르대학을 갓 졸업하고 화학에 관심이 있었던 엘렌 헨리에타 스왈로우Ellen Henrietta Swallow[159]는 보스턴의 한 화학 회사에서 수습직을 구하던 중 MIT로 안내되었다. 대담하게 굴 필요가 있다는 것을 안 그녀는 과학에 입문할 준비를 하고 "제 인생은 적극적으로 투쟁하는 삶이 될 것입니다"라고 썼다(그녀는 편지에 "계속 생각하라"라고 서명했다). 스왈로우는 총장의 친구이자 천문학자인 마리아 미첼Maria Mitchell의 추천을 받아 지원했다. 1871년 회의록에 따르면 MIT는 스왈로우를 "실험적 차원"에서 입학시켰으며, "그녀의 입학이 여성의 일반적 입학을 위한 선례가 되어서는 안 된다"는 점을 분명히 했다. 스왈로우는 분명히 미국의 '과학 학교'에 입학한 최초의 여성이었지만, MIT는 이러한 진전을 홍보하는 것 이상의 일은 아무것도 하지 않았다. 학교는 스왈로우가 낙제하는 경우(또는 그럴 가능성이 있는 경우) 기록부에 정식으로 학생으로 남아 있지 않도록 등록금을 청구하지 않았다.

하지만 스왈로우는 무사히 학업을 마쳤고 1873년 서른한 살의 나이에 화학 학사로 졸업했다. 그런 다음에는 박사 학위를 받을 수 있길 바라며 MIT에 남아 2년간 무료로 학생들을 가르쳤다. 하지만 학교가 성별을 이유로 스왈로우를 거절한 뒤, 그녀는 교수 중 하나와 결혼했다. 그는 연구실에서 그녀에게 청혼했다. 그들은 신혼여행으로 학생들을 데리고 광산 견학을 떠나 광석 표본을 수집했다. 결혼 후 엘렌 스왈로우 리처드는 매사추세츠의 오염된 상수도를 조사했는데, 이 일을 계기로 미국 최초의 수질 기준과 하수 처리장이 생겨났다. 그녀는 가정학 부문을 창설해 미국 가정에 칼로리, 단백질, 탄수화물의 개념을 소개하고, 과학에 관심 있는 여성을 위해 관련 과정을 개설했으며, 후에 미국대학여성협회가 된 단체를 설립했다.

1882년[160] MIT는 여성을 "정규 학생"으로 허용하기 시작했고, 1895년 여성은 전체 학생의 6%를 차지했다. 하지만 여학생 기숙사가 없었기 때문에 엘렌 스왈로우 리처드 등은 기금을 모금해 '적당한 화장실'과 어려서 사망한 졸업생의 이름을 딴 휴게 공간 체니 룸을 마련했다. 여전히 코르셋과 발목까지 오는 치마 속의 크리놀린(과거에 치마를 부풀리기 위해 입었던 틀─옮긴이)에 속박되어 있던 여성들에게 체니 룸은 캠퍼스의 안식처가 되었다. MIT는 찰스강 건너편으로 이전할 때 새 건물에 체니 룸을 다시 만들었다. 아직 여학생을 위한 기숙사를 짓는 것이 적절하지 않다고 생각했기 때문이다. 여학생의 수는 두 차례의 세계대전을 거치는 동안 급증했지만 다른 대학들과 마찬가지로 전쟁에서 남자들이 돌아오자 급격히 감소하여 1960년대에는 약 2%에 머물렀다.

1952년 엘스페스 로스토우가 채용되기 전까지 교수진에 여성은 없었다(패컬티 클럽이 남성 전용이라는 사실을 알게 된 로스토우는 MIT에 별도의 여성 패컬티 클럽을 만들어 줄 것을 제안했다. MIT는 그 대신 그녀를 받아주는 쪽으로 정책을 바꿨다). 1945년 마침내 MIT는 보스턴의 한 공동 주택 건물을 여학생 기숙사로 마련했지만, 건물은 기껏해야 20명 정도를 수용할 수 있었다. 게다가 이곳에서 학생들은 캠퍼스까지 전차와 지하철을 타고 30분을 이동하거나 하버드 다리의 거센 바람을 맞으며 2km를 걸어야 했다. 기숙사 건물은 수확기로 돈을 번 갑부와 결혼한 1904년 졸업생 캐서린 덱스터 맥코믹이 예전에 살던 집이었다. 그녀는 이 집을 기부하고 날씨가 안 좋을 때 기숙사생들이 택시를 탈 수 있도록 기금을 마련했다.

MIT에서조차 과학에 관심이 있는 여성들은 이상한 종으로 여겨졌고, 너무 많은 주의를 끌지 말 것을 권고받았다. 여학생들은 한 사람의 실수가 모든 사람의 실패로 이어질 수 있다고 서로 경고했다. 그들은 1950년대 MIT 여학생회 편람의 조언, 즉 "무력한 여성[161]은 성가신 존재이며, '남자들'처럼 행동하는 여성은 미움을 받게 된다"라는 말대로 "남학생들의 신경을 건드려선" 안 되었다.

20명의 여성 중 1명[162]만이 졸업에 성공했다. 1955년 제임스 킬리언 총장이 여성 학부생을 계속 받아야 할지를 검토하기 위해 위원회를 발족할 정도로 암울한 숫자였다.

캠퍼스의 분위기는 여성에게 불리한 방향으로 흘렀다. 보스턴 기숙사의 여사감은 이곳에 있는 대부분의 젊은 여성들은 MIT를 다니기에는 "너무나 미성숙한 여성들"[163]이기 때문에 마운트 홀리요크나 웰즐리 같은 여자 대학이 더 적합하고, MIT에는 대학원생으로 오는 게 나을 거라 주장했다. 정신과 의사인 MIT 의료 책임자는 캠퍼스에서 여성들이 제공하는 "즐거움과 장식적인 면"을 높이 샀지만, 여성이 "가족을 돌보는 일"에 최소 4년에서 14년을 쓴다는 점을 고려하면 남성이 그 자리를 채우는 것이 더 나을 것이라고 권고했다.

"이 기간에 남학생이 여학생의 자리를 대신했다면, 남학생은 전문적 역량을 발휘해 학교에 유익한 방향으로 이바지할 수 있었을 것입니다." 정신과 의사가 킬리언 총장에게 썼다. 그에 따르면 MIT는 여성에게 적대적인 환경이 될 수 있으며, 여성은 여성성을 포기하지 않고는 경쟁하기가 어려웠다. "감정적 차원의 갈등이 많으면 그들의 지적 효율성이 거의 필연적으로 떨어지게 된다는 것은 분명합니다."

하버드대 교내 신문인 《하버드 크림슨》의 젊은 남성들도 이에 동의했다. "MIT가 남녀공학이라는 사실을 아는 사람은 거의 없다. 실제로 대부분의 하버드 학생들에게 여성이 전기화학공학이나 채광학, 금속공학에 관심을 둔다는 생각 자체가 다소 불쾌감을[164] 일으키는 것으로 보인다."

킬리언 총장은 여자 졸업생들을 위원회에 포함하지 않기로 했고, 위원장으로 임명된 레스터 해밀턴 교수는 위원들에게 어떠한 의견도 구하지 않았다. 대신에 그는 이듬해에 킬리언 총장이 결정을 내리라고 재촉했을 때 여학생의 입학을 중단할 것을 권하는 기밀 서류를 작성했다. 그러나 MIT 여자 졸업생들은 결집하여 이들의 성공과 기여를 보여 주는 설문 조사 결과를 도출해 냈다. 그에 따르면 여자 졸업생의 93%가 졸업 후 해당 분야에 취업했고, 대다수가 10년간 근무했으며, 많은 이가 가족을 꾸린 후 일터로 복귀했다. 그들은 MIT가 여성을 포기하는 대신, 여성이 캠퍼스에서 환영받는다는 느낌을 받을 수 있도록 더 많은 자원을 지원해야 한다고 주장했다.

킬리언이 그들 편에 섰다. "오랫동안 여성들을 입학시켜 온 학교가 어떻게 지금 그 정책을 바꿀 수 있을지 모르겠습니다." 그가 위원장[165]에게 썼다. "그러한 변화가 실제로 도움이 된다고 해도, 여성도 훌륭한 대학에 들어갈 수 있어야 한다는 인식이 증가하는 상황에서 우리가 그렇게 해야 한다는 생각은 들지 않습니다."

이에 줄리어스 스트래튼 학장이 여학생들이 모인 자리에서 결정된 사항을 발표했다. "여성은 받아들여질 것이며, 그들이 MIT 공동체의 일부임을 더욱더 느낄 수 있도록 하는 것이 우리의 바람입니다."

스푸트니크호의 발사와 함께 여성 과학자 동원의 필요성이 대두되었다. MIT는 여성을 위한 시설과 서비스를 개선하기 위해 움직였다—1959년 보고서에서 여성은 MIT의 "잊힌 사람들"[166]로 불렸다. 그해 MIT는 MIT에서 화학 박사 학위를 받은 연구원 에밀리 윅Emily Wick을 과학 부문 최초의 여성 교수로 승진시켰다. 에밀리는 맛과 관련된 화학을 연구했는데, 곧 캠퍼스에서 가장 중요한 여성 옹호자 중 하나가 될 터였다.

캐서린 맥코믹이 150만 달러를 기부하면서 MIT는 116명의 여학생을 수용할 수 있는 캠퍼스 내 최초의 여성 기숙사 건립 계획을 발표할 수 있게 되었다. 고인이 된 남편의 이름을 딴 맥코믹 홀은 캐서린 맥코믹이 마거릿 생어의 피임약 개발을 돕는 데 노력과 자금을 집중한 까닭에 예정보다 약간 지연된 1963년에 문을 열었다. 우아한 생활이 시작되었다. 기숙사에는 19세기 골동품으로 장식된 응접실, 금테가 둘린 액자, 대형 벽난로, 피아노, 재봉실이 갖춰졌다. 과학에 종사하는 여성은 여전히 《타임》과 《세븐틴》이 기사로 다룰 만큼 흔치 않은 존재였다. 《타임》이 보도했다. "반에서 유일한 여학생은 교수의 관심을 한 몸에[167] 받는다. 그리고 한 신입생에 따르면, 미소만 지으면 데이트를 할 수 있다." 맥코믹 홀의 새 입주자들은 "남학생들만큼 잘하거나 더 잘하고" 있었지만, 누군가 《세븐틴》에 말했듯이 "그렇게 똑똑함에도[168] 불구하고, 자신이 여자라는 것 역시 보여 줘야 한다"는 사실을 인정했다.

기숙사가 문을 열고 난 후 곧 건물을 하나 더 세워 수용 인원을 2배로 늘려야 한다는 요구가 생겨났다. MIT의 총장이 된 스트래튼은 남녀공학에 대한 MIT의 새로운 약속을 둘러싼 홍보 덕분에 "우수한 자격을 갖춘[169] 젊은 여성들의 입학 지원자가 상당히 많이 증가했다"라고 말했다. 1964년 신입생으로 입학한 여성의 수는 2년 전의 2배에 달했다. 캠퍼스 내 여성의 수는 전체적으로 보면 비교적 적었다. 7,000명 중 260명이 여성이었는데, 대부분 수학, 화학, 생물학, 물리학을 공부했다. 입학처장은 5년 안에 여학생 수가 400명까지 증가할 것이라고 보았지만, "이러한 증가율[170]이 계속 유지되진 않을 것"으로 예측했다. "남학생과 달리 여학생은 부모님이나 "가까운 친척"과 살지 않는 한 "안전을 위해" 캠퍼스에서 생활해야 했다. 입학처장은 여자 기숙사의 제한된 공간 때문에 "남성 지원자보다 여성 지원자에게 더 엄격한 기준을 또다시 적용해야 할 것"이라고 말했다.

캠퍼스는 여전히 남성 중심적이었고, 백인 남성이라는 일반적인 과학자의 이미지에 들어맞지 않는 사람에게 여전히 힘든 곳이었다. 1960년대까지 MIT에는 다른 많은 엘리트 학교들처럼 신입생을 대상으로 하는 각 수업에 2명에서 5명의 흑인 학생이 있었다. 남녀공학치고 여학생의 비율은 상대적으로 적었다. 여학생에 대한 반감은 공공연하게 허용되었다. 학생 신문인《테크》는 남자 학부생들이 보스턴과 보스턴 주변의 다른 캠퍼스에서 열리는 파티에서 여학생을 찾는 것을 돕기 위해 'Cherchez La Femme(여자를 찾아라)'라는 정기 칼럼을 운영했다―이들은 과학에 대한 관심이 자신의 학교 여학생들을 얼어붙게 했다고 생각했다. 1960년대 초 학생 안내서인《소셜 비버》에는 "신입생들이 가장 먼저 접하는 이야기 중 하나는 MIT의 여학생 대부분이 따분하고 못생겼다는 것이다"라는 말이 적혀 있었다. "예외가 있긴 하지만, 그들의 특성[171]은 이것만이 아니다." 1960년대 중반, 연속강연위원회는 가장 많은 사람이 모이는 장소인 크레지 강당에서 매 학기 등록일에 지역 음란물 금지법을 어기고 X등급 영화를 상영하는 오랜 전통을 시작했다. 행사에는 보통 2,000명의 남녀 관객이 몰려들었다.

그렇지만 여성들은 스스로 버틸 수 있다는 것을 증명했다. 낸시 홉킨스가 래드클리프를 졸업한 1964년[172]에 처음으로 여성의 졸업률은 남성의 졸업률과 같아졌다. 그해 10월에는 교내 여학생회가 이공계 여성에 관한 심포지엄을 개최했고 브루노 베텔하임과 앨리스 로시가 연설했다. 앨리스 로시는 결혼과 과학의 균형을 위한 그녀의 "뻔뻔한 제안"을 발표했다.

그러나 아직 여성 교수는 10명에 불과했다. 영양 및 식품과학과의 에밀리 웍을 제외하면 모두 인문학 분야에 종사했는데, 에밀리만 종신재직권을 얻었다. 에밀리는 1965년에 부학생처장으로 승진해 "여학생들"에게 특별히 관심을 기울였다. 그녀는 학생 한 사람 한 사람의 이름을 기억하는 것을 방침으로 삼았고, 초기에는 그렇게 했다. 1966년 여학생 수가 예상을 뒤엎고 401명을 기록했다. 덕분에 두 번째 기숙사가 지어지면서 여학생을 위한 공간은 2배로 늘어났다. MIT는 실험적으로 21세 이상이고 부모가 허락한다는 가정하에 4학년 "여학생"이 캠퍼스 밖에서 생활할 수 있도록 허용했고, 다음 해에는 2학년과 3학년에게까지 이 특권을 확대했다. 이로 인해 신입생에게 돌아갈 수 있는 공간은 더욱 많아졌다. 예상은 계속해서 빗나가 더욱더 많은 여학생이

MIT에 지원했는데, 그중 많은 이가 남학생들보다 더 뛰어난 자격을 갖추고 있었다. '과학 학교'는 더 큰 기숙사 이상의 것이 필요했다.

9장

우리의
밀리

1968년 MIT는 물리학자 밀드레드 드레슬하우스 Mildred Dresselhaus를 최초의 여성 정교수로 채용했다. 슈퍼스타였던 밀리―거의 모든 사람이 그녀를 '밀리'라고 불렀고, 때로 '우리의 밀리'로 부르기도 했다―는 똑똑하고, 매력적이며, 재미있고, 에너지가 넘쳤다. 1970년대 초 소수집단 우대 정책 추진이 시작된 이래로, 근 50년 동안 밀리는 MIT와 과학계에서 모든 여성이 도달할 수 있는 상징적인 존재로 군림했다.

밀리는 대공황이 시작될 무렵 브루클린에 도착해 실업 상태였던 동유럽 유대인 사이에서 태어났다. 그 후 밀리의 부모는 바이올린 신동인 그녀의 오빠가 선생님과 더 가까워질 수 있도록 가족들을 데리고 브롱스로 이사했다. 밀리는 오빠의 뒤를 이어 글을 읽기 전에 악보를 보는 법을 먼저 배웠고, 맨해튼에 있는 그리니치 하우스 음악학교에서 장학금을 받았다. 밀리가 열두 살이 됐을 때 그녀의 오빠는 브롱스 과학교를 나와 대학에 진학했고, 열여덟 살에 석사 학위를 받은 뒤 맨해튼 프로젝트에 참여했다. 밀리는 자신이 오빠보다 덜 똑똑하다고 생각했다. 밀리는 지퍼 공장에서 일을 시작하려고 나이를 속인 적이 있었는데—가족들의 이야기에 따르면 그녀는 이때 여덟 살이었다—, 고아원에서 밤에 바느질 일을 하며 가장 역할을 하는 어머니를 돕기 위해서였다. 하지만 금세 쫓겨났고, 사회복지관을 통해 뉴욕의 선발제 학교 중 하나이자 유일하게 여자를 받는 헌터고등학교에 대해 알게 되었다. 헌터는 나중에 그녀가 "끔찍한 난장판"[173]이라고 표현한 그 동네의 가난과 절망에서 그녀를 구해 주었다. 밀리는 입학시험을 위해 혼자 수학을 공부해야 했다. 그러다 자신이 수학을 좋아한다는 사실을 발견했고 고등학교에 가서는 수학을 잘한다는 것을 증명했다. 밀리의 졸업 앨범에는 "어떤 방정식이든[174] 풀 수 있음 / 모든 문제를 해결할 수 있음 / 두뇌 더하기 재미는 밀드레드 / 수학과 과학에서 누구에게도 뒤지지 않음"과 같은 말들이 가득했다.

밀리는 교사가 될 생각으로 헌터대학교에 입학했다. 성적은 좋지만 돈 없는 여학생이 택할 수 있는 가장 좋은 직업처럼 보였기 때문이다. 하지만 신입생 때 밀리는 미래의 노벨상 수상자이자 그녀가 물리학을 계속 공부할 수 있도록 격려하고 멘토가 되어 준 로절린 앨로 Rosalyn Yalow의 물리학을 수강했다. 그러다 어느 날 학교 게시판에서 풀브라이트 장학금에 관한 공고를 보게 되었고, 해당 장학금을 받게 되어 한동안 케임브리지대학에서 공부할 수 있었다. 미국으로 돌아온 밀리는 래드클리프에서 입자물리학 석사 학위를 받았다. 같은 전공의 남학생들이 하버드에서 시험을 치르는 동안 그녀는 래드클리프의 강의실에서 혼자 시험을 쳤다.

밀리는 시카고대학의 물리학 박사 과정이 가장 좋다는 결론을 내리고 1953년 11명의 학생 중 유일한 여성으로 그곳 생활을 시작했다. 밀리의 논문 지도 교수는 그녀에게 자신은 과학계에 여성이 설 자리는 없다고 생각한다고 말했다. 그가 보기에 여성들은 결혼도 하지 않고 학위를 활용할 수 있는 남성들의 자원을 빼앗았다. 교수가 밀리에게 입자물리학을 연구할 수 없다고 말했기 때문에 밀리는 초전도 연구로 방향을 틀었다. 그녀는 교수의 말이 옳을지 모른다고, 자신은 남자들을 따라갈 만큼 똑똑하지 않을지 모른다고 걱정했다. 하지만 물리학을 정말로 좋아했던 밀리는 호기심이 있는 한 계속해 보는 것이 좋겠다고 결심했다. 그녀는 곧 또 다른 노벨상 수상자인 엔리코 페르미Enrico Fermi를 멘토로 두게 되었다. 그들은 사우스사이드의 캠퍼스 근처에 있는 같은 동네에서 살았는데, 둘 다 일찍 일어나 연구실에 갔다. 걸어가던 밀리가 길 건너편에서 그에게 손을 흔들면 이내 페르미는 그녀와 함께 걷기 위해 자전거에서 내려 길을 건너왔다. 페르미는 어려운 개념을 쉽게 설명하는 재주가 있었다. 밀리는 페르미 덕분에 물리학자처럼 생각하도록, "만약에…?"라는 질문을 끊임없이 던지도록, 어디에서 돌파구가 나올지 모르기 때문에 모든 것에 관심을 가지도록 배울 수 있었다. 10년 전, 페르미는 시카고대학 풋볼 스탠드 밑에 있던 지하 스쿼시 코트에 원자로를 만들어 최초의 인공 핵반응을 일으켰다. 밀리는 원자로의 유휴 장비를 재활용해[175] 초전도선을 만들고 논문을 위한 마이크로파 장비를 만들었다.

밀리의 논문 지도 교수[176]는 그녀에게 너무 관심이 없어서 마감

2주 전까지 논문 과제가 무엇인지 묻지도 않았다. 하지만 밀리는 그의 무관심 덕분에 독립적이 될 수밖에 없었다고 고백했다. 밀리다웠다. 그녀는 역경을 극복하는 도전을 즐겼기 때문에 때로 역경을 찾아다니는 것처럼 보였다.

시카고에서 밀리는 그녀의 가장 든든한 후원자가 되어 줄 진 드레슬하우스Gene Dresselhaus를 만나 결혼했다. 그리고 1958년 진은 신임 교수로, 밀리는 국립과학재단의 지원을 받는 박사 후 연구원으로 함께 코넬대에서 일하게 되었다. 밀리의 지도 교수는 그녀를 마음에 들어 했지만, 코넬대는 다른 명문대와 마찬가지로 배우자 채용을 금지하는 규정이 있었기 때문에 박사 후 연구 지원 과정이 만료되었을 때 대학은 밀리의 채용을 거절했다. 진은 항의의 뜻으로 학교를 그만두었다. 부부를 고용하는 곳은[177] IBM과 MIT 두 곳뿐이었다. MIT에는 친족 등용 금지 규정이 없었고, 진과 밀리가 함께 논문을[178] 쓰는 것도 허용했다. 기꺼이 문을 열어 준 MIT는 그곳이 능력과 노력을 가장 중요시하는 능력주의 사회라는 확고한 믿음을 심어 주었다.

1960년 밀리와 진은 MIT가 렉싱턴 교외의 핸스콤 공군기지 근처에서 운영하는 국방부 연구개발센터 링컨 연구소에서 근무를 시작했다. 1,000여 명의 직원 중 여성은 2명뿐이었는데, 밀리가 그중 하나였다. 밀리는 초전도 전문가였지만, 링컨 연구소의 책임자는 그 분야가 한물갔다고 말했다. 연구소는 국가 안보용 방어 미사일과 통신 시스템(그리고 나중에는 점점 더 소형화되는 개인용 컴퓨터)에 필요한 반도체, 실리콘과 게르마늄 같은 소재를 연구했다. 진은 밀리에게 가장 기본적인 수준에서 믿을 수 없을 정도로 얇고 강한 흑연의 자기 광학 특성을 연구해 볼 것을 제안했다. 아무도 이 연구가 흥미로운 결과를 낼 것으로 생각하지 않았다. 하지만 밀리는 이 일이 마음에 들었다. 설사 결과가 좋지 않더라도 자신의 잘못으로 보이지 않을 수 있었고, 아픈 아이[179]를 돌보느라 며칠을 쉬어도 아무도 눈치채지 못했기 때문이었다. 그녀와 진은 곧 아이 넷을 둔 부모가 되었다.

첫째인 딸은 그들이 코넬에서 일할 때 태어났다. 밀리는 유모차에 아기를 태워 연구소로 데려왔고, 비서들이 아이를 함께 돌봐주었다. 이어 링컨 연구소에 있는 동안 아들 셋이 태어났다. 전설에 따르면 임신한 밀리는 금요일에 퇴근했다가 출산 후 월요일에 출근했다(그녀는 이를 부인하지 않았지만 한 아기는 폭설[180]로 인한 휴일에, 다른 아기는 연휴에 태어난 것이 도움이 되었다고 덧붙였다). 넷째 아기가 태어났을 때는 다음 날에 출근했다. 그러나 연구소의 보안 요원은 아기에게 적절한 신분증이 없다는 이유로 아기의 정부 기관 출입을 막았다. 그로 인한 말싸움을 목격한 한 동료[181]는 밀리가 그렇게 화내는 것을 처음 봤다고 말했다.

밀리는 절박한 상황에서 MIT의 교수직을 맡게 되었지만, 인생의 후반이 되어서야 그 사실을 수긍했다. 1966년 링컨 연구소는 모든 직원이 아침 8시까지 출근해야 한다는 정부의 출퇴근 규정을 단속하기 시작했다. 밀리는 베이비시터를 고용했지만, 베이비시터와 학교는 밀리가 제시간에 출근할 수 있을 만큼 일찍 일을 시작하지 않았다. 밀리와 다른 여성은 지각한 데 대해 연구소 책임자의 꾸중을 들어야 했다. 급기야 다른 여성이 지쳐서 터프츠대학으로 떠났을 때 밀리는 더 격한 꾸지람을 감내해야 했다. 진은 밀리보다 더 화를 냈다. 그는 밀리에게 그녀가 아침 일찍부터 집안일을 하고 아이들이 잠든 밤에 또다시 일한다는 사실을 상기시켰다. 그의 계산에 따르면 그녀는 링컨 연구소의 남자들보다 훨씬 더 많은 시간을 일했다. 밀리는 자신이 부당한 대우를 받고 있다고 불평하면 해고될까 봐 두려웠다. 하지만 한 동료가 밀리에게 록펠러 가문이 "뛰어난 여성 학자"를 위해 지원하는 MIT의 객원 교수직에 관해 말해 주었을 때, 그녀는 기회를 놓치지 않았다. 그 일은 1년짜리였지만, 그 기간이 지나면[182] 아이들이 웬만큼 커서 아침 시간을 감당할 수 있을 것 같았다.

MIT는 공학도들에게 물리학을 가르칠 사람을 찾고 있었다. 밀리는 페르미에게서 배운 대로 학생들이 수업 중에 고개를 숙이고 필기하는 대신 수업에 집중할 수 있도록 강의가 끝날 때마다 깔끔하고 상세하게 정리된 문서를 나눠 주었다. 밀리를 좋아했던 학생들은 전기공학과 학장에게 그녀를 영구적으로 고용해 달라고 청원했다. MIT는 다음 해에 실제로 그렇게 했다.

밀리는 네 아이를 기르는 데에도 일을 대할 때와 같은 야심과 규율을 적용했다. 그녀는 회의 중에 옷에 단추를 달기도 했다. 집에서 그녀와 진은 요리와 청소를 분담했고, 밤마다 함께 설거지하며 물리학과 아이들에 관한 이야기를 나누었다. 식사 준비를 하면서 아이들에게 화학을 가르쳤고, 베네수엘라, 이스라엘, 일본 등 때로 몇 주씩 걸리는 해외 출장에 아이들을 데리고 갔다. 아이들은 엄마가 그랬듯이 실내악을 배웠다. 그녀의 딸은 10대 초반일 때 닉슨 백악관[183]에서 걸려 온 전화를 엄마에게 바꿔 주기를 거절하고는 점점 더 집요해지는 백악관 교환원에게 월요일에 다시 전화하라고 말한 적도 있었다. 밀리가 일하는 동안에는 방해하지 말라는 구체적인 지시를 했기 때문이었다.

밀리는—여자답게가 아니라 능률적으로 보이도록—머리를 땋아 위로 올리고, 뭘 하든 인생 최고의 시간을 보내고 있는 듯한 장난기 어린 미소를 지었다. 뉴욕 외곽의 억양이 희미하게 남아 있던 그녀는 활기차고 거침이 없었지만, 늘 친절했고 젊은이들에게 관심이 많았다. 밀리는 초등학교에서 가계도를 그려 오라는 숙제를 받은 딸이 그 많은 "삼촌들"을 다 어디에 두어야 할지 난감해할 정도로 학생들을 가족처럼 대했다. 특히 여성이나 흑인, 다른 나라에서 온 학생 등 MIT의 격렬함을 감당하기 어려울 것 같은 학생들에게 각별한 관심을 기울였다. 그녀는 필요한 경우 학생들이 대학의 정신 건강 서비스를 이용할 수 있게 도왔고, 중국의 신년 전통을 지키려는 학생을 위해 새끼 돼지[184]를 구해 구워 주었으며, 학생들을 알링턴에 있는 집으로 불러 바닥에 앉히고 직접 만든 스튜를 무릎 위에 놓아 주었다. 저녁 식사 후에는 아이들이 악기를 연주했는데, 밀리도 보통은 바이올린을 들고 함께 연주했다.

록펠러 가문의 교수직 지원은 1962년에 시작되었다. 교수직의 이름은 대학에 진학한 적도 없고 결혼 서약서에서 '순종'[185]이라는 단어를 삭제해 세상에 충격을 준 외동딸의 이름을 따서 명명되었다. 교수직에는 이공계 여성들을 격려하는 임무가 수반되었다. 그래서 밀리는 1967년 교수직을 맡고 당시 여학생처장이었던 화학자 에밀리 윅과 상의하여 여성들에게 도움이 될 만한 최선의 방법을 모색했다. 그녀와 에밀리는 여학생들이 어디로 가면 조언을 구할 수 있는지 알 수 있도록 체니 룸에서 시간을 보내기 시작했다. 어린 여성들은 감정을 배출할 곳을 간절히 원했다. 그들은 교수들이 자신들의 질문을 진지하게 받아들이지 않는다고 불평했고, 어리석어 보일까 봐 의견을 내는 것도 그만두었다. 어느 강의실이든 대개는 여학생이 하나뿐이었는데, 에밀리의 말대로 제초제[186]를 뿌린 민들레라도 되듯 아무도 여학생 근처에 앉지 않았다. 때로는 강의실에서 느껴지는 긴장감이 너무 압도적이어서 학생들은 에밀리의 사무실에서 시험을 보게 해 달라고 부탁하기도 했다.

밀리 자신도 여전히 불안감을 느꼈다. 그녀는 개인적으로 MIT가 단지 자신이 여성이라서 교수직을 준 것은 아닌지 걱정했다. 하지만 과학계에 여성으로 있는 것이 얼마나 힘든지에 대해 이야기하는 것은 여성들을 낙담시키고 더욱 소외감을 느끼게 할 뿐이라는 결론을 내렸다. 그래서 밀리는 자신의 어려움을 이야기하지 않고 어떤 것에도 자신감을 잃지 않는 사람이라는 인상을 주기 위해 열심히 노력했다. 그녀는 젊은 여성들에게 아들 셋을 낳는데 닷새밖에 쉬지 않았다는 이야기를 즐겨 했고, 대학원생들에게 아이에 관한 양자 이론[187]이라 할 수 있는 밀리표 조언을 하곤 했다. "아이들은 원자 궤도에 있는 전자와 같아서 안정된 가정생활을 위해서는 2명이나 4명의 아이를 가져야 합니다. 이들은 스핀업과 스핀다운 상태로 존재하기 때문에 안정적인 구성이 필요해요(전자스핀은 전자의 고유한 각 운동량이다. 두 가지 상태로 존재하며 쌍을 이룰 때 안정된다—옮긴이). 1명이나 3명은 안 됩니다. 불안정해지기 때문이죠."

_____ 에밀리는 밀리가 MIT의 여성들이 스스로 역경을 잘

헤치고 나아갈 수 있게 도왔다고 말하곤 했다. 하지만 그들의 노력은 1960년대 후반 캠퍼스의 불안한 분위기에 휩쓸렸다. MIT의 반전 시위는 버클리대나 위스콘신대나 미시건대의 시위만큼 빈번하거나 폭력적이지 않았다. 학생들은 베트남을 황폐화시킨 네이팜탄 제조사인 다우 케미칼 채용 담당자의 방문에 항의하는 시위를 벌였지만, 취업 센터 입구를 막진 않았다. 또 1968년 11월, 탈영한 군인에게 피난처를 제공하기 위해 엿새 동안 학생 회관을 점거했지만, 그곳에서 학교 무도회가 열릴 수 있도록 자리를 양보했다. 학생처장은 낙오하는 시위대를 자애롭지만 무시하는 투로 "지친 학생들과 히피[188] 몇 명, 오토바이 운전자 몇 명으로 구성된 소집단"으로 칭했다.

그러나 1969년은 학생처장이 "시험과 대립의 해"[189]로 부르게 된 해였다. 3월 4일, 수천 명의 학생과 교수진이 강의실과 연구실에서 걸어 나와 학교의 베트남 전쟁 개입, 특히 미사일 시스템 및 대반란 작전 관련 기술 연구와 MIT 예산에 대한 국방부의 관여에 항의했다. 그들은 '연구 중단'을 외치며 초현대적 돔인 크레지 강당에 모였다. 그곳에서 노암 촘스키가 지식인의 사회적 책임에 대해 연설했고 맨해튼 프로젝트의 설계자인 한스 베테가 핵무기의 통제를 촉구했다. 하버드의 조지 월드는 기술이 초래한 파괴에 분노하며 과학이 "인간의 이상"을 향해 돌아갈 것을 촉구했다. 최소 30개 캠퍼스의 교수진과 학생들이 연대에 동참했다. 월드의 연설 전문은《보스턴 글로브》에 발표되었고, 이후 전국에서 발간되었다.

8개월 후 지역 반전 단체 연합은 베트남 전쟁 종식과 대학의 모든 전쟁 관련 연구 중단을 요구하는 일주일간의 '11월 행동'을 촉구했다. 그들은 링컨 연구소와 합쳐 MIT 전체 예산의 절반 이상을 차지하는 MIT의 계기 연구소에 항의하는 시위를 벌였다. 나중에 설립자의 이름을 따 '드레이퍼 연구소'로 알려지게 되는 이 계기 연구소는 그해 7월 아폴로 11호가 달에 최초로 인간을 착륙시킬 수 있도록 안내한 항법 시스템과 비행 시뮬레이터를 개발하면서 성공의 기쁨을 만끽하던 중이었다. 그런데 지금 수백 명의 시위대가 주도로 근처의 정문 앞에 모여 탄도 미사일을 유도하는 동종의 기술을 개발하는 것에 항의하고 있었다. 사람들은 대여섯 명씩 서로 팔짱을 끼고 건물을 에워싼 채 구호를 외쳤고, 건물 안으로 들어가려는 직원들과 몸싸움을 벌이기도 했다. 결국 진압 장비와 소총을 든 경찰 대열이 개와 최루탄으로 시위대를 해산시켰다.

수십 년간 MIT의 남성들과 여성들은 제2차 세계대전에서 미국이 승리하는 데 이바지한 연구소의 역할을 자랑스러워했다. 하지만 이번 전쟁은 달랐다. 정부와 전쟁 관련 연구 자금에 의존했던 MIT는 반대 여론이 거세지자 대학의 조직과 연구 수행 방식, 자금 조달처와 관련된 실존적 위기에 직면했다. 한 학장은 밥 딜런의 가사를 바꿔 이렇게 표현했다. "우리에게는 날씨가 변했다고 알려 주는 일기예보관[190]이 필요하지 않았다."

민권 운동 역시 캠퍼스에서 문제의 재검토를 요구하고 있었다. 1964년 워싱턴 D.C의 공립 고등학교 수석 졸업생이었던 셜리 앤 잭슨Shirley Ann Jackson이 MIT에 입학했을 때, 맥코믹 홀의 다른 여학생들은 그녀가 스터디 그룹에 끼려고 하면 비키라고 말했고, 저녁을 먹으러 앉으면 일어나 자리를 떠났다. 너무 비참했던 셜리는 박사 학위를 받을 다른 곳을 알아보기 위해 차를 타고 펜실베이니아로 가던 중 라디오에서 마틴 루터 킹 목사가 암살되었다는 소식을 듣고[191] MIT에 남아야겠다고 마음먹었다. 마틴 루터 킹의 용기는 그녀에게 영감을 불어넣어 주었다. 그녀는 자신의 존재를 부인하는 여성들이 승리하도록 내버려 두지 않고, MIT가 흑인 학생들을 더 환영할 수 있도록 하겠다고 다짐했다. 셜리는 다른 학생들과 함께 흑인 학생 연합을 조직해 캠퍼스에 흑인 교수진과 학생 수를 늘리도록 대학을 압박했다. 회원들은 새로운 회원을 모집하기 위해 전국을 돌았고, 고등학교에서 제대로 준비를 마치지 못한 흑인 신입생들을 돕기 위해 여름 강좌 개설도 도왔다. 1969년 신입생[192] 중 흑인은 53명으로 여전히 적은 수였지만, 전년도에 비교하면 비약적인 발전이었다.

1970년,[193] MIT 학생들은 학교를 관리하는 위원회의 위원직을 요구했다. 대학 관계자들은 부모 역할에 대한 요구를 재검토했다. 학생들은 아이가 아닌 성인이었다. 18세가 되면 전투에 징집될 수 있었고 투표권이 주어졌다. '소녀들Girls'도 이제 '여학생women students'이 되었다. 그리고 그들은 과학자가 되기를 요구했다.

MIT는 이제 남녀공학 기숙사를 허용했지만, 여학생 수는 여전히 맥코믹 홀의 이용 가능한 방 수 때문에 제한되었다. 밀리와 에밀리는 성을 구분하지 말고 입학을 허용하여 여학생 수를 늘리자고 제안했지만, 많은 행정 관계자와 교수들이 반대했다. 그들은 여성들이 수업을 따라가지 못하거나 일자리를 구하지 못할 것이라고, 설사 취직을 한다 해도 남자들보다 수입이 적을 것이라고 주장했다—그럼 졸업생들의 기금 모금[194]에 안 좋지 않겠는가? 하지만 에밀리와 밀리는 승리했다. 이제 여성도 남성과 같은 기준으로 평가받게 되었다. 그에 따라 여성의 비율이 증가했다.[195] 1969년 신입생 중 여성은 73명에 불과했지만, 4년 후에는 122명으로 늘어났다. 어떤 사람들은 이러한 증가가 여성에 대한 기준이 낮아진 덕분이라고 주장했다. 하지만 밀리와 에밀리가 지적한 것처럼 그들의 말이 사실이라면 그것은 오로지 남성에 대한 기준이 내내 더 낮았다는 증거였다. 증가하는 여성들의 수요를 맞추고 남성도 수용하기 위해 MIT는 신입생 규모를 늘렸다.

1971년 1월 MIT는 교과 과정에 더 많은 유연성을 보장해 달라는 학생들의 요구에 따라 '독립 활동 기간Independent Activities Period'을 도입했다. 이 기간이 주기적으로 계속되자 이듬해 1월 밀리와 에밀리는 여성 문제에 관한 워크숍을 계획했다. 그들은 독립 활동 카탈로그에 '여성이 관심을 둘 만한 문제'를 논하는 특별 강의라고 광고했지만, 많은 사람이 올 것이라고 기대하진 않았다.

하지만 행사가 열리는 체니 룸에 들어섰을 때 밀리와 에밀리는 겨우 안으로 들어갈 수 있었다. 좌석이 하나도 남아 있지 않았다. 워크숍 광고에 '학생'이라는 단어를 써 넣는 것을 깜빡한[196] 까닭에 비서와 연구원, 하급 교수진, 교수의 부인들, 학생들, 2명의 남성을 포함해 백여 명의 사람들이 몰려들었다. 그중 가장 만족스러운 학교생활을 하는 사람들은 학부 여학생들이었고, 불만을 토로하는 사람들은 주로 대학원생과 비서들이었다. 이들은 위원회를 구성해 MIT 여성들에 대한 처우 개선 방안을 마련하기를 요구했다. 밀리는 다양한 사람들을 만나면서 문득 자신이 학생뿐만 아니라 캠퍼스 내 모든 여성을 위한 리더가 되어야 함을 깨달았다.

MIT에 새 총장으로 부임한 제롬 위즈너Jerome Wiesner는 밀리에게 여성들이 요구하는 위원회를 구성하고 캠퍼스 내 여성들을 대상으로 일련의 공청회를 열 것을 요청했다.

'제리'로 알려진 위즈너는 1942년 MIT의 방사선 연구소에서 일을 시작해 학교 지도자들이 오랫동안 그래왔듯 케임브리지와 워싱턴을 오가며 과학자와 공직자로 일했다. 맨해튼 프로젝트에 참여했던 그는 케네디 대통령의 수석 과학 고문관으로 일하면서 핵무기 실험을 부분적으로 금지하는 데 이바지했고, 레이철 카슨의 『침묵의 봄』이 DDT에 관한 경각심을 불러일으킨 뒤에는 살충제 사용을 단계적으로 폐지할 것을 권고했다. 그는 민주당과의 관계와 탄도 미사일에 대한 반대 입장 때문에 닉슨의 정적 명단에 올랐다. 1971년 위즈너의 취임식에서 아치볼드 매클리시는 그를 환영하며 「사나이가 드문 시대,[197] 훌륭한 한 사람」이라는 시를 지어 낭독했다.

"그는 세상 날씨에 개의치 않고 자기 자리로 한가로이 걸어간다 / 파이프에 불을 붙이고, 바지를 끌어 올리며 / 모두가 받아들이는 의견에 딴지를 건다."

위즈너의 아내는 1966년 보스턴에서 가장 취약한 지역의 학생들을 교외 학교로 보내기 위해 시작된 메트코METCO, Metropolitan Council on Education 프로그램의 창립자 중 하나였다. 위즈너는 MIT를 소수집단 학생과 여성에게 더 따뜻한 학교로 만들기로 다짐했다.

밀리는 공청회를 개최하고 충실히 보고서를 작성했다. 위즈너는 그녀를 사무실로 불러 더 잘해야 한다고, 물리학 저널에 실릴 논문을 쓸 때와 마찬가지로 데이터와 엄격함[198]을 가지고 다시 써 달라고 부탁했다. 보고서의 내용은 사람들이 진지하게 받아들일 만한 것이어야 했다.

그해 봄에 발표된[199] 보고서인 「MIT에서 여학생의 역할」은 MIT가 정식으로 여성 입학을 허용한 지 90년이 지났음에도 지난 5년 동안 여성은 학부생의 10%에 불과했고 석사 학위를 받은 여학생은 3%뿐이라는 점을 지적했다. 종신 재직 여부와 상관없이 여성 교수는 전체 교수진의 2%도 안 되었다. "입학, 학위, 임용에 관한 결정이 적어도 가끔은 실제로 여성을 배제하려는 의도적인 노력 없이 이뤄지고 있을지 모르지만, 정책은 선언이 아니라 결과로 판단되어야 한다. 조사를 통해 우리는 모든 직급에서 여성의 수가 부족하다는 사실을 발견했다. 특히 그 정도는 고위 직급에서 가장 심했다."

밀리는 "여성이 남성과 동등한 수로 입학한다고 해도, 이는 여성이 입학 후 동등한 대우를 받을 수 있음을 의미하진 않는다"라고 썼다. 캠퍼스 곳곳에서 열린 공청회에서 여성들은 "노골적인 적대감, 지나친 관심 또는 전적인 무관심, 모욕적이고 당혹스러운 발언 또는 다른 미묘한 형태의 성차별"에 관한 이야기를 들려주었다. 지도 교수들은 여성 학부생들을 "더 여성적인" 분야로 이끌려고 했다. 한 교수는 "그의 여학생들"이 수업 시간에 남자들에게 "좋은 방해물"이었다고 말하곤 했다. 대학원생들은 여성을 학생으로 받아들이지 않겠다고 대놓고 말하는 연구실의 책임자들과 일자리를 훔친 여성을 비난하는 남자 동료들에 관해 이야기했다.

일부 여성들은 좌절하는 일 없이 계속 버틸 수 있었다. 하지만 대다수 여성은 지쳤고 시선에서 자유롭지 못한 기분을 느꼈다. 교수진에 여성은 거의 없었고 힘 있는 여성도 없었기 때문에 여학생들은 도움을 받을 만한 곳이 거의 없었다. 보고서에 따르면 "학교에서 여성의 영향력은 비효율적으로 분산되어 있거나 존재하지 않았다."

하지만 이중 어느 것도 능력주의에 대한 밀리의 믿음을 흔들어 놓진 못했다. 밀리가 보기에 여기에는 공급의 문제가 있었다. 즉 여성 교수를 더 확보하려면 파이프라인을 여학생으로 채워야 했다. 파이프라인이 느리게 채워진다면 그것은 과학을 택하는 여학생이 충분치 않기 때문이었다. 이제 문은 활짝 열려 있었고, 젊은 여성들은 자신감과 격려, 롤모델만 있으면 되었다. 하지만 밀리는 보고서에서 여성들이 특별한 대우나 낮은 기준을 원하는 것은 아니라는 점을 강조했다. 그녀는 학교에 "자격 있는 여성 교수"를 채용할 것을 촉구했다. "여성이 더 많은 교수직을 맡게 됨으로써 그들의 존재가 좀 더 익숙해지고, 자연스러워지고, 사회적으로 받아들여질 수 있게 되기를 바란다."

밀리는 어림잡아 계산을 해 보았다. 자신의 경험대로라면, 한 수업에 최소 여성이 2명은 있어야 그중 1명이 용기를 갖고 교수에 도전할 수 있었고, 한 수업에 20명의 학생이 있다고 가정하면 각 과에 여성이 약 15%는 있어야 의미 있는 결과[200]를 얻을 수 있었다. 밀리는 최근 여성 지원자의 증가 추세를 고려하면 1970년대 후반에는 여성 교수의 비율이 20%까지 올라갈 수도 있다고 생각했다. 어쨌든 남성은 여성이 성취할 수 있다는 사실을 보게 될 것이고, 여성 역시 보게 될 터였다. 여학생들은 학부생에서 대학원생으로, 박사로, 박사 후 연구원으로 자연스럽고 당당하게 관심 분야를 따라 더 높은 위치에 오르게 될 것이고, 그러면 MIT는 차세대의 여성 교수진뿐만 아니라 차세대의 선도적인 여성 과학자를 배출할 수 있게 될 것이었다. 밀리가 캠퍼스에서 가장 눈에 띄는 롤모델이 되고 점점 더 미국과 전 세계의 과학계에서 리더 역할을 하게 됨에 따라, 실제로 이러한 접근 방식은 과학에 종사하는 여성의 힘을 강화하기 위한 MIT의 주요 방침이 되었다.

1972년 밀리는 여성의 기회 확대에 관한 이전의 선언문처럼 회유하는 어조로 보고서의 결론을 맺었다. "한 가지 강조하고 싶은 것이 있다면, 이러한 조치가 모든 구성원에게 이로운 방향으로 MIT의 환경을 개선할 것이라는 확신이다. 여성에 대한 부당함을[201] 바로잡는 조치는 남성들의 삶의 질도 향상할 것이다."

보고서가 나오고 몇 달 후부터 입학처는 카탈로그에 여학생의 사진을 더 많이 싣고 여성 교수진을 고등학교로 보내 여학생들의 MIT 입학을 장려했다. 최근 몇 년간 휴면기에 있었던 여학생회도 다시 활동을 시작해 여학생 수 늘리기에 힘을 쏟았다. 회원들은 돌아가며 입학처 사무실에 앉아 방문한 여고생들의 지원을 독려하고 합격한 여학생들에게는 전화를 걸어 입학을 독려했다. 또한 여학생들이 시험 중 점심시간이 30분인데 화장실에 갔다 오는 데만 20분이 걸린다는 불만을 제기하자 캠퍼스 내 화장실 지도를 만들고 여성용 화장실 수를 늘리기도 했다.

1973년 에밀리가 마운트 홀리요크대 교수진의 학장으로 자리를 옮기면서 밀리는 공학 분야 최초의 여성 종신 교수가 될 준비를 하고 있던 실라 위드널Sheila Widnall을 새로운 파트너로 맞게 되었다. 936명의 신입생 중 여학생은 23명에 불과했던 1956년에 워싱턴주 타코마에서 MIT로 온 실라는 자동차, 비행기, 헬리콥터 등 고속 이동 수

단의 난류 전문가가 되었다. 실라는 자신의 자신감[202]이 청소년 보호 관찰관인 어머니와 황소를 타는 아버지에게서 비롯되었다고 말했다. 그녀와 밀리는 '공학이란 무엇인가?'라는 강의를 개설해 많은 남자들이 아버지에게서 혹은 남자들만을 대상으로 한 기술 과목에서 배웠던 손기술을 젊은 여성들에게 가르쳤다. 이 강의는 예상보다 많은 여성을 끌어들였고, 소수계 남학생들에게도 인기를 끌었다. 5년 만에 MIT에서 공학을 공부하는 여성의 수는 약 250% 증가했다.

1972년 6월 닉슨 대통령이 '타이틀 9'에 서명했다. MIT는 이미 하급 교수들에게 종신 재직권을 부여하고 연구실에서 오랫동안 강사나 연구원으로 일해 온 여성들을 승진시키는 등 여성 교수들의 수를 늘리기 위해 애쓰고 있었다. 그해 로테 베일린은 슬론 경영대학원에서 강사에서 부교수로 승진해 종신 교수 코스를 밟게 된 최초의 여성이 되었다. 생물학과에 부임한 메리-루 퍼듀는 여성들에게 "지원해 달라"고 촉구하는 내용의 편지를 《사이언스》에 보냈던 보리스 마가사닉 학과장의 환영을 받았다. 그리고 1973년 보리스는 낸시 홉킨스를 암센터에 채용했다.

MIT가 선두를 달리고 있는 것처럼 보였다. 같은 해, 흑인 학생 연합의 설립자 중 1명이자 밀리를 멘토로 꼽았던 셜리 앤 잭슨은 MIT에서 박사 학위를 취득한 최초의 여성이 되었다. 그녀는 미국에서 물리학 박사 학위를 취득한 두 번째 흑인 여성이었다.

밀리는 더 많은 여성 교수를 확보하는 데 최소 15~20년은 걸릴 거라고 예상했다. 그래도 분명 가능한 일이라고 확신했다. 그것이 능력주의가 작동하는 방식이었기 때문이다.

10장
페미니스트에게
가장 좋은 집

_____ 1973년 낸시가 조교수로 부임했을 때 MIT는 첫 여성 졸업생인 엘렌 스왈로우 리처드Ellen Swallow Richards의 졸업 100주년[203]을 1년에 걸쳐 기념하고 있었다. 위즈너 총장은 이 기회에 학교 내 여성 교수진의 역할을 강화하기 위해 리처드의 이름으로 교수직을 부여하는 기금 모금 활동을 시작했다. MIT 박물관에서는 '새로운 여성의 100년'이라는 전시회가 열렸다. 학생들은 이공계 여성에 관한 이틀간의 콘퍼런스를 주최했고, 졸업생들은 심포지엄을 개최했는데, 이 행사에서 워터게이트 사건 보도로 퓰리처상을 받은《워싱턴포스트》의 발행인이자《포천》선정 500대 기업 최초의 여성 CEO인 캐서린 그레이엄이 만찬 연설을 했다.

엘렌 스왈로우 리처드가 다시 방문한다면, 그녀는 보스턴 공대로 알고 있던 자신의 모교를 찾을 수 없었을 것이다. 20세기 초 찰스강 건너편으로 이전한 뒤 완전한 종합 대학으로 성장한 MIT는 1960년대 후반의 격동에서 벗어나 다시 야망을 펼치고 있었다. 1973년 연례 보고서에서 위즈너는 워터게이트 사건과 미국의 베트남전 개입을 권력의 오만으로 비난했다. 그는 MIT가 기술의 역할을 옹호하고 "어쩌면 보호"[204]해야 하는 동시에 MIT의 연구, 자원, 영향력을 "변화하는 시대적 문제"[205]를 향하게 해야 한다고 썼다. 그해 MIT는 전쟁 관련 연구를 "사회적으로 건설적인 연구"[206]로 대체하라는 반전 시위대의 요구를 수용한다는 뜻으로 드레이퍼 연구소를 완전히 처분했다. 그로부터 4년도 안 되서[207] MIT의 가장 큰 후원자는 국방부가 아닌 에너지부, 국립보건원, 국립과학재단이 되었다. 제2차 세계대전 당시 원자핵 구조 연구로 국가에 이바지했던 MIT는 이제 케임브리지에 저소득층 노인을 위한 주택을 짓고, 암의 기본 메커니즘을 이해하려 하며, 여성과 흑인 학생을 위한 기회를 확대하고 있었다.

"지금은 인간의[208] 가치와 같은 근본적 질문에 대한 이해와 관심을 바탕으로 좀 더 열심히 노력하고, 좀 더 관심을 기울이고, 우리의 지적·업무적 발전과 학생들의 발전을 도모해야 할 때이다." 위즈너가 썼다. 연방 정부는 지난봄 학교의 소수집단 우대 계획을 승인한 바 있었다. 위즈너는 "진정으로 인간적인 환경"에 대한 비전을 제시했다. 그 환경이란 모든 학생과 교수진, 교직원들이 개인으로서 발전할 수 있고, 단지 일자리를 채우는 사람이나 '여성 문제' 혹은 '흑인 문제'의 '대표'가 아닌 개인으로서 이들을 진지하게 받아들이는 교육기관의 활동에 완전히 참여할 수 있는 환경이었다.

그는 소수집단 우대 프로그램은 단기적으로 필요한 조치라고 썼다. "이러한 조치는 수년, 수십 년, 어쩌면 수 세기에 걸쳐 편견과 차별을 묵인해 온 관행, 그리고 소수자들이 그런 대우를 받길 원하며 또한 그런 대우를 받는 것이 마땅하다는 고정관념과 잘못된 신념을 바탕으로 사람들을 대한 데서 비롯되었다." 그는 이러한 태도가 "교수진 투표나 지침 수립으로는 사라지지 않을 것"이라고 경고했다. 하지만 그는 MIT가 이 문제와 맞붙을 준비가 되어 있다고 믿었다. 그는 "여성과 일"에 대해 조언해 줄 수 있는 고문을 채용하고 소수자 교육실을 만들었다. 그리고 미국 최고의 공과대학은 혁신하는 방법에 대한 일가견이 있다고 확신했다. 위즈너가 썼다. "과학에서와 마찬가지로[209] 사회적 발전은 수많은 실험의 결과일 수밖에 없다."

MIT의 여학생 수[210]는 7,850명 중 816명으로 여전히 상대적으로 적었지만, 5년 만에 2배로 늘어났다—비율로 보면 여학생은 1960년에 전체 학생 수의 2%에 불과했지만 11%로 증가했다. 100주년 기념 활동의 하나로 동문회는 전국의 SAT 우수 득점자 10,500명의 여학생에게 MIT를 "여성을 위한 곳"으로 소개하는 안내 책자를 보냈다. 이 안내 책자[211]에는 기타를 치는 남자 친구를 지켜보는 여성의 모습이 실렸던 이전의 안내 책자와 달리, 운동 경기를 하고 문제를 해결하는 등 적극적으로 활동하는 젊은 여성들의 모습이 담겨 있었다. 본문 곳곳에 인용된 말은 캠퍼스 내 여성들의 단단한 낙관을 보여 주었다. 한 학생이 말했다. "평등을 찾고 있다면, 여기가 바로 평등을 찾을 수 있는 곳이죠. 아무도 당신을 특별하게 대하지 않습니다. 원하는 것이 있다면, 도전해 보세요."

"적어도 이곳에서는 여성을 멍청한 계집애로 부르지 않아요." 또 다른 학생이 말했다. "학교에 여성이 더 많아지면, 그리고 남성 우월주의자들에게 가볍게 경고를 몇 번 날려 주면 여성에 대한 공격은 사라질 겁니다. 여성 여러분, 교수님이 성차별적인 발언을 하면 말하세요. 그는 자기가 무슨 말을 하는지도 모를 겁니다."

여학생들은 남학생 크루 팀에서 보트를 빌려[212] 여성팀을 만들고, 남자들이 입던 헌 운동복도 입었다. 급기야는 맥코믹 홀에서 샤워를 하기 위해 메모리얼 드라이브의 4차선 도로를 질주해야 하는 것에 지친 나머지, 대담하게 남자 탈의실에 들이닥치기도 했다. 또 다른 학생 단체는 박물관의 100주년 기념 전시회에 등장한 졸업생 중 하나로, 최초의 여성 건축학과 졸업생이자 보스턴의 저명한 여성 참정권론자였던 플로렌스 러스콤Florence Luscomb[213]을 추적해 찾아냈다. 그들은 86세의 그녀가 노스 케임브리지의 한 공동 주택에서 사는 것을 발견하고 정기적으로 저녁 식사에 초대했다.

전부 남성뿐이었던 대학의 학과장들 역시 자신들도 동참하고 있음을 보여 주려 애썼다. 1972년 생물학과의 보고서에 따르면 그해 교수 채용은 "여성 교수의 비율을[214] 늘리기 위한 계획"의 영향을 받았고, 덕분에 생물학과는 메리-루 퍼듀를 발견했다. 서른아홉 살이었던 메리-루는 종신 교수 코스를 밟는 평범한 남성보다 열 살이 더 많았지만, 보고서는 그녀를 "큰 잠재력을 지닌 젊은 여성 발달생물학자"로 치켜세웠다. 이어 그녀가 예일대에서 박사 학위를 받았으며, "세포 표본에서의 DNA 혼성화에 관한 그녀의 연구는 세포생물학에서 중요한 돌파구"라고 언급했다.

낸시가 하급 교수로 부임한 암 연구센터는 MIT에서 새로운 에너지의 중심이었다. 1971년 국가암법에 따라 전국적으로 새로 지정된 암센터에 15억 달러가 배당되었지만, 뉴욕의 메모리얼 슬론 케터링, 휴스턴의 MD 앤더슨, 보스턴의 다나 파버, 뉴욕주 버펄로의 로스웰 파크 등은 지원금 대부분을 병원의 치료 시설 확충에 썼다. MIT는 드물게도 병원에 부속되지 않은 암센터를 설립했다. 환자를 돌봐야 하는 책임에서 벗어난 덕분에 MIT의 암센터는 암세포가 어떻게 동작하는지, 암세포를 정상 세포와 다르게 하는 원인이 무엇인지, 단지 병에 대처하는 것이 아니라 궁극적으로 고치는 데만 집중할 수 있었다. 암센터는 캠퍼스 동쪽 가장자리에 있는 옛 초콜릿 공장을 개조해 그 전부를 사용했다. 1975년 초, 왓슨은 공식 개관식에서 암과의 전쟁을 둘러싼 "요란한 선전"[215]에 대해 경고했지만, 가장 중요한 장애물은 암의 기초과학을 이해하는 것임을 MIT만이 "확실히" 인식하고 있다고 말했다. "암과의 전쟁에서 미국이 지금 할 수 있는 최선은 MIT가 오늘 이곳에 문을 연 것과 같은 우수 암 연구센터를 하나 더 세우는 것입니다."

이 암센터는 콜드 스프링 하버 연구소에서 시작된 파지 교회의 세 설립자 중 1명이자, 바이러스의 유전자 구조를 해독한 공로로 1969년 막스 델브뤽, 알프레드 허시와 함께 노벨상을 받은 살바도르 루리아가 시작하고 설계한 것이었다. '살바'로 알려진 루리아는 제2차 세계대전이 시작되고 무솔리니가 유대인의 대학 진학을 금지했을 때 고국인 이탈리아를 떠났다. 파시즘에서 벗어난 그는 미국인이라면 민주주의에 참여할 권리가 있을 뿐 아니라 책임도 있다는 신념을 품게 되었다. 살바는 아내와 함께 남부기독교지도자회의에 필요한 기금 마련을 위해 렉싱턴의 자택에 마틴 루터 킹 목사를 초대했고, 은행에 흑인 주택 구매자의 대출을 요구하는 지역 단체에 가입했다. 그는 《뉴욕 타임스》에 베트남 전쟁을 맹렬히 비난하는 전면 광고를 게재한 과학자 그룹을 이끌기도 했다. 전쟁에 너무 노골적으로 반대해 1969년에 국립보건원이 그를 블랙리스트에 올릴 정도였다. 같은 해 노벨상을 받았을 때 친구들은 그가 노벨 평화상을 받았다고 생각하고 축하의 편지를 보냈다(사실 그가 받은 상은 노벨 생리의학상이었다).

살바는 이탈리아 억양이 강했고, 교묘한 유머를 구사했으며, 생물학 외에 수년간 문학 강의도 했을 정도로 폭넓은 지식을 갖추고 있었다. 그는 틈만 나면 이탈리아식으로 여자들과 시시덕거렸지만, 그들을 일적으로 돕기도 했다. 가령 1940년대 말 살바는 세 자녀를 키우고 넷째까지 임신해 여력이 없다는 폴리 번팅[216]의 항변에도 불구하고 그녀가 콜드 스프링 하버에서 박테리아 유전학에 관한 논문을 발표하게 했다. 그리고 그 논문 덕분에 번팅은 예일대에서 연구를 다시 시작할 수 있었다. 살바의 아내인 젤라는 열렬한 페미니스트이자 아이들이 어떻게 성 정체성을 구성하는지를 연구하는 터프츠대학의 심리학 교수였다. 1960년대 말 그녀가 살바에게 요리, 청소, 공과금 납부 등 집안일을 일주일씩 번갈아 가며 하자고 제안했을 때, 살바는 처음에는 마지못해, 나중에는 으스대며 퇴근길에 식료품점에 들러 저녁을 사 갔다. 그는 《타임스》에 스웨덴 한림원에서 그에게 노벨상 수상 소식을 알리기 위해 전화했을 때 설거지[217]를 하고 있었다고 말했다.

살바가 암센터의 설립자이자 책임자였다면, 데이비드 볼티모어는 스타였다. 수염을 기르고 진지했던 볼티모어는 외골수 천재로 알려져 있었는데, 살바는 그를 이렇게 표현했다. "똑똑하고,[218] 정력적이고, 오만하고, 무감각하며, 무자비하기까지 하다." MIT에 볼티모어를 채용하고 그를 중심으로 암센터를 세운 만큼 좋은 뜻으로, 아주 좋은 뜻으로 한 말이었다. 1970년 볼티모어의 역전사 효소 발견은 세상을 깜짝 놀라게 했고—《네이처》의 사설은 "중심 원리가 뒤집혔다"라며 이 소식을 크게 다뤘다—, 마침내 바이러스가 어떻게 암을 유발하는지 알 수 있는 가능성을 열어 기초 암 연구 분야에 활기를 불어넣었다. 바이러스 학자들은 특정 환경에서 건강한 세포를 암세포로 바꾸는 유전자, 즉 발암 유전자의 기능을 쉽게 밝히고 이해할 수 있을 것으로 생각했다.

볼티모어의 발견은 낸시가 콜드 스프링 하버에 갔을 때 파지에서 암 바이러스로 연구 주제를 바꾸는 데 영감을 주었다. 낸시는 그가 천재라고 생각했다. 그는 모든 것을 아는 것 같았다. 항상 연구실에 불쑥 나타나 최근에 떠오른 생각이나 잡담을 늘어놓던 짐과 달리, 볼티모어는 조용했고 말하기보다 경청했다. 그러나 그가 말할 때면 사람들은 그에게 귀를 기울였다. 그에게는 새로운 사실들을 요약하여 머릿속에 완벽한 순서로 정리하고, 정보를 불러오고, 어떤 새로운 발견이 왜 중요한지 즉석에서 파악하는 능력이 있었다. 그는 늘 다음 질문이 무엇이어야 하는지를 알고 있었다.

살바처럼 볼티모어 역시 과학자는 그 시대의 정치적 이슈에 대해 목소리를 내야 할 책임이 있다고 믿었다. 역전사 효소의 발견이 가까워지고 있을 무렵에도 그는 미국이 캄보디아를 침공한 날, 그리고 몇 주 뒤 오하이오주 방위군이 켄트 주립대학에서 반전 시위를 벌이던 학생 4명을 사살한 날, 연구실 작업을 중단하라고 지시했다.

암센터가 문을 열었을 때 교수는 암 면역학을 연구하는 교수 둘과 낸시와 볼티모어를 포함해 암 바이러스를 연구하는 교수 넷까지 총

6명[219]에 불과했다. 낸시는 센터의 일원이 된 것에 긍지를 느끼며 들떠 있었고, 자신감도 넘쳤다. 그녀는 학생 시절부터 괄목한 만한 성과를 거두며 확실한 명성을 쌓아 왔다. 짐, 마크, 귀도 귀도티 등 하버드 최고의 분자생물학자들이 낸시의 재능을 알아보고 조언을 해 주었고, 같은 분야에서 가장 존경받는 과학자 중 몇몇이 그녀의 연구에 대해 논하기 위해 전화를 걸어오기도 했다. 볼티모어는 단순 박테리아 바이러스인 파지에 대한 경험 때문에 낸시를 선택했다. 그러한 경험은 분자 유전학의 강력한 기술을 동물에게 적용해 암을 일으키는 바이러스를 연구하는 데 도움이 될 수 있었다. 살바의 연구가 보여 준 것처럼 파지에 관한 기술과 원리는 바이러스학을 이해하는 데 필수적이었지만, 볼티모어는 자신에게 그러한 지식이 부족하다는 것을 알았다. 새로 건립된 센터를 촬영하기 위해 방문한 MIT 사진사가 낸시를 바라보며 양옆에 서 있는 살바와 볼티모어의 초기 사진을 통해 그 순간의 신선한 흥분을 포착했다. 주위의 실험실 선반은 아직 비어 있었다. 치마와 블라우스를 입고 목에 실크 스카프를 두른 뒤 어깨에 가볍게 재킷을 걸친 낸시는 실험실의 메리 타일러 무어(미국의 유명 영화배우—옮긴이) 같았다.

암센터는 생물학과에 속해 있었지만, 대개는 독립된 기관으로 운영되었다. 살바와 볼티모어는 다른 대학에서는 거의 찾아볼 수 없는 최신 장비와 조직 배양 시설을 확보했다. 모두가 임무의 긴박함을 느꼈다. 바이러스학 연구실은 건물 5층에 있었는데, MIT 주변에서 그곳의 불[220]은 절대 꺼지지 않는다는 전설이 생겨날 정도였다. 낸시는 다른 모든 사람처럼 일주일 내내 하루에 15시간을 일했지만, 자신은 특히 낭비한 시간을 만회해야 한다고 느꼈다. 그녀는 콜드 스프링 하버에서 DNA 종양 바이러스를 연구했었고, 이제 다시 연구 분야를 바꿔 RNA 바이러스를 연구했기 때문에 새로운 분야에서 인정받기 위해서는 업적을 쌓아야 했다. 생물학과는 3년 후 하급 교수를 평가해 종신 교수 코스를 계속 밟을 수 있을지를 결정한다고 했고, 그 후에도 종신 교수가 되기 위해서는 3년을 더 연구해야 했다. 낸시에게는 아직 이룰 것이 많았다.

브룩과의 관계는 끝났지만, 낸시의 개인적인 삶 역시 그녀의 시간을 빼앗았다. MIT에 도착한 지 3개월이 지났을 때 어머니의 건강이 안 좋아졌다. 버지는 주중에는 미술 과목을 가르치러 뉴욕시 공립학교에 출근했고, 주말에는 새로운 박물관이나 근교로 떠났다. 때로는 낸시를 만나러 케임브리지를 방문하는 등 언제나 활력이 넘쳤다. 하지만 이제 예순세 살이 된 그녀는 너무 힘들어서 걷기조차 힘들다고 푸념했다. 낸시는 이혼으로 인해 지난 몇 달간 슬픔에 잠겨 있었기 때문에 엄마가 아픈 것이 자신 때문이 아닐까 걱정했다. 말 그대로 엄마를 아프게 했다는 생각이 들었다. 뉴욕을 방문한 낸시는 버지에게 걸어보라 했는데, 버지가 얼마나 뒤처지는지, 발목이 얼마나 부어오르는지를 보고 깜짝 놀랐다. 의사는 대장암 진단을 내렸지만, 때는 이미 너무 늦었다. 의사들은 암이 너무 퍼져서 수술하기 어렵다고 했다. 1974년의 첫 두 달 동안 낸시는 케임브리지와 뉴욕을 오가며 앤의 아파트에서 어머니의 곁을 지켰고, 연구 보조금을 신청하며 새 연구실을 꾸몄다. 또 변호사를 만나 이혼에 대한 세부 사항을 협의했다.

낸시와 브룩은 2월 12일에 이혼 합의서에 서명했다. 2주 후 낸시가 뉴욕으로 돌아왔을 때 그녀와 앤이 고용한 간호사가 어머니의 죽음이 임박했다는 소식을 전했다. 낸시는 영화에서처럼 아름답고 우아한 죽음을 상상했다. 어머니가 나이를 잊은 모습으로 조용히 숨을 내쉬며 마지막 숨을 거둘 것만 같았다. 하지만 낸시는 버지가 고통으로 몸부림치며 숨을 헐떡이는 모습을 힘들게 지켜봐야 했다.

버지는 1974년 3월 3일에 사망했다. 다음 날 아침 낸시는 보스턴으로 돌아가는 기차를 타고 사우스역에서 지하철을 탔다. 몇 정거장이 지났을 때 우연히도 브룩이 같은 칸에 탑승했다.

"엄마가 어제 돌아가셨어." 낸시가 그에게 말했다.

"이런, 유감이야." 그가 말했다. "다른 일은 괜찮아?"

13년을 함께한 그들의 관계는 불과 몇 달 만에 대중교통에서 가벼운 인사를 나누는 정도가 되었다. 그리고 얼마 후 앤마저 새 직장을 얻은 남편을 따라 싱가포르로 떠났다. 어느 순간 낸시는 혼자가 되었다. 그녀와 가장 가까웠던 사람들은 세상을 떠나거나 손이 닿지 않는 곳에 있었다. 살바는 그녀를 편안하게 해 주고 보호하려 노력했다. 어머니가 돌아가시기 전 그는 어머니를 돌보고 이혼에서 회복하도록 그녀에게 1년간의 휴가를 주었다. 또 낸시와 브룩이 위자료를 놓고 실랑이를 벌일 때—낸시는 브룩에게 아이들을 돌볼 사람을 고용하는 데 필요한 비용을 충당할 만큼의 신탁 자금이 있다는 사실을 알게 되었다—는 낸시의 변호사가 너무 신사적이라고 주장하며 그녀가 변호사를 더 공격적인 자신의 변호사로 교체하도록 했다. 살바는 자신의 재정 고문도 소개해 주었다. 고문은 낸시와 점심 식사를 함께하며 많은 독신 여성이 가진 돈을 모두 잃는다고 말했다. 그는 부모님에게서 물려받은 얼마간의 돈을 재무부 채권에 투자하라고 조언한 다음, 은행 수수료를 절약하기 위해 그녀를 보스턴 시내에 있는 연방 건물로 데려가 직접 채권을 사게 했다.

살바는 젊은이들에게 너그러웠고, 자신이 영입한 새 교수들과 그들의 연구에 열광했으며, 그들이 대성하고 종신 재직권을 얻을 수 있도록 돕고 싶어 했다. 그는 주기적으로 하급 교수들의 사무실에 나타나 "연구비 지원서를 하나 더 써!" 혹은 "논문은 쓰고 있어?"라고 말하곤 했다. 암센터에서 일할 또 다른 젊은 인재를 찾고 있던 그는 어느 날 낸시에게 추천할 만한 사람이 있느냐고 물었다. 낸시는 곧바로 콜드 스프링 하버의 과학자이자 그녀가 과학 이야기를 할 때 가장 좋아하는 사람 중 하나인 필 샤프Phil Sharp를 추천했다. 그날 오후 늦게 낸시는 복도에서 살바를 마주쳤다. 그의 눈이 빛나고 있었다. "필 샤프[221]에게 전화하러 가는 중이야." 그가 말했다. "그가 오면 좋겠어?" 이제 그녀와 필은 공유 공간의 양쪽 끝에 사무실을 두고, 그 사이에 각자의 연구비에서 함께 급여를 지급하는 비서를 두게 되었다. 길 건너편의 생물학과에서는 낸시의 다른 두 절친한 친구로 가끔 함께 테니스를 치는 데이비드 봇스타인과 이라 허스코비츠Ira Herskowitz가 일했다.

그러나 그 모든 좋은 계획과 일찍부터 쌓아 온 낸시의 명성에도 불구하고, 그녀는 여전히 암센터 교수진 중 유일한 여성이었다. 1975년 볼티모어가 예상대로 노벨상을 받았을 때 생물학과 교수진에는 여성보다 노벨상 수상자가 더 많았고, 그 후 몇 년 동안 교수진의 규모가 더 커졌는데도 이러한 현상은 계속되었다. 아무도—살바도, 낸시 자신도—그녀의 입장이 얼마나 곤란해질지 예상하지 못했다.

낸시는 짐의 직접적인 영향권에서 벗어나면 자신의 입지가 어느 정도 약해질 수 있다는 사실을 알고 있었다. 그래도 그녀는 하버드와 국립보건원의 연구실장들, 자신을 동료처럼 대하는 다른 대학의 고위급 과학자들이 그랬듯 MIT 사람들이 자신의 경험을 인정하고 존중해줄 것으로 생각했다. 하지만 5층 연구실의 박사 후 연구원들은 파지에 관한 그녀의 업적을 전혀 몰랐고, 모두 바이러스학을 연구하고 있었다. 그들보다 약간 더 나이가 많았던 낸시는 그들과 비슷한 나이로 보였다. 암센터의 다른 여성들은 대부분 기술자였는데, 그들이 낸시에게 말하는 것을 보면 그들이 낸시를 기술자로 생각한다는 것을 알 수 있었다. 배달원들은 낸시를 비서로 생각하고 소포에 서명을 요구했다. 낸시와 필의 공동 비서는 필의 일을 먼저 처리하고 시간이 남으면 낸시의 일을 처리했다. 그래서 낸시는 비서가 밤에 퇴근할 때까지 기다렸다가 직접 서류와 연구비 지원서를 타이핑해야 했다.

공간 배치는 문제를 더욱 악화시켰다. 기존의 연구실은 공간이 독립적으로 되어 있었고 각각의 교수가 연구실의 책임연구자로 지정되었다. 일련의 방들에 박사 후 연구원 및 대학원생을 위한 장비와 작업대가 놓였고, 교수를 위한 사무실이 있었다. 반면 암센터 5층은 연구공간이 서로 인접해 있는 개방형 구조였다. 각 교수의 공간 사이에 문 대신 넓은 아치형 구조물이 있었고, 중앙에는 모두가 작업대와 장비를 공유하는 넓은 공간이 있었다. 사무실은 주변에 있었는데, 한쪽 옆면에는 낸시와 필이, 다른 한쪽 옆면에는 볼티모어, 그리고 낸시와 같은 해에 하급 교수로 부임한 밥 와인버그Bob Weinberg가 있었다.

볼티모어는 살바가 그를 MIT 교수로 채용하기 전에 일했던 캘리포니아의 소크 연구소에서 공용 공간에 대한 아이디어를 얻었다. 살바는 처음에는 반대했지만, 볼티모어의 비전을 받아들였다. 볼티모어는 개방된 공간이 함께 장비를 사용하는 동료들 간에 창의성과 협업을 끌어내고 집단적 노력을 가능하게 함으로써 연구를 더 빨리 진척시킬 수 있다고 생각했다. 주중의 하이라이트는 모든 연구실의 교수진, 대학원생, 박사 후 연구원이 함께 회의실에 모여 도시락을 먹으면서 차례대로 각자의 연구에 대해 발표하는 정기 모임[222]이었는데, 학생들은 이를 통해 이 분야 최고의 과학자들로부터 도움을 받을 기회를 얻을 수 있었다.

낸시는 이것이 과학의 이상적인 작동 방식임을 알았다. 하지만 이러한 환경은 동료 간의 협력 관계를 만들어 낼 것이라는 희망과 달리 치열한 경쟁을 낳기도 했다. 벽이 없으니 경계랄 것이 없었고, 경계랄 것이 없으니 낸시는 학생들과 박사 후 연구원들이 자신을 존중하지 않는다고 느꼈다. 학생들은 그녀가 배양한 세포로 가득한 배양기를 건드렸고, 말도 없이 시약을 가져갔다. 낸시는 자신의 연구비로 산 현미경을 사용하기 위해 기다리기까지 해야 했다. 연구실 책임자들은 각자의 노선대로 연구를 진행했는데, 다른 연구실의 박사 후 연구원이 낸시가 정기 모임에서 발표한 결과를 이용해 낸시의 노선을 따라 자신의 실험을 설계한 일도 있었다. 낸시는 늘 과학에 관해 이야기하는 것을 좋아했고, 머릿속에는 새로운 실험에 대한 아이디어가 가득했다. 하지만 이제 그녀는 일을 시작하고 처음으로 누군가 자신의 좋은 아이디어를 훔쳐갈 수도 있다는 두려움에 입을 다물어야겠다고 결심했다.

볼티모어의 막강한 영향력과 그와 함께 일하고 싶어 하는 학생들의 야심을 고려하면 경쟁은 거의 피할 수 없는 것이었다. 모두가 압박감을 느꼈다. 박사 후 연구원들은 독자적인 논문을 발표하여 자신만의 연구실을 가진 책임자로 일할 수 있도록 화려한 연구 결과와 볼티모어의 관심을 원했다. 낸시와 다른 하급 교수진은 종신 재직권과 관련된 문제에 시달렸다. 즉 연구 보조금을 타내고, 실험을 도울 대학원생과 박사 후 연구원들을 확보해야 했다. 또 학술지 편집자들의 관심을 끌 만한 동시에 종신 재직권 추천서를 써 줄 해당 분야의 리더들이 중요한 진전으로 인정할 만한 발견을 해야 했다. 그룹 과제로 종신 재직권을 받은 사람은 아무도 없었다. 전체적인 부여 방식은 개인의 공로에 기초했다. 그러나 개방된 공간은 누구에게나 모든 것이 가능하다는 인상을 심어 주었다.

낸시는 그녀의 대학원생들에게 다른 사람들이 세포를 구하러 왔을 때 거절하라고 시키거나 "저한테 물어 보라고 하세요"라고 말해 버린다면, 상황이 더 악화될 것이라 생각했다. 심술궂거나 까다로운 여자로 알려지고 싶진 않았다. 낸시는 볼티모어가 암센터의 상황을 제대로 파악하고 있긴 한 건지 확신이 안 섰다. 그가 특히 노벨상을 탄 이후 자주 출장을 다녔고 국가 과학 정책에서 점점 더 많은 역할을 맡고 있었기 때문이다.

낸시는 데이비드 봇스타인에게 조언을 구했다. 그는 그녀에게 사람들이 자신의 아이디어도 훔쳐 간다고 말했다. 낸시가 이 이야기를 짐에게 했더니 짐은 이를 인정하며 웃었다. "굶주려서 그래." 그가 말했다. "굶주린 박사 후 연구원들을 조심해." 마지막으로 낸시는 살바를 찾아갔다. 그는 그녀의 말을 주의 깊게 들은 후, 그렇다면 이제 정기 모임에 나가지 말고 아무에게도 그녀의 연구 결과에 관해 이야기하지 말라고 말했다. 낸시는 이것이 자신을 고립시킬 것임을 알았지만, 그것이 유일한 해결책이라는 데 동의했다. 5층의 다른 사람들이 회의실에 모였을 때, 낸시는 자리에 남아 자신만 참석하지 않은 것을 모른 척했다. 그녀는 MIT 외부의 동료들과 자신이 하는 일에 관해 더 많이 이야기하기 시작했다.

낸시는 종신 재직권을 놓치지 않으려고 애썼다. "지금으로서는 생존[223]이 제가 가장 열망하는 것이에요." 그녀가 짐에게 썼다. "제 생각에 그건 꽤 잘 되어 가는 것 같습니다."

교수진의 많은 남성이 여전히 낸시의 친구들이었다. 그녀는 콜드 스프링 하버에서 그랬듯이 그들과 이야기를 나눌 수 있었고, 그들은 그녀를 집으로 초대해 저녁 식사를 대접했다. 하지만 일이 순조롭게 진행될 때에도 낸시는 5층의 다른 사람들에게서 싸늘함을 느끼기 시작했다. 봇스타인에 따르면, 볼티모어는 그녀에게 화가 나 있었다. 1976년 초 생물학과장인 보리스 마가사닉이 암센터에 있는 그녀의 사무실로 찾아왔다. 낸시는 보리스를 좋아했고 그가 매력적이고 훌륭한 이야기꾼이라고 생각했다. 그런 그가 미간을 찌푸리며 직설적으로 말했다. "당신은 종신 교수 후보에 오르지 못할 겁니다. 데이비드 볼티모어가 당신을 맘에 들어 하지 않아요." 종신 교수 코스는 6년에 걸쳐 진행되었는데, 중간에 해당 학과에서는 조교수들이 종신 재직권을 획득할 만한 연구를 했는지 결정하기 위해 해당 분야의 저명한 학자들에게 추천서를 요청했다. 보리스는 그녀를 검토하긴 하겠지만, 추천서는 중요하지 않을 것이라고 말했다. 그는 추천서가 아무리 좋아도 생물학과

229

는 그녀를 승격 후보에 올리지 않을 것이라고 말했다. "동료 간의 협력이 부족한 사람은 받아들일 수가 없어요." 동료 간의 협력 부족. 그가 똑똑히 말했다.

보리스가 떠나자마자 낸시는 전화기를 집어 짐에게 전화를 걸었다. 짐은 이제 전 시간 동안 콜드 스프링 하버를 운영하고 있었다. "저 방금 해고된 것 같아요." 낸시가 말했다. 그녀는 다른 일할 곳을 찾아야 했다. 짐은 그녀가 어디에 지원해야 한다고 생각할까?

짐이 끼어들었다. "연구는 어떻게 돼 가고 있어?"

낸시는 일은 잘되고 있다고 말했다. 그녀는 최초로 쥐 레트로바이러스를 재조합해 서로 다른 2개의 바이러스에서 취한 특성으로 새로운 바이러스를 만들 수 있다는 것을 보여 주었다. 그녀는 쥐에게 특정 백혈병을 일으키는 바이러스의 유전자를 확인했다.

짐은 그렇다면 걱정할 필요가 없다고 말했다. 생물학과에서 추천서를 요청할 것이고, 추천서들이 그녀의 연구가 매우 뛰어나다는 것을 증명해 줄 것이기 때문이었다. "사람들한테 신경 쓰지 마, 낸시. 그냥 계속 할 일을 해. 평가 시기가 오고 추천서가 충분히 좋은 데도 MIT가 널 거절하면 내가 직접 600만 달러짜리 소송을 걸 테니까. 그들에게 그렇게만 전해."

낸시는 아무 말도 전하지 않고 대신 자신을 탓했다. 5층에서 적극적으로 경쟁에 참여하지 않은 것에 대해, 걱정을 봇스타인과 짐에게 털어놓은 것에 대해. 그들의 수다가 볼티모어에게 들어갈 것을 알았어야 했다. 낸시는 볼티모어가 자신에게 화를 낼 만하다고 생각했다. 그녀는 MIT의 제안을 수락했다가 거절하고는 다시 전화를 걸어 아직 자리가 있는지 물었다. 어머니의 죽음과 이혼에서 회복할 시간도 얻었다. 그런 그녀가 이제는 바이러스 연구를 위해 협력을 중시하는 볼티모어의 비전을 복잡하게 만들고 있었다. 그에게서 달리 어떤 반응을 기대할 수 있을까?

낸시는 다시 일터로 돌아왔고 그것으로 충분하다고 믿었다.

             밀리 드레슬하우스는 카네기 재단에서 캠퍼스 내 여성들을 지속적으로 돕기 위한 보조금을 받아 그 돈의 일부로 교수진에 새로 부임한 여성들과 월례 오찬[224]을 시작했다. 그들은 더 나은 탈의실 제공 등 여학생들을 도울 방법에 관해 이야기했다. 밀리와 실라 위드널은 새로 온 여성들이 학과장에게서 조언을 거의 얻지 못한다는 말을 듣고, 하급 교수들에게 종신 재직권을 얻는 방법에 대해 조언했다. 실라가 지원자 역할을, 밀리가 학과장 역할을 맡아 성공적인 보조금 지원서 작성 전략을 가르쳤다. 또 그들은 종신 재직권을 위해 발표해야 하는 논문의 수를 정량화하고, 추천서의 중요성에 관해 설명했다.

오찬에 참석한 여성들은 좀처럼 불만을 토로하지 않았다. 전국의 페미니스트들은 1972년 의회가 비준을 위해 각 주에 배포한 성평등 헌법 수정안을 지지하는 집회를 열고 있었고, 도시에서는 여성단체연합이 하버드 소유의 건물을 열흘 동안 점거해 '여성 해방 센터'라는 이름을 붙인 뒤 도시에 적정 가격의 주택과 보육 프로그램을 개발할 것을 요구했다. 하지만 오찬에 참석한 여성들은 그렇게 급진적이지 않았다. 그들은 MIT가 기회를 준 것에 고마워했고, 한 여성의 말대로 마침내 MIT의 일부가 되었다고 느꼈으며, 여성에게 더 나은 곳을 만드는 일을 돕고 싶어 했다. 실라는 언젠가 위즈너 총장이 오찬에 함께 참석했을 때 이렇게 말했다. "저희 같은 사람을[225] 두다니 운이 좋으신 거예요."

낸시는 예의상 오찬에 한 번 참석했지만, 어서 자리를 뜨고 싶었고 다시는 참석하지 않았다. 그녀는 밀리가 젊은 여성들을 돕고 싶어 한다는 것은 이해했으나, 그것은 자신이 필요한 도움이 아니라고 생각했다. 낸시는 자신의 문제를 5층과 경쟁에 국한된 것으로 생각했고, 종신 재직권을 얻는 데도 도움이 필요하지 않다고 여겼다. 그녀는 열심히 노력하면 종신 교수가 될 수 있다고 확신했다—능력주의에 대한 기본적인 믿음 면에서는 밀리와 결을 같이했다. 짐은 낸시에게 중요한 것은 과학이므로 교내 정치가 아니라 실험과 결과의 질에 신경 쓰라고 말했다.

낸시를 오찬에 초대한 사람은 메리-루였다. 메리-루는 생물학과 이외의 다른 여성들과 대화할 기회를 기꺼이 받아들였다. 오찬에 참석하는 사람들은 보통 12명이 안 되었지만, 메리-루는 그들이 얼마나 적극적으로 문제를 파악하고 해결책을 찾으려 노력하는지에 감탄했다. 그녀는 타이틀 9의 새로운 힘을 이용해 학생들이 캠퍼스에서 더 많은 여성 단체나 공간을 확보할 수 있도록 도왔다. 주변에서 그처럼 흥미로운 일을 하는 여성들을 많이 접하지 못했던 메리-루는 그들의 이야기를 듣기를 좋아했다. 예를 들어 주디스 웩슬러는 미술사를 연구했고, 심리학자인 몰리 포터Molly Potter는 인간의 뇌가 정보를 얼마나 빨리 처리하는지 이해하기 위한 빠른 '계열적 시각 제시 연구'를 개척했으며, 철학자인 주디스 자비스 톰슨은 트롤리 문제로 알려진 사고 실험을 개발하고 낙태에 관한 저술을 통해 1973년 대법원의 로 대 웨이드 판결 Roe v. Wade(여성의 낙태권을 헌법상의 권리로 보장했다—옮긴이)이 있기도 전, 태아의 권리에서 임산부의 권리로 철학적 논쟁을 전환했다.

생물학과는 거의 매일 모두가 간이 식당에서 함께 점심을 먹을 만큼 규모가 작았다. 메리-루는 그곳 동료들 사이에서 친구를 사귀어 주말에 뉴햄프셔주의 화이트산맥에 함께 하이킹을 가자고 제안하기도 했다.

대다수의 생물학 교수진은 단일 세포보다 작은 박테리아나 바이러스를 연구하고 있었다. 메리-루는 인간 발달을 이해하기 위한 다음 단계인 진핵생물—다세포 생물—을 연구하는 몇 안 되는 사람 중 하나였다. 대학원생들은 일반적으로 종신 교수가 운영하는 연구실과 규모가 큰 연구실에 끌렸지만, 새로운 분야를 개척하고 있던 메리-루와 함께 일하고 싶어 했다.

하지만 낸시처럼 메리-루도 새로운 갈등, 주로 공적과 관련된 갈등을 겪고 있었다.

메리-루는 조 갤과 함께 발견한 기술인 제자리 혼성화를 이용해 발달 중인 유기체의 유전자 발현을 관찰할 생각으로 MIT에 왔다. 그녀는 유달리 많은 양의 DNA가 있는 유충의 침샘 염색체를 사용했는데, 이 염색체들은 특정 자극을 받으면 '퍼프puff'라고 하는 유전자 전사가 많이 일어나는 부위를 발달시켰다. 메리-루는 그녀의 첫 대학원생과 함께 열충격과 다른 자극을 이용해 퍼프에서 유전자 전사 과정을 관찰하기 시작했다. 그러던 중 또 다른 학생인 앨런 스프래들링Allan

Spradling이 실험에 합류하고 싶다는 요청을 해 왔다. 그는 종신 교수인 셸던 펜먼Sheldon Penman의 연구실에 속해 있었지만, DNA의 수명 주기를 측정하는 일에 점점 지루함을 느끼고 있었다. 셸던은 앨런이 메리-루의 프로젝트에 합류하는 데 기꺼이 동의했다. 곧 앨런과 메리-루는 열충격이 전사 패턴을 극적으로 변화시켜 많은 유전자의 활동을 중단하면서도 새로운 단백질을 생성한다는 흥미로운 결과를 도출해 냈다.

그러자 셸던은 태도를 바꿔 앨런에게 그 프로젝트가 신통치 않고 시간 낭비라고 말하며 메리-루와 일하는 것을 그만두라고 말리기 시작했다. 앨런은 이 사실을 메리-루에게 말했다. 그들은 그가 메리-루와 함께 일하되 평화를 유지하기 위해 셸던의 연구실에서 진행되는 프로젝트에도 계속 참여하는 데 합의했다—그들은 앨런이 메리-루의 숨겨둔 대학원생이라고 농담했다. 첫 연구 결과를 발표할 준비를 하면서 그녀는 공을 어떻게 나눌지에 관해 다른 교수에게 조언을 구했다. 일반적으로 논문에는 연구를 수행한 사람이 제1 저자로 올라가고 연구실 책임자는 마지막 저자로 올라갔는데, 이는 연공서열과 누구의 연구실에서 연구를 후원했는지를 나타냈다. 교수는 한 연구에 연구실 책임자가 2명이 있는 경우 두 사람이 돌아가며 마지막 저자가 되어야 한다고 조언했다. 이것은 메리-루의 첫 번째 프로젝트였고 그녀는 종신 재직권 획득에 도움이 될 업적이 필요했기 때문에, 그들은 이번에는 메리-루를 마지막 저자로 표기하기로 했다. 그녀는 다음 논문이 나오면 셸던에게 공을 돌릴 생각이었다.

며칠 후 메리-루는 문밖에서 셸던을 보고 깜짝 놀랐다. "앨런이 당신과 함께하는 그 작은 프로젝트 말입니다." 그가 말문을 열었다. "우리 둘 다 그 프로젝트에서 한 게 없으니, 저는 우리 이름이 거기 올라가선 안 된다고 생각해요." 메리-루는 셸던에게 프로젝트에서 한 게 없다고 생각한다면 당신의 이름을 빼도 좋다고 신중하게 단어를 골라 말했다. "하지만 저는 많은 일을 했어요." 그녀가 솔직히 말했다. "전 그 논문에 제 이름을 올리고 싶습니다."

그녀는 짜증이 나서 자리를 떠났지만, 누구에게도 그런 이야기를 할 필요는 없다고 생각했다. 이윽고 앨런이 원고를 써서 셸던에게 그의 비서가 타이핑해 줄 수 있는지 물었고, 셸던은 허락했다. 며칠 후 앨런은 타이핑한 원고를 손에 들고 복도를 따라 메리-루의 사무실로 내려와 저자 명단을 가리켰다. 셸던의 이름이 논문에 포함되어 있었을 뿐만 아니라, 마지막 저자로 올라가 있었다.

메리-루는 셸던과 정면으로 부딪쳤다. 그녀는 셸던에게 자신의 이름이 협의했던 대로 들어가기 전까지는 논문 발표를 허락하지 않겠다고 말했다. 다행히 셸던이 포기했다. 《셀》에서 논문을 원했고, 하버드의 연구실에서 비슷한 연구를 《국립과학아카데미 회보》에 발표할 예정이라는 사실을 알고 있었기 때문에 논쟁할 시간이 별로 없었다. 저자 명단에서 하급 교수보다 아래에 이름이 오르는 것도 굴욕적인 일이겠지만, 하버드에 밀리는 것은 더 나빴다.

이런 작은 갈등들이 계속되었다. 메리-루의 연구실에 새로 들어온 버클리 출신의 한 박사 후 연구원은 그녀가 메리-루 밑으로 들어가는 것을 셸던이 말렸었다고 알려 주었다. 그 박사 후 연구원은 권위 있는 펠로우십에 선정되었는데, 셸던은 그녀에게 검증되지 않은 하급 교수의 연구실에서는 그러한 펠로우십을 활용하기 어려울 거라고 했다. 앨런은 박사 과정을 마치고 메리-루에게 자신을 박사 후 연구원으로 후원해 달라고 요청했다. 그녀는 앨런을 위해 보조금을 모금했지만, 셸던은 앨런을 자신의 박사 후 연구원으로 둘 것이며 돈도 자기가 댈 것이라고 고집했다.

앨런은 어머니가 생물학자였기 때문에 여성이 과학계에서 어떤 대우를 받는지에 민감했고 이 모든 것이 성차별이라고 생각했다. 메리-루는 성차별에 대한 확신은 없었지만 어쨌든 소란을 피울 시간은 없었기 때문에 실질적인 해결책을 찾아야 했다. 앨런의 어머니는 누가 실험에서 무슨 일을 했는지 계속 기록하여 자기 앞으로 편지를 부쳐 두면 나중에 종신 재직권 평가 때 공을 입증하는 문제가 생겨도 소인이 찍힌 증거를 내보일 수 있다고 조언했다. 메리-루는 앨런의 박사 후 연구원 후원을 위해 모금했던 돈을 새 현미경 사진기를 사는 데 썼다. 그들은 이 현미경 사진기에 '셸던 펜맨 메모리얼 펠로우십Sheldon Penman Memorial Fellowship'이라는 별명을 붙였다.

            과학계에서 새로운 기회를 얻은 여성 대부분은 남성들과 동화되고 싶어 했다. 누가 그들을 비난할 수 있겠는가? 최초의 여성—소수 중 1명, 예외적 존재—이 되어 주목받는 것은 의심을 불러일으킬 수 있었다. 대학들은 교수진을 더욱 다양하게 구성하기 위한 계획을 충실히 제출했지만, 소수집단 우대 정책에 반대하는 사람들은 처음부터 이 계획을 방해했고, 심지어 지지자 중에도 돕지 않는 사람들이 있었다. 1974년 6월 28일, 《뉴욕 타임스》1면[226]에 "연방 정부가 대학에 여성과 흑인을 더 많이 채용하도록 강요하는 프로그램이 기준을 낮추고 교수진의 질을 떨어뜨리고 있다"라고 주장하는 글이 실렸다. 워터게이트, 닉슨의 모스크바 방문, 현재 진행형의 에너지 위기에 대한 소식과 함께 실린 이 기사는 다음과 같이 이어졌다. "게다가 새로 임명된 소수계와 여성들은 동등한 수준의 백인 남성 교수진보다 어쩌면 더 많은 임금을 받을지 모르며, 일부는 종신이든 아니든 맡은 직책에 적합한 자격을 갖추지 않았다는 비난을 받고 있다."

기사는 카네기고등교육위원회에서 새로 발표한 보고서를 바탕으로 했다. 보고서의 저자인 리처드 레스터는 지명도가 상당한 인물이었다. 그는 케네디의 여성지위위원회 부위원장을 지냈으며 프린스턴대의 경제학 교수이자 전 학장이었다. 그는 교수진을 다양화하려는 노력을 지지했다. 그는 자신의 불만은 그 과정에 있다고 말했다. "제한된 자리를 놓고 벌이는 소수계 학자들"의 경쟁은 때로 이들이 "동등하거나 더 나은 자격을 갖춘 백인보다 훨씬 더 높은 급여를 받게 했다."

레스터는 채용 데이터가 아닌 그가 20개 주요 대학의 관리자들과 익명으로 진행한 회의를 바탕으로 이 같은 결론을 내렸다(당시 약 1,500개의 대학이 연방 정부에 소수집단 우대 계획을 제출해야 했다). 《뉴욕 타임스》는 기사 하단에서 "여성과 소수계가 백인 남성만큼 잠재적으로 우수한 교육자가 될 준비가 되어 있지 않다는 주장은 입증될 수 없다"라고 지적했다. 레스터 자신도 소수집단 우대 정책을 철폐하는 것은 "시기상조"임을 경고했다. 하지만 그 영향은 일파만파로 퍼져나가 다른 매체에서도 관련 기사들이 쏟아졌다. 《타임》은 "소수집단 우대 정책의 부정적 측면"이라는 머리기사 아래 "워싱턴 관료들"—주로 비판적 의미에서 사용되는 용어—이 아직 소수집단 우대 계획을 제출하지 않은 것에 대한 페널티로 20개 주요 대학에 2,800만 달러 상당의 연방 연구지원금 지급을 일시적으로 보류한 사실을 보도했다.

《타임》은 공적으로는[227] "대학 관리자와 교수진이 의식적으로 소수 집단 우대 정책을 지지한다"고 밝혔다. 하지만 사적으로 이들은 "오랜 전통을 가진 학문적 독립성과 우수성을 훼손하고도 소수집단에 제한된 결과만을 안겨 준 '고통스러운 경험'이었다"라고 불평했다. 레스터는 채용 목표, 즉 이른바 "할당량"을 정하는 것은 "타자원, 벽돌공, 또는 펀칭기 조작원"을 찾을 때는 타당할지 몰라도 "중세 역사가를 뽑을" 때는 타당하지 않다고 말했다.

하지만 레스터는 이미 일어난 변화는 전혀 설명하지 않은 채 앞으로 일어날지도 모르는 일을 예상했다. 소수집단 우대 정책은 대다수 대학에서 시행된 지 1년도 채 지나지 않았고, 이는 새로운 교수진을 채용하기에 충분한 시간이 아니었다. 《타임》이 마지막 문단에서 언급했듯이 설문 조사에 따르면 흑인과 여성 교수의 비율은 1968년 이후 거의 변함이 없었다. 흑인 교수는 전체 교수진의 3%도 안 되었고, 여성도 20%에 불과했다.

레스터의 해결책은 새로운 것이 아니었다. 그는 《타임》에 보도된 것처럼 "더 많은 여성과 소수자들을 교수직에 밀어 넣는" 대신, 박사과정을 밟는 흑인과 여성의 수를 늘리고 그들이 위로 올라갈 수 있도록 하자고 주장했다. 하지만 이러한 접근도 이미 맹비난을 받고 있었다. 《뉴욕 타임스》에 기사가 나기 일주일 전, 앨런 바케라는 35세의 백인 남성이 자신은 역차별의 피해자라고 주장하며 캘리포니아대학을 고소했다. "자격을 갖춘" 소수계 지원자를 위해 일정 비율의 정원을 배정하는 캘리포니아대학의 관행 때문에 자신이 의대에서 두 번이나 거절당했다는 것이었다. 4년 후 이 사건을 심의한 미국 대법원은 인종 할당제 시행에 반대하는 판결을 내렸지만 소수집단 우대 정책은 옹호했다. 그러나 소수집단 우대 정책은 여성, 흑인, 히스패닉계—보다 낮은 기준으로 입학이 허가된다고 여겨졌던 모든 집단—와 마찬가지로 수세에 몰렸다. 이들은 캠퍼스에 있었지만 그곳에 속하지 않았다. 차별은 노골적인 금지에서 보다 은근한 편견으로 형태를 바꿨다. 덜 노골적인 차별은 알아보기가 어려웠으므로 맞서기도 더 어려웠다.

MIT의 여성들은 여성과 일에 대해 조언하는 총장의 새 고문인 메리 로우Mary Rowe를 통해 속내를 털어놓을 수 있었다. 메리의 사무실은 무한 복도에 있는 총장실과 가까운 곳에 있었다. 그녀는 땅콩 한 그릇을 전략적으로 배치해 방문객들의 용기를 북돋웠다. 메리는 그들에게서 여자들은 밤에 실험실에서 늦게까지 일하면 안 된다고, "그곳에서 강간당할 수도 있다"라는 끔찍한 말을 들었다. 공대 실험실 문에는 상의를 벗은 여성이 등장하는 달력이 걸려 있었다. 한 젊은 여성은 교수가 자신을 집으로 초대해 성관계를 시도하면서 임신을 피하기 위해 아내의 피임 기구를 사용할 것을 제안했다고도 말했다.

그러나 가장 흔하게 보고된 문제는 성폭행이나 민권법이 불법으로 규정한 계급 차별이 아니었다. 메리는 이러한 문제를 "자질구레한 성차별"[228]이라고 불렀는데, 여성에 대한 무시가 너무 사소해서 그러한 문제는 따로 "조치할 만한" 것이 아니었기 때문이었다.

메리는 1974년 미국대학여성협회에서 발표한 자료에 "대부분은 너무 작은 사건들이어서 항의는커녕 문제로 인식되지도 않을 수 있다"라고 썼다. 받지 못한 세미나와 회의 초대장, 타이핑되지 않은 자료, 여학생의 이름을 익히기를 거부하거나 여성이 종신 재직권을 얻으면 그녀의 삶을 아주 비참하게 만들어 그만두게 하겠다고 맹세한 교수 등이 그 예였다. "여성의 연구는 실수로 적절히 인정받지 못하고, 검토되지 않고, 응답받지 못하고, 발표되지 않았다. 여성의 의견은 요청되지 않았다."

메리는 발표 제목을 "토성의 고리 현상"으로 지었다. 여성에 대한 무시는 너무 작고 흩어져 있어서 여성은 그러한 것들을 알아차린다 해도 그냥 떨쳐 냈다. 하지만 토성 주위의 먼지와 얼음처럼 "그것들은 모두 합쳐지면 강력한 장벽이 된다." 메리는 이를 "괴롭힘harassment"으로 표현했다. 그녀는 이 용어를 일찍부터 사용해 고질적이고 지속적인 성차별을 설명했지만, 5년 후 캐서린 맥키넌이라는 젊은 법학자가 '성희롱sexual harassment'에 관한 책을 쓸 때까지 대다수 여성은 자신에게 무슨 일이 일어나고 있는지 설명하기 힘들어했다. 하지만 여성이 뭐라고 부르든, 그러한 문제는 더욱 심각해졌다. 보이지 않는 존재가 된 기분을 느낀 여성들은 스스로를 의심했고, 그 결과 위로 올라가기에는 너무 불안한 상태에 이르렀다.

메리는 남성이 그의 행동에 관한 지적을 받으면 흔히 "저는 모두를 괴롭히죠"라고 말한다는 점을 지적했다. 하지만 그중 대부분은 성차별적인 형태를 취했다. 그들은 지저분한 농담을 하거나 "꼭 주부처럼 말하네"와 같은 말로 여성의 의견을 무시했다. 여성은 그러한 무시에 더 예민하게 반응할 수도 있었지만, 그녀가 학과에서 유일한 여성이거나 하급 교수일 때 이를 개인적인 문제로 받아들이지 않기란 어려웠다. 그녀는 눈에 띄었기 때문에 더 많은 관심을 끌었고, 지위가 낮았기 때문에 표적이 되기도 쉬웠다.

많은 여성이 모르는 척하는 것이 최선의 전략이라고 판단했다. 메리가 썼다. "여성은 자신에 대한 무시에 대처하거나 꽤 괜찮은 방패—그러한 경험에 대한 '부정'—를 마련해야 하는데, 이 두 가지 과정 모두 상당한 에너지가 든다." 그녀는 이해할 수 있었다. 여성에게 문제에 맞서라고 요구하는 것도 "어떤 면에서는 부당하다. 피해자에게 고충의 원인을 해결하도록 요구하는 것 자체가 '불평등한 기회'를 만들어 낸다."

11장

해방된
생활방식

_____ 낸시가 5층에서 문제의 근원을 해결하기 위해 고군분투하고 있을 때 조언을 해 준 사람 중 하나는 최근 하버드 의대 교수진에 합류한 생물학자 앨리스 황Alice Huang이었다. 앨리스는 데이비드 볼티모어의 아내이기도 했다. 그녀는 아홉 살에 중국에서 이민을 와 웰즐리대학과 존스홉킨스대학을 졸업했다. 그리고 박사 후 연구원 펠로우십에 선정되어 조너스 소크Jonas Salk와 함께 일할 생각을 하고 있을 때 볼티모어를 만났다. 조너스 소크는 소아마비 백신을 최초로 발견하고 캘리포니아에 소크 연구소를 설립한 사람이었다. 볼티모어는 이미 그곳에서 일하고 있었는데, 볼티모어와 앨리스를 모두 아는 한 친구가 앨리스에게 그와 말을 해보라 제안했고 볼티모어에게는 앨리스가 훌륭한 과학자이며 아름답기까지 하다고 말했다. "앨리스를 데려가요."[229] 그 친구가 말했고, 볼티모어는 그렇게 했다. ("조너스 소크 밑으로 가지 마세요." 그가 특유의 자신감 있는 태도로 말했다. "저와 함께 일하고 지원

금을 가져와요.")

앨리스는 1968년 볼티모어가 MIT에 교수로 부임했을 때 그의 박사 후 연구원으로 그를 따라갔다. 그녀는 연구에 필요한 돈은 있고 연구실 운영의 책임은 없는 그러한 상황에 계속 만족할 수도 있었다. 하지만 앨리스는 안나마리아 토리아니-고리니를 보고 배운 것이 있었다. 생물학자인 안나마리아는 수십 년간 MIT에서 연구원으로 일했지만 남자 상사가 컬럼비아대로 떠나자 스스로는 연구 보조금을 확보할 수 없다는 사실—모든 보조금은 연구실 책임자를 통해 전달되었다—을 깨달았다. 앨리스는 다른 여성 박사 후 연구원들과 함께 안나마리아가 능력을 인정받고 교수가 될 수 있도록 MIT에 청원했다. 이후 자신의 미래를 다른 사람의 운에 맡기지 않기로 마음먹은 앨리스는 직접 연구실을 운영할 수 있는 일자리를 찾기 시작했고 하버드 의대에서 그것을 찾았다.

살바의 아내인 젤라 루리아 Zella Luria는 보스턴에 과학 교수로 부임한 앨리스와 다른 두 여성에게 조언을 해 주기 위해 선배 여성들로 구성된 소그룹을 만들었고, 매달 교외에 있는 이들의 집에서 저녁 식사 후 커피를 마시는 모임을 주선했다. 앨리스는 젤라, 안나마리아, 하버드 바이오랩의 루스 허바드 등 선배 여성들과 어울리는 것을 즐겼다. 하지만 그녀는 낸시가 바버라 매클린톡의 이야기를 들을 때와 같은 기분을 느꼈다. 그들은 여성에게 문이 열리기 전, 다른 시대의 사람들이었다. 앨리스는 자신의 세대가 과도기적 세대, 신중한 항해의 세대가 될 것으로 생각했다. 여성들은 여성에게 열린 일자리를 차지할 만하다는 것을 보여 주기 위해 남자들보다 2배 더 열심히 일해야 했고,

합리적이되 너무 공격적이거나 남성적이지 않아야 했다. 앨리스는 즐거운 마음으로 열심히 일했고, 특별 대우 같은 건 필요하지 않다고 생각했기 때문에 다른 사람들에게도 그렇게 보이기를 바랐다.

그러다 1971년 하버드에 도착한 후 곧바로 보조금을 신청하다가 자신이 같은 직급의 남자 교수들보다 돈을 덜 받는다는 사실을 발견하고는 동요했다. 그녀는 특별 대우를 원하진 않았지만 동등한 대우는 받고 싶었고, 급여는 가장 명확한 가치의 척도였다. 그녀는 상사에게 급여를 올려 달라는 편지를 썼다. 의대에서 타이핑을 하던 한 여성 비서가 앨리스의 초안을 보더니 "화난 여자처럼 보일 것"이라며 그녀에게 편지를 보내지 말라고 말했다. 그리고는 앨리스의 상사에게 슬쩍 앨리스의 급여를 올려 달라고 부탁했다.

이 일은 앨리스가 자신과 같은 분야에 종사하는 다른 여성들의 처우에 대해 생각해 보는 계기가 되었다. 주장과 분노의 경계를 넘나들 줄 아는 비서의 혜택을 받지 못하는 여성은 얼마나 될까? 앨리스는 미국 미생물학회 회원을 대상으로 한 설문 조사 결과를 바탕으로 이에 관한 연구를 해 보았다. 젤라가 로테 베일린을 앨리스에게 소개해 주었는데, 로테는 당시 MIT 슬론 경영대학원에서 종신 교수 코스를 밟으며 여성의 경력에 관한 권위자로 입지를 다지고 있었다. 로테는 데이터 분석을 도와주었다.

1974년 2월 다른 3명의 여성과 함께 작성한 앨리스의 보고서가 《사이언스》에 실렸다.

미생물학회 회원 중 여성은 약 4분의 1을 차지했다. 여성들은 그들이 남자들만큼 많은 시간을 일하고, 남자들만큼 많은 논문을 발표하고, 남자들과 같은 시간 동안 일터에 머물고, 같은 동기를 가졌다고 말했다—남성과 여성은 모두 비슷하게 돈이 필요해서, 일과 일에서 얻는 성취감이 좋아서 일했다. 그러나 여러 척도에 따르면 여성은 남성보다 사정이 좋지 않았다. 여성은 같은 자격을 갖춘 남성보다 더 적게 벌었는데, 그중에서도 고학력 여성의 임금 격차가 가장 컸다. 여성은 일자리를 찾는 데 더 많은 어려움을 겪었고 교수가 되기까지 더 오랜 시간이 걸렸다. 그리고 (더 많은 돈을 받는) 학과장과 기타 고위 관리자들은 모두 남성이었다.

관리자들은 때로 남성이 가족을 부양해야 하므로 더 많은 급여를 받는 거라고 주장했지만, 조사 결과 자녀가 있든 없든 남성이 여성보다 더 많은 급여를 받는 것으로 드러났다. 여성은 외부 기관에서 연설이나 자문을 해 달라거나, 리뷰나 간단한 글을 작성해 달라거나, 편집위원회에서 활동해 달라는 등 직업적 존경의 신호로 여겨지는 요청을 받을 가능성이 더 낮았다.

이 연구는 10년 전 가정과 일을 아울러 가지기를 희망하는 여성들에게 했던 대담한 약속이 지켜지지 않았음을 보여 주었다. 박사 학위가 있는 기혼 여성은 조사 대상 중 가장 큰 불만을 표했다. 그들은 기혼 남성들보다 고급 학위 취득에 대한 의욕이 꺾일 가능성이 더 컸고, 롤모델이 없을 가능성이 더 컸으며, '편견'을 언급할 가능성이 더 컸다. 미생물학에 종사하는 대부분 남성은 기혼이었지만, 여성은 절반 이상이 미혼이었다. 여성은 대부분 자녀가 없었지만, 남성은 그 반대였다. 또 여성은 대부분 남편이 좋은 일자리를 찾아야 이사할 수 있다고 말했지만, 남성은 대부분 아내가 맘에 드는 일자리를 찾았는지와 관계없이 이사할 것이라고 말했다. 놀랄 것도 없이, 자신의 삶과 커리어가 졸업 후 상상했던 것과 다르다고 답한 사람은 여성이 남성보다 2배가 더 많았다.

앨리스와 공동 저자들은 "여성이 일적인 삶의 각 단계에서 지속적인 격려와 과학적 연락, 전문적 인정을 받는다면, 분명히 더욱 눈에 띄게 될 것이다"라고 썼다. "격려와 자신감의 부족이 고립으로 이어지고, 고립은 다시 인정의 부족으로 이어지는 이 악순환의 고리는 여성 직업인들을 위해 반드시 끊어져야 한다."

저자들은 "일부 과학자 집단을 대상으로 한 이 연구가 아마도 남성과 얼굴을 맞대야 하는 모든 여성 직업인들에게 일반적으로 적용될 수 있을 것"이라고 결론지었다.[230]

연구 결과는 반향을 불러일으켜 주요 대학의 많은 여성이 '여성의 지위'에 관한 다수의 또 다른 보고서를 통해 목소리를 내기 시작했다. 하버드에는[231] 전체 교수진 중 여성이 1명도 없었는데, 1971년 대학원생들이 벌인 설문 조사에 따르면 대다수의 하버드 교수진은 여성이 학자로서의 경력과 결혼·가정 중 하나를 선택해야 한다고 믿었다. 보고서는 이렇게 결론지었다. "그러한 선택이 요구되는 한, 학계 여성은 '예외적인' 사람으로 간주될 것이다. 남성이든 여성이든 우리 중 거의 누구도 오랫동안 붙이고 다닐 수 없는 이러한 꼬리표는 필연적으로 일하기를 원하는 기혼 여성, 심지어 미혼 여성에게도 낙담과 좌절을 의미한다." 1970년대 중반까지 많은 과학 협회가 자체 보고서를 작성했다. 1976년에 작성된 한 보고서에는 지난 4년간 수행된 17개의 다른 보고서들이 열거되어 있었다.

1976년의 이 연구는 1975년 12월 승마 문화로 유명한 버지니아 주 워런턴의 한 마을에 있는 콘퍼런스 센터에 30명의 여성―흑인, 푸에르토리코인, 멕시코계 미국인―이 모인 데서 비롯되었다. 이들은 다른 피난처를 찾지 못한 여성들이었다. 여성의 기회를 개선하기 위한 조직과 프로그램에는 대부분 백인 여성이 참여했고, 소수집단을 위한 조직과 프로그램에는 남성이 압도적으로 많았다. 주최자 중 1명이 말한 것처럼 이 여성들은 "아마도 과학 분야에서 가장 소외되고 과한 검토를 통해 뽑힌 집단"이었을 것이다. 과학계에서 이들은 극히 적은 수를 차지했다. 1973년 국립과학재단은 약 24만 5,000명의 과학자가 박사 학위가 있다고 집계했다. 그중 흑인 남성은 1,611명이었고 흑인 여성은 249명이었다. 106명은 아메리카 원주민이었는데 그중 여성은 단 3명에 불과했다. 다시 말해, 전체 인구의 6%를 차지했던 흑인 여성 중 박사 학위가 있는 과학자는 0.01%에 불과했다. 반면, 인구의 41.5%를 차지했던 백인 남성은 박사 학위가 있는 과학자의 90%를 차지했다.

　　이 회의를 통해 「이중구속: 과학계의 소수자 여성이 치러야 하는 대가」라는 제목의 획기적 보고서가 나왔다. 보고서에는 백인 여성들이 보고한 몇 가지 문제가 그대로 반영되어 있었다. 이들은 연구 보조금을 받는 데 어려움을 겪거나, 학술지에 실릴 논문 또는 연구비 제안서를 평가하는 검토위원회에 초대받지 못하거나, "남자들이 당신과 일하지 않을 것"이라는 이유로 장래성이 없는 일을 맡았다. 남성은 관리직에 타고난 능력이 있는 것으로 여겨졌지만, 여성은 특별한 자격이 있다는 것을 증명해야 했고 리셉션 계획이나 전통적으로 교수들의 아내나 비서가 하는 다른 업무를 맡아야 했다. 한 여성은 새로 들어온 남성에게 연구실을 넘기라는 요청을 받은 적도 있었다. 또 다른 여성은 남편과 함께 같은 대학에서 면접을 보았는데 남편이 더 많은 논문을 발표하고 더 중요한 연구를 수행한 자신보다 더 높은 직급을 제안받았다고 말했다. 여성들은 결혼이냐 일이냐를 두고 갈등했다. 그리고 자신들의 성취가 투지나 노력보다 대부분 운에 기인했다고 생각했다.

게다가 유색 인종 여성들은 여러 세대에 걸쳐 축적된 교육적 불리함도 극복해야 했다. 이들의 중등학교에는 실험실, 고급 수학 수업, 지도 상담사가 부족했다. 학생들을 격려하는 인정 많은 교사도 있었지만, "잘난 체하고 업신여기는" 태도로 그들을 괴롭히는 교사들도 있었다. 남자들은 유색 인종 여성들이 "잘할 수 있다는 사실에 자주 놀라움을 표했다." 과학계에서는 2배로 특이한 경우였기 때문에 이 여성들은 콘퍼런스에서 지나치게 모욕적인 대우를 받기도 했다. 가령 "한 젊은 흑인 여성 과학자는 백인 남성들이 하듯 회의와 리셉션에 참석하기 위해 방을 드나들었는데 그 때문에 매춘부로 오인을 받고 호텔 형사(호텔 내 보안을 담당하고 다양한 규칙 위반을 조사했다. 주로 은퇴했거나 전직 경찰관인 경우가 많았으며 근래에는 거의 사라졌다—옮긴이)에게 심문을 받은 적도 있다"라고 말했다.

보고서는 이러한 상황에서는 "어떤 '주의ism'가 적용되고 있는 것인지 판단하기가 불가능하진 않아도 어려운 건 사실이다"라고 지적한 뒤 다음과 같이 덧붙였다. 다만 "그런 경우 성차별이나 인종차별 중 어느 곤봉으로 맞고 있느냐는 중요하지 않다—둘 다 아프다. 이것이 이중 구속의 본성이자 본질이다."

유색 인종 여성들은 그들 집단 내에서도 추가적인 고립감을 느꼈다. 예를 들어 멕시코계 미국인 여성들은 흑인들이 더 오랫동안 차별에 맞서 왔기 때문에 흑인 여성들이 더 유리하다고 느꼈고, 아메리카 원주민 여성들은 기회 확대를 위한 프로그램이 모두 도시 지역에 맞춰져 있다고 하소연했다. 이 회의에 아시아계 미국인 여성은 포함되지 않았다. 이들은 전체 인구에서 차지하는 비율과 박사 학위가 있는 과학자에서 차지하는 비율이 각각 0.5% 미만으로 비슷해 "소수자"로 여겨지지 않았기 때문이다. 그렇지만 보고서는 아시아계 여성 과학자들의 비자발적 실업률이 "형편없이 높다"라고 언급했다. 보고서에 따르면, 화학 박사 학위가 있는 아시아 여성의 23%, 물리학 박사 학위가 있는 여성의 21%가 일자리를 찾지 못했다.

많은 백인 여성과 마찬가지로[232] 워런턴에 모인 여성들도 마지못해 입을 열었다. 보고서에 따르면 그들은 자신을 페미니스트로 여기지 않았고 "그들의 특이성"을 인정하고 싶어 하지 않았다. 한 여성은 자신이 회의에 참석했다는 것조차 아무에게도 밝히지 않았다고 했다.

──────────── 낸시는 자신의 주된 골칫거리 중 하나가 앨리스의 남편이었기에, 앨리스와 이야기를 나누는 것이 어색했다.

하지만 앨리스는 돕고 싶었다. 낸시보다 네 살이 많았던 그녀는 자신이 의대에 있는 비서들부터 젤라가 이끄는 소그룹의 여성들까지, 다른 여성들의 도움을 얼마나 많이 받았는지 잘 알고 있었다. 앨리스는 경쟁에 관한 문제에 공감했고, 낸시가 그녀의 연구에 대해 아무에게도 말하지 않는 편이 좋다는 데 살바와 의견을 같이했다. 앨리스는 낸시에게 자신도 볼티모어에게 자신의 일에 대해 말하지 않는다고 했다. 그리고 여성은 승진이나 더 높은 직책에 관한 이야기가 오갈 때 차별에 직면할 수밖에 없다고 조언했다. 앨리스가 낸시에게 말했다. "차별은 누구나 겪을 수 있는 거예요. 낸시가 아무리 훌륭하더라도 말이죠."

앨리스는 낸시가 자신의 말을 귀담아듣고 있는지 의심했다. 그녀는 낸시가 왜 그렇게 자신만만해 보이는지 알고 있었다. 하버드 의대 자리에 낸시가 고려되고 있을 때 그녀의 추천서를 본 적이 있었는데 아주 강력했다. 앨리스는 "여왕벌", 즉 자신들이 도움 없이 성공했으니 다른 사람들도 그렇게 할 수 있다고 믿는 선배 여성들을 만난 적이 있었다. 앨리스는 명망 있는 기관에서 일하고, 짐을 멘토로 두고, 그녀를 옭아맬 결혼 생활이나 자녀도 없는 낸시가 여왕벌이 되는 길에 있다고 생각했다.

낸시는 앨리스의 말을 들었다. 단지 그 조언을 어떻게 받아들여야 할지 종잡을 수 없었을 뿐이었다.

낸시는 여성, 특히 독신 여성의 연구실 생활은 다르다는 것을 알 수 있었다. MIT에 부임한 직후 열린 리셉션에서 생물학과 선배 교수인 고빈드 코라나는 낸시에게 그의 아내가 매일 아침 문 앞에서 점심값을 준다고 말했다. 그는 낸시에게 자신이 매일 점심값 챙기는 것을 기억해야 한다면 어떻게 과학에 집중할 수 있겠느냐고 물었다(코라나는 전화나 라디오의 방해를 받지 않고 글을 쓰기 위해 작은 집을 빌려 틀어박혀 있기를 좋아했다. 이 때문에 그의 아내도 차로 1시간을 달려가[233] 그의 노벨상 수상 소식을 알려야 했다).

어느 날 저녁 낸시는 원고를 타이핑하기 위해 비서를 기다리고 있었다. 낸시의 비서—콜드 스프링 하버에서 친구가 된 필 샤프와 공유하는 비서—가 서둘러 타이핑을 마치며 낸시에게 기다리게 해서 미안하다고 말했다. "당신은 더 좋은 대접을 받을 자격이 있어요, 낸시."

그 틈을 타 낸시는 비서에게 왜 필의 일을 먼저 하는지 물었다.

"필은 남자니까요. 원래 그런 거예요." 비서는 낸시에게 필의 아내가 그를 슈퍼맨으로 칭한 메모를 보여 주었다. "당신도 그런 아내가 필요해요, 낸시."

낸시는 이것이 여성이 살아가는 방식이라는 데 동의하지 않았다. 그녀는 여성이 전문가가 되어선 안 되는 세상에서 자랐다. 하버드에서 일을 시작했을 때 교수진에 여성은 단 1명도 없었다. 일을 얻을 수 없다면 그것은 차별이었다. 하지만 낸시는 일이 있었다. 그녀는 차별이 5층에서 겪은 문제를 설명할 수 없다고 생각했다. 재료를 가져가고, 실험을 조작하고, 일등이 되려 서두르는 행동은 과학에 원래 있는 경쟁이었다. 낸시는 하버드에서 마크와 월리 길버트를 통해 그런 경쟁을 목격했었고, 짐의 『이중나선』에서도 그와 관련된 이야기를 읽은 적이 있었다. 경쟁은—남자들 사이에서—우정을 망쳐놓을 수 있었다. 낸시는 착하고 예의 바르게 자랐기 때문에 자신이 그런 식으로 경쟁할 만큼 공격적으로 되기가 어려울 것이란 걸 늘 알고 있었다. 하지만 낸시는 열심히 노력하면 그 노력이 빛을 발할 것으로 생각했고, 인정받을 수 있다고 생각했다. 그녀는 5층에서 직면하고 있는 상황이 자신이 여성이라는 사실과 관련이 있는지 확신할 수 없었다. 그 건물에서 여성 교수는 자신뿐이었기 때문에 그녀에게는 대조군이 없었다.

냇시는 케임브리지에서 스펜스 학교 몇 년 선배인 번역가이자 동화책 작가 실라 라파지와 친구로 지냈다. 어느 날 밖에서 저녁을 먹던 중 실라는 냇시가 졸업생 잡지인 《래드클리프 계간지》에 과학계 여성에 관한 글을 써야 한다는 생각을 굳히게 되었다. 그녀는 냇시에게 계간지의 자문 위원으로 활동하고 있던 도서 편집자를 소개해 주었다.

냇시가 쓴 에세이는 《래드클리프 계간지》의 1976년 6월호에 게재되었다. 잡지에는 대학 동창들의 여러 기고문이 실렸다. '해방된 생활방식'이라는 목표 아래 주말에만 만나는 부부, 레드스타킹Red Stocking(1969년에 설립된 국제 여성운동 단체─옮긴이)이 된 이유, 공동체 생활 등 다양한 주제를 다룬 에세이가 실렸고, 기고자 중 1명은 같은 해 『우리의 몸, 우리 자신』 제3판을 출간한 보스턴 여성 단체의 회원이었다. 이러한 다양성은 당시 얼마나 많은 여성이 해방을 통해 얻은 것과 잃은 것을 정리하기 위해 애쓰고 있었는지를 보여 주었다. 1943년 졸업생으로 자녀가 다섯, 손주가 넷인 한 할머니는 고학력 여성들 사이의 출산율 "폭락"을 걱정했다. 래드클리프의 한 선배는 "그래서 언제 결혼할 거야?"라는 해묵은 질문이 끊임없이 계속되는 것을 한탄했다.

냇시의 글[234]은 과학계에서 여성으로 사는 것에 대한 자신의 생각을 정리한 것이었다. 이제 서른셋이었고 5층에서 3년째 일하고 있었던 냇시는 왜 여성에게 그토록 과학이 힘든지에 대해 아이들과 경쟁이라는 두 가지 이유를 제시했다. 제목은 '과학적 성공의 큰 대가: 여성 과학자, 여성이 성공적인 아내와 어머니뿐만 아니라 성공적인 과학자가 될 수 있다는 생각에 이의를 제기하다'였다.

냇시는 여성 문학의 홍수에 대한 반응으로 "내 생각에 그중 대부분은 매우 비현실적이다"라고 썼다. 불평은 하고 싶지 않았다. "과학자가 변호사, 의사, 광부, 정치인 등 다른 어떤 직업인보다 힘들다는 뜻은 아니다. 내 동료들 대부분은 연구가 어느 정도 사치이자 특권이라고도 생각하는 것 같다. 나는 단지 여성 과학자로 지내는 것이 어떠한 것인지 설명하고 싶을 뿐이다."

낸시는 과학적 경력이 실제 과학과 직업적 과학의 두 가지 트랙을 따라 진행된다고 썼다. 실제 과학은 실험하고, 발견하고, 왓슨 연구소에서 푹 빠졌던 일과 같은 일을 하고, 벙타운 로드를 따라 과학에 관한 길고 복잡한 대화를 나누는 것이었다. "여기에는 독특한 종류의 희열과 흥분이 있다. 우리에게 알려진 것은 유용하고 때로 아름답지만, 흥미로운 것은 알려지지 않은 것뿐이다. 과학의 이러한 개방적 특성—탐구의 짜릿함, 만족스럽지 않을 때가 많지만 매우 난해한 문제에 대한 해결책을 지속적으로 추구하는 것—은 중독적이다."

직업적 과학은 발견을 위한 자금을 어떻게 확보할지 고민하는 것이었다. 그녀는 장비를 사거나 대학원생과 박사 후 연구원에게 급여를 주기 위해 보조금 신청서를 작성하고, 논문을 발표하고, 과학 콘퍼런스에서 연설하여 해당 분야에 "노출"되고, 종신 재직권을 얻고, 가르치고, 연구실을 관리해야 했다. 낸시는 "직업적 과학이 남성에 의해, (특정한 종류의) 남자를 위해 만들어진 일"이라고 썼다. 그러한 남성은 집에 아내가 있어 연구실 밖의 생활을 잘 꾸려 나갈 수 있고 자신감이 넘치는 사람이었다.

실제 과학과 직업적 과학은 둘 다 압박이 심하고 오랜 시간 일해야 하는 전일제였다. 발견은 계획적으로 이루어지는 것이 아니었기 때문에 그러한 시간은 예측할 수 없었다. 따라서 세 번째 임무인 전일제 육아는 거의 불가능했다. 많은 여성이 시작한 지 얼마 지나지 않아 일을 그만두는 것은 당연했다. 낸시는 "아이를 돌보고 교수로서의 일도 해내는 예외적인 여성들도 있지만, 그들을 둘러싼 우연한 상황은 매우 특이한 경우여서 무엇보다 일반적인 해결책으로 받아들여지기에는 너무 현실성이 없고 예측할 수 없다"라고 썼다.

낸시는 직업적 과학과 가족 부양의 스트레스를 동시에 받는 남성들에게 공감을 표했다. 그녀는 이러한 압박이 "어떤 대가를 치르더라도 성공해야 한다"는 태도를 조장하고, 일부 사람들이 연구 결과를 "슬쩍하게" 만들었다고 썼다. "내가 아는 과학자 중 95% 이상이 자신의 연구가 도둑맞았다는 생각에 무력감에 빠질 정도로 괴로워했던 적이 있다." 낸시는 아직 그러한 행동으로 비난받은 여성은 본 적이 없었는데, 아마도 연구실에 여성이 거의 없기 때문이었을 것이다. 하지만 낸시는 여자들이 자신처럼 착하게 행동하도록 자랐기 때문에 그런 경쟁을 할 수 없는 것이라고 생각했다. "더 높은 지위에서 이 세계를 정복하기로 한 여성은 통상 자기 자신과 세계관을 대대적으로 점검해 봐야 한다."

사회는 여성들이 아이를 갖기를 기대했다. 낸시는 과학 부문에서 일하려면 "현재 대다수 여성의 양육 방식과는 다른 태도와 행동이 필요하다"라고 썼다. 독신으로 남아 경력을 쌓기로 한 사람들은 "완전히 정의되지 않은 사회적 언저리에 자신을 올려두는 것"이었다.

낸시는 은연중에 차별하는 시스템을 이야기하긴 했지만, 이미 많은 여성이 차별에 대해 써 왔기 때문에 지나가는 말로만 차별을 언급했다. "상황은 나아지고 있으나 아직 더 나아져야 한다는 것 외에는 말을 아끼겠다." 낸시는 자신이 연구실에서 겪고 있는 일이 차별 때문이라고 생각하지 않았다. 너무 많은 여성이 차별에 관해 이야기한다는 것을 알았기 때문에 차별을 언급했고, 그렇게 해야 한다고 생각했을 뿐이었다.

낸시는 자신의 분노를 동시대의 여성들에게 했던 기대, 즉 "메리 번팅과 같은 슈퍼우먼이 되라는 세뇌(성공적인 직장 여성, 여러 자녀를 둔 엄마, 남편은 선택 사항)"를 향해 겨누었다. 그녀는 열 번째 동창회에서 래드클리프 동문 중 상당수가 번팅의 "신화"에 부응하지 못해 자신을 실패한 사람으로 여기는 것에 충격을 받았다고 썼다. 누군가는 아이를 누가 돌볼 것인가에 대한 실질적인 논의도 거의 (또는 전혀) 없이 일과 가정을 병행하라는 번팅의 권고가 "서구 문명에 가장 해로운 영향"을 준 권고라고 표현했다. 그러나 낸시는 "60년대의 슈퍼우먼이 내세운 이상은 70년대의 초인적 힘을 가진 여성이 내세운 현실에 대한 무시와 불합리한 기대와는 비교할 수 없다"라고 썼다.

계간지에 실린 다른 일부 글들은 양질의 보육 시설 발굴, 그리고 남성이 육아에서 보다 평등한 역할을 하도록 장려하기, 일과 가정의 균형을 남성들의 과제로도 장려하기 등의 해결책을 주장했다. 한편 낸시는 글을 통해 과학의 꿈을 좇고 싶어 하는 여성들에게 어렵게 얻은 깨달음을 전했다. "성공하려면 개인적인 희생을 감수할 준비가 되어 있어야 한다."

낸시의 글이 발표된 후 낸시가 "여성과 과학에 위해[235]를 가했다"라고 항의하는 여성들의 편지가 빗발쳤다. 우르술라 굿이너프―하버

브룩 홉킨스가 찍은 낸시.
입양했다가 브룩의 부모님의
집으로 보낸 개를 안고 있는 모습

(낸시 홉킨스 제공)

낸시와 함께 하버드를 졸업한
이듬해, 옥스퍼드대 펠로우십 중인
브룩 홉킨스(낸시 홉킨스 제공)

선글라스를 쓴 마크 프타신. 억제자가 DNA에 결합한다는
사실을 발견한 다음 해인 1968년, 양적 생물학을 주제로 열린
콜드 스프링 하버 심포지엄에서(콜드 스프링 하버 연구소 기록보관소 제공)

낸시에게 하버드 광장의 한 상점에서
발견한 박제된 돼지를 결혼 선물로
주고 있는 짐 왓슨(낸시 홉킨스 제공)

낸시가 박사 후 연구원을 시작한
해인 1971년, 콜드 스프링
하버의 연구실에서 찍은 바버라
매클린톡의 모습
(콜드 스프링 하버 연구소
기록보관소 제공)

메리-루 퍼듀.
1977년 콜드 스프링
하버 심포지엄에서
(콜드 스프링 하버 연구소 기록보관소 제공)

왼쪽부터 살바도르 루리아, 낸시 홉킨스, 데이비드 볼티모어.
1973년 MIT에 새로 설립된 암 연구센터에서(MIT 박물관 제공)

1979년 콜드 스프링 하버 심포지엄의 만찬에 유일한 여성 과학자로 참석한 낸시.
왼쪽에서 두 번째 앉은 안경을 쓴 사람은 에드 스콜닉이며, 그의 왼쪽에 앉은 사람은
발암 유전자를 공동으로 발견한 공으로 1989년 노벨상을 받은 마이클 비숍,
낸시의 왼쪽에 앉은 사람은 월리 로우이다. 짐 왓슨은 테이블 맨 위쪽에서 웃고 있다.
그의 왼쪽으로 두 번째에 앉은 사람은 그의 아내 리즈이며, 리즈의 왼쪽으로 세 번째에
턱수염이 있고 안경을 쓴 사람은 필 샤프이다. 그의 뒤에 앉은 사람은
1953년 노벨의학상을 받은 프리츠 리프만(콜드 스프링 하버 연구소 기록보관소 제공)

밀리 드레슬하우스가 식탁에서
답안지를 채점하고 있다.
남편 진이 찍은 사진
(드레슬하우스 가족 제공)

1970년 9월 탄소와 흑연 관련 신소재 과학에 관한 일본-미국 세미나에서 다른 참석자들과
함께한 밀리. 국립과학재단 후원(드레슬하우스 가족 제공)

1982년 콜드 스프링 하버에서 열린 양적 생물학 심포지엄에 참여한 낸시

(콜드 스프링 하버 기록보관소 제공)

1986년 심포지엄에서 마이크를 잡은 에릭 랜더. 추후 인간 게놈 프로젝트가 된 프로젝트의 초기 논의가 진행 중이다. 바로 앞에 앉아 있는 낸시의 모습(콜드 스프링 하버 기록보관소 제공)

1990년 MIT 총장으로
처음 부임한 척 베스트가
학생 '해커'들이 게시판으로
위장시킨 집무실 문을
바라보는 모습
(MIT 박물관 제공)

이듬해 이과대학의 학장으로 임명된 밥 버지노
(MIT 도나 코브니 촬영)

1999년 슬론경영대학원에서 찍은 로트 베일린(렌 루벤스타인 촬영)

《크로니클 오브 하이어 에듀케이션》에 실린 과학계 여성들의 사진. 왼쪽부터 실비아 시어,
파올라 리졸리, 페니 치점, 낸시 홉킨스, 리 로이든, 조앤 스튜베, 메리-루 퍼듀(ⓒ 릭 프리드먼)

드대 생물학과 하급 교수이자 젤라 루리아의 저녁 식사 후 여성 모임의 일원인 앨리스 황의 친구—는 편지에서 낸시의 글과 함께 실린 그녀에 대한 약력이 낸시를 고용한 3명의 노벨상 수상자, 즉 짐 왓슨, 살바 루리아, 데이비드 볼티모어의 견지에서 그녀를 정의한다는 점을 지적했다. 굿이너프는 낸시의 글이 "다소 웃기는" 컬트적 자기애에 빠진 분자생물학자들의 삶만을 설명하고 있다고 주장했다.[236] 또한 그녀는 "낸시의 글을 읽는 모든 독자는 이 글을 과학을 하고자 하는 여성들과 공유할 때, 그녀가 극도로 희귀하고 치열한 경쟁을 벌이는 과학 분야를 설명하고 있다는 점을 명심하길 바란다"라며 "낸시가 언급하는 명망 있는 학교에서도 '실제' 과학이나 '직업적' 과학이 꼭 그런 형태는 아니다"라고 썼다(굿이너프는 하버드에서 종신 재직권을 얻지 못했다. 그녀는 세인트루이스에 있는 워싱턴대학으로 옮겼고 5명의 자녀를 키웠다).

비판은 쓰라렸다. 하지만 하버드대의 또 다른 생물학자인 낸시 클레크너Nancy Kleckner—낸시의 래드클리프 4년 후배로 MIT에서 봇스타인의 박사 후 연구원으로 있었다—는 낸시의 글이 아주 훌륭하며 "모든 면에서 낸시가[237] 절대적으로 옳다. 낸시가 이 모든 상황을 아주 잘 다뤄 주었기 때문에 앞으로 내가 이에 관해 쓸 일은 없을 것이다"라고 말했다(클레크너는 1984년 하버드대 생화학과 최초의 여성 종신 교수가 되었다. 과학 분야에서 종신 교수가 된 다섯 번째 여성이었다).

글에 대한 평가가 충분히 자랑스러웠던 낸시는 그 글을 짐과 바버라 매클린톡에게 보냈다. 바버라는 낸시의 글이 "현재 상황을[238] 정말로 훌륭히 설명했다"고 답하면서 남자들이 그녀에게 이 글을 추천했다고 썼다. "실제 과학과 직업적 과학의 본성에 대한 낸시의 설명이 남자들에게 곧장 타격을 주어 그들의 표정에 고뇌가 드러날 정도였어요."

"여성에게 신의 가호가 있기를." 바버라가 덧붙였다. "여성의 보상은 반복적으로 깎아내리는 문화를 압도하는 즐거운 정신적 활동에 달려 있어야 합니다. 남성들과의 성공적인 경쟁은 불가능해요. 대다수 동료보다 지적으로 훌륭한 여성의 경우라도 마찬가지죠. 간단히 말해, 재미를 느낄 수 없다면 실험실을 나가야 합니다!"

그래도 낸시는 남자들과 경쟁할 수 있다고 믿었다. 적어도 '실제' 과학은 재미가 있었다. 그녀는 '숙주 범위host range'를 연구하면서 바이러스가 왜 다른 세포보다 특정 유형의 세포에서 더 잘 번식하는지를 알아내려고 노력하고 있었다. 이러한 경향은 바이러스가 암을 얼마나 빨리 일으킬지 또는 바이러스가 암을 일으킬지 아닐지를 결정했다. 숙주 범위는 보통 바이러스 표면의 단백질이 세포 표면의 단백질과 어떻게 일치하느냐에 따라 결정되었다. 하지만 낸시는 숙주 범위가 바이러스 입자 내부 깊은 곳에 있는 P30이라는 단백질에 의해서도 결정될 수 있다는 사실을 발견했다. 이 놀라운 발견은 그녀의 직업적 과학에도 때맞춰 큰 진전을 가져왔다. 《래드클리프 계간지》에 글이 실린 직후, 그녀는 암센터 외부의 널따란 뜰에서 생물학과장인 보리스 마가사닉을 우연히 마주쳤다. 보리스는 그해 초 데이비드 볼티모어가 낸시를 마음에 들어 하지 않아 그녀가 종신 교수로 고려되지 않을 것이라고 주장했지만, 이제 그는 그녀를 보고 기뻐했고 심지어 안도하기까지 했다. 그는 웃으면서 낸시를 반쯤 안았다. 보리스는 낸시의 팔을 토닥거리며 중간 평가를 위해 생물학과에 요청한 추천서의 내용이 아주 좋았다고 말했다. "결국엔 모든 일이 잘될 겁니다."

낸시는 1977년 7월 종신 재직권 없이 다음 직급인 부교수로 승진했다. 그리고 그와 동시에 새로운 생물학과장으로 진 브라운Gene Brown이 임명되었다. 그해 가을 그는 낸시가 학부생들을 가르치는 강의실에 나타나 내년에도 그녀의 추천서가 훌륭하면 종신 재직권을 얻을 것이라고, 그렇지 않으면 자신이 사임할 것이라고 말했다.

낸시는 MIT 사람들이 좋은 사람들이라고 생각했다. 그들은 그녀를 신경 쓸 것이고, 공평을 기할 게 분명했다.

_____ 메리-루는 다음 해에 종신 재직권을 따냈다. 당연한 결과였다. 그녀는 전국적으로 유명했고, 4개 학술지의 심사 위원이었으며, 국립보건원에서 연구 보조금 신청서를 평가하는 일도 맡고 있었다. 그런데도 이 소식이[239] 예일대 클라인 생물학 타워까지 퍼졌을 때 조 갤은 연구실로 뛰어들어 와 엘리자베스 블랙번Elizabeth Blackburn이라는 호주 출신의 젊은 박사 후 연구원 앞에 편지를 흔들어 보였다. "메리-루 퍼듀가 MIT에서 종신 교수가 되었어요!" 갤의 연구실에서 일하던 블랙번은 아직 과학계 여성이 겪는 문제에 대해 생각해 본 적이 없었고, 나중에 그녀에게 노벨상을 안겨 줄 '텔로미어telomere'라는 염색체의 끈적이는 끝부분에 관한 연구를 이제 막 시작했을 뿐이었다. 그러나 갤의 목소리에 담긴 기쁨과 안도감을 통해 그녀는 MIT만큼 경쟁이 치열한 곳에서 종신 재직권을 얻는다는 것이 특히 여성에게 중요한 일이라는 것을 알게 되었다.

낸시도 자신감을 얻었다. 낸시는 이 일을 세상이 돌아가야 하는 방식으로 돌아간다는 증거로 여겼다. 메리-루는 뛰어난 과학적 성과를 거두었고 보상을 받았다.

5층의 상황은 더 나아진 것이 없었지만, 낸시는 어떤 어려움이든 그것이 압박감과 경쟁 때문이라고 생각했다. 그녀는 새로운 문제가 생기면 문제를 둘러싼 상황에서 원인을 찾았다.

1977년 가을, 필 샤프의 박사 후 연구원 중 하나인 수 버젯Sue Berget이 필이 자리를 비운 사이 낸시의 사무실로 찾아왔다. 최근 필과 수는 암센터의 획기적 연구 결과인 이른바 '분할 유전자split gene'의 발견을 발표한 참이었다. 그때까지 분자생물학자들은 유전자 내의 DNA가 길게 연속적으로 이어져 있고 그 코드를 똑같이 긴 RNA 전달자에 복사해 단백질을 만드는 것으로 이해했다. 박테리아에서 유전자가 이런 식으로 작동했기 때문에, 이들은 모든 유기체에서도 마찬가지일 것으로 가정했다. 그런데 감기를 일으키는 아데노바이러스 유전자의 전자 현미경 사진을 관찰하던 수는 어느 DNA와도 연결되지 않은 채 한쪽 끝에서 펄럭이는 느슨한 RNA 조각을 발견했다. 이를 바탕으로 수와 필은 실험을 설계해 RNA 전달자가 만들어질 때 떨어져 나가는 DNA의 큰 조각을 발견했다. 나중에 '인트론intron'으로 불리게 되는 이 발견은 유전적 활동이 어디에서 어떻게 일어나는지에 대한 근본적인 이해를 바꿔놓았다.

콜드 스프링 하버의 연구원들과 경쟁하던 필과 수는 비밀리에 연구를 진행했다. 수는 연구 결과가 확실해질 때까지 남편에게도 연구에 대해 말하지 않았다. 양 팀은 1977년 8월에 연구 결과를 발표했는데, 이 발견은 거의 즉시 공을 둘러싼 다툼[240]이 생길 정도로 굉장한 것이었다. 콜드 스프링 하버에서는 10명의 저자가 4개의 논문을 발표했고, 사람들은 일찌감치 누가 노벨상을 받을지를 두고 논쟁을 벌였다.

그러나 그해 가을 취업 시장에 나섰을 때 수는 어떠한 제안도 받지 못했다. 그녀는 이 상황을 어떻게 이해해야 할지 알 수 없었다. 그녀는 하버드대, 스탠퍼드대, 컬럼비아대, 버클리와 로스앤젤레스에 있는 캘리포니아대에서 세미나를 하고 면접을 보았는데, 전부 긍정적이라고 생각하고 있었다. 그런데 한 친구가 그중 한 학교의 지인에게 전화를 걸어 본 후, 학교에서 필의 추천서를 약하게 생각한다는 사실을 수에게 알려 주었다. 필은 수가 분할 유전자 이전에 했던 연구는 칭찬했지만, 그들의 중대한 발견과 관련해 그녀가 한 일에 대해서는 전혀 언급하지 않았다. 그 의미는 치명적이었다. 그녀는 기술자로 취급받고 있었다.

수는 필이 아직 종신 재직권이 없었기 때문에 공에 민감할 수 있다는 것을 이해했다. 하지만 수는 자신이 한 연구로 과하다 싶을 만큼의 추천을 받을 자격이 된다고 생각했다. 같은 시기에 다른 남자 박사 후 연구원이 취업 시장에 나섰는데, 그녀는 필이 자신보다 그에게 힘을 더 실어 주었을 것으로 짐작했다. 조언과 어쩌면 도움이 필요했던 수는 암센터의 교수진 중 여성은 낸시뿐이었기에 낸시를 찾아왔다.

낸시는 수뿐만 아니라 필에게도 놀랐다. 콜드 스프링 하버에서 함께 일했던 시절부터 친구였던 낸시와 필은 필이 아내와 어린 딸과 함께 살았던 시골집 계단에 앉아 과학을 이야기하곤 했었다. 낸시와 또 다른 친구 데이비드 봇스타인은 필을 만나 그에게 수의 공을 인정하라고 조언했다. 그들은 필에게 네가 노벨상을 받을 것이라고 말했고, 그는 옹졸해 보이고 싶지 않았다.

필의 기억에 따르면, 그는 여성에 대한 전통적 사고방식을 가진 가정에서 자랐다. 필은 켄터키 북부 언덕의 리킹강 굽이에 자리 잡은 작은 농가에서 자랐는데, 필의 아버지는 그에게 대학 등록금을 마련하기 위한 방책으로 담배를 재배할 수 있는 작은 땅을 물려주었다. 필의 누이들은 땅을 물려받지 못해 대학에 가지 못했다. 더 큰 곳은 겁이 났던 그는 바버빌에 있는 연합감리교대학인 유니온대학을 졸업한 후 집 근처에 머물렀다. 그리고 화학 대학원에 들어갔지만, 1968년 유전자 코드에 관한 콜드 스프링 하버 심포지움의 기록을 읽고 낸시처럼 DNA 연구에 매료되었다.

필은 보통 활발하고 성가시게 캐묻기를 좋아하고 수다스러웠지만, 낸시와 봇스타인이 함께 있는 그의 사무실에서는 말을 아끼며 주로 그들의 말을 경청했다. 나중에 수는 용기를 내 필을 직접 만나러 갔고, 그는 자신이 쓴 추천서를 보여 주었다. 필은 더 강력한 추천서를 써 줄수도 있다고 제안했다. 수는 라이스대와 카네기멜론대에서 일자리를 제안받았다. 초기에 면접을 봤던 곳들만큼 유명하진 않아도 훌륭한 학교들이었다. 그녀는 라이스대를 택했다.

낸시는 필이나 수에게서 더는 아무 소식도 듣지 못했지만, 그 일에 관해 더 생각하지 않았다. 그녀는 수가 더 나은 대우를 받을 자격이 있다고 생각했다. 그처럼 중요한 역할을 한 박사 후 연구원이 다른 일류기관에 일자리를 얻지 못한다는 것은 이례적이고 들어 본 적도 없는 일이었다. 하지만 낸시는 그녀가 필을 아는 만큼 수를 잘 알지 못했고, 어떤 이유에서건 필이 그녀를 높이 평가하지 않는다고 느꼈다. 낸시는 적어도 당시에는 그 이유가 여자라는 점과 관련이 있을 거라고는 생각하지 못했다.

낸시는 내년으로 다가온 종신 재직권 심사에 점점 더 마음을 빼앗기고 있었다. 생물학과는 일반적으로 심사를 위해 MIT 외부의 가장 저명한 인사들에게 후보자가 중요한 공헌을 했고 앞으로도 그럴 것임을 증명하는 십여 통 이상의 추천서를 요청했다. 짐이 예상한 대로 낸시의 추천서는 강력했다—이미 종신 재직 중이었던 한 친구는 낸시에게 10년간 생물학과에서 본 추천서 중 가장 강력하다고 말했다. 밀리와 메리 로우는 예전에 여성들의 오찬 모임에서 종신 교수 코스를 밟는 후보자들에게 1년에 네 편의 논문을 발표해야 한다고 말한 적이 있었는데, 낸시는 이전 해에 일곱 편이나 되는 논문을 발표했다.

하지만 종신 재직권을 얻기 위해서는 아직 일련의 평가 과정이 남아 있었다. 학과 내 종신 재직권 위원회는 후보자를 추천하고 외부에 추천서를 요청했다. 그런 다음 투표를 위해 학과에 명단을 보내면 학과는 승인한 명단을 이과대학의 모든 학과장과 센터장 및 학생처장으로 구성된 과학평의회에 보냈다. 과학평의회는 투표 후 대학 총장과 다른 고위 관리자들로 구성된 학술위원회에 최종 투표를 위해 추천서를 보냈다. 과학평의회에서 벌어지는 논쟁은 무지막지한 것으로 유명했다. 각 학과장은 자신의 학과가 최고임을 증명하고자 다른 학과의 후보에 자주 이의를 제기했고 후보들을 조롱하기까지 했다. 생물학과는 과학평의회에서 한 번도 져 본 적이 없다는 사실에 자부심을 가지고 있었다. 그래서 학과 내 논쟁이 더욱 격렬했고, 위원회는 실패할 여지가 없는 사례를 만들기 위해 공을 들였다.

메리-루는 그해 종신 재직권 위원회를 이끌었다. 후보는 낸시 외에 2명이 더 있었는데, 1명은 면역학자인 폴 고틀리프였고, 다른 1명은 MIT에서 학부와 박사 과정을 마치고 1년간 볼티모어의 연구실에서 연구원으로 일한 뒤 암센터에 교수로 부임한 밥 와인버그였다. 와인버그와 낸시는 둘 다 쥐의 암 바이러스를 연구하고 있었다. 몇 년 후 와인버그는 인간의 발암 유전자를 최초로 발견하게 된다. 하지만 1978년 가을에는 낸시의 연구가 더 앞서 있었다. 낸시는 쥐 레트로바이러스의 유전자 지도를 작성하고 바이러스가 특정 유형의 세포에서 특히 잘 증식하게 하는 유전자를 찾아 바이러스의 다양한 숙주 범위에 대한 새로운 메커니즘을 설명했다. 와인버그의 외부 추천서도 강력했지만, 메리-루는 낸시의 추천서가 더 강력하다는 사실을 알 수 있었다.

일반적으로 위원회는 후보자별로 추천서를 작성하여 과학평의회에 보냈지만, 이 경우 그들은 세 후보자에 대한 추천서를 하나로 합치기로 했다. 메리-루가 보기에 여기에서 요령은 와인버그의 성과를 더 부족해 보이지 않게 하면서 낸시의 성과에 대한 보기 드문 찬사를 강조하는 것이었다. 위원회는 한 단락에 한 후보자를 할당하여 신중하게 글을 작성했다. 그리고 가장 종신 재직권을 얻을 만하다고 생각하는 사람의 순서대로 단락의 순서를 정했다. 첫 번째는 낸시, 두 번째는 밥, 세 번째는 폴이었다.

위원회 일을 마친 직후 떠난 여행에서 돌아온 메리-루는 책상 위에 놓여 있는 추천서의 최종 사본을 발견했다. 단락의 순서가 바뀐 것을 제외하면 똑같은 추천서였다. 새 추천서는 밥을 첫 번째로 추천했고 낸시를 두 번째로 추천했다. 메리-루는 몹시 화가 났지만, 분노를 어디로 표출해야 할지 몰랐다. 너무 치사해 보였다. 누가 이런 짓을 한 걸까? 그녀는 1972년 자신이 생물학과에 채용될 수 있도록 도운 모리 폭스에게 물어보았다. 그는 희미하게 공감을 표했지만, 별다른 말을 하지 않았고 누가 순서를 바꿔 놓았는지도 알지 못했다.

메리-루는 여성 문제에 대한 총장 고문인 메리 로우를 찾아갔다. 메리 로우는 이미 생물학과의 추천서에 관한 이야기를 들어 알고 있었다. 그녀에게 불만을 털어놓으러 오는 여성들은 보통 비서들—그들은 많은 것을 보았다—이었는데, 이미 데이비드 볼티모어의 비서가 추천서에 대해 불평하러 왔었던 것이다. 볼티모어는 그녀에게 이름의 순서를 바꾸라고 시켰고, 비서는 그것이 잘못되었다고 생각했지만 맞서지 않았다.

메리 로우와 메리-루는 둘 다 그 비서를 좋아했기 때문에 그녀를 곤란하게 하고 싶지 않았다. 그들은 볼티모어에게 이름을 다시 바꿔 놓으라고 하면 싸움이 일어날 것을 알고 있었다. 그래서 그들 역시 그에게 맞서지 않기로 했다.

생물학과 내의 논쟁이 길게 이어졌다. 이들은 결국 낸시와 와인버그를 추천하고 폴 고틀리프를 후보에서 빼기로 했다. 메리-루는 후보자를 잃은 것보다 그 추천서에 더 화가 났다. 그녀는 종신 재직권 심사와 연구비 신청서를 평가하는 회의에 여러 번 참석했으므로, 여성이 더 가혹하게 평가되고 더 높은 기준을 만족해야 한다는 것을 알고 있었다. 폴은 어디에든 일자리를 얻을 수 있었지만, 과학평의회가 낸시에게 종신 재직권을 주지 않는다면 그녀는 MIT에서 거절당한 사람으로 영원히 남게 될 것이었다.

회의가 끝난 후 데이비드 봇스타인이 낸시의 사무실로 찾아와 볼티모어가 낸시를 반대한다는 뜻을 공개적으로 밝혔다고 전했다. 봇스타인에 따르면 볼티모어는 이렇게 말했다. "낸시는 우리가 고용한 가장 똑똑한 사람입니다. 하지만 전 그녀가 여기 있길 원하지 않아요."

"그가 그렇게 비이성적으로 구는 건 처음 봤어." 봇스타인이 낸시에게 말했다. 하지만 낸시는 짜릿한 기분을 느꼈다. 데이비드 볼티모어가 자신을 똑똑하다고 생각하다니! 낸시는 그가 자신을 좋아하지 않는다는 것을 알고 있었다. 그는 낸시가 충분히 똑똑하지 않다고 말하면서 그녀의 탈락을 주장할 수도 있었다. 그럼에도 그는 옳은 일을 했다.

낸시는 위원회가 작성한 추천서에 대해 듣지 못했다―그녀가 그 사실을 알기까지는 거의 40년이 걸렸다. 당시 그녀는 봇스타인이 말해 준 것 외에는 아무것도 알지 못했다. 곧 과학평의회가 그녀에게 종신 재직권을 부여하기로 결정했다. 낸시에게 이는 그동안의 고된 노력이 결실로 이어졌다는 증거였다.

학술위원회가 정식으로 낸시에게 종신 재직권을 부여하기로 의결한 다음 날 아침, 사무실에 앉아 있던 그녀는 문 안쪽으로 몸을 기울이고 그녀를 향해 웃고 있는 데이비드 볼티모어를 보았다. 그는 그녀를 축하해 준 첫 번째 사람이었다.

12장

켄달
스퀘어

MIT는 20세기 초 케임브리지로 이전해 찰스강 근처의 운하와 철도를 중심으로 구축된 산업, 그러니까 육류, 가구, 기계 부품, 또는 사탕을 만들어 보스턴 항구와 대서양을 통해 전 세계로 실어 나르는[241] 회사들과 더 가까워지게 되었다. 시기와 바람에 따라[242] 캠퍼스의 공기는 가축의 사체를 가공하는 데서 나는 악취나 사탕 공장의 향기로 가득 찼다.

하지만 1960년대에 이르러 제조업체들이 인건비가 더 싼 남부나 다른 나라들로 옮겨 가면서[243] 한때 활기가 넘쳤던[244] 이스트 케임브리지는 특히 더 황폐해졌다. 매년 수십 개의 기업이 떠났다. 시 관계자들[245]은 나사NASA가 우주 비행 관제 센터를 건설해 그들이 켄달 스퀘어 지역의 "도시 황폐화" 상황을 바꿔 주기를 바랐다. 하지만 우주 비행 관제 센터가 케임브리지가 아닌 휴스턴에 세워지게 되자, 케임브리지 재개발 당국은 50개 이상의 건물을 철거하고 대신 항공 우주국의 전자 연구센터를 건립하기 시작했다. 1969년 연방 정부가 이 센터를 폐쇄했을 때, 계획했던 새 건물들은 절반 정도만 완공된 상태였는데, 케임브리지 사람들은 이러한 사태가 나사의 예산 삭감 때문인지 케네디가에 대한 닉슨의 복수 때문인지에 대해 끝없는 논쟁을 벌였다. 진실이 무엇이든 1973년 MIT 암센터가 초콜릿 공장이었던 곳으로 이전했을 무렵, 주변 지역은 대학이나 공장 지대라기보다는 달의 크레이터[246] 표면처럼 보였다. 대부분은 주차장이었다. 대로 건너편의 오래된 보스턴 우븐 호스 공장에서 나는 고무 끓는 냄새와 마찬가지로 F&T 식당은 계속 유지되었지만, 켄달 스퀘어 지하철역의 북적이던 사람들은 사라졌다. 밤에도 안전하지 않았다. 다른 사람들이 강도를 당한 후, 낸시는 차를 타고 출근하기 시작했다.

암센터는 여전히 캠퍼스의 볼품없는 가장자리에 자리 잡고 있었지만, 1980년에 이르러 암센터에서 수행되는 연구는 MIT에 더욱 중요해지고 있었다—새로운 MIT는 10년간 감소 중인 연방 연구지원금을 보완할 새 자금줄을 찾고 있었다. 점점 증가하는 생물학의 중요성은 대학과 도시를 바꿔 놓을 것이었다. 그리고 시간이 지나면 낸시의 커리어도 바꿔 놓을 터였다.

변화는 대학 도시, 특히 케임브리지에서 두드러지게 나타났던 지역 주민과 대학 관계자들의 싸움에서 시작되었다. 케임브리지에서는 거의 모든 주민이 대통령 선거, 임대료 제한 정책, 또는 하버드 광장의 교통 통제 계획에 대해 의견을 제시했다(이 지역 출신이자 지역 영웅인 팁 오닐하원 의장은 미국의 나머지 지역들에 모든 정치는 지역에 기반한다는 교훈을 남겼다). 도시에는 노동자 계층의 동네와 부유한 지역 및 학교가 나란히 자리 잡았다. 다시 말해, 부유한 대학생들 옆에 다세대 가족들이 사는 3층 건물이 있었다. 7제곱마일(약 18km²)이 안 되는 면적에 10만 명에 달하는 인구가 거주하고 있었고 계급 간의 갈등이 잦았다.

이 지역 주민과 대학 관계자들의 싸움은 재조합 DNA에 관한 것이었다. 1970년대 초 박테리아와 동물 세포의 유전적 구조에 관한 발견은 큰 진전을 이루어 생화학자들은 다른 유기체의 DNA 조각을 조작하여 자연계에 존재하지 않는 완전히 새로운 유기체, 즉 재조합체를 만들 수 있었다—박테리아와 그 바이러스에서 일부 조각을 가져다 원숭이 바이러스의 DNA에 삽입하는 식이었다. 새로운 기술은 결함이 있거나 빠진 유전자 때문에 발생하는 질병을 치료할 수 있는 엄청난 가능성을 보여 주었다. 하지만 전에는 상상할 수 없었던 위험과 윤리적 우려를 드러내기도 했다. 즉 누군가가 일부러 또는 우연히 독성이 있거나 암을 유발하거나 약물에 내성이 있는 새로운 유기체를 만들어 풀 수도 있었다.

1974년 영향력 있는 과학자들이 데이비드 볼티모어의 암센터 사무실에 모여 새로운 기술의 모든 잠재적 이용 및 오용 가능성을 차단하는 규정을 마련할 시간을 확보하기 위해 미국 내 대부분의 재조합 DNA 연구를 2년간 중단하는 데 동의했다. 그리고 2년 후 1976년 캘리포니아 몬테레이만의 아실로마르[247] 콘퍼런스 센터에서 나흘에 걸쳐 진행된 열띤 토론 끝에 150명의 과학자, 변호사, 정부 보건 당국자들은 위험 병원균이 유출되는 일이 없도록 재조합 DNA를 다루는 실험실을 P1에서 P4까지의 4단계로 봉쇄하는 기준을 마련했다.

1976년 국립보건원이 해당 기준을 최종 승인하기 직전, 낸시의 전

상사였던 마크 프타신이 하버드 바이오랩 3층에 P3 봉쇄 실험실을 만들자는 제안서를 제출했다. 이때 그는 화려한 대중영합주의자였던 당시의 시장 알프레드 벨루치와 맞서게 되었다.

이스트 케임브리지에서 자란 벨루치[248]는 6학년 때 학교를 중퇴한 후 자전거로 하버드 학생들에게 전보를 배달했다. 면허를 따고 처음으로 한 일은 트럭에서 초코바를 파는 일이었고, 학교 위원회의 첫 공직에 입후보했을 때는 샌드위치 가게를 하고 있었다. 벨루치는 지역 주민의 억양을 구사했고, 세금을 내지 않는 대신 기부금, 지역 봉사 활동, 주민을 위한 일자리 등을 제공하기로 되어 있는 대학에 반감을 품고 있었는데, 이게 다가 아니었다. 그는 언젠가 "존 하버드라는 사람은 개신교 신학에 관한 형편없는 책 6권을 기증한 것 외에는 케임브리지에 해 준 것이 아무것도 없다"라고 말한 적도 있었다. 1960년대에는 시의원으로서 연방 도시 재개발 기금으로 찰스강 변의 하버드 기숙사들을 철거하고, 하버드 야드 아래에 주차장을 만들 것을 제안했다. 그리고 그 주변 지역의 이름을 크리스토퍼 콜럼버스 스퀘어로 바꾸자고 시의회를 설득하기도 했다. 우스꽝스러운 고딕 양식의 하버드 램푼 건물에서 일하는 편집자들에게도 특별한 반감을 표했다. 그는 건물이 빗자루를 탄 마녀처럼 보인다 했고, 건물을 공중화장실로 정하는 시 조례를 통과시키려고도 했다.

마크의 제안은 도시를 갈라놓기 전에 먼저 바이오랩의 교수진들을 갈라놓았다. 노벨상 수상자이자 1969년 3월 4일 MIT에서 열린 반전 시위의 주최자였던 조지 월드[249]는 재조합 DNA 실험을 맨해튼 프로젝트처럼 사막에서 하거나 적어도 인구가 밀집된 도시에서는 하면 안 된다고 주장했다. 월드는 벨루치에게 힘이 되었다. 벨루치는 DNA에 대해 들어 본 적도 없었고 그의 표현대로 "흰 가운 입은 사람들"에게 휘둘리고 싶지 않았다.

시장은 미국 독립 200주년을 기념하기 직전인 1976년 6월에 공청회 개최를 지시했다. 마크의 제안은 하버드를 위한 것이었지만, 도시가 어떤 조처를 하든 그것은 MIT, 특히 이미 실험실을 마련한 암센터에 더 심각한 영향을 미칠 터였다. 시청은 매사추세츠 애비뉴를 따라 MIT와 하버드의 중간쯤에 있었는데, 공청회가 열리던 날 밤 그곳의 대회의실은 2층까지 사람들로 가득 찼다.

"전문 용어의[250] 사용을 자제하십시오." 벨루치 시장이 의회 자리 맞은편 테이블에 앉아 있는 마크와 다른 과학자들에게 지시했다. "이 방에 있는 우리 대부분은 일반인입니다. 우리는 당신들의 말을 이해하지 못해요. 그러니 우리가 무슨 말을 하는지 알아들을 수 있도록 상세히 설명해 주십시오."

과학자들은 재조합 DNA가 암을 치료할 수도 있다고 증언했지만, 시의회 의원들은 그것이 하수구로 흘러 들어가 전염병을 일으킬 수도 있음을 걱정했다. 그중에는 돌연변이 미생물이 마을 전체를 파멸시키는 마이클 클라이튼의 스릴러 소설을 원작으로 한 영화 〈안드로메다의 위기〉를 최근에 본 사람도 있었다. 벨루치는 새로운 과학이 불치병이나 실제 프랑켄슈타인을 만들어 낼까 봐 크게 걱정했다. 그는 DNA 연구를 2년 더 중단할 것을 제안했다.

"이것은 정말로 심각한 문제입니다, 선생님." 벨루치가 두꺼운 검은색 테가 둘린 안경을 통해 마크를 응시하며 말했다. 그런 다음 뒤늦게 마크의 옆자리에 앉아 있던 국립보건원의 생화학자인 맥신 싱어를 의식하고는 "부인"이라고 덧붙였다.

의회는 대신 3개월간의 연구 유예를 명하고 실험실의 재조합 DNA 연구를 허용해야 할지 말지를 검토하기 위한 케임브리지 실험 검토위원회를 설립했다. 수녀와 간호사 등 9명의 시민으로 구성된 위원회는 그해 남은 기간 동안 매주 두 차례 회의를 열었다. 필 샤프는 그들에게 암센터의 5층 연구실을 소개하며 아실로마르 콘퍼런스 센터에서 진행된 협의 이후 마련된 안전 예방책을 보여 주었다. 위원회는 증인으로 참석한 생물학자들과 함께 모의재판을 진행했고, 논쟁의 양측에 서 있던 과학자들은 거리에 부스를 설치해 대중의 마음을 움직이려 애썼다. 1977년 초 이기적 교착 상태에 빠질 수 있었던 이 논쟁은 주로 국립보건원의 지침을 모델로 한 미국 최초의 지자체 생물 안전 조례를 탄생시켰다.

재조합 DNA는 곧바로 완전히 새로운 산업을 만들어 냈다. 생명공학 산업이라고 할 만한 것이 없었던 1977년, 과학자들은 이 기술 덕분에 한때 사형 선고로 여겨졌던 질병을 치료할 수 있는 단백질을 대량 생산할 수 있게 되었다. 과학자들과 벤처 자본가들은 캘리포니아대와 스탠퍼드대에서 라이선스받은 기술을 사용해 1976년 샌프란시스코에 제넨텍을 설립하고 1978년 재조합 DNA를 이용해 인슐린과 인간 성장 호르몬을 생산했다. 같은 해 두 벤처 자본가―한 사람은 MIT 출신이었다―가 필 샤프와 아직 하버드에서 근무 중이던 월리 길버트에게 연락해 바이오젠이라는 회사의 설립을 제안했다. 이들은 켄달 스퀘어에 사무실을 차리고 간염 감염을 막기 위한 단백질 항원과 알파 인터페론을 개발하기 시작했다.

　최고의 지성인들은 늘 학계를 선망해 왔기에 생물학자들은 산업을 속물적인 것으로 보았다. 일부는 생명공학 산업이 양쪽 해안에 있는 이 2개의 회사 이상으로는 성장하지 못할 것으로 예측했다. 하지만 실제로는 점점 더 많은 회사가 분열되고 복제되면서 생물학자들은 산업을 속물적인 것으로 보던 시각을 버리게 되었고 켄달 스퀘어는 세계 생명공학의 수도가 되었다.[251] 켄달 스퀘어는 개발자들에게 인적이 드문 땅과 높은 천장과 튼튼한 바닥을 갖춘 빈 창고를 제공했다. 연구실과 제조 시설에 필요한 중장비를 설치하기에 완벽한 곳이었다. 그리고 바이오젠이 최초의 재조합 DNA 연구를 위해 처음으로 시에 허가를 신청하는 서한에서 언급했듯이, 켄달 스퀘어에는 1976년 여름과 가을을 지나는 동안 타결을 본 규정이 있었다. 하지만 다른 지역의 사람들에게 그 제조 공정은 미심쩍은 것이었다. 기업들은 상수도를 오염시키지 않는다는 점을 지자체 공무원에게 설득해야 했고, 대중은 이에 반발할 가능성이 컸다. 반면 케임브리지에서는 모두가 이미 그 게임의 규칙을 알고 있었다. 마크 프타신은 동료들과 함께 보스턴, 그다음에는 서머빌에서 그들의 새로운 회사인 제네틱스 인스티튜트의 본사 자리를 알아보았는데, 케임브리지에서 불과 몇 마일 떨어진 곳인데도 저항에 부딪혀야 했다. 결국 이들이 자리 잡은 곳도 케임브리지였다. 1982년 비니가에 있는 바이오젠 본사에서 리본 커팅식이 열렸을 때 바이오산업은 이미 작은 무리를 이루고 있었고, 벨루치 시장은 세금을 내는 한 재조합 DNA는 걱정할 필요가 없다고 선언했다.

　대학들, 특히 MIT는 이 새로운 산업과 깊이 얽히게 되었다.

1980년대 들어 두 자릿수 인플레이션의 압박을 받게 되었을 때 MIT의 새 총장 폴 그레이는 80년대가 "축소되는[252] 풍요와 하락하는 기대치"의 시기가 될 것이라고 경고했다. 학생들은 취업에 더 유리할 것 같은 학과로 몰려들었다. 학부생들이 3명 중 1명꼴로 전기공학과와 컴퓨터과학과를 선택하자 이들 학과의 등록률은 10년도 안 되는 기간에 2배로 증가했다.[253] 정부의 연구비 지원이 계속해서 줄었기 때문에 그레이는 교수진에는 더 많은 연구 보조금을 신청하고 대학에는 민간 산업으로부터 더 많은 자금을 확보하도록 "끊임없는[254] 압박"을 가했다. 1982년에 이르러 산업계의 후원금[255]은 MIT 연구 예산의 10%인 2,000만 달러를 차지하게 되었는데, 이는 5년 전의 3배에 달하는 금액이었다.

엑손이 MIT에 연소 연구를 지원하고 듀폰이 하버드 의대의 분자유전학 연구를 지원하면서, 교수진은 이해의 충돌, 즉 기업과 과학자들이 중요한 문제를 해결하기보다는 돈을 벌 수 있는 제품을 개발하는 쪽에 더 끌릴 것을 걱정했다. MIT에서 평생을 일한 삼촌 같은 엔지니어였던 그레이 총장은 이러한 우려를 일축했다. 미국 최초의 산업 혁명을 주도하는 데 일조한 MIT는 이제 정보 기술과 생명공학 기술로 인한 두 번째 산업 혁명을 주도하는 데도 일조할 것이었다.

1982년 메인스트리트의 암센터 맞은편에 또 다른 건물이 들어섰다. 한때 나사 건물을 위해 지정되었던 부지에 세워진 그 건물은 잭 화이트헤드의 꿈이었다. 바이오 분석 장비를 팔아 큰 부자가 된 그는 "생의학 연구의 타지마할"을 만들겠다는 부푼 꿈을 품고 데이비드 볼티모어에게 접근했다. MIT는 새로운 화이트헤드 연구소가 생명과학의 형세를 바꿀 것이라고 선언했지만, 생물학과 사람들 모두가 이것이 좋은 일이라는 데 동의한 것은 아니었다. 화이트헤드는 연구소를 짓고 연구비를 지원하기 위해 브라운대학의 전체 기부금보다 많은[256] 1억 3,500만 달러를 기부했고, 그의 자녀들과 함께 이사회에 참여해 연구소를 직접 운영했다. 그는 교수진을 고용하고 연구소에서 나온 모든 발견에 대한 특허를 소유했지만, 수익은 대학과 반으로 나눴다.

예산 부족에 직면한 그레이 총장은 화이트헤드의 기부금으로 대학이 감당하기 힘든 연구비를 충당할 수 있을 것이라고 말했다. 그는 그해 9월 대학 보고서에서 "MIT는 지적, 교육적 목표를 뒷받침할 새로운 방법을 만들어 내는 데 능숙하다"[257]라고 썼다. 화이트헤드 연구소의 공사가 시작되기 전부터 MIT와 다른 기관들은 의회를 압박해 대학이 연방 정부의 지원금을 받고 거둔 성과로 특허를 획득하고 수익을 낼 수 있게 하는 바이-돌 법Bayh-Dole Act 을 통과시키는 데 성공했다. 기술은 새로운 기업가적 대학을 탄생시켰다.

──────────── 더 많은 바이오 기업들이 생겨났지만, 낸시는 그러한 산업에서 일하는 여성들을 전혀 상상할 수 없었다. 이제 막 회사를 시작한 필은 낸시에게 투자자들, 즉 사업가들은 여자들과 일하는 것을 원치 않는다고 했다. 낸시와 필은 여전히 사무실을 나란히 두고 있었다. 낸시는 필을 좋은 친구로 생각했고, 그의 말이 옳다는 것을 알았다. 그녀는 많은 남성이 여전히 여성을 전문가로 보지 않는다는 것을 알고 있었다. 배제되는 것에도 놀라지 않았다. 이 업계가 여성에게는

금지된 영역이라는 것을 알았기 때문이다. 낸시는 현실을 있는 그대로 받아들였다.

어떤 측면에서 여성들은 혁명적인 발전을 이루었다. 1979년[258] 여성은 처음으로 미국 대학생의 절반을 차지했고, 그 비율은 계속 증가했다. '24시간 일하는 여성을 위한 8시간 향수'라는 엔졸리의 텔레비전 광고에는 윤기 나는 금발의 여성이 등장해 퇴근길에 베이컨도 사서 구울 수 있다고 뽐냈다. 15년 전 베티 프리단이 말했던 교외의 절망은 엄마들에게 서류 가방을 쥐여 주고 출퇴근하게 함으로써 치유될 수 있었다. 적절한 향수와 함께라면 이들은 빨래를 개고, 아침을 만들고, 아이들에게 뽀뽀해 주고, 침실에서 기대에 보답할 시간까지 낼 수 있었다.

언급되지 않은 것은 '베이컨'이 여전히 얇게 썰렸다는 것이다. 여성은 같은 위치의 남성이 1달러를 벌 때 62센트[259]를 벌고 있었는데, 이는 1963년 동일임금법이 서명되기 전에 여성이 집으로 가져간 돈보다 고작 2센트 많은 돈이었다. 엔졸리 광고가 나온 해인 1979년, 성평등 헌법 수정안은 3개 주의 비준이 모자라 무효화 되었다.

1980년 제인 폰다는 보스턴의 한 여성 직장인 모임에서 들은 이야기를 바탕으로 인기 영화 〈나인 투 파이브〉를 제작하고 주연으로 출연했다. 코미디와 환상이 어우러진 영화 속에서 직장 여성들은 자신들의 아이디어와 존엄성을 훔친 상사를 묶은 뒤, 임금 인상, 승진, 직무 분담, 사내 탁아소 운영 등 현실 속 여성에게 아직 흔치 않은 혁신을 통해 복수를 단행했다. 다음 해 샌드라 데이 오코너가 미국 역사상 최초의 여성 대법관이 되었을 때는 미국의 10가구 중 9가구[260]가 그녀의 인준 청문회를 시청할 정도로 기존 질서에 큰 충격을 주었다.

1979년 MIT는 실라 위드널을 최초의 여성 교수로 선출했다. 그해 데이비드 봇스타인은 낸시에게 유전학 학부 강의를 그와 함께 맡을 생각이 있는지 물었다. 이 대규모 강의는 하기 힘든 것으로 유명했다. 일단 내용이 어렵고 직관적이지 않았으며, 학생들이 신랄한 교수 평가를 통해 교수들에게 불만을 토로하는 일이 자주 있었기 때문이다. 학과에서 가장 저명한 교수 중 몇몇도 이 강의를 맡으려다 포기했었다. 하지만 낸시는 복잡한 개념에서 핵심만 뽑는 유능한 강사로 이름나 있었다. 유전학은 생물학과 학생들에게 필수 과목이었으므로 이를 가르치는 데는 위신도 따랐다. 낸시는 바로 봇스타인의 제안을 승낙했다.

봇스타인은 생물학과장인 진 브라운의 승인을 구하겠다고 했지만, 며칠 후에 돌아와서는 학과장이 그 생각에 반대한다는 소식을 전했다. 진은 낸시가 훌륭한 교수라는 데는 동의했지만 학부생들이 여자가 전달하는 과학적 지식은 신뢰하지 않을 것이라고 말했다. 일대일로 학생들의 결과 해석을 돕는, 형식에 얽매이지 않는 실험 과목을 가르치는 것과는 또 다른 문제였다. 대규모 강의라면 학생들은 그녀를 진지하게 받아들이지 않을 것이다. 학생들은 낸시의 권위에 도전하고 어쩌면 굴욕감을 줄 수도 있었다.

다시, 낸시는 이것이 현실임을 받아들였다. 마음속으로 그녀는 학생들 앞에서 창피를 당하지 않게 해 준 진에게 고마웠다. 낸시는 진이 좋은 강의에 얼마나 마음을 쓰는지 알고 있었고, 그는 늘 그녀를 보살펴 주었다. 그녀는 학생들이 여성 교수를 어떻게 인식하는지에 대한 그의 말이 옳다고 생각했다. 교수진에는 여전히 여성이 거의 없었다.

5층에서의 고립감과 스트레스가 계속되었지만, 드디어 낸시는 해결책을 찾았다. 바로 자신만의 연구실을 만드는 것이었다. 하지만 그런 곳을 찾는 일은 쉽지 않았다. 진은 암센터 건너편에 있는 생물학 건물에서 교수 1명이 은퇴해 비게 된 연구실을 제안했지만, 그 건물에는 바이러스를 연구하는 사람이 아무도 없었다. 따라서 그곳에서 일하려면 보조금을 마련해 연구실에 필요한 전문 설비를 따로 갖춰야 했는데, 그 일을 단독으로 할 엄두가 나지 않았다. 그러자 진은 낸시에게 암센터의 3층으로 옮기는 것은 어떨지 제안했다. 살바는 그 생각에 동의하지 않았다. 3층은 교육용 실습실로 지어졌기 때문에 낸시가 이사하면 그녀의 연구실은 유일한 연구실이 될 것이고, 게다가 필요한 장비를 사용하려면 그녀와 학생들이 다른 층으로 이동해야 했다. 필은 낸시에게 이사가 그녀를 더욱 고립시킬 수 있다고 조언했다. 하지만 낸시는 누가 자신의 세포, 장비, 결과물을 훔쳐갈까 늘 걱정하며 어깨너머로 주위를 살피느라 연구에 집중하는 것이 점점 더 어려워지고 있었다. 편두통도 생기기 시작했다. 낸시는 벗어나고 싶었다. 마침내 그녀는 3층으로 이사하기로 마음먹었다.

"말씀드리기에[261] 좀 이를 수 있지만, 이곳에서 작은 기적이 일어나고 있는 것 같습니다." 낸시가 짐 왓슨에게 썼다. "5년간 저를 짓누르던 짐을 처음으로 덜 수 있을 것 같다는 소식을 전하게 되어 기쁘네요." 새 연구실에 출근하는 첫날 엘리베이터를 타고 3층에서 내리는 순간, 그녀는 온몸의 근육이 부드러워지고 다시 가벼워지는 것을 느낄 수 있었다.

하지만 암센터 내에서의 갈등을 완전히 피할 수는 없었다. 1980년 진은 낸시에게 생물학과에서 면역학자인 스스무 도네가와 Susumu

Tonegawa를 채용하기로 했다는 것, 도네가와가 3층에 있는 유일한 다른 교수가 될 텐데도 낸시는 회의에 초대되지 않았다는 사실을 털어놓았다. 도네가와를 채용하도록 데이비드 볼티모어를 설득하는 데 어려움을 겪고 있었던 살바는 낸시가 회의에 참석하면 볼티모어가 절대 자기 말을 들어주지 않을 것이라고 걱정했다. 진이 이 말을 전했을 때 낸시는 울음을 터뜨렸다. 일하는 동안 다른 사람 앞에서 운 적은 이때가 처음이었다. 그녀가 종신 재직권을 얻었을 때 한 동료는 마치 종신 재직권이 호감의 문제인 것처럼, 동료 간의 협력이 부족하다는 그녀를 둘러싼 그 모든 소문이 전혀 문제였던 적이 없는 것처럼 "네가 종신 재직권을 얻은 건 당연해. 모두가 널 좋아하잖아"라고 말했었다. 하지만 지금 낸시는 그녀가 몸담은 분야에서 가장 중요한 사람이 그녀가 회의에 참석하는 것을 못 견딜 정도로 그녀를 싫어한다는 것, 전체 학과가 그 사실을 알고 있다는 것을 다시 한번 상기하게 되었다. 그것은 굴욕적이었다.

그래도 새로운 공간에서 낸시는 실제 과학, 호기심이 주는 설렘, 무언가를 알아내는 데서 오는 짜릿함 등 그녀가 생각하는 본연의 과학으로 돌아갈 수 있었다. 그녀는 5층에서 하던 쥐에게 암을 일으키는 레트로바이러스의 유전자 지도를 작성하는 일을 계속했다. 암센터 내에서의 모든 갈등에도 불구하고, 그녀는 MIT 외부, 국립보건원과 슬론 케터링 병원에 많은 동료와 협력자가 있었다. 그중 1명인 에드 스콜닉과는 래드클리프 졸업생인 그의 아내가 《래드클리프 계간지》에 실린 낸시의 글을 읽고 그에게 추천한 뒤 절친한 친구가 되었다. 그들은 둘다 종양 바이러스를 연구했다. 국립보건원에서 일하던 에드는 과학계에 더 많은 여성이 진출하는 것에 관심이 있었기에 낸시에게 와서 그녀의 연구에 관해 강연해 달라고 요청하기도 했다. 국립보건원의 저명한 바이러스학자인 월리 로우와 자넷 하틀리는 바이러스와 숙주 세포 사이의 상호 작용을 연구하기 위해 낸시를 찾았다. 그들의 실험실에는 쥐가 가득했고, 덕분에 낸시는 쥐를 사거나 기를 필요 없이 동물 연구를 계속할 수 있었다.

이제 다양한 유형의 바이러스가 다양한 유형의 암을 유발할 수 있다는 사실은 널리 알려져 있었다. 과학자들이 풀어야 할 수수께끼는 그 이유와 방법이었다. 바이러스가 얼마나 잘, 얼마나 빨리 증식하느냐에 따라 많은 것이 달라졌다.

닭 레트로바이러스 연구에 따르면, 바이러스는 기본적으로 정상 유전자 옆으로 이동해 자신의 유전자를 삽입함으로써 정상 유전자를 암을 일으키는 유전자로 바꾸고, 원발암 유전자(정상 유전자 중 돌연변이나 과발현을 통해 발암 유전자로 변환될 수 있는 유전자—옮긴이)를 발암 유전자로 바꿔 세포들을 암세포로 만들었다. 핵심은 프로모터로 알려진 것, 즉 유전자 옆에 살면서 그들의 발현을 조절하는 온/오프 신호에 있는 것으로 보였다.

하지만 1980년대 초 원숭이 바이러스를 연구하던 과학자들은 신호가 강한지 약한지에 따라 유전자 발현의 수준을 결정하며 활성화된 유전자에서 멀리 떨어져 있을 수 있는 DNA 서열, 이른바 '인핸서 enhancer'라는 또 다른 수준의 복잡성을 발견했다. 이는 인핸서가 정상 유전자의 과발현에 책임이 있을 수 있다는 가능성을 제기했다.

낸시는 한 걸음 더 나아갔다. 바이러스가 어떤 유형의 세포에서 가장 잘 자랄지, 그에 따라 바이러스가 어떤 종류의 암을 유발할지에 대한 결정에 인핸서가 영향을 미칠 수 있을까? 윌리 로우는 아닐 것으로 추측했다. 닭을 대상으로 한 실험에서 이는 사실로 입증된 적이 없었기 때문이다. 하지만 그들은 쥐의 바이러스를 연구하고 있었다. 쥐는 달랐고 인간과 더 많은 유전자를 공유했다. 그들은 낸시의 가설을 시험해 보기로 했다.

낸시의 연구실에서 일하는 박사 후 연구원이 서로 다른 유형의 백혈병을 유발하는 두 바이러스의 끝부분—프로모터가 있는 서열인 긴 말단 반복 배열long terminal repeat, LTR—을 교환했다. 즉 T세포 림프종을 유발하는 바이러스의 서열을 적혈구 백혈병을 유발하는 바이러스의 말단으로 바꾸고, 그 반대로도 바꿨다. 윌리와 자넷은 새로운 바이러스들을 쥐에 주입했다. 결과는 낸시의 직감대로였다. 서로 다른 서열은 서로 다른 두 가지의 암을 유발했다.

이 실험[262]은 인핸서가 쥐 레트로바이러스의 암 유발 여부를 제어하는 것 이상으로 조직 특이성을 결정할 수 있다는 최초의 증거를 제공했다.

스펜스 출신답게 낸시는 겸손한 마음으로 이를 괜찮은 결과 정도로 여겼다. 실험이 자신의 직감을 증명했을 뿐만 아니라, 항상 그렇진 않았지만, 그 과정에서 모든 단계가 잘 진행되었기 때문이다. 낸시는 실험 결과 발표 논문에 대해 걱정했다—그녀는 늘 걱정이 많았다. 윌리 로우는 그녀에게 이번 연구로 중요한 진전을 이루었음을 더 대담하게 주장하라고 요구했고, 필은 이를 보다 명확하게 표현할 수 있는 새로운 제목을 찾아내는 데 도움을 주었다. "저희는 지금[263] 확실히 위험

부담을 안고 있습니다." 낸시가 짐에게 썼다. "월리 길버트는 걱정하지 말라고 했고, 이제는 과감해질 때입니다. 음, 하지만 우리 자신을 웃음 거리로 만드는 건 아닌가 하는 생각이 드네요(저는 잠도 잘 못 자요)."

낸시가 수석 저자로 올라간 이 논문은 1983년 7월 《국립과학아카 데미 회보》에 실렸다. 몇 달 후 필이 혼란스러운 얼굴로 복도에서 낸시 를 불러세웠다. "인핸서의 조직 특이성을 발견한 사람은 너라고 생각 했는데." 필은 "질병 특이성"의 면에서 인핸서의 역할을 설명하는 이 논 문의 제목을 지을 정도로 연구에 관해 잘 알고 있었다. 필은 볼티모어 의 박사 후 연구원 출신으로 이제 하버드 의대의 하급 교수가 된 빌 하 셀타인의 강연을 막 듣고 온 참이었다. "빌은 그걸 자기가 발견했대."

낸시는 하셀타인이 바이오랩에 짐 왓슨의 대학원생으로 있을 때부 터 그를 알고 있었고, 5층에서도 알고 지냈다. 낸시는 그가 자신의 연 구실이 쥐 바이러스에 사용한 것과 같은 접근법을 택한 것이 좀 이상 하다고 생각했다. 일반적으로 연구원들은 박사 후 연구원 시절에 했던 연구를 계속 이어 했으므로, 볼티모어 연구실의 다른 많은 이들처럼 하셀타인도 레트로바이러스의 복제를 연구해 왔다. 하지만 낸시가 하 는 것과 같은 연구를 하는 것은 그의 권리였고, 이는 낸시를 약간 으쓱 하게 했다. 그녀는 필의 말에 놀랐지만, 크게 신경 쓰지 않았다. 어쩌 면 그가 오해했을 수도 있었다.

그 후 낸시는 국립암연구소의 분자 바이러스학 책임자인 조지 코 우리에게서 전화 한 통을 받았다. 그는 곧 보스턴에 들르는데 그녀를 만나고 싶다고 했다. 인핸서를 처음 발견한 사람 중 1명이었던 코우리 는 해당 분야의 선도자로 꼽혔다. 낸시는 그를 잘 몰랐지만, 그가 월리

로우의 친구라는 것은 알았기 때문에 그가 연구에 관해 이야기하고 싶어 할 것으로 생각했다. 어쩌면 그와 흥미로운 결과를 공유하고 협력할 수도 있었다. 낸시는 그를 만날 생각에 신이 났다.

낸시와 나이가 비슷한 코우리는 잘생겼고, 활기가 넘쳤으며, 콧수염이 텁수룩했다. 사무실에 도착했을 때는 외투와 바지가 구겨져 있었는데, 낸시는 이를 진정한 과학자의 증거로 여겼다. 그는 친절했지만 바쁜 일정을 소화하는 중이어서 서둘러 요점으로 넘어갔다. 코우리는 빌 하셀타인이 인핸서에 관한 그녀의 발견을 자신의 공으로 주장하고 있다는 것을 알고 있었다. 프로답지 못한 그의 행동에 화가 난 코우리는 낸시에게 자신이 그 사실을 얼마나 안타까워하는지 말하고 싶어했다.

낸시는 무슨 말을 해야 할지 몰랐다. 그녀는 그가 이런 말을 하기 위해 약속을 잡았다는 사실과 그가 매우 점잖다는 사실에 놀랐다. 그녀는 그의 예의 바른 행동이 얼마나 보기 드문 것인지에 감탄했다. 낸시는 과학에서의 경쟁이 얼마나 치열한지를 이해했다. 이제 실제로 돈을 벌 수 있게 되면서 생물학 내의 경쟁은 더욱 치열해졌고, 저널 편집자[264]들은 저자들이 특허를 확보하고 난 후에야 연구 결과를 발표한다고 불평했다. 하지만 다른 과학자들이 자신의 연구 결과를 재현하고 확장하여 그 타당함을 확인하고 과학을 발전시키기를 바랐던 낸시는 관련 분야에 종사하는 많은 사람을 만나 연구 결과를 함께 논해 왔다―그들은 콜드 스프링 하버나 회의가 열리는 호텔의 바에서 만났고, 정기적으로 통화했다. 그러다 보니 콜드 스프링 하버에서 하셀타인의 박사 후 연구원 몇 명을 만나 자신의 연구에 관해 이야기를 나눈 적도 있었다.

하셀타인은 강 바로 건너편, 사실상 바로 옆집에 살고 있었다. 그는 낸시의 연구에 대해 알고 있었지만 그런 이야기를 하기 위해 낸시에게 연락한 적이 없었고, 낸시를 함께 이야기를 나눌 과학자 집단의 일원으로 생각하지도 않았다. 문제는 그것이었다. 하셀타인은 낸시를 동료로 대하지 않았다. 낸시는 그가 볼티모어의 연구실 출신인 것은 우연이 아니라고 생각했다. 다시 한번, 그녀는 집단 내에서 보이지 않는 존재가 된 기분을 느꼈다.

낸시는 조지 코우리와 다시 만나지도, 이야기를 나누지도 못했다. 나중에 안 사실이지만 그는 림프종에 걸려 1987년 43세의 나이에 세상을 떠났다. 하지만 그의 짧은 방문은 또 다른 돌파구의 씨앗을 심어주었다. 10년 동안 낸시는 MIT에서 겪은 문제의 근원이 5층에 있다고 생각했었다. 하지만 문제들은 그녀를 따라다녔다. 아이디어와 공을 둘러싼 갈등은 종신 재직권의 획득 여부나 학과 내 평판을 넘어 더 광범위한 영향을 미쳤다. 과학자의 발견은 곧 돈이자 해당 분야에서의 명성이기도 했다. 낸시는 누가 공을 인정받느냐 또는 가져가느냐가 어떤 연구 보조금을 지원받을지, 어떤 강연에 초대받을지, 어떤 회사에서 입사 제안을 받을지 또는 어떤 회사를 설립할지에 영향을 줄 수 있음을 알았다. 논문에서 처음으로 중요한 성과를 인정받은 사람은 다음 논문에서도 인용될 수 있었다. 낸시의 발견은 그녀에게만 속한 것이 아닌 것 같았다. 그 발견은 모두가 가져갈 수 있었다.

이제 낸시는 문제가 암센터나 MIT, 어쩌면 생물학에 있을지 모른다고 생각했다. 그리고 어쩌면, 그런 식으로 생각하긴 싫었지만, 자신이 여자라서 그런 문제를 겪는 것일 수도 있다는 의심이 들었다. 낸시는 MIT나 생물학, 또는 둘 다 그만둬야 할지도 모른다고 생각했지만, 그런 의심은 그녀를 지치게 했고, 그녀는 이미 지쳐 있었다. 낸시가 생물학 건물로 이사하지 않기로 한 이유는 그곳에 새로운 연구실을 마련하기 위한 지원금을 확보하기가 어려워 보였고, 새로운 분야나 새로운 기관으로 지원금을 받는 것은 더욱더 어려울 것을 알았기 때문이었다. 그녀는 자신이 MIT에서 일하는 것이 얼마나 행운인지, 자원과 명망이 있고 자신의 연구실에 배우고 일하고 싶은 열망으로 가득한 뛰어난 학생들이 있다는 것이 얼마나 행운인지 알았다.

낸시는 남자들이 다른 남자들의 공을 훔친다는 사실도 알았다. 봇스타인은 그녀에게 자신은 항상 그런 일을 겪는다고 말했다. 그녀는 이 분야에 거의 없는 여성에게서 공을 훔치기는 더 쉽지 않을까 생각했다. 하지만 그것을 어떻게 증명할 수 있겠는가?

코우리가 방문하고 얼마 후, 스스무 도네가와의 연구실에서 일하는 한 박사 후 연구원이 낸시의 발견을 아무렇지도 않게 하셀타인의 발견인 양 말했다. 하지만 낸시는 그의 말을 바로잡지 않았다. 그렇게 하는 것은 어쩐지 좀스러워 보였다. 일단은 다시, 그녀는 계속해서 앞으로 나아갔다.

13장

"느리고 점잖은
도둑질"

낸시는 여전히 연구실에서 늦게까지 일했지만, 30대 후반이 된 그녀는 연구실 밖의 삶도 잘 꾸려 가고 있었다. 낸시는 이제 MIT의 정교수였다. 그녀는 살바의 재정 고문이 추천한 재무부 채권으로 번 돈과 승진하면서 오른 급여를 모아 1980년에 처음으로 집을 구입해, 프레스콧 거리의 브룩과 함께 살던 임대 아파트에서 하버드 스퀘어 맞은편 천시 거리의 새로 수리한 빅토리아풍 아파트로 이사했다. 낸시는 어떤 것도 소유하고 싶지 않았고 집값도 상상 이상으로 비쌌지만—살바의 재정 고문은 그녀가 번 돈을 모두 낭비하게 될 것이라며 개탄했다—,개발자들이 도시 전역에서 아파트를 사들이고 있었기 때문에 집값이 더 치솟을 것을 걱정했다. 낸시가 성인이 되고 처음 갖게 된 아파트는 천장이 높고 벽면은 햇빛이 가득 들어오는 창문으로 둘러싸여 있었다. 그녀는 이 집이 지금까지 본 집 중 가장 멋지다고 생각했다. 서재에서는 나무 위의 집처럼 케임브리지가 내려다보였고, 침실에서는 봄이면 과일나무 꽃이 활짝 피어나는 정원이 내려다보였다.

1982년 8월 낸시는 MIT 도서관에서 아서 메릴이라는 남자를 만났다. 그는 뉴욕 시티코프(미국 시티뱅크의 지주회사—옮긴이)의 부사장이었고, 하버드 출신이었으며, 이혼했고, 낸시보다 스무 살이 많았고, 생명공학 강의를 청강하고 있었다. 그가 케임브리지를 떠나기 전 그들은 데이트를 한 번 했다. 낸시는 그를 하버드 스퀘어에 있는 피자 가게에 데려갔는데, 그는 피자를 처음 먹어 본다고 했다. 그리고서 다음 주에 그는 그녀를 뉴욕으로 데려갔다. 그는 준비해 둔 고급 리무진에 그녀를 태우고 라과디아 공항에서 포시즌스 호텔의 수영장이 딸린 식당까지 그녀를 안내했다. 그녀는 그때까지 경험한 것 중 가장 우아한 점심 식사를 대접받았다. 낸시가 공항으로 돌아가기 전 그들은 세계무역센터 맨 위층에서 술도 한잔했다. 이 열렬한 구애 끝에 몇 년간 지속된 장거리 연애가 시작되었다.

낸시는 과학자로 사는 삶에 대해 많은 사람에게 말하지 않았다. 그녀는 사람들이 독신 여성을 보면서 그들의 성생활은 어떨지 궁금해하는 것이 늘 신경 쓰였다. 그녀는 무성애자로 보이려 노력했고, 보수적인 옷차림을 했으며, 어떤 남자 친구와도 일과 관련된 파티에 함께 나타나지 않았다.

낸시는 그렇게 하면 남자들이 그녀를 더 진지하게 볼 것으로 생각했다. 하지만 그것이 늘 통하는 것은 아니었다.

1983년 6월 낸시는 벤저민 르윈의 만찬에 초대받았다. 그는《셀》저널을 창간한 뒤, 중요한 발견을 세상에 알리고 싶어 하는 과학자들을 위한 가장 권위 있는 플랫폼 중 하나로 빠르게 성장시켰다. 르윈은 그 자신이 분자생물학자였기 때문에 과학자들 사이의 불안감과 경쟁심을 이용할 줄 알았다. 그는 자신의 편집 권한으로 과학자들을 괴롭히거나 심하면 거부하기도 했다. 낸시는 그가 자신의 힘을 좀 과하게 즐긴다고 생각했지만, 그가 좋았고 벤저민과 마찬가지로 영국인인 그의 아내에게 매료되었다.

낸시는 도시를 떠나 있던 대학원 시절의 한 친구가 그 저녁 식사에 참석한다는 것을 알고 있었다. 웰즐리 교외에 있는 르윈의 집에 도착했을 때, 낸시는 MIT 출신인 동료 1명도 그곳에 와 있는 것을 보고 기뻐했다(아내는 없었다). 그는 길 건너편에 있는 생물학 건물에서 일했는데, 낸시는 그를 한동안 보지 못했었다. 낸시는 그가 최근에 무슨 연구를 하고 있는지 듣고 싶었다.

그가 집까지 태워다 주겠다고 제안한 뒤 그들은 천시 거리에 있는 낸시의 아파트 앞에 차를 대고 앉아 대화를 계속했다. 낸시는 대화에 너무 열중한 나머지 나중에 그가 어떻게 위층까지 올라왔는지 기억도 거의 하지 못했다. 그런데 문 안으로 들어서자마자 그는 낸시를 붙잡고 키스하려 했고, 그녀를 소파 쪽으로 밀어붙였다. 낸시는 그를 문 쪽으로, 문밖으로 밀어내려 했다. 그는 키가 크지도 덩치가 좋지도 않았기 때문에 낸시는 그가 특별히 힘이 셀 것으로 생각하지 않았다. 하지만 곧 그가 자신보다 힘이 세다는 사실을 깨닫고 말았다.

'나를 강간할 거야.' 낸시가 생각했다. 그는 술을 너무 많이 마신 것이 틀림없었다. 하지만 운전을 하지 못하거나 대화를 계속하지 못할 정도로 많이 마신 것은 아니었다. 그가 자신은 가끔 욕구를 통제하기 힘들 때가 있다며 정신 나간 소리를 하기 시작했다. 길에서 여자들을 보면 그냥 덮치고 싶다는 것이었다. '미쳤군.' 낸시는 생각했다.

그러다 그가 낸시를 소파 위로 밀쳤고, 그녀는 그의 밑에서 몸부림쳤다. 하지만 그가 진정되었다고 생각하고 일어서려 할 때마다 그는 그녀를 다시 붙잡았다.

몇 시간 동안 이런 대치가 계속되었다. 낸시는 학과장인 진 브라운이 이 사실을 알면 얼마나 당혹해할지 생각했다. 그녀는 이 남자를 집에 들이지 말았어야 했다며 자신을 탓했다. 하지만 낸시의 친구들은 대부분 남자였다. 그녀는 많은 남자를 집에 들어오게 했지만, 그동안 이런 짓을 한 사람은 아무도 없었다.

마침내 그가 시간과 알코올, 또는 좌절감에 지쳐 떠났다.

다음 날 낸시가 일어났을 때 입술에는 포진이 생겼고, 독감에 걸린 것처럼 오한이 났다. 그녀는 며칠 동안 집에 머물다가 뭔진 몰라도 귀까지 감염되었을 때 결국 의사를 찾았다. 낸시는 MIT 누구에게도 그 일에 관해 말할 생각이 없었다. 이야기를 듣는 사람 모두 그를 집으로 초대한 그녀를 먼저 탓할 게 분명했다.

몇 달 후 낸시는 콜드 스프링 하버에서 열린 세미나에서 대학원 시절의 친구를 우연히 마주쳤다. 그들은 블랙포드 홀의 현관 계단에 서 있었는데, 친구가 르윈 집에서의 파티가 정말로 재미있었다는 이야기를 꺼냈다.

낸시는 한참을 생각하다 말했다. "나한테는 끝이 그렇게 좋지 않았어."

그녀의 친구가 곧바로 대답했다. "무슨 일이 있었는지[265] 알 것 같다."

그는 낸시에게 그녀를 괴롭힌 그 동료가 자신이 아는 다른 여성도 성폭행하려 했다는 이야기를 들려주었다. 상황은 비슷했다. 그들은 콘퍼런스 참석차 함께 차를 타고 가는 중이었고, 여성은 그들이 연구에 관해 이야기할 줄 알았다. 그런데 그가 갑자기 차를 멈추더니 그녀를 덮쳤다.

낸시의 친구는 낸시와 그녀의 MIT 동료가 르윈의 집에서 대화에 열중하는 모습을 보고 이 일을 떠올렸다. 친구는 낸시에게 그와 함께 차에 타지 말라고 경고하려 했지만 그만 잊어버리고 말았다. 그가 호텔 방으로 돌아와 낸시에게 이 사실을 말해 주기 위해 르윈의 집에 전화를 걸었을 때는 이미 그녀가 동료와 함께 떠난 후였다.

낸시는 그 동료가 다른 사람을 공격할지 아닐지는 생각해 본 적이 없었다. 하지만 이제 그녀는 그가 같은 짓을 벌일 것을, 또 실제로 그렇게 했다는 것을 알았기에 MIT의 누군가에게는 이 사실을 알려야 했다.

최근 진 브라운의 뒤를 이어 생물학과장으로 부임한 모리 폭스는 생물학과에서 둘째가라면 서러워할 페미니스트였다. 그의 여자 형제 중 1명은 물리학 박사 학위를 받은 뒤 페미니스트 역사학자이자 과학 비평가가 된 에블린 폭스 켈러였고, 다른 여자 형제는 사회적 변화를 위해 대규모 붕괴를 주장한 정치학자이자 활동가인 프랜시스 폭스 피벤이었다. 낸시는 모리에게 동료의 이름을 밝히지 않고 무슨 일이 있었는지 조심스럽게 말하기 시작했다. 그녀는 그 동료가 다른 학생을 공격할 수도 있다는 생각이 들지 않았다면, 이 이야기를 꺼내지 않았을 것이라고 말했다. 모리는 그녀의 말을 집중해서 들었다. 누구였나요? 그는 알고 싶어 했다. 낸시가 그의 이름을 말했을 때 그는 놀라지 않았다.

낸시는 모리가 그 이야기를 다른 사람에게 했는지, 또는 그녀의 동료에게 그 사건에 관해 이야기했는지 더는 확인하지 않았다. 그녀는 자신이 할 수 있는 일을 다 했다고 생각했다. 다만 복도에서 그 동료를 발견할 때마다 다른 방향으로 걸어가 가장 가까운 계단으로 피했다.

            1980년대 초, 페미니즘 과학이라는 것이 등장했다. 학자들은 과학이 전통적으로 여성을 배제한 가치관을 바탕으로 남성에 의해 구축된 세계라고 주장했다. 과학은 객관적이고, 통제되며, 사실에 따라 움직였지만, 여성은 감정적이고, 예측 불가능했으며, 감정에 반응했다. 편견은 깊이 배어들어 있었다. 하지만 과학을 하는 사람들도 다른 사람들처럼 사회적 환경의 영향을 받았기 때문에 과학은 완전히 객관적일 수 없었다. 페미니스트 과학은 과학과 가치와 환경 간의 상호 작용을 인정했고, 여성이 선천적으로 과학 분야에 적합하지 않다는 생각을 포함해 생물학적 결정론을 거부했다.

하지만 페미니스트 과학은 대체로 여성이 과학을 수행하는 방식으로 특징지어졌는데, 이는 여성이라서 그렇게 할 수 있는 것이라는 생각을 강화할 뿐이었다. 1983년 모리의 여자 형제인 에블린 폭스 켈러가 바버라 매클린톡의 전기『생명의 느낌』을 출간했다. 책에서 바버라의 인정받지 못한 천재성은 그녀가 연구하는 식물 체계의 깊은 복잡성을 헤아릴 줄 아는 능력으로 정의되었다. 책은 신비로운 유전학자로 바버라의 명성을 쇄신했다. 마치 그녀가 홀로 식물과 친밀한 교감을 나누는 것처럼 말이다. 에블린의 반박에도[266] 불구하고 이 책은 바버라의 과학도 '여성 과학'이라는 증거로 받아들여졌고, 그녀를 페미니스트 아이콘으로 만들었다. 책 출간 3개월 후, 바버라는 노벨상을 받았다.

바버라는 노벨상 소식을 위해 콜드 스프링 하버로 몰려든 텔레비전 카메라에 움찔하며—그녀는 수상 소식을 들었을 때 "오, 이런"[267]이라고 중얼거렸다—자신의 업적이 낭만화되는 것을 거부했다. 낸시 또한 여성은 과학을 다르게 한다는 생각을 싫어했다. 그녀는 그것이 사실이라는 증거를 어디에서도 보지 못했고, 여성에게 "다르다"라는 말은 언제나 "더 못하다"라는 의미일 것으로 생각했다. 페미니스트 과학은 여성을 더욱 분리해 같은 분야에서의 경쟁을 더 힘들게 할 뿐이었다.

1984년 MIT는 인문학부에 여성학과를 신설하고 에블린과 설리 말콤(10년 전에 쓰인 흑인 여성 과학자의 '이중구속'에 관한 보고서의 주 저자)이 주역을 맡은 일련의 행사를 통해 학과를 정식으로 발족시켰다. 여성학과는 18세기 문학 교수이자 낸시가 피해 온 유형의 페미니스트 루스 페리가 이끌었다. 둘은 나이는 비슷했지만 완전히 달랐다. 낸시가 래드클리프에서 수학 수업을 들을 때, 루스는 코넬에서 포크송 클럽의 회장을 맡고 테네시주의 유권자 등록 운동과 켄터키주의 탄광 노동자 파업을 위한 기금 마련을 위해 밴드와 함께 공연했다. 이후 루스는 케임브리지 식품 조합, 핵 반대 시위, 인종차별 정책 및 이란-콘트라(레이건 행정부의 국가안전보장회의가 레바논에 억류된 미국인 인질을 석방할 목적으로 몰래 이란에 무기를 판매하고 그 대금의 일부를 니카라과의 콘트라 반군에 지원한 사건—옮긴이) 무기 판매 반대 시위를 조직하는 동시에, 메리 아스텔과 제인 오스틴의 초기 영국 페미니즘에 관한 책을 쓰기도 했다. 튜닉 위에 투박한 청록빛 액세서리를 한 루스는 학생들에게 오스틴의 영국 춤을 소개하고 '과학, 신화, 그리고 지식'이라는 제목의 콘퍼런스에서 살마군디(고기, 해산물, 달걀, 채소 등의 다양한 재료를 넣고 만든 차가운 요리나 샐러드—옮긴이)와 쑥국화 푸딩으로 18세기의 연회를 재현하는 등 열정적으로 학생들을 가르쳤다.

100여 곳의 대학이 여성학 학위를 수여하고 있었지만, 여성학은 여전히 널리 조롱당했다. 일례로 《뉴욕 타임스》는 그해 4월 "미국 대학에[268] 문제가 있는 학문이 하나 더 생겼다"라고 썼다. "학계의 힘 있는 많은 사람이 여성학이 소수집단 우대 정책과 공범 관계에 있는 것은 아닌가 의심하고 있고, 일부 젊은 여성들은 그러한 학문에 물든 사람처럼 보이지 않기 위해 그 분야와의 접촉을 피하고 있다."

MIT에서는 인문학도 늘 지위를 위해 투쟁했다—과학과 공학이 대학의 대표 스포츠라면 인문학은 클럽 스포츠였다. 루스는 이과대에 어떤 강의든 개설되지 않으면 여성학이 결코 진지하게 받아들여지지 않을 것을 알았다. 루스는 그녀의 새 학과를 위해 과학자와 엔지니어로 구성된 자문위원회를 만들었고, 낸시를 이 일에 참여시키고 싶어 했다. 루스는 낸시가 페미니스트가 아니란 것을 알았지만, 종신 재직권이 있는 여성 정교수는 거의 찾아볼 수가 없었다. 또 그녀는 낸시가 교육자의 자질이 있다고 생각했고, 희미하지만 그녀에게서 거침없는 기백도 느꼈다—루스는 하버드가 교수진에 적합한 여성을 전혀 찾을 수 없는 것 같으니 자신 역시 하버드에 한 푼도 내놓을 수 없다는 낸시의 말을 들은 적이 있었다.

낸시는 계속해서 루스를 만날 시간이 없다고 고집했다. 하지만 루스가 포기하지 않으리란 것을 알고는 그녀를 집으로 초대했다. 차를 마시는 동안, 루스는 낸시에게 이사회에 합류하도록 설득했다. 그런 다음에는 여성학 수업을 해 달라고 졸랐다. 이사회에 있던 또 다른 교수—남성 전기 공학자—는 저항하는 낸시를 나무랐다. "문화를 바꾸려면 모두가 참여해야 합니다." 그가 낸시에게 말했다. "물속에 노를 밀어 넣어야 한단 말입니다."

낸시는 생물학을 전공하지 않는 학생들에게 기본적인 분자생물학을 가르치는 것이 중요하다고 생각했다. 유전학의 혁명적 발전 이후 모든 사람이 유전학을 이해하는 것은 필수적이었다. 아서는 낸시의 생각을 지지했다. 그는 이 분야에 매료되었고, 학생들이 유전학과 관련된 중요한 결정, 특히 자녀 출산과 관련된 결정을 내릴 책임이 있는 세대에 속한다고 믿었다. 모리 폭스도 낸시의 생각을 마음에 들어 했다. 그래서 낸시는 단호히 자신은 페미니스트가 아니라고 선언하면서도, MIT 이과대에 첫 여성학 과정을 설계하고 가르치는 데 동의했다. 1987년 봄, 그렇게 생식생물학 수업이 시작되었다. 낸시는 새로운 생식 기술의 바탕이 되는 기본적인 분자생물학과 유전학을 가르쳤고, 루스는 그로 인해 제기된 윤리적 문제에 대해 강의할 페미니스트 철학자를 데려왔다.

수업은 대성공을 거두었다. 루스는 새 학과에 대한 신뢰를 얻었고, 낸시는 모든 생물학 강의 중 가장 좋은 평가를 받았다. 둘은 친구가 되었다─루스는 요리를 잘했고 낸시는 여전히 대부분의 식사를 F&T에서 했기 때문에 더 그렇게 될 수 있었다. 루스는 성이 지식의 구성과 과학의 이해에 어떻게 영향을 미쳤는지, 여성이 질문하고 연구하고 결과를 해석할 때 역사와 문학, 심리학이 어떻게 달라질 수 있는지를 보여 주며 낸시를 가르치기 위해 노력했다. 그녀는 낸시에게 자주 읽을거리를 제공했다. 낸시는 그 읽을거리들이 밀리 드레슬하우스가 여성 교수진을 위해 마련한 점심 식사보다 흥미롭다고 생각했지만, 그녀의 개인적인 경험과 관련해서는 더 깊은 공감을 불러일으키지 못했다. 대신 낸시의 관점을 바꿔 놓은 것은 그녀가 스스로 발견한 1권의 책이었다.

『로절린드 프랭클린과 DNA』는 『이중나선』과 상보적 관계에 있는 책으로, X선 사진을 찍어 왓슨과 크릭이 최초로 DNA 구조를 해독할 수 있게 도운 한 여성의 이야기였다. 저자인 앤 세이어는 프랭클린의 친구였다─그들은 프랭클린처럼 결정학자였던 세이어의 남편을 통해 만났다. 이 책의 목적은 프랭클린을 "세계에서 가장 훌륭한 실험 과학자[269] 중 1명"으로 확립하는 것이었다. 세이어에 따르면 프랭클린은 일찍 사망했을 뿐만 아니라 성별 때문에 그 역을 거부당했다.

왓슨의 이야기 속에서 로절린드는 "로지"였고, 왓슨에게 51번 사진을 보여 준 모리스 윌킨스의 조수였다. 로지는 고집스럽고, 딱딱하고, 전혀 여성스럽지 않았다─세이어는 그저 "괄괄한 여자"[270]라고 표현했다. 그녀는 립스틱을 바르지 않았고 옷에도 전혀 신경 쓰지 않았다. 왓슨은 로절린드의 강의를 들으면서 그녀가 안경을 벗고 머리를 좀 손보면 예쁠 것 같다고 생각했다.

하지만 세이어에 따르면 사실 로절린드는 모리스 윌킨스와 같은 직급으로 채용되었다. 그녀는 "늘" 립스틱을 발랐고 안경을 쓴 적도 없었다—"그녀는 시력[271]이 독수리와 같았다.". 사소한 오류였지만, 세이어에게 그 오류는 왓슨의 더 중요한 주장, 즉 프랭클린이 그 사진이 얼마나 중요한지, 또 사진이 보여 주는 구조가 나선형이라는 것을 깨닫지 못했다는 주장의 취약함을 증명하는 것이었다. 세이어는 왓슨이 들었던 강의의 노트를 인용했는데, 노트에서 프랭클린은 그 사진이 "여러 개의 사슬로[272] 이루어진 큰 나선"을 보여 준다고 결론지었다.

세이어는 "그녀는 거기에 밑줄을 그었다"라고 썼다.

세이어의 책은 10년 전인 1975년에 발표되었지만, 낸시는 당시 그 책을 읽지 않았었다. 그녀는 DNA의 이야기를 다 알고 있다고 생각했다. 짐의 책을 제일 먼저 읽은 사람 중 1명이었고, 그의 입을 통해 DNA에 관한 이야기를 직접 들었기 때문이었다.

책을 읽으면서 낸시는 '이건 내 이야기야'라고 생각했다.

로절린드는 그녀가 좋아했던 파리의 연구소를 떠나 영국에 도착했지만 환영받지 못했고 윌킨스와 만성적인 성격상의 갈등을 겪었다. 왓슨과 크릭이 술집에서 술을 마시며 아이디어를 주고받는 동안 그녀와 윌킨스는 분명히 2년을 함께 일했는데도 "단순한 대화조차[273] 나누지 못했다."

낸시는 짐의 이야기를 읽을 당시 대학원생이었지만, 이제는 20년이 넘는 실험 경력을 갖고 있었다. 그녀는 데이터를 모으는 것이 얼마나 힘든지, 실험을 제대로 하고 반복하는 데 얼마나 고된 노력이 필요한지 잘 알고 있었기 때문에, 프랭클린이 사진 1장을 얻기 위해 얼마나 많은 공을 들였을지 눈에 선했다. 그녀는 윌킨스가 왓슨에게 보여 준 사진을 찍는 데 사용한 장치를 만드는 데만 9개월을 썼고, 50장의 사진을 찍고 난 후에야 나선이 선명하게 찍힌 사진을 얻을 수 있었다.

세이어의 이야기 속에서 낸시는 더욱더 호감이 가고 친숙하게 느껴지는 한 여성을 보았다. 프랭클린은 열정적이었고, 타협하지 않았으며, 단호했다. "해결해야 할 중요한 문제[274]들이 있었기 때문이다." 그녀는 화를 잘 냈고, 자신과 다른 사람들의 나약함을 경멸했다. 20대에 그녀는 재봉틀 바늘이 무릎 관절에 깊숙이 들어갈 만큼 찔린 채 "혼자서[275] 꽤 먼 거리"를 병원까지 걸어간 적이 있었는데, 그녀를 진찰한 의사는 바늘에 그런 각도로 찔린 채 걷는 것은 그 누구도 불가능하다고 주장했다. 프랭클린은 그의 말에 웃었다.

프랭클린은 합리적이고, 객관적인 증거와 논리, 증명에 기대는 과학을 사랑했다. 프랭클린에게 과학은 단순히 하고 싶은 것이 아니라 해야만 하는 천직이었다. 프랭클린은 과학을 "가볍게 보는 이들"을 경멸했다. 그녀는 아이들을 사랑하고 원했지만, 과학과 가정을 꾸리는 일 중 하나를 선택해야 한다고[276] 믿었다. 그녀는 다른 여성 과학자에게 "두 가지 일을 서투르게 하는 것은 아무 소용이 없다"라고 말했다. 과학을 택한 프랭클린은 이러한 희생을 하면 "자신이 하나에만 전념" 하는 것으로 보일 것이고, 자신이 "여성 과학자"가 아닌 순수하고 명료하게 "과학자"로 보일 것으로 생각했다. "순전한 능력 외에는 아무것도 중요하지 않을 터였다."

프랭클린은 과학계에서 불이익을 받는 이유가 자신이 "여자"이기 때문이라는 사실을 어렴풋이 알아차리게 되었다. 하지만 그녀는 활동가가 아니었기 때문에 바버라 매클린톡이나 낸시처럼 페미니스트로 불리고 싶지 않았다. "그녀는 여자라는[277] 이유로 호의나 특권, 특별하고 관대한 판단 기준을 요구하지 않았다. 이는 그녀에게 평등은 당연한 것이었음을 의미한다." 세이어가 썼다. "그러므로 그러한 문제를 별도로 제기하는 것은 완전히 말도 안 되는 일이었다."

짐은 로절린드 프랭클린의 이야기 속에서 악당이었다. 하지만 세이어는 그를 전적으로 비난하진 않았다.[278] 세이어는 왓슨과 크릭이 프랭클린의 사진만으로 그 유명한 발견에 이른 것은 아니라는 사실을 알고 있었다. 사진은 퍼즐의 한 조각에 불과했다. 세이어를 화나게 한 것은 왓슨이 그의 책에서 로절린드의 진짜 성격을 잃게 했다는 것이었다. 그는 과학계에 자신이 설 자리가 있다고 생각하는 똑똑한 여성을 향해 경고성 이야기를 던졌고, 그 속에 그녀를 "사악한 요정"으로 등장시켜서 왜곡되고 정형화된 이미지를 만들었다.

세이어는 "지적인 여성이[279] 재능과 능력을 지적으로 사용하는 것은 자연의 질서에 대한 모욕"이라는 생각은 이상하거나 받아들일 수 없는 것이 아니었다고 썼다. 이러한 세상에서 남성은 태어날 때부터 천재였지만, 여성은 무시당하고, 제대로 인정받지 못하며, 공을 빼앗길 위험이 있어도 열심히 노력하는 수밖에 없었다. 세이어의 표현을 빌리자면 "이 느리고 점잖은[280] 도둑질"은 로절린드의 사진을 훔친 이후에도 계속되었다. DNA에 관한 박물관의 전시에서도, 백과사전에서도 그녀는 언급되지 않았다. DNA 구조의 해독에 있어서 또 다른 경쟁자였던 라이너스 폴링은 프랭클린의 사진과 분석에 대한 공로를 윌킨스에게 돌리는 기념 에세이를 썼다.

낸시는 짐을 비난할 수 없었다. 그는 자신이 프랭클린을 어떻게 보는지에 대해 솔직했다—그는 다른 남자들이 여자들에 대해 생각하는 것을 말했을 뿐이었다. 짐은 로절린드가 모르는 새 그 사진을 이용한 것을 인정했지만, 그의 책이 없었다면 이중나선의 발견에 그 사진이 어떤 역할을 했는지는 세상에 알려지지 않았을지도 모른다(『이중나선』이 출간되기 전인 1958년 프랭클린이 사망했을 때 《뉴욕 타임스》 실린 부고는 단 네 단락에 불과했고 그녀의 DNA 연구는 언급도 되지 않았다. 신문은 그녀를 담배 모자이크 바이러스를 연구한 학자로, "바이러스 질병281 및 유전학과 관련하여 핵단백질의 구조를 밝히는 선구자 집단 중 한 사람"으로 설명했다). 짐은 영국에 있는 동안 자신이 미숙했고 무감각했다는 점을 인정했다. 낸시가 어떻게 짐을 비난할 수 있었겠는가? 그는 그녀에게 과학자로 사는 삶 자체를 제공한 사람이었다.

하지만 프랭클린의 삶에 대한 글을 읽고 낸시는 크게 낙담했다. 낸시는 성별은 문제가 되지 않으며 실험만 잘하면 노벨상을 탈 수 있다고 믿고 싶었다. 하지만 세이어의 글에서 낸시는 그 반대를 보여 주는 분명한 증거를 발견했다. 어쩌면 로절린드 프랭클린은 살아 있었다면 노벨상을 받았을지도 모른다. 하지만 그녀는 왓슨과 크릭이 자신의 사진을 봤고 그 사진이 결정적 역할을 했다는 사실을 모른 채 세상을 떠났다. 낸시는 비극적이라고 생각했다. 세이어의 글은 낸시가 의심하기 시작했던 것을 확인시켜 주었다. 과학계에서 여성은 정당한 지위가 없다는 것, 그 결과 남성은 여성에게서 빼앗을 수 있고 앞으로도 계속 빼앗을 것이란 사실이었다.

낸시는 과학자를 위대한 사상가, 고독한 천재로 생각했다. 그녀는 자신이 얼마나 잘못 생각해 왔는지를 깨닫기 시작했다. 하지만 그러한 개념이 날조된 것이라 해도, 세계는 그러한 생각을 바탕으로 구축되었다. 그녀는 얼마나 많은 여성에게 천재의 역할이 허락될 수 있을지 궁금해졌다.

14장
소모품

_____ 1982년 4월, 전 생물학과장인 보리스 마가사닉이 워싱턴에서 메리-루에게 전화를 걸어 그녀가 미국에서 가장 권위 있는 과학 협회인 국립과학아카데미 회원으로 선출되었다는 소식을 전했다. 링컨 기념관에서 멀지 않은 거대한 대리석 건물에 본부를 둔 아카데미는 남북전쟁 당시 과학 정책 입안자들에게 해당 부문 지도자들의 조언을 제공하기 위해 설립된 단체였는데, 회원들은 이제 국립연구위원회와 다른 정부 기관에서 활동하고 있었다. 국립과학아카데미는 미국 전체 과학자의 약 0.5%[282]만이 회원 자격을 가진 엘리트 단체였고, 후보 추천과 선거는 매우 비밀리에 진행되었다—아무도 누가 후보 명단에 이름을 올렸는지 알 수 없었고, 후보자는 아카데미의 정식 발표가 있을 때까지 자신이 선출되었다는 사실을 알 수 없었다. 오래전 메리-루의 면접조차 거부했던 보리스는 흥분을 감추지 못했다.

메리-루는 이듬해 아카데미에 정식으로 취임했는데, 그 무렵 그녀는 미국 유전학회의 회장으로도 선출될 만큼 전문가로서의 위상이 점점 더 높아지고 있었다. 이어 1985년에는 미국예술과학아카데미 회원으로 선출되었고, 그다음 해에는 3명의 '갤의 소녀들' 중 처음으로 미국세포생물학회 회장으로 선출되었다. 그녀는 콜드 스프링 하버에서 10년 동안 분자세포 유전학 여름 강좌를 맡았다. MIT에서는 세포가 환경 내 스트레스 요인에 어떻게 반응하는지에 대한 연구를 계속했으며, DNA 손상 방지에 도움이 되는 염색체의 보호 말단인 텔로미어와 전이 유전자에 관한 연구도 진행했다.

유전학회의 회장을 맡았을 때 50세가 된 메리-루는 그해 12월 뉴델리에서 열린 국제 유전학 학술대회에 미국을 대표해 참석했다. 행사가 끝난 후 그녀는 세계에서 가장 가파른 산맥 중 하나인 히말라야 안나푸르나산맥에 오르는 오랜 꿈을 실현했다. 네팔 여행에는 MIT의 생물학과 교수 친구인 안나마리아 토리아니-고리니도 합류했다. 그녀와 함께 돌아오는 길에 메리-루는 카트만두의 붐비는 시장에서 불교 신들의 탱화를 그리고 있는 한 청년 예술가의 가판대에 들렀다. 메리-루는 그에게 자신이 유전학자라고 말했는데, 청년의 얼굴이 알겠다는 듯 환해졌다. "올해 어떤 노부인 유전학자가 노벨상을 탔더라고요." 그가 말했다.

그녀는 웃지 않을 수 없었다. 그 노부인은 30년 전 메리-루의 대학 교수들이 그녀에게 롤 모델로 제시했던 바버라 매클린톡이었다. 이제 매클린톡은 카트만두에서 화제가 될 정도로 주목받는 여덟 번째 여성 노벨 과학상 수상자였다. 하지만 여전히 캠퍼스의 여성들이 과학계에서 특히 최고 엘리트급의 롤 모델을 찾기란 쉽지 않았다. 40년 전 바버라는 국립아카데미에 선출된 세 번째 여성이었다. 메리-루가 국립아카데미 회원으로 선출되던 해 회원은 약 1,200명에 달했지만, 그중 여성은 5%도 되지 않았다.

1981년 MIT의 이과대학 학장은 현재 여성 교수는 19명[283]으로, 자신이 처음 부임했던 1967년보다 그 수가 크게 증가했다고 언급했다. 1967년 당시 여성 교수는 단 1명뿐이었는데, 그녀는 종신 재직권을 얻지 못했다. MIT의 새 총장인 폴 그레이가 학부생으로 MIT에 입학했을 때는 여성이 전체 학생의 2%도 되지 않았다. 학장으로서 셜리 앤 잭슨을 비롯한 흑인 학생 연합과 함께 캠퍼스 내의 다양성을 높이기 위해 노력했던 그는 이제 새로운 역할을 맡으면서 여학생 수를 늘리는 데 전념했다. 80년대 초 여학생은 전체 학생의 17%를 차지했지만, 1985년 그 수치는 22%로 증가했다. 신입생 중에는 27%[284]가 여학생이었다. 학부생들은 MIT 최초의 여학생회를 서둘러 조직하고, 졸업생들은 '기업에서 원하는 일자리 얻기: 비즈니스 세계 진출을 위한 여성 가이드'라는 제목의 새로운 독립 활동 강의를 여는 등 80년대에 여성들은 활발하게 자신들의 존재와 야망을 드러냈다. 1985년 밀리 드레슬하우스는 여성 최초로 교수진 중 가장 높고 권위 있는 직위인 인스티튜트 교수Institute Professor로 임명되었는데, 이 직위는 한 번에 단 12명의 교수에게만 주어졌다.

하지만 여전히 같은 해 교무처장은 연례 보고서에서 "최근 학교의 여성 및 소수자 채용 실적,[285] 특히 교수진 채용 실적은 미국 최고의 대학 중 하나가 보여야 할 수준이 아니다"라고 밝혔다. MIT는 계속해서 지원자들에게 학교를 "여성을 위한 곳"으로 홍보했지만, 여학생들은 이따금 캠퍼스에서 발견되는 광경에 놀라움을 금치 못했다. 매년 봄[286] 가장 소란스러운 기숙사인 시니어 하우스의 기숙사생들은 '스티어 로스트'라는 떠들썩한 주말 술잔치를 벌였다. 스티어 로스트는 기숙사 안뜰에 있는 도리아 양식의 기둥 아래에 화덕을 만들고 소 1마리를 통째로 구워 먹는 행사였는데, 이곳은 대학 총장의 거처로 사용되던 위엄있는 이탈리아식 건물과 코 닿을 거리에 있었다. 수백 명의 학생과 졸업생들이 행사장에 모여 지난 한 해 동안 가장 많은 여성과 잠자리를 한 시니어 하우스 기숙사생에게 '버진 킬러' 상이 수여되는 모습을 지켜보았다. 학기 초 등록일, 매사추세츠 애비뉴 반대편에서는 학생들이 운영하는 연속강연위원회가 가장 많은 사람이 모이는 장소인 크레지 강당에서 포르노 영화를 상영하는 전통을 이어 가고 있었다. 특히 캠퍼스 내의 유일한 여자 기숙사가 강당이 있는 잔디밭 바로 건너편에 있었기 때문에, 여학생들이 캠퍼스 곳곳에 붙어 있는 영화 포스터나 영화를 보는 사람들을 무시하기란 거의 불가능했다. 해양학이나 지구물리학처럼 이국적인 곳에서 현장 연구를 해야 하는 과학 분야의 남성들은 여전히 대학 사무실에 있는 동료들에게 상의를 벗고 상반신을 꽃으로 장식한 원주민 여성의 모습이 담긴 엽서를 보내는 전통을 고수했다. 여성들은 우편함에 쌓이거나 벽에 꽂힌 엽서들을 무시해야 했다.

많은 여성이 함께 즐겼고 어떤 여성들은 조용히 부글거렸다. 하지만 1983년[287] 전기공학 및 컴퓨터과학과의 한 여성 대학원생 그룹이 용기를 내어 자신들이 받은 모욕적인 대우를 상세히 보고서로 작성했다. 컴퓨터과학과는 캠퍼스에서 가장 인기 있고 경쟁이 치열한 학과

중 하나였다. 대규모 집적 회로의 개발로 더 작고, 더 빠르고, 더 보편적으로 사용할 수 있는 컴퓨터의 가능성이 열렸기 때문이다. 그 길을 선도하고 있던 MIT는 최근 IBM과 DEC사가 캠퍼스 전체에 컴퓨터 네트워크를 설치하기 위해 5,000만 달러를 투자하는 5년 계획의 '아테나 프로젝트'를 시작한 참이었다.

이 학과에는 남성이 여성보다 훨씬 많았다. 많은 남성이 여성의 직업적 헌신과 자격을 의심했고, 여성들이 데이트에 개방적이거나 적극적으로 데이트 상대를 찾고 있을 것이라고 짐작했다. 남성들이 여성들을 미국 최고의 공과대학 중 하나에 다니는 동료가 아닌 고등학생을 대하듯 대했기에(여성이 기술적 의견을 내놓으려고 하면 남성들은 "오, 제인"이라고 말했다), 여성들은 회의에서 무시당하고 방해를 받는다고 항의했다. 여성들은 이길 수 없었다. 학과 사람들은 공격적인 태도를 능력과 동일시했지만, 여성은 "조용하고 여성스러워야" 했고, 그렇지 않으면 "사회적으로 배척"당했다. 이 모든 것은 여성들이 불편한 관계에 신경쓰고 허용되는 행동을 찾아 아슬아슬한 줄타기를 하느라 일에 쏟아붓고 싶은 에너지를 낭비한다는 것을 의미했다. 일부 여성은 과에서 도전 과제를 던지는 자유 토론 시간에 더는 참석하지 않는다고 말했다. 그곳에선 배척되는 느낌만 더 받을 뿐이었다.

여성들은 이곳의 분위기가 다른 대학 컴퓨터과학과의 분위기보다 나쁘진 않다는 점을 인정했다. 하지만 MIT에는 예비 여학생들이 MIT 대신 다른 학교를 택하기에 충분한 "남성 위주의 문화"가 있었다. 여학생들이 작성한 보고서는 과에 카타르시스를 선사했다. 많은 남성이 이 문제를 논의하는 회의와 점심 식사 자리에서, 자신들의 행동이 여성들을 화나게 한다는 사실을 미처 깨닫지 못했다고 말했다. 그들은 더 잘하고 싶었다.

                 1987년 메리-루는 생물학과의 모든 신입 대학원생이 필수로 수강해야 하는 '방법론과 논리학'이라는 주요 과목을 가르치고 있었다. 교수 입장에서 대학원 수업들은 자신의 연구실에서 일하고 싶어 할지 모르는 학생들을 만날 수 있는 기회였으므로, 가장 중요하고 탐나는 수업으로 여겨졌다. MIT가 대학원생에 드는 비용을 연방 교육 보조금으로 교수들에게 지원했기 때문에, 대학원생은 학과에서 가장 탐내는 자원이기도 했다. 메리-루는 학과에서 이 과목을 가르치는 유일한 여성 교수였다. 그녀는 또한 논문 지도 교수와 갈등을 겪는 한 똑똑한 대학원생을 돕기 위해서도 노력—실패했다고 느꼈지만—했다.

그 대학원생은 1983년에 생물학과에 입학했다. 논문위원회의 일원이었던 메리-루는 그녀를 대학원생들이 1학년 말에 치르는 구두 예비 시험에서 아주 뛰어난 성적을 거둔 학생으로 기억하고 있었다. 1987년 그 학생은 위원회가 박사 학위 논문으로 합의한 프로젝트를 비교적 빨리 끝낸 뒤 이에 관한 논문 두 편을 발표했는데, 그중 한 편이 《셀》에 실렸다. 이제 그녀는 모두가 선망하는 하버드 의대의 저명한 교수 연구실에 박사 후 연구원으로 가게 되었다. 그래서 그곳으로 가기 전 몇 달 동안, 그녀는 MIT에서 아직 못다 한 일을 마무리하고 먼저 발표한 논문을 바탕으로 박사 논문을 작성해서 심사에 대비할 예정이었다.

하지만 그녀의 대학원 지도 교수는 그녀에게 다른 프로젝트를 맡기면서 그 프로젝트를 마칠 때까지는 졸업할 수 없다고 말했다. 지도교수인 프랭크 솔로몬은 이 새로운 프로젝트에 특별한 관심이 있었다. 그는 다른 대학의 경쟁자와 프로젝트의 성공을 두고 겨루는 중이었고, 경쟁에서 이기고자 했다.

교수가 맡긴 프로젝트에는 면역 전자 현미경을 사용해야 하는 등 그녀의 전문 영역을 벗어난 연구법이 필요했지만, 많은 것을 배우고 있고 재미도 있다고 스스로를 다독였다. 하지만 몇 달 후, 데이터는 불완전했고 프로젝트가 마무리되지 않을 것이 분명해졌다. 그녀도 프로젝트에 많은 관심이 있었지만, 이미 박사 후 과정에 늦어 있었다. 하버드 의대의 새 교수가 당장은 이해한다고 해도, 그가 언제까지 기다려주진 않을 터였다.

그녀는 프랭크에게 박사 후 과정의 시작이 더 늦어질까 봐 걱정된다고 설명한 뒤, 원래 합의된 대로 논문 심사와 박사 학위를 받고, 새 일터로 갈 수 없을지 물었다. 그녀는 박사 후 과정 동안 밤과 주말에 MIT로 돌아와 프랭크의 프로젝트를 마무리하고 다른 학생이 그 프로젝트를 이어 할 수 있도록 교육하겠다고 제안했다. 하지만 프랭크는 꼼짝도 하지 않았다. 그는 그녀에게 새 프로젝트는 그녀의 책임이며, 프로젝트가 끝나기 전까지 그녀가 논문 심사를 받는 일은 없을 것이라고 선언했다.

이 대학원생은 다른 많은 학생과 마찬가지로 프랭크가 좋아서 그를 지도 교수로 택했다. 그는 가족 중 처음[288]으로 고등학교를 졸업하고 하버드에서 역사학 학위를 취득한 뒤 분야를 바꿔 브랜다이스대학원에서 과학을 공부한 것을 자랑스러워했다. 그는 암센터에서 연구실을 운영하며 살바 루리아가 진행하던 문학 세미나[289]를 이어 가는 등 생물학과의 터줏대감 역을 했다. 프랭크는 대학원생들의 친구이자 상담자로 알려져 있었고, 개인적인 문제든 과학적인 문제든 학생들의 고민을 들어 주는 데 많은 시간을 보냈다. 그는 동료를 대하듯 학생들과 이야기했고 유머 감각도 좋았다. 그는 과학을 재미있어 보이게 할 뿐만 아니라, 학생들로 하여금 사회에서 과학이 갖는 더 고귀한 목적에 대해 생각하게 만들었다. 대학원 학생회는 이미 그에게 세 차례나 교수상을 수여한 바 있었다.

하지만 이 대학원생은 프랭크 연구실의 다른 대학원생들처럼 그에게 두 가지 성격이 있다고 믿게 되었다―그녀의 동료 중 1명은 그러한 특징을 성격 A와 성격 B로 불렀다. 한 성격은 사려 깊고, 친절하고, 따뜻했다. 하지만 다른 한 성격은 공격적이고 오만했다. 그는 언젠가 다른 대학에서 일하는 많은 과학자가 그저 "소모품"에 불과하다고 말한 적이 있었는데, 그녀는 그때 사람에게 그런 단어를 쓰는 것을 처음 들어 보았다. 그녀는 한 선배가 "프랭크는 정말 좋을 때도 있지만, 속을 뒤집어 놓기도 한다"고 털어놓은 것을 기억했다. 급기야 이 대학원생은 프랭크와의 대화 끝에 계단에서 울음을 터뜨렸다.

어떻게 해야 할지 몰랐던 그녀는 생물학과의 대학원장에게 가서 이러지도 저러지도 못하는 자신의 상황을 이야기했다. 이미 하버드에서의 박사 후 과정에 늦었는데도, 그녀는 프랭크가 새 프로젝트를 완료하기 위해 자신의 졸업을 인질로 삼고 있다고 느꼈다. 대학원장은 현자와 같은 미소를 지으며 대학원은 옛날의 봉건 제도와 같다고 말했다. 그에 따르면 지도 교수는 영주이고 대학원생은 농노였다.

"그럼 경찰은 어디 있나요?" 학생이 물었다. 대학원장의 미소가 사라졌다. 그는 다른 사람들이 그랬듯 박사 지도 교수인 프랭크는 오랫동안 그녀의 커리어에 영향력을 미칠 것이고, 사람들은 그녀가 일자리나 명예로운 자리를 얻으려 할 때마다 그의 의견을 구할 것이라고 말했다. 그녀는 모험을 해 보겠다고 말했다. 프랭크의 추천을 못 받아 생물학 분야에서 성공적인 커리어를 쌓을 수 없다면, 그녀는 과학계를 떠날 생각이었다.

이 학생의 아버지는 다른 대학의 뛰어난 과학자였다. 그는 매주 집으로 전화를 걸어 그녀에게 포기하지 말라고 말했다. "골치 아픈 상황이구나. 하지만 그런 사람들 때문에 낙담하진 말길 바란다. 다른 곳으로 옮기고 나면 서로에게 좀 더 잘하는 사람들을 만날 수 있을 거야." 그는 딸에게 프랭크가 그녀가 사실을 왜곡한다고 주장할 경우를 대비해 프랭크와 있었던 일과 나눴던 대화를 기록해 봉투에 봉한 다음, 그녀 자신에게 우편으로 보내 날짜가 적혀 있고 소인이 찍힌 증거를 확보해 두라고 말했다.

그녀는 그렇게 한 후 편지의 사본을 메리-루에게 가져가 서류철에 보관해 달라고 부탁했다. 그녀는 대화할 수 있는 여성이 있어서 기뻤다. 당시 학과에 여성 교수는 거의 없었고—56명의 교수진 중 여성 교수는 6명에 불과했다—, 그 숫자는 여학생들을 놀라게 했다. 학과 세미나에서 박사 과정의 학생들은 교수진이 내려다보이는 강당 발코니에 앉아 수많은 대머리를 보며 종신 교수가 되려면 머리카락이 없어야 한다고 농담하곤 했다.

대학원생은 메리-루에게 자신은 프랭크가 곤란해지길 원하지 않으며 그저 논문 심사를 마치고 커리어를 이어 나가고 싶을 뿐이라고 말했다. 메리-루는 예전에 자신이 열충격 실험에 대한 공을 인정받기 위해 분투했던 일을 떠올리며, 그 학생에게 자신도 선배의 서류철에 "그런 편지"를 보관해야 했던 적이 있었다고 말했다. 다행히 메리-루는 편지를 사용할 일이 없었고 학생도 그런 일이 없기를 바랐다. 메리-루는 편지를 안전하게 보관하는 데 동의했다.

메리-루는 프랭크를 좋아했다. 둘은 낸시가 종신 재직권을 따냈을 때 함께 파티를 준비했고, 프랭크는 메리-루가 국립아카데미에 회원으로 선출되었을 때 그녀를 위해 조촐한 저녁 식사를 준비해 주었다. 이제 프랭크도 종신 교수였다. 그들은 방법론과 논리학을 함께 가르쳤다. 하지만 메리-루는 그를 경계하기도 했다. 프랭크는 다른 사람들의 실수와 불행에 관해 이야기하는 것을 좋아하는 것 같았다. 메리-루는 그가 그녀에게 다른 사람들의 험담을 늘어놓는다면, 자신에 관해서도 뒤에서 쉽게 이야기할 수 있겠다고 생각했다.

메리-루는 또한 프랭크가 그 대학원생에게 빈약한 추론에 기반한 형편없는 문제를 냈다고 생각했다. 학생은 실험을 제대로 하기 위해 열심히 노력했고, 메리-루는 그녀가 프랭크의 가설이 유효하지 않다는 것을 보여 줄 만큼 충분히 했다고 생각했다. 메리-루는 학생의 또 다른 논문 심사 위원이었던 세포생물학자 리처드 하인즈를 찾아갔다. "제 생각에 이 학생은 실험을 더 안 해도 될 것 같아요." 메리-루가 그에게 말했다. 리처드는 그녀의 말에 동의했지만, 프랭크와 가까운 사이였기 때문에 그에게 반기를 드는 말을 하기를 꺼렸다. 리처드는 해결책이 될 수 있는 타협안을 하나 제안했다. 원래 프랭크는 그 학생이 1년간 더 머물기를 원했는데, 딱 한 학기만 더 머물면서 한 번 더 실험을 해보게 하자는 제안이었다. 실험이 실패하면, 학생은 제 갈 길을 갈 수 있었다.

몇 주 후 학생이 메리-루를 다시 찾아왔다. 프랭크는 그녀에게 그해 12월에 열리는 미국세포생물학회에 대비해 새 프로젝트에 대한 개요를 작성하고 연구 포스터를 발표하도록 했다. 그녀는 개요를 작성해 그에게 사본을 보냈지만, 그는 그녀의 글이 아직 충분히 확실하지 않다고 생각했다―그는 전에도 그녀의 글이 너무 애매하다고, 좀 더 분명할 필요가 있다고 그녀를 꾸짖었었다. 그녀는 그가 컴퓨터로 개요를 다시 작성하는 동안 그의 옆에 서 있었다. 그들은 막판에야 포스터를 제출할 수 있었으나, 프랭크는 학회에서 진행 중인 연구를 발표하는 것은 다른 사람들로부터 피드백을 받을 좋은 기회가 된다고 말하며 때이른 발표를 정당화했다. MIT로 돌아왔을 때 프랭크는 그녀에게 제시된 데이터가 미숙했다고 말했다. 그러면서 그는 그녀가 프로젝트를 마칠 때까지 MIT에 머물러야 한다고 주장했다.

메리-루는 진절머리가 났다. 그녀는 여성 문제에 관한 총장의 고문으로 고용되어 이제 MIT의 고충처리부에서 근무하는 메리 로우를 찾아갔다. 메리-루는 메리에게 그 학생이 떠날 수 있게 나서 달라고 부탁했다. 메리는 망설였다. 프랭크는 좋은 사람이었고 늘 다른 사람들을 도우려 노력하는 사람이었기 때문이다. 하지만 메리는 동의했다. 생물학과에서 또 다른 회의를 거친 뒤, 그 학생은 2주라는 단축된 기간 내에 박사 학위 논문을 마치고 다음 달인 1988년 초에 논문 심사를 받게 되었다.

프랭크가 학생의 논문 심사에 외부 평가자가 참석하는 것을 허용하지 않자 학생은 논문이 통과되지 못할까 봐, 프랭크가 자신을 침몰시키려 할까 봐, 아무도 그를 막지 못할까 봐 두려워했다. 메리-루는 그녀에게 프랭크가 까다롭게 굴 순 있어도 데리고 있는 학생의 합격은 그에게도 이롭다고 그녀를 안심시켰다.

논문 발표를 위해 회의실 앞에 선 학생은 다른 교수진들 사이에서 미소를 지으며 자신을 격려하는 메리-루의 모습을 볼 수 있었다. 대학원장 옆에 앉아 있는 프랭크도 보였다—그녀는 최근에야 그들이 좋은 친구 사이라는 것을 알게 되었다. 대학원장이 논문 주제에 관한 어려운 질문을 던지자 프랭크는 "한 방 먹었구나"라고 말하듯 그의 팔을 주먹으로 장난스럽게 쳤다. 대학원장은 그들이 항체를 이용해 추적하고 있던 항원 결정기가 그녀가 삽입한 튜불린 전이 유전자에 여전히 붙어 있다는 것을 어떻게 알았느냐고 물었다. "전이 유전자가 단순히 재배열된 것이 아니란 걸 어떻게 알 수 있죠?" 그러한 의문이 드는 것은 타당했기 때문에 학생은 그 질문이 나올 것을 예상했다. 그녀는 그랬다면 DNA 수준에서 전이 유전자가 온전한 상태인지를 조사하는 서던 블롯Southern blot(한 유전체 안에서 특정 염기 서열을 가진 DNA를 찾아내는 기술—옮긴이)의 패턴이 변경되었을 것이라고 말했다. "재배열되었다면 서던 블롯의 패턴이 바뀌었을 텐데, 그렇지 않았습니다." 다시 대학원장의 표정이 어두워졌다. 서던 블롯은 옳은 답이었다.

메리-루는 모두가 열을 지어 나가는 동안 학생을 기다렸다가 "프랭크가 끔찍하게 행동했죠"라고 말했다. "맞아요." 학생이 대답했다. 하지만 그녀는 살아남았다.

논문 심사를 마치고 논문의 최종 버전을 제출한 후, 학생은 자신이 작성한 기록의 사본을 가져와 메리 로우에게 전했다. 그녀는 메리에게 아무것도 부탁하지 않겠다고 말했지만—그녀는 MIT를 떠나는 길이었다—, 언젠가 다른 학생(아마도 여학생)도 자신과 비슷한 문제를 겪게 될 텐데, 메리-루와 같은 든든한 지원자를 얻는 행운을 누리진 못할 것이라고 예상했다. "그런 학생이 찾아온다면, 선생님은 그녀가 제정신이 아니라고 생각하겠죠. 그 학생이 하는 말을 아마 믿지 못할 거고요." 학생이 말했다. "제가 이런 말씀을 드리는 이유는 미래에 어떤 학생이 궁지에 몰려 선생님을 찾아왔을 때, 적어도 열린 마음으로 학생의 이야기를 듣고 그 패턴을 알아볼 수 있도록 하기 위해서예요."

메리는 친절하게 그녀의 이야기를 들어주었지만, 만약 프랭크가 있었다면 아마 웃으면서 "내 얘기 좀 들어 봐"라고 말했을 것이라고, 그에게도 나름의 사연이 있을 것이라고 말했다. 그녀는 메리의 반응에 실망했지만—프랭크는 모두를 매료시킨 것 같았다—, 적어도 자신에게 무슨 일이 있었는지에 대한 기록은 남겼다는 것에 안심했다. 하지만 여전히 그녀는 프랭크와 프랭크가 자신의 앞길에 미칠 수 있는 영향이 두려웠다. 몇 년 후, 하버드 의대에서 성공적으로 박사 후 과정을 마치고 일류 대학의 종신 교수가 되는 등 오랜 경력을 쌓은 후에도 그 두려움은 사라지지 않았다.

———————— 몇 달 후, 프랭크 솔로몬이 낸시의 사무실에 들렀다. 흔치 않은 일이었다. 프랭크는 종신 재직권을 얻기 위해 노력할 때 정기적으로 낸시에게 들르곤 했었다. 그때 낸시는 그가 표를 얻으려고 그러는 건 아닌가 의심했는데 아니나 다를까 그때 이후로 프랭크는 거의 모습을 드러내지 않았었다.

프랭크는 키가 크고 어깨가 넓었으며 보통은 친절했다. 그런데 지금 그는 지쳐 있었다. 프랭크는 자신에게 아주 끔찍한 일이 벌어졌다고 말했다. 생물학과장인 모리 폭스가 그에게 '방법론과 논리학' 과목에서 메리-루가 빠지게 되었다는 이야기를 그녀에게 전하라고 했다는 것이었다.

"메리-루가 왜 더 가르칠 수 없다는데요?" 낸시가 의심을 품고 물었다. 교수를 해임하기에는 이례적으로 늦은 시기였고, 이미 메리-루의 이름도 강의 카탈로그에 인쇄되어 있었다.

프랭크는 메리-루가 좋은 선생님이 아니라고 말했다. 그녀는 학생들을 가르치기에 충분히 똑똑하지 않았고, 이는 학생들에게 불공정했다. 하지만 모리가 메리-루에게 직접 말할 자신이 없어 해서, 자신과 대학원장이 대학원생들을 만나 메리-루의 감정을 상하게 하지 않고 말할 방법을 찾는 중이라고 했다.

낸시는 분노가 치밀어 올랐다. 메리-루가 좋은 선생님이 아니라고? 그녀는 지금 낸시 앞에 서 있는 남자보다 더 똑똑하고, 더 경험이 많고, 더 창의적인 당대의 가장 중요한 과학자 중 1명이었다. 그들이 학생들을 만나 메리-루에 대해 논한다는 것은 상상도 할 수 없는 일이었다. 어떻게 이런 식으로 동료를 속일 생각을 한단 말인가? 대학원생들은 양과 같은 존재들이었다. 일단 프랭크가 메리-루의 능력에 대해 의심의 기미를 보이면, 그녀의 평판은 엉망이 될 터였다. 메리-루는 다른 대학원생들을 연구실로 데려오지도 못하게 될 게 분명했다.

낸시는 이것이 얼마나 잔인무도한 일인지 알아차리고 뭐라도 할 거라 믿으며 모리를 만나러 갔다. 모리는 눈을 굴렸다. "오, 프랭크가 어떤 사람인지 알잖아요." 모리는 신경질적이지만 귀여운 아들이라도 되는 듯 프랭크에 관해 이야기했다. "프랭크는 제가 직접 메리-루에게 말하지 않고 그에게 시켜서 화가 난 겁니다. 프랭크답게 구는 거죠."

낸시는 프랭크의 감정이 문제가 아니라고 생각했다. 그들은 메리-루를 해임하려 하고 있었다. 하지만 낸시는 아무 일도 할 수 없었다. 그녀는 아무도 프랭크를 막지 못하리란 것을 알 수 있었다.

_____ 결국, 모리는 직접 메리에게 '방법론과 논리학' 과목을 이제 가르치지 않아도 된다고 말했다. 메리-루는 큰 충격을 받았다. 그녀는 그 과목을 가르치면서 학생들과 함께 읽고 토론하기를 좋아했고, 학생들 역시 좋아한다고 생각했다. 그녀는 모리에게 자신이 해임되는 이유를 물었지만, 특별한 이유는 없는 것 같았다. 메리-루는 그가 그렇게 곤란해하는 모습을 처음 보았다. 모리는 그녀가 원하지 않는다면 꼭 가르쳐야 할 필요는 없다고 말함으로써 상황을 좀 더 나아 보이게 포장하려 했다. 메리-루 역시 곤란했다. 그녀는 학생들에게 그 과목에서 빠지는 것이 마치 자신의 선택인 듯 보이게 하려고 했다. 그해 가을, 메리-루는 길에서 왜 그 과목을 가르치지 않냐고 묻는 대학원생과

마주쳤다. 메리-루가 웃으면서 대답했다. "내가 비밀을 좀 알고 있어서 말이야."

　낸시는 관련된 소식을 더는 듣지 못했고 누가 그 수업을 맡아 하는지 확인할 생각도 하지 않았다. 그녀는 메리-루를 잘 알지 못했고, 그들은 각기 다른 건물에서 일했다. 하지만 낸시는 『로절린드 프랭클린과 DNA』를 읽은 이후 남자 동료들이 학과 내 여성들에 대해 어떻게 이야기하는지 곰곰이 생각해 보았다. 다른 대학의 한 남성 생물학자는 리사 스타이너Lisa Steiner가 생물학과에 오게 된 것이 너무 이상하다고 말했었다. "수학도 못하는 사람이 왜 과학을 한다는 걸까요?" 낸시는 그에게 사실 리사는 뉴욕시 최고의 수학 영재 중 1명이었다고, 전국 고등학생 중 과학과 수학에 가장 뛰어난 잠재력을 지닌 이들에게 수여되는 그 유명한 웨스팅하우스 장학금의 최종 후보에 올랐던 수학 영재였다고 말했다. 심지어 리사는 스와스모어대학을 최고 우등생으로 졸업하고 하버드에서 수학 석사 학위를 받은 뒤 예일에서 의학 학위를 받았다. 그런데 수학을 못한다고?

　낸시의 MIT 동료들은 안나마리아 토리아니-고리니가 정교수가 된 후에도 그녀를 어린아이 취급했다. 누군가는 낸시에게 안나마리아와 리사가 종신 재직권을 받은 것은 순전히 소수집단 우대 정책 때문이라고 말하기도 했다.

　더 최근의 경우를 보면 낸시는 F&T에서 점심을 먹다가 프랭크를 마주쳤는데, 그는 새로 부임한 발달생물학자 루스 레만Ruth Lehmann에 대해 불평을 늘어놓았다. 낸시가 보기에 그녀는 하급 교수진 중 가장 성공적인 여성이었다. 루스는 이미 중요한 연구 보조금과 상을 받으며 자신의 분야에서 명성을 떨치고 있었다.

프랭크는 루스를 "정말 대단한 사람"이라고 칭하며 욕심 많은 그녀가 "자신의 연구실을 사람들과 돈으로 꽉꽉 채우고 있다"라고 말했다. 그는 그런 행동이 다른 하급 교수들의 시샘을 불러일으킨다고 했다. 낸시는 어떤 채용 후보가 가장 많은 연구비를 가져오고 최고의 학생을 끌어올 수 있을지에 대해 전략을 세우며 교수진 회의에서 보낸 모든 시간을 떠올렸다. 루스 레만이 젊은 남자였다면 그녀의 '욕심'은 야망으로 높이 평가되었을 것이다.

낸시는 몇 년 전 조지 코우리가 그녀의 연구실을 방문했을 때부터 MIT를 떠나거나 분야를 바꿀 생각을 하고 있었다. 프랭크와의 일을 계기로 그녀는 변화가 필요하다는 사실을 깨달았다.

직업적 과학의 세계는 너무 많은 세일즈맨 정신을 필요로 했다. 낸시는 짐의 연구실에 있을 때부터 경쟁을 좋아하지 않았다. 남자들처럼 싸울 자신이 없었던 그녀는 충분히 공격적이지 못한 자신을 탓했다. 지금 그녀는 과학계가 요구하는 자기 홍보를 잘 해낼 수 있는 여성이 과연 있을지 궁금했다. 바버라 매클린톡, 로절린드 프랭클린, 루스 레만에 이르기까지 관습에 저항하거나 자신을 내세우려 한 몇 안 되는 여성들은 "까다로운" 사람으로 분류되었다. 또 남자들과 같은 식으로 인정받고 보상받기를 기대했다가는 "욕심 많은" 사람으로 분류되었다.

암에 대한 도전도 예전만큼 낸시의 관심을 끌지 못했다. 인간 발암 유전자가 발견되면서, 이 분야가 가야 할 길은 해당 유전자의 발현을 억제하는 약물을 찾아내는 것으로 명확해졌다. 낸시의 친구 에드 스콜닉은 거대 제약회사인 머크의 연구 책임자가 되어 낸시를 회사의 과학자문위원회에 입회시켰다. 낸시는 회사에서 수행되는 연구의 질과 특히 유망해 보이는 약을 개발하기 위한 회사의 자원 동원 방식—화학자, 생물학자, 제조팀이 모두 협력하게 했다—에 뜻밖의 깊은 인상을 받았다. 그녀는 누군가 암을 치료할 수 있는 약을 만든다면, 그것은 학과에서 자리다툼을 하는 대학의 과학자들이 아닌 이런 회사 중 하나일 거라고 생각했다.

낸시와 암센터에서 함께 일을 시작했던 남자들은 다들 새로운 일을 맡아 하고 있었다. 필은 살바의 후임으로 암센터의 책임자가 되었고 바이오젠을 공동 설립했다. 밥 와인버그는 데이비드 볼티모어가 이끌고 있던 화이트헤드 연구소로 자리를 옮겼다.

낸시는 바이러스학과 루스 페리가 부탁한 여성학 수업을 하고 있었고, 둘 다 잘 되어 가고 있었다. 하지만 그녀는 날 것의 흥분을 주는 과학, 《래드클리프 계간지》에서 설명했던 "실제 과학"으로 돌아가고 싶었다. 낸시는 에이즈 연구에 관심을 두게 되었다. 바이러스학을 연구하는 그녀에게 자연스러운 움직임이었다. 1983년 레트로바이러스와 암을 연구하던 과학자들은 에이즈가 인간 레트로바이러스인 HIV에 의해 발생한다는 사실을 발견했다. 에이즈 연구 경쟁은 악명이 높았기에 낸시는 그 경쟁이 여성에게는 더 힘들 것으로 생각했다. 파리의 파스퇴르 연구소와 미국국립암연구소에서 두 남성 과학자가 HIV의 특허를 놓고 법적 싸움을 벌이고 있었지만, 공을 둘러싼 그 모든 다툼에서 1983년에 그 바이러스를 발견하는 데 결정적인 역할을 한 여성 과학자의 이름은 거의 언급도 되지 않았다.[290]

낸시는 젊을 때 자신을 사로잡았던 질문들, 짐의 1시간짜리 생물학

2 강의에서 얼핏 보았던 가능성에 대해 생각해 보았다. 암의 유전학과 인간 행동의 유전학에 정통하고 싶었던 그녀는 억제자를 이해하는 데 집착했었다.

어쩌면 이제 낸시는 인간유전학을 연구할 수 있을지 몰랐다. 분자 생물학은 유전자에 대한 이해를 크게 발전시켰고, 1980년대 중반 과학자들은 한때 상상 속의 목표로 여겼던 것, 즉 인간 게놈의 모든 유전자 지도를 작성하고 서열을 분석하여 본질적으로 인류의 유전자 설계도를 밝히는 것을 목표로 하고 있었다. 1988년 국립연구위원회의 저명한 생물학자들—그중에는 아직 하버드에서 일하는 월리 길버트와 콜드 스프링 하버 연구소를 이끄는 짐 왓슨도 있었다—은 곧 인간 게놈 프로젝트Human Genome Project가 될 연구를 지지했다. 하지만 여기에 필요한 기술은 비용이 많이 들었다. 이 분야 역시 대규모 연구실을 운영하는 소수의 공격적인 남자들이 주도하고 있었다. 그 분야의 경쟁이 암만큼이나 무자비할 것은 자명했다. 쥐를 가지고 유전학을 연구할 수도 있었지만, 그녀는 쥐를 다루는 것을 좋아하지 않았고, 비용이 많이 드는 큰 연구실도 필요했다. 특정한 유전 형질이 유전된다는 것을 보여 주는 멘델률Mendelian ratio을 연구하려면 3세대가 필요했는데, 이는 연구에 많은 쥐와 많은 사람이 필요하다는 것을 뜻했다. 낸시는 그런 돈을 모을 수 있는 여성이 과연 있을까 싶었다.

25번째 대학 동창회가 다가올 무렵 낸시는 《레드북》[291]을 통해 자신의 변화를 암시했다. 하버드는 졸업 후 5년이 되는 시점마다 졸업생들에게 지난 시간에 대한 성찰과 이룬 일들—학위 취득, 자녀 양육, 높은 수준의 자문역—에 대한 기록을 요청해 레드북을 발간했다.

"성인이 된 이후 대부분의 삶을 과학자로 보낸 것은 엄청난 행운이었다." 낸시가 썼다. "행운은 정말로 위대한 과학의 시기(왓슨과 크릭의 이중나선 발견에서 시작되어 유전자 코드 해독으로 빠르게 발전한 시기)에 내 주변에 있어 주었다. 나는 마침 좋은 타이밍에 실험실에 들어가 유전자 발현이 어떻게 조절되는지 최초로 입증한 실험에 참여했다. 그 후 나는 암 연구에 들어갔고 곧 발암 유전자가 발견되었다. 이 분야에서 25년을 보낸 지금도 나는 분자생물학이 생명을 설명하는 모습을 보면 놀랍고, 숨이 막힐 것만 같고, 희열을 느낀다. 나는 가장 보잘것없어 보이는 세포라도 그것이 가진 놀라운 능력과 관련된 새로운 사실에 열광한다. 인간 유전자에 대한 수많은 새로운 정보, 많은 질병에 대한 치료법, 식물과 동물의 유전 공학 등 생물학이 주는 흥분은 앞으로도 수십 년간 계속될 것이다."

"이미 유전자가 어떻게 수정란이 적절한 위치에 다리와 더듬이가 있는 동물로 자라도록 지시하는지를 이해하는 데 중요한 진전이 있었다. 중년의 즐거움을 위해 나는 차기 분야인 신경생물학으로 관심을 옮기는 것을 고려하고 있다." 낸시가 썼다. "어쩌면 뇌는 우리의 손주들에게나 진정으로 접근 가능한 영역일 수 있겠지만, 지난 수십 년간의 놀라운 성공은 생물학자들을 아주 대담하게 만들어 우리는 실제로 우리 생애에 의식을 분자와 세포의 관점에서 이해하는 것이 가능하지 않을까 생각하게 되었다."

낸시는 자신이 과학자가 될 수 있도록 격려해 준 하버드 교수들, "특히 DNA로 유명한 J.D. 왓슨"에게 공을 돌렸다. 그녀는 "중년의 나이가 되면 그들을 향한 감사와 애정이 대학에 온정을 전하는 전반적인 기부의 형태로 꽃 필 것"이라고 생각했다. 하지만 그렇지 않았다. "그 이유는 아마도 내가 신문에서 오려 내 냉장고에 붙여 놓은 기사 (1986년)에 잘 요약되어 있을 것이다. 그 기사는 한 여성이 하버드에서 종신 재직권을 따냈다는 놀라운 사실을 전하고 있다. 오랜 시간이 지난 지금도 이는 여전히 뉴스거리다!"

(레드북을 위한 기록에서 브룩 홉킨스는 자신은 유타대학교 영문학과 부교수로 있으며, 좋은 삶을 살고 있다고 적었다. 그녀는 친구이자 지적 동반자인 동료들이 있었고, 한 철학 교수를 만나 함께 집을 샀으며, 많은 파티를 열었고, 그녀가 이전 결혼에서 얻은 두 아이를 키우고 있었다. 1986년 새해 첫날에 결혼한 그들은 레드 록 지역의 캐피톨리프국립공원 인근에 별이 보이는 두 번째 집을 샀고, 여러 곳을 여행했는데 가장 최근에는 인도를 다녀왔다. "지난 25년간의 '의미'에 대한 성찰은 무익할 것이다." 브룩이 썼다. "하버드, 특히 학부 시절에 대한 나의 기억은 좋은 기억으로 남아 있다. 하지만 결국 하버드에 대한 가장 좋은 기억은 하버드를 떠난 것이다.")

낸시는 1981년에 암센터 3층에 합류한 면역학자인 스스무 도네가와와 친해졌다. 낸시는 짐이『유전자 분자생물학』의 네 번째 판을 집필하는 것을 돕고 있었는데, 스스무는 낸시가 면역학에 관한 새 장을 집필할 수 있을 만큼 그에 관한 내용을 잘 가르쳐 주었다. 항체 생산 유전자에 관한 발견으로 1987년 노벨상을 받고 연구에 변화를 주는 것을 고려하고 있었던 스스무는 낸시처럼 신경과학에 관심이 있었다. 그들은 의식의 본질과 언젠가 분자 생물학이 이를 설명하는 데 활용될 수도 있을지 않을까 하는 이야기를 자주 나눴다.

1988년 6월 말 스스무와 낸시는 콜드 스프링 하버에서 2주간의

신경과학 과정을 수강했다. 롱아일랜드 사운드가 내려다보이는 오래
된 건물인 밴버리 센터의 야외 테라스에서 열린 칵테일파티에서 낸시
는 강사 중 1명과 이야기를 나누기 시작했다. 그 강사는 독일 튀빙겐
에 있는 막스 플랑크 발달생물학 연구소 교수로 있는 프리드리히 본회
퍼였다. 프리드리히는 주목하지 않을 수 없는 인물이었다. 그는 제2차
세계대전 당시 레지스탕스에서 싸웠던 저명한 독일 가문 출신이었으
며—삼촌 중 4명이 나치에게 처형당했다—, 영화배우 같은 머리 모양
을 하고 있었다. 낸시는 그의 연구에 매료되었다. 그는 뇌에 상을 투영
하는 망막 뒤쪽의 세포들을 밝혀냈다.

낸시는 그에게 자신이 신경생물학에 관심이 있고 새로운 모델 유
기체를 찾고 있다고 말했다. 프리드리히는 낸시에게 '자니'로 알려진
막스 플랑크 연구소의 발달생물학자 크리스티아네 뉘슬라인폴하르
트Christiane Nüsslein-Volhard가 제브라피시(잉어과에 속하는 5 cm 크기의
열대어—옮긴이)를 연구할 예정이라고 말했다. 낸시는 자니를 세계 최
고의 발달생물학자 중 하나로만 알고 있었다. 그녀는 무척추동물인 초
파리의 배아 발달에 필요한 유전자를 최초로 발견했는데, 이는 수정란
이 어떻게 제자리에 날개와 다리, 머리를 갖춘 완전한 유기체로 성장
할 수 있는지를 이해하는 데 있어 중요한 진전이었다. 낸시가 하버드
에 제출한 기록에서 언급한 "중요한 진전"은 바로 이것이었다.

낸시는 천재로 꼽힐 수 있는 여성이 있다면, 그 사람은 자니일 거라
고 생각했다. 분명히 그녀의 연구는 노벨상을 받을 만큼 훌륭했다.

초파리의 발달에 관여하는 유전자를 찾기 위해 자니와 프린스턴대
의 동료인 에리크 비샤우스Eric Wieschaus는 초파리 게놈의 모든 유전

자를 돌연변이시켜 어떤 유전자가 발달에 중요한 역할을 하는지 알아내는 대규모의 유전적 검색genetic screen을 진행했다. 이 일을 시작할 당시만 해도, 초파리의 유전자가 수백 개인지 수천 개인지 아는 사람은 아무도 없었다. 연구 결과, 120개의 유전자만이 초파리 배아의 초기 형성에 필수적이라는 것이 밝혀졌다. 하지만 이 발견은 인간을 비롯한 다른 척추동물이 어떻게 발달하는지는 밝히지 못했다. 척추동물에게는 초파리에게 없는 장기와 기관이 있었다. 척추동물을 대상으로 대규모의 유전적 검색을 진행한 사람은 아무도 없었다. 자니는 마리당 50센트도 안 되는 피라미 크기의 열대어인 제브라피시를 가지고 이 일을 할 생각이었다.

제브라피시를 연구하는 과학자는 거의 없었다. 하지만 제브라피시는 모델 유기체로서 많은 장점이 있었다. 일단 가장 흔히 사용되는 척추동물 모델인 생쥐보다 더 싸고 효율적이었으며 인간과 90%의 유전물질을 공유했다. 생쥐는 한배에 낳을 수 있는 새끼가 적고 보통 일생에 세 번밖에 새끼를 낳지 않았지만(쥐의 종류에 따라 다를 수 있다. 여기서는 특정 실험용 생쥐를 말하는 것으로 보인다―옮긴이), 물고기는 약 열흘에 한 번씩 수백 개, 한 달에 수천 개의 알을 반복해서 낳았다. 쥐의 배아는 어미의 몸속에서 발달했기 때문에 자라는 동안 조작하거나 연구하기가 어려웠다. 반면 물고기 배아는 외부에서 자랐고, 제브라피시는 투명했기 때문에 척수, 내장, 췌장, 신장, 식도, 작은 이빨까지 인간과 많은 특징이 같은 배아가 발달하는 모습을 관찰할 수 있었다. 배아가 물고기 유생이 되는 데는 단 이틀밖에 걸리지 않았고, 짝짓기할 수 있는 성체가 되는 데는 두어 달 정도가 걸렸다. 게다가 많은 물고기를 빠르게 얻을 수 있어 초기 발달에 중요한 역할을 하는 돌연변이를 확인하는 데 필요한 세대들을 많이 만들어 낼 수 있었다. 또 수십 마리의 생쥐 대신 수백, 심지어 수천 마리의 물고기로 실험할 수 있었다.

프리드리히의 이야기를 듣는 동안, 낸시는 자신이 찾고 있던 변화의 모습이 분명해지는 것처럼 느껴졌다. 어쩌면 그녀는 바이러스학을 뒤로하고 제브라피시를 모델 유기체로 사용하는 신경생물학으로 연구 분야를 바꿀 수도 있었다. 어쩌면 자니가 그녀에게 물고기에 관해 가르쳐 줄지도 몰랐다.

낸시는 제브라피시를 하나의 실험으로 생각했다. 분야를 바꾸면 과학에 대한 열정과 파지와 종양 바이러스 연구를 시작할 때 느꼈던 흥분을 되찾을 수 있을까? 여성이 이끄는 분야에서는 상황이 달라지지 않을까?

15장
중년의
즐거움

 콜드 스프링 하버의 테라스에서 낸시와 이야기를 나누던 프리드리히 본회퍼는 가을에 신경생물학에 대한 1주일 강좌를 계획하고 있다고 말하며, 그녀를 튀빙겐으로 초대했다.

그로부터 몇 주 후 MIT에 세미나를 하러 온 자니가 낸시에게 들러 자신을 소개했다. 낸시는 즉시 그녀가 마음에 들었다. 자니는 눈빛이 따뜻하면서 솔직했으며 가곡을 불러 온 오랜 세월을 반영하듯 목소리가 우아하고 서정적이었다. 자니는 낸시가 암을 연구하면서 그랬던 것처럼 형태 발달에 집착했다—왜 손은 손이 되고 나뭇잎은 나뭇잎이 되는가. 그리고 짐 왓슨이 낸시에게 자주 이야기했던 것처럼 그녀 역시 가장 크고 중요한 문제에만 관심이 있었다.

낸시는 강한 흥미를 느꼈다. 그녀는 프리드리히의 연구실에서 신경생물학을 배우고 자니의 연구실에서 다세포 동물을 대상으로 대규모의 유전적 검색을 수행하는 방법을 배우고 나면, 궁극적으로 이 둘

 327

을 결합해 행동에 관여하는 유전자를 찾기 위한 자신만의 대규모 유전적 검색을 할 수 있을 것으로 생각했다.

바이러스학을 떠난다는 것은 수년간 쌓아 온 성과를 포기하고 새로운 분야에서 다시 입지를 다져야 한다는 것을 의미했다. 스스무는 낸시에게 생각을 이행할 용기가 없다는 것을 알아챌 만큼 그녀를 잘 알고 있었다. 그래서 그는 튀빙겐행 비행기표를 끊어 주면서, 자신도 자니의 연구실을 함께 방문하겠다고 말했다. 그는 어쨌든 콘퍼런스 참석차 유럽에 갈 예정이었기 때문에 이틀 정도 튀빙겐에 머물다 아내가 있는 곳으로 갈 생각이었다.

그들은 1988년 추수감사절 전주에 튀빙겐으로 떠났다. 프리드리히와 자니가 슈투트가르트로 마중 나와 그들을 저녁 식사 장소로 데려갔다. 네카강 위쪽에 자리한 500년 역사의 대학 도시 튀빙겐은 양쪽 끝에 포탑이 있는 직사각형 모양의 성 아래에 다채로운 반목조 주택들과 15세기의 교회가 있는 동화 같은 마을이었다. 학생들이 카페와 거리에 가득했다. 막스 플랑크 발달생물학 연구소는 마을 바로 뒤편의 푸른 언덕에 자리 잡고 있었다. 콜드 스프링 하버처럼 연구소로만 사용되는 그곳에는 온실과 정원, 토끼장과 닭장이 있는 농장과 실험실이 있는 단순한 막사 같은 건물이 일종의 생물학적 낙원처럼 펼쳐져 있었다.

하지만 자니의 물고기 연구실에서 낸시는 실망을 감추지 못했다. 연구실 자체가 초기 단계였고, 대부분 공간을 여전히 초파리가 차지했다. 자니는 닭장이 있는 곳에 유리로 된 현대식 어항을 설치할 계획이었지만, 여전히 어떻게 물고기에게 먹이를 주고 정기적으로 짝짓기를 시킬지 알아내는 중이었다. 창가에는 학생들이 아보카도에서 싹을 틔

우듯, 그녀가 물고기 먹이로 키우는 끈적한 녹색 접시들이 놓여 있었다. 낸시는 물고기에 대한 자신의 야망이 너무 컸던 것은 아닌가 생각했다.

그 순간 자니가 신선한 물고기 알이 담긴 실험용 접시를 현미경 아래로 밀어 넣었다. "이것 좀 보세요."

첫 번째 세포는 난황 위에 있는 투명한 무색의 덩어리에 불과했다. 하지만 빠르게 새로운 세포들로 쪼개지기 시작했는데, 그 모습은 마치 처음에는 핫 크로스 번hot cross bun(십자가 무늬가 있는 작은 빵—옮긴이), 다음에는 빙고 기계에서 튀어 오르는 작은 공들처럼 보였다. 계속해서 수십, 수백 개의 세포가 생겨나더니 3시간 후에는 난황 위에 돔 형태로 1,000개의 세포가 생겨났다. 밤하늘의 별처럼 완전히 넋을 빼놓는 광경이었다. 더 지켜볼수록 낸시는 더 많은 것을 볼 수 있었다. 물고기의 눈, 뇌, 척수가 형성되었다. 24시간이 지나자 심장이 뛰기 시작했고, 뇌가 세 부분으로 나뉘었으며, 다음 날에는 꼬리가 흔들리기 시작했다. 다 자란 물고기도 아름다웠다. 물고기는 매끈하고, 은빛과 금빛을 띠었으며, 독특한 무늬—푸른 줄무늬나 표범에서 볼 수 있는 점박이 무늬—가 있었다. 낸시는 깜짝 놀랐다.

낸시는 물고기를 이용해 행동에 관여하는 유전자를 찾아낸다는 것은 너무 이르다는 사실을 알 수 있었다. 이 일은 수년, 심지어 수십 년이 걸릴 수도 있었다. 그녀는 먼저 연구하고 싶은 행동들에 관해 파악해야 했다—물고기가 잠을 자고, 먹고, 자극에 반응하기 위한 표준적인 방법이 있을까? 너무 이른 일이었다. 하지만 그녀는 분자생물학적 기법을 물고기에 적용해 다양한 행동들의 바탕이 되는 유전자를 찾는 것을 상상하기 시작했다. 제브라피시는 행동유전학에 사용되기에는 많이 알려지지 않은 모델이었지만, 척추동물의 초기 발달에 필요한 유전자를 이해하는 데는 이상적이었다. 어쩌면 머지않아 왜 어떤 배아가 발달에 실패하고, 왜 인간이 선천적 결함을 갖고 태어나거나 암에 걸리는지 설명하는 데 이 물고기들이 도움이 될 수도 있었다. 낸시는 과학이 얼마나 빠른 속도로 발전해 한때 접근 불가능한 영역으로 여겨졌던 분야를 개척했는지 보았다. 억제자와 암이 그런 경우였는데, 어쩌면 물고기를 통해서도 그런 일이 가능할지 몰랐다.

그리고 물고기로 하는 연구는 재미있었다. 그녀는 과학이 다시 재미있어지기를 바랐다.

자니는 세계에서 제브라피시를 연구하는 몇 안 되는 사람 중 하나였다. 제브라피시 유전학의 창시자[292]는 어릴 적 부다페스트를 떠나 뉴욕에서 자란 헝가리계 유대인 조지 스트레이싱어였다. 스트레이싱어는 브롱스 과학고를 졸업했는데, 그곳에서 그는 파충류 클럽에 가입해 주말마다 뉴저지 남부의 파인 배런스로 떠나 두꺼비와 도롱뇽을 채집했다. 코넬대학교 농과대(이 학교를 선택한 이유는 당시 수업료가 없었기 때문이다)에서 학위를 받은 후에 그는 콜드 스프링 하버에서 파지 과정을 수강하고 이어 살바루리아와 막스 델브뤽과 함께 연구를 진행했다. 파지 교회의 초기 지지자들이 새로운 도전 과제를 찾고 있을 때—시모어 벤저는 메리-루가 인디애나에 있는 그의 연구실을 떠난 직후 초파리로 연구 분야를 옮겼다—, 스트레이싱어는 제브라피시 연구에 뛰어들었다. 그는 시각에 관여하는 유전자를 찾고 싶었는데, 투명한 물고기는 눈이 발달하는 모습을 관찰하기에 완벽했다.

스트레이싱어는 유진에 있는 오레곤대학에 자리를 잡고 새로운 분자생물학 연구소의 일을 거들었다. 그는 오리건주의 국유림에 다이옥신 살포를 중단하도록 연방 정부를 설득하기 위한 실험을 수행하고, 베트남 전쟁에 반대하는 토요일 평화 산책에 참여하는 등 이 지역의 진보 정치에 몰두했다. 또 가축 품평회에서 염소 심사도 맡아 했다. 1981년 그는 처음으로 척추동물, 즉 제브리피시를 복제하는 데 성공했고, 이 사실은 반짝이는 거품에 둘러싸여 푸른 바다로 나아가는 복제 물고기들의 사진과 함께《네이처》표지에 실렸다.

3년 후 그는 스쿠버 자격증을 따기 위해 잠수하던 도중 갑작스러운 심장마비로 사망했다. 하지만 그가 가르쳤던 사람들은 아직 오레곤대학에서 일하고 있었기 때문에 낸시는 독일에서 일주일을 보낸 후 그곳으로 향했다.

바위투성이의 태평양 연안에서 1시간 거리에 있는 유진은 커다란 더글러스 전나무로 둘러싸인 또 다른 대학 도시였다. 길이 넓고 상점들이 조그마한 이 도시는 미국의 초기 개척 마을을 연상시켰다. 낸시는 시계를 거꾸로 돌린 듯한 느낌을 받았다. 스트레이싱어의 가르침을 받은 과학자들은 여전히 그를 제브라피시의 전문가로 여겼다. 한 번도 만난 적이 없었지만, 낸시는 그에게서 친밀감을 느꼈고 그가 파지 과정을 수강했다는 것이 좋았다. 그녀는 여전히 바이오랩에서 보냈던 시절을 과학계에 들어와 가장 행복했던 날들로 생각했다. 파지에서 제브라피시로 분야를 바꾼 스트레이싱어는 적은 예산으로 연구를 시작해야 했다. 그는 제2차 세계대전 때의 퀸셋 막사(반원형의 군대 막사—옮긴이)에 마련한 실험실에서 물고기를 연구했는데, 여름에는 너무 더워지지 않게 물을 뿌리고 겨울에는 전기 히터를 틀어 따뜻하게 온도를 유지하는 등 수년간 사육과 유지에 최적의 조건을 만들기 위해 노력했다. 지금 그 연구실을 방문하면서 낸시는 그 옛날 벙타운 로드에서 낡은 옷을 입고 이리저리 돌아다니며 기초 과학에 대해 논했던 시절을 떠올렸다.

다시 낸시의 마음이 흔들렸다.

유진에서 MIT로 돌아온 낸시는 동료들에게 발달생물학을 연구하는 새로운 연구실을 만들겠다고 말했다. 그녀는 한 학기 동안 자니의 연구실에서 제브라피시로 대규모의 유전적 검색을 수행하는 방법을 배울 계획이었다. 동료들은 그녀가 암 연구를 그만두는 것을 말렸다. 필은 자니라는 이름을 알지도 못했다. "이류들이나 물고기를 연구해." 그가 낸시에게 말했다. 그는 경력 중반에, 특히 아직 발전이 덜 된 분야로 옮기는 것은 힘들다고 경고했다. "넌 보조금을 절대 받지 못할 거고, 3년 안에 과학계에서 잊힐 거야."

낸시는 필의 조언을 진지하게 받아들였다. 그들은 5층에서 같이 지낼 때보다 사이가 멀어져 이제 거의 만나지도 못했다. 하지만 둘은 오랜 친구였고, 필의 의견은 여전히 그녀에게 중요했다. 그 또한 위험을 감수하고 바이오젠을 시작했다.

낸시는 보조금에 관한 그의 말이 옳다는 것을 알고 있었다. 척추동물로 유전적 검색을 하려는 것은 재정적으로도 과학적으로도 위험했다. 경력 초기에 파지에서 암으로, DNA 종양 바이러스에서 레트로바이러스로 분야를 바꾸는 위험을 감수하긴 했지만, 이제 그녀는 마흔다섯 살이었다. 그녀는 바이러스 연구에 대부분의 시간을 보냈다. 분야를 바꾸려면 완전히 새로운 연구실을 마련해야 했는데, 거기에는 많은 돈이 필요했다. 관련 실적도 없고, 논문도 없고, 예비 결과도 없으니 후원자를 설득하는 데는 분명히 어려움이 따를 것이었다.

그러나 그녀는 생물학에 대해 아는 것이 하나도 없었던 열아홉 살에 무작정 짐 왓슨에게 그의 연구실에서 일할 수 있을지를 물어봤을 때처럼 이해할 수 없는 직감에 끌렸다. DNA와 마찬가지로 물고기는 빠르게 집착으로 발전했다. 물고기는 과학에 관한 것이었다. 보조금을 따내고 연구실을 운영하는 것은 힘든 일이었기에, 정치적인 문제들은 그녀를 좌절시키기도 하고 심지어 격분하게 하기도 했다. 하지만 낸시는 과학 없이는 살 수 없었다. 짐의 말대로 낸시는 한 가지만 생각하는 사람이었다. 그녀는 물고기에게서 탈출구, 어쩌면 과거의 즐거움, 혹은 미래 같은 것을 발견했다. 그것은 아름다워 보였다.

낸시는 1989년 9월 약간의 두려움과 함께 안식 기간에 들어갔다. 그녀는 튀빙겐이 마음에 들지 않으면 몇 주 후에 돌아가자고 생각했지만, 그달 말에 벌써 초기 실험 결과를 얻었고 과학에서 다시 즐거움을 찾았다. 짐과 함께 저술한 교과서의 편집자가 보내온 편지에 답장을 쓰면서 낸시는 제브라피시에 대한 흥분을 감추지 못한 채, 물고기 알에 추적 염료를 주입한 후 그 알이 형광 녹색 물고기—"살아서 호흡하는 물고기"[293]—로 변하는 모습을 지켜보았다고 전했다. "지금 느끼는 이 이루 말할 수 없는 기쁨이 오랜만의 실험에서 오는 것인지, 일에 대한 책임과 수많은 번거로운 일을 벗어난 데서 오는 기쁨인지, 제브라피시에 대한 순수한 관심에서 비롯된 것인지는 잘 모르겠습니다." 그녀가 썼다.

자니를 통해 낸시는 자신의 분야에서 최고가 되어 과학을 하는 한 여성의 모습을 보았다. MIT는 역전사 효소, 분할 유전자, 인간 발암 유전자를 발견한 곳이었지만, 매주 자니의 연구실 회의에서 알게 되는 내용도 낸시가 최근 몇 년간 MIT에서 보아 온 어떤 연구 못지않게 흥미로웠다. MIT의 분위기는 변했다. 동료들은 새로운 회사를 일구느라 늘 출장을 다녔다. 하지만 자니는 거의 항상 연구실에 머물면서 물고기를 연구할 박사 후 연구원과 학생들을 모으고 새로운 물고기 집을 위한 계획을 세웠다.

자니는 연구실에서 멀지 않은 작은 마을 베벤하우젠에 있는 14세기 수도원의 작은 건물에서 살았다. 뒷마당에는 그녀가 가꾼 꽃밭과 수도승들이 작은 토착 물고기들로 채운 연못이 있었다—그녀는 날이 더우면 그곳에서 수영도 했다. 요리하기를 좋아했던 그녀는 학생들을 위해 케이크를 굽고 자주 파티를 여는 등 연구실을 집처럼 운영하며 그들을 가족처럼 대했다.

낸시는 막스 플랑크 연구소 건너편에 있는 게스트하우스에 머물고 있었는데, 다른 손님은 거의 없었다. 아침이면 그녀는 아래층에 있는 식당에서 여유롭게 롤빵과 커피를 즐기며 연구소의 정원을 내려다보거나 멀리 떨어져 있는 슈바밴 알프스산맥을 바라보곤 했다. 자니는 그녀에게 어떻게 하면 물고기가 매일 아침 알을 더 잘 낳게 할 수 있을지 알아내는 일을 맡겼다. 지하 실험실에서 일하던 중 낸시는 작은 신발 상자 크기의 수조에 인조 잔디를 깔아 주면 물고기가 알을 더 많이 낳는다는 사실을 발견했다. 자니가 믿기지 않아 하자 낸시는 데이터를 모아 잔디 카펫을 깔았을 때 물고기가 얼마나 많은 알을 더 낳았는지를 보여 주었다. 그녀는 또한 위층 연구실에서 탈출한 초파리를 쫓아내는 법도 배웠다.

두 여성은 빠르게 친구가 되었다. 자니 역시 싱글이었고 아이가 없었다. 두 사람의 어머니는 모두 화가였고 아이들에게 음악과 미술을 사랑하도록 가르쳤다. 자니는 자주 낸시에게 저녁을 차려 주었다. 그들은 이따금 함께 자니의 집에서 영화를 보거나, 와인 한 잔을 놓고 앉아 자니가 연구실에서 재미로 키우는 수족관 속 물고기를 구경했다. 그러다 레드 와인을 좋아하는 실험실의 파리들이 잔에 빠지는 일도 있었다. 자니가 눈치채지 못한 것 같았기 때문에 낸시는 아무 일도 없는 척 잔에서 파리를 꺼냈다. 그해 11월, 베를린 장벽이 무너졌다. 낸시는 그곳으로 가 환호하는 군중들 틈에 끼어 국경 개방과 탈냉전 이후의 새로운 세상을 축하했다.

자니는 친구가 간절했다. 막스 플랑크 연구소에 있는 약 100명의 교수진 중 여성 교수는 자니가 유일했다. 하지만 발달생물학 분야에 종사하는 여성 자체는 드물지 않았다. 낸시가 이 분야에서 최고라고 여기는 사람들의 절반이 여성이었고, 학회에서 여성이 연단의 자리를 모두 차지하는 것도 드문 일이 아니었다. 바이러스나 암 학회에서는 절대 볼 수 없었던 모습이었다. 신생 분야였던 발달생물학은 여성에게 더 많은 기회를 주었고, 자니와 다른 선구자들이 명성을 떨치면서 젊은 여성들은 이 분야가 자신들에게 더 우호적이라고 느꼈다.

자니는 돌연변이를 유도하기 위해 유전자를 손상시키는 물고기 스크린fish screen을 개발했다. 물고기가 비정상적으로 발달하는 것을 관찰함으로써 그녀는 정상적인 발달에 관여하는 유전자를 식별할 수 있

335

었다. 목표는 척추동물의 발달을 위한 기본 조건을 확인하는 것이었다. 자니는 전에 초파리를 가지고 이 일을 한 적이 있었다. 다른 생물학자들은 그녀의 연구 결과를 이용해 해당 유전자를 복제했고, 이를 통해 유전자가 어떤 단백질을 코딩하는지, 그리고 그 단백질이 발달에 어떤 기능을 이해하는지 이해할 수 있었다.

하지만 이 일은 수년이 걸렸다—거의 10년이 지난 당시에도 모든 파리 유전자가 복제되고 서열이 분석되진 않았다. 낸시는 그 수년의 경험이 없었다. 하지만 그녀는 삽입 돌연변이 유발 기술을 이용하면 물고기에서 유전자를 분리하는 더 효과적인 방법을 찾을 수 있을 것 같았다. 즉 배아의 DNA에 직접 DNA를 삽입하는 방법을 알아내면, 삽입된 DNA가 배아의 유전적 활동을 방해하고 물고기 유전자에 태그처럼 작용할 터였다. 그러면 관심 있는 유전자를 포함하고 있는, 태그에 인접한 DNA를 뽑아낼 수 있었다. 예를 들어 돌연변이로 인해 물고기의 턱이 비정상적으로 자랐다면, 그 태그에는 턱을 자라게 하는 데 필수적인 유전자가 포함되었을 가능성이 컸다.

하지만 이를 위해서는 해당 기술을 발명해야 했다. 그때까지 척추동물에 대규모로 삽입 돌연변이 유발 기술을 써 본 사람은 아무도 없었다.

자니는 1990년 초 낸시를 건강한 물고기 22마리와 함께 케임브리지로 돌려보내 연구실을 시작할 수 있게 도왔다. 알비노, 반점, 긴 지느러미, 야생형 등의 특징을 지닌 이 돌연변이 물고기 커플들은 노아의 방주 속 물고기를 연상케 했다. 낸시는 집으로 돌아가는 비행기 안에서 물고기들이 담긴 작은 수조를 무릎 위에 올려놓았다. 다른 많은 사람들처럼 낸시도 어렸을 때 금붕어를 키우려고 했지만, 사흘 만에 옆으로 누워 둥둥 떠다니는 금붕어의 모습을 목격해야만 했다. 하지만 이 물고기들만큼은 죽게 내버려 둘 수 없었다. 돌연변이가 유전되는지 확인하려면 물고기들은 수만 마리의 자손을 만들어 내고 삼 대까지 이어져야 했다. 첫 번째나 두 번째 세대가 병에 걸리거나 죽으면 그녀는 모든 것을 처음부터 다시 시작해야 했다. 자니의 연구실에서도 봤지만, 물고기들은 매우 쉽게 병에 걸렸고 병을 없애는 데는 몇 달이 걸렸다.

아서 메릴은 케임브리지에서 낸시를 만났다. 그들은 이제 연인 사이가 아니었지만 좋은 친구로 남아 있었고, 특히 아서 메릴이 과학에 관심이 많았기 때문에 낸시는 여전히 그를 일과 관련된 행사에 가끔 데려가곤 했다. 낸시가 물고기를 연구실에 데리고 온 첫날, 그는 낸시를 재앙에서 구했다. 낸시는 새로 데려온 물고기가 너무 빨리 헤엄치는 것을 발견했는데, 이를 알게 된 아서가 하버드에 아는 어류 전문가에게 연락했다—아서는 그 교수의 강의를 청강하고 연구비를 지원했다. 어류 전문가는 MIT로 달려와 물고기를 한 번 살펴보고는 낸시에게 수조의 물이 너무 따뜻하다고 말했다.

아서는 낸시에게 3만 달러에 해당하는 시티코프의 매칭 그랜트 matching grant(기업에서 임직원이 내는 기부금만큼 기업에서도 후원금을 내는 사회 공헌 기금 프로그램—옮긴이)를 지원했다.[294] 낸시는 밤에는 완전히 어두워지고 아침에는 밝아져 물고기들이 짝짓기 타이밍을 알 수 있도록 조명이 제어되는 새로운 공간이 필요했는데, 필이 낸시가 이 공간을 위한 보조금을 탈 수 있도록 도왔다. 필은 또한 낸시가 암센터 예산에서 1년간 기술자 비용을 지원받고 MIT로부터 5만 달러의 보조금을 확보할 수 있도록 해 주었다. 낸시는 바이러스를 연구할 때 남아 있던 약간의 돈을 끌어오고, 박사 후 연구원을 더 고용하지 않은 채 자신이 직접 실험실 일을 하면 추가 자금 없이도 당분간은 버틸 수 있을 것으로 생각했다. 하지만 시간이 빠듯했다. 앞으로 1~2년 안에 성과를 올리지 못하면 연구비는 더 이상 받지 못할 터였다. 그렇게 되면 물고기 프로젝트는 끝날 것이고, 그녀도 위태로워질 것이다. 50세는 또다시 분야를 바꾸기에는 너무 늦은 나이였다.

다른 동료들은 여전히 회의적이었다. 하지만 예상치 못한 일이 벌어졌다. 낸시가 제브라피시로 연구 분야를 바꿨다는 소식이 퍼지자 대학원생과 박사 후 연구원들이 낸시의 연구실에 지원하기 시작했다. 비상한 재능이 있는 젊은 과학자들이었다. 첫 번째 지원자는 중국에서 태어나 박사 학위를 받기 위해 미국으로 건너온 슈오 린Shuo Lin이었다. 낸시는 슈오 린이 그녀의 책상 위에 펴놓은 논문과 데이터를 통해 그가 뛰어난 실험주의자라는 것을 알 수 있었다. 그녀는 새로운 유기체에 사용할 기술을 개발하는 것이 얼마나 어려운 일인지 그가 알고 있는지 궁금했다. "제가 당신을 박사 후 연구원으로 받아 당신의 커리어를 위태롭게 하는 건 아닌지 모르겠네요." 낸시가 말했다.

"저는 아무것도 없이 중국에서 여기까지 왔습니다." 슈오가 대답했다. "위태롭다는 게 뭔지 모르시는군요."

곧 다른 사람들이 합류했고, 물고기들이 빠르게 번식하는 기운찬 연구실도 생겼다. 모두가 연구실이 아직은 여유롭게 운영되지 못한다는 것을 알고 있었다. 특히 많은 공간을 차지하는 수조 때문에 그들이 일할 수 있는 공간은 몹시 비좁았다. 사용하고 있던 장비도 발달생물학보다는 바이러스학에 더 적합했다. 하지만 연구실의 학생들과 기술자들—낸시는 그들을 "내 아이들"이라 불렀다—은 모두 새로운 일에 대한 기대감에 신이 났고 오랜 시간 일할 각오가 되어 있었다.

슈오는 배아에서 생식계가 되는 세포, 즉 정자와 난자가 되어 한 세대에서 다음 세대로 유전적 형질을 전달하는 세포를 찾기 시작했다. 먼저 그는 야생형 물고기의 검은 색소에 관여하는 세포를 약 1,000개의 세포로 분열하는 단계에 있는 알비노 물고기의 배아에 이식했다. 그 결과 몸통에 가로 대신 세로로 줄무늬가 있고, 양쪽의 줄무늬도 다른 키메라(한 개체 내에 서로 다른 유전적 성질을 가지는 동종의 조직이 함께 존재하는 현상—옮긴이) 물고기가 탄생하면서, 어떤 유형의 물고기에서 다른 유형의 물고기로 세포를 이식하는 것이 가능하다는 사실이 확인되었다. 그들은 첫 번째 키메라 물고기의 이름을 신비로운 영화배우 그레타 가르보의 이름을 따 '그레타'라고 지었다. 그 후 키메라 물고기를 알비노 물고기와 교배시킨 슈오는 그들 자손 사이에서 색소가 완전히 발현된 야생형 물고기를 발견했다. 이는 그가 생식계를 발견했다는 것을 의미했으며, 생식계는 배아가 1,000개의 세포로 분열하는 단계에 있었다.

1991년 그레타는 낸시에게 첫 연구 보조금을 안겨 주었다. 낸시는 국립과학재단에 연구비 지원서를 냈었는데, 2명의 여성[295]이 워싱턴에서 케임브리지로 와 그녀의 연구실을 살펴보면서 수조와 장비가 제대로 갖춰져 있는지 확인했다. 연구실은 낸시가 새로운 일에 진지하게 임하고 있다는 것을 보여 주었다. 그해 낸시가 쉰 날은 겨우 하루뿐일 정도로 고된 연구가 계속되었지만, 그녀는 그때까지 유전자에 태그를 삽입하는 기술을 개발하지 못하고 있었다.

그러던 중 캘리포니아에서 열린 발달생물학자 모임에서 낸시는 한 독일 과학자를 만났다. 그는 그녀에게 쥐 레트로바이러스에 VSV라는 바이러스를 혼합하면 배양 중인 물고기 세포를 감염시킬 수 있다고 말했다. 물고기에 돌연변이를 일으키는 데 필요한 농도로 바이러스를 배양할 수 있는 사람은 아무도 없었는데, 그 독일인의 말에 따르면 샌디에이고에 있는 캘리포니아대학의 한 연구소가 고농도로 바이러스를 배양했다고 했다. 그렇다면 바이러스가 유전자에 태그를 붙이는 매개체 역할을 하는 것이 가능하지 않을까?

낸시는 대부분의 연구 기간을 쥐 레트로바이러스를 연구하는 데 보냈고, 그녀의 연구실은 이미 그것들을 안전하게 다룰 준비가 되어 있었다. 마치 언제 분야를 바꿨냐는 듯이 말이다. 물고기에게 바이러스를 삽입할 방법을 알아내기만 하면 됐다. 바이러스 매개체가 생쥐에게 그랬듯이 물고기에게도 잘 기능할지 알 방법은 없었다. 하지만 그녀는 MIT에 전화를 걸어[296] 연구원들에게 하던 일을 멈추고 샌디에이고에 있는 연구실에서 바이러스를 좀 구해 오라고 말했다. 대담한 시도였지만 가능성은 있었다. 이는 어쩌면 그녀에게 딱 필요한 돌파구가 될지 몰랐다.

16장

$28 \, \text{m}^2$

_____ 낸시는 새로운 10년이 밝을 무렵 독일에서 케임브리지로 돌아왔다. 신문 가판대를 보면 여성들은 외롭고 지친 상태로 비틀거리며 1990년대에 들어서고 있었다—분명히 그들 자신의 직업적 성공을 위해 희생한 이들이었다. 그들은 개인적인 삶은 엉망이 될 정도로 커리어에 집중했다. 《뉴스위크》는 1986년 "한 가지에만 몰두"하며 경력을 쌓은 "젊고 똑똑한 여성들"[297]은 결혼할 확률보다 살해당할 확률이 더 높다는 표지 기사를 실었다. 잡지는 최근 연구를 인용해 "훌륭한 외모와 좋은 직장, 고학력, 높은 급여 등 모든 것을 가진 것처럼 보이는 많은 여성이 결혼하지 못할 것"이라고 경고했다. 서른이 되어서도 싱글인 여성은 결혼할 수 있는 확률이 20%에 불과했다. 마흔이 되면 그들은 "공격받아 살해될 확률이 더 높았다. 그들이 결혼할 확률은 2.6%에 불과했기 때문이다."

1989년[298] 《하버드 비즈니스 리뷰》는 여전히 고위급의 경영진에서 여성이 잘 보이지 않는 이유를 분석했다. 기사는 육아 휴직 때문에 여성의 유지 비용이 더 비싼 이유도 있지만, 그것보다 더 정확한 이유는 세상을 움직이는 남성들이 여전히 여성에 대한 고정관념을 갖고 있기 때문이라고 주장했다. 이러한 남성들은 육아를 "기본적으로 여성의 것"으로, 일을 "기본적으로 남성의 것"으로 보았다(화이자의 최고 경영자는 "어떤 여성이 전업주부가 아닌 전업 최고재무책임자가 되려고 하겠는가?"라고 물었다). 남자들은 남성이든 여성이든 육아 휴직에 들어간 사람들은 일에 대한 헌신이 부족하다고 생각했으며, "남자들처럼 공격적이고 경쟁적으로 행동하는 여성은 불쾌하고 여성스럽지 않다"라고 생각했다.

작가인 펠리스 슈워츠는 기업과 협력해 일과 가정을 병행하고자 하는 여성의 재능을 활용하는 비영리 기관 캐털리스트를 설립했다—출산 휴가와 관련된 정책 개발을 돕고 기업 이사회에서 일할 여성을 찾는 일을 했다. 그녀는 그동안 모든 사람이 집에 아내가 있다는 가정하에 조직이 구축되어 왔는데, 직장에서의 인구 구성이 달라진 만큼 조직도 재설계되어야 한다고 주장했다. 여성은 최고의 일자리를 위해 다시 경쟁에 뛰어들기 전에 휴가를 내고, 재택근무를 하고, 잠시 시간제로 일할 수 있는 유연성을 허용받아야 했다. 슈워츠는 남성 관리자들에게 그들의 여성 동료들이 여전히 자주 소수에 속하거나 심지어 유일한 여성일 때, 퇴근 후 모임에서 배제될 때, 비서로 여겨질 때, 남성과 함께 출장을 가도 될지 모르겠을 때, 혹은 차별에 대해 공개적으로 말해도 될지 모르겠을 때 얼마나 힘들지를 알아야 한다고 촉구했다. 그녀는 "재능있고 야심 있는 여성에 대한 남성의 인식은 기껏해야 양면적"이라며 그 인식에는 "존경, 분노, 혼란, 경쟁심, 매력, 회의감,

불안, 자부심, 적대감이 혼합되어 있다"라고 썼다.

이 글은 의도치 않은 효과를 불러 왔다. 다른 저명한 여성들은 일의 유연성에 대한 그녀의 제안을 "엄마 트랙"[299]으로, 혹은 베티 프리단이 《로스앤젤레스 타임스》에서 말한 것처럼 "엄마 함정"[300]으로 조롱했다. 그녀는 슈워츠의 주장을 "레트로 페미니즘"이라고 불렀다. 글의 뉘앙스를 설명하려는 슈워츠의 그 모든 노력에도 불구하고, 그녀의 글은 결국 여성이 진정으로 원하는 것은 일이 아니라 아이들과 함께 집에 있는 것이라는 관념을 강화하는 데 그쳤다. 문제는 고정관념이 아니라 여성이 아이들로 인해 온전히 직장에서 일할 수 없다는 것이었다. 앨리스 로시가 더 많은 보육 시설과 아버지의 육아 참여를 "뻔뻔하게" 제안한 지 25년이 흘렀지만, 아직도 여성은 스스로 해결책을 찾아내야 했다.

그해 12월 《타임》 표지에는 한 손에는 서류 가방을, 다른 한 손에는 찡그린 얼굴의 커다란 아기를 든, 마치 라인배커(미식축구에서 방어 라인의 바로 뒤를 수비하는 선수—옮긴이)와 같은 여성의 그림이 실렸다. 표지에는 '90년대의 여성들'[301]이라는 헤드라인 아래 "1980년대에 여성들은 모든 것을 가지려고 노력했다. 이제 그들은 그야말로 모든 것을 가졌다. 페미니즘에 미래는 있을까?"라는 글이 적혀 있었다. 펠리스 슈워츠의 글처럼 이 기사 역시 논란을 불러 왔다. 기자는 애초에 '페미니즘은 죽었는가?'라는 헤드라인을 달려고 했는데 그렇게 하지 않은 이유는 최근 과월호에서 정부에 대해서도 같은 질문을 했기 때문이라고 밝혔다(20년 전에는 "신은 죽었는가?"라고 질문했다).[302] 그렇다 해도 이 기사는 여성운동에 대한 부고처럼 읽혔다.

기사에서 여성운동은 백인과 중산층과 잘못된 목표에 너무 집중되어 있었다. 20대 여성들은 힘들게 얻은 수확을 당연한 것으로 받아들였다. 그들은 페미니스트를 화장이나 다리 면도를 거부하는 공격적이고 시끄러운 여성으로 여겼다. 한 27세의 여성은 잡지에 "저는 페미니스트가 아니라 여성입니다"라고 말했다. 30~40대 여성은 자신들을 페미니스트로 생각할 수도 있었지만, 출산 휴가, 보육 보조금, 유연 근무제를 위해 싸우기보다 성평등 헌법 수정안과 레즈비언의 권리를 주장한 이전 세대에 분개했다. 전일제로 일하는 여성은 남성이 1달러를 버는 동안 겨우 66센트를 벌었다. 60~70년대의 페미니스트들은 일하는 엄마의 삶이 얼마나 힘들지를 경고하지 않았고, 전업주부들은 페미니스트들이 자신들을 비하한다고 느꼈다.

기사에는 대다수의 미국 여성이 여성운동 덕분에 삶이 더 나아지고 개선되고 있다고 생각하고는 있지만, 자신을 페미니스트로 생각하는 여성은 상대적으로 드물다는 통계가 인용되었다. 자칭 페미니스트들은 잡지에 여성운동은 죽은 것이 아니라 형태를 바꿨을 뿐이라고, 즉 여기에는 한 여성이 아니라 변화를 위해 노력하는 많은 소규모 단체가 있고, 이 단체에는 남성들과 덜 공격적인 사람들도 속해 있다고 말했다. 리틀 락 로펌의 파트너이자 아칸소 주지사 빌 클린턴의 아내로 알려져 있던 힐러리 클린턴은 잡지에 "여성운동은 하향식이 아니라 상향식"이라고 말했다. "누가 항상 주먹을 꽉 쥐고 돌아다니고 싶겠습니까?"

주먹은 곧 꽉 쥐어질 것이었다. 1991년 10월 선구적인 흑인 민권 변호사였던 서굿 마셜의 은퇴로 공석이 된 연방 대법관의 자리에 보수파 흑인 법학자 클래런스 토머스가 후보로 지명되었다. 의회의 민주당 보좌관들은 토머스의 예전 동료이자 예일대 출신의 법학 교수인 아니타 힐을 찾아냈고, 그녀는 약간의 망설임 끝에 그로부터 당한 성희롱을 폭로했다. 미국인의 약 90%[303]가 시청한 텔레비전 청문회에서 힐은 자신이 거절했음에도 불구하고 토머스가 계속해서 데이트를 강요했다고 증언했다. 그는 자신의 콜라 캔에 음모가 들었다거나 그룹 섹스, 수간, 강간 등 자신이 본 포르노에 대해 사무실에서 떠드는 등 빈번하고 노골적으로 성적인 언급을 했다. 백인 남성으로만 이루어진 상원 법사위원회 위원들은 힐이 불안정하고 망상에 빠져 혐의를 꾸며 냈다고 비난했다. 토머스는 그녀가 거짓말을 하고 있다고 주장했다. 다른 여성들이 그녀의 증언을 확증하겠다고 제안했지만, 위원회는 그들을 소환하지 않은 채 이른 아침 시간에 서둘러 토머스의 지명을 승인했다.

청문회 이후 실시된 설문 조사 결과 미국인은 거의 2대 1의 차이로 아니타 힐보다 토머스를 더 믿는 것으로 나타났다. 그렇지만 힐에 대한 상원 의원들의 태도는 직장에서 성희롱을 당했거나 무시당했다고 느끼는 여성들—그들의 말은 심각하게 받아들여지지 않고 잊혔다—사이에서 엄청난 분노를 불러일으켰다. 법사위원회의 얼굴들은 여성이 여전히 최고 수준의 정치적 권력에서 배제되고 있다는 것을 보여 주었다. 하지만 이듬해 기록적인 수의 여성이 의회에 입성하면서 기자들은 1992년을 '여성의 해'로 이름 붙였다.

MIT에는 생물학과장[304]으로 리처드 하인즈가 새로 부임했는데, 임기 첫해에 그는 교수진에 여성과 소수자의 수를 늘리겠다고 약속했다. 그는 그해 보고서에서 "우리는 최근 4명의 하급 교수들에게 일자리를 제안했는데, 그중 3명은 여성이고 1명은 아프리카계 미국인이다"라고 썼다.

학문으로서의 생물학은 MIT에서 그 위상이 높아졌다. 1990년 MIT 이사회는 필 샤프를 대학의 차기 총장으로 택했다고 발표했다. 필은 총장직을 수락했다가 곧 마음을 바꿨다—그는 가르치는 일을 포기하고 연구실을 해산하는 것에 대해 고심하다가 "그렇게 되면[305] 내 인생의 공허함을 그 무엇으로도 채울 수 없을 것 같다는 사실을 어쩔 수 없이 깨닫게 되었다"라고 말했다. 그래도 대부분의 전임 총장이 엔지니어 출신이었던 점을 고려하면 MIT가 필을 선택한 것은 새로운 변화를 나타내는 신호였다. 캠퍼스에는 새로운 생물학 건물이 지어지고 있었는데, 이는 7억 달러를 목표로 하는 대학 모금 활동에서 "최우선 과제"[306]로 여겨졌다.

1991년 교수진은 생물학 입문 과목을 모든 학부생이 이수해야 할 필수 과목에 추가하기로 정했다. 필수 과목을 추가하는 것은 드문 일이었고, 몇몇 교수가 이미 너무 많은 필수 과목이 있다고 반대했기 때문에 교수진은 이 제안에 대해 2년 동안 토론을 벌여 왔다. 하지만 제안에 찬성하는 교수들은 20세기 후반, 즉 이중나선의 발견 이후 생물학이 물리학이나 화학만큼 근본적인 학문이 되었다고 주장했다. 인간 게놈 프로젝트가 진행 중이었고—프로젝트를 이끄는 사람은 살바루리아가 "과학계의 제멋대로인[307] 정치가"로 부르게 된 짐 왓슨이었다—, 수많은 생명공학 기업들이 켄달 스퀘어를 중심으로 빈 땅들을 채우는 중이었다. 낸시가 생식 기술에 관한 합동 여성학 강의를 시작했을 때 알게 된 것처럼, 모든 학생은 유전학과 분자생물학에 대한 기본적인 이해가 필요했다.

낸시가 가르치는 과목과 마찬가지로 새로운 필수 과목에는 현대 생물학의 윤리적 의미에 대한 논의가 포함되었다. 학과에서는 생물학과 "최고의 강사"[308]가 이 과목을 가르칠 것이라고 약속했다. 리처드 하인즈는 낸시에게 이 과정을 계획하고 가르칠 수 있는지 물었다. 낸시는 그처럼 중요한 책임을 맡는 것을 영광으로 여겼기에 처음에는 놀랐다. 하지만 그녀는 자신이 분자생물학 입문과 윤리학을 결합한 여성학 과정을 개설했으며, 그 수업이 대단히 높은 평가를 받았다는 점을 특별히 언급했다. 낸시의 경험을 고려했을 때 그녀가 새 과정을 맡는 것은 지극히 자연스러웠다. "저도 압니다."[309] 리처드가 그녀에게 말했다. "그래서 제가 당신을 염두에 둔 거죠."

암센터 개조가 끝남에 따라, 낸시는 자신의 연구실이 있는 3층에 더 많은 공간과 공용 장비실이 생길 것이라는 기대를 하고 있었다. 그곳에는 필요한 장비가 없을 것이라고 경고했던 살바의 말은 옳았다. 낸시와 연구실 직원들은 필요한 장비를 찾아 다른 층으로 달려가야 했다. 그렇지만 5층에서 벗어나기 위해 자리를 옮긴 것은 그만한 가치가 있었다. 스스무는 버리는 물건 중 쓸 만한 물건들을 낸시에게 주었다. 하지만 물고기 연구에는 정확한 온도 조절이 가능한 방과 물, 짝짓기를 제어하기 위한 타이머 조명 등 특수 장비가 필요했다. 낸시는 그레타라는 물고기 덕분에 국립과학재단에서 받게 된 보조금으로 새 수조를 샀지만, 물고기들을 키우려면 조명이 제어되는 또 다른 방이 필요했다. 연구실도 점점 더 좁아지고 있었다. 보조금을 따낸 직후, 국립보건원에서 자신의 연구비를 지원받아 온 또 다른 박사 후 연구원을 영입했기 때문이다.

마침내 3층에는 스스무, 낸시, 네덜란드 면역학자이자 이듬해 교수로 부임하는 스스무의 친구 히데 플뢰흐가 공유할 방 3개가 새로 생겼다. 당시 스스무는 행동유전학을 연구하는 쥐 실험실을 운영하고 있었는데, 암센터장 필은 새로운 방 중 하나의 절반을 온전히 스스무가 쓸 수 있게 하겠다고 약속했다. 스스무는 낸시에게 나머지 반을 써도 된다고 말했다. 그들은 컴퓨터와 생체영상 분석기를 다른 방에 설치하기로 했다. 그리고 세 번째 장비실은 낸시와 히데가 함께 쓰기로 했다.

이는 낸시의 필요를 충족시키기에 충분한 공간이었을 것이다. 하지만 새로운 방들을 어떻게 나누느냐 하는 문제가 싸움으로 번지는 바람에, 낸시는 물고기 연구에 쏟을 수 있었을 시간과 에너지를 낭비할 수밖에 없었다.

1991년 7월 리처드 하인즈와 필이 직책을 바꾸었다. 필은 생물학과장이 되었고 리처드는 암센터장이 되었다. 얼마 안 있어 낸시와 스스무는 리처드가 세 번째 방의 절반을 생체 고분자 팀이 쓸 수 있게 하기로 약속했다는 사실을 알게 되었다. 스스무는 분노했다. 그는 건물 관리인[310]에게 연락해 지하 창고에 있는 오래된 장비들을 가져와 그 공간을 채우라고 시켰다. 곧 먼지를 뒤집어쓴 거대한 기계들이 나타났는데, 전선들이 주렁주렁 매달린 기계도 있었고, 해체되어 다시는 작동하지 않을 것 같은 기계들도 있었다.

건물 관리인은 스스무가 왜 그 장비들을 거기에다 갖다 놓으라고 하는지 이해할 수 없었다. "장비를 세 줄로 집어넣으면 그곳에서 일하기는 힘들 겁니다." 관리인이 말했다. 스스무는 그에게 그냥 그렇게 두라고 말했다. 공간이 채워져 있는 한, 리처드는 누구에게도 그 공간을 내줄 수 없었다. 스스무와 낸시는 함께 모눈종이에 평면도를 그리고 원심분리기와 냉동고의 그림들을 작게 오린 후 그것들을 이리저리 배치해 리처드에게 새로 생긴 공간의 구석구석까지 필요하다는 것을 보여 줄 계획을 세웠다—생체 고분자실을 위한 공간은 없습니다! 그들은 그 일을 하면서 웃었다. 낸시는 가위를 들고 테이블에 앉아 2명의 뛰어난 과학자(그중 1명은 노벨상도 받았다)가 자신들의 공간을 뺏기지 않기 위해 작은 종잇조각들을 만지작거리는 것이 얼마나 우스꽝스러운지 생각했다. 하지만 대학에서 공간은 귀한 것이었다. 공간은 연구에 필수적이었고, 지위의 상징이기도 했다. 낸시는 어떤 교수에게서 애인은 포기해도 자기 공간만큼은 포기할 수 없다는 말을 들은 적도 있었다. 낸시는 스스무가 그녀에게 공간을 확보하는 방법에 관한 고급 수업을 해 주고 있다고 생각했다.

다른 동료들은 스스무가 때로 변덕스럽고 까다롭게 군다고 생각했다. 그는 박사 후 연구원 중 1명과 사귀었는데, 어느 날 그녀는 스스무가 자신을 때렸다며 연구실로 경찰을 불렀다. 당시 이과대학 학장이었던 진 브라운은 스스무에게 다시 이런 일이 생기면 해고될 것이라고 말했다. 하지만 낸시는 언제나 그와 잘 지냈다. 스스무는 계속해서 이 모든 일은 낸시와 히데를 위한 것이며 자신은 공간이 필요하지 않다고 말했다. 낸시는 그가 자신을 대신해 리처드와 싸우는 3층의 아버지라고 생각하기 시작했다. 그녀는 살바와 볼티모어가 암센터를 얼마나 잘 준비했는지에 대해 새삼 감탄했다. 바이러스학을 연구하는 한 그녀에게는 필요한 모든 것이 있었기 때문이다. 그때는 아무것도 요청할 필요가 없었지만 이제 낸시는 그러한 일을 어떻게 하는지 보여 주는 스스무가 있어 기뻤다.

몇 주 후, 건물 관리인이 낸시의 사무실로 찾아와 원심분리기 중 하나를 그녀가 스스무와 함께 쓰는 방 밖으로 옮겨도 되겠냐고 물었다. 낸시는 그 이유를 물었다. 그 방에는 원심분리기를 위한 공간이 충분했기 때문이다. 방을 찾은 낸시는 무슨 일이 생겼는지 즉시 알아차렸다. 스스무가 방 전체를 차지[311]한 것이다. 이번에는 낸시가 직접 리처드에게 항의해야 했다.

낸시는 리처드에게 수조를 놓을 두 번째 방과 실험실에서 사용하는 유리 기구 선반을 놓을 장소, 그리고 3층에 약속된 공용 장비실을 요청했다. 리처드는 그녀에게 1층에 있는 방에 수조를 놓아도 된다고 말했지만, 그것은 잠깐뿐이었다. 낸시는 3층에 있는 공용 장비실에 히데가 올 때까지 기다려야 했다. 1년 후 히데가 도착하면서 낸시는 리처드와 여러 차례 대화를 나눴지만 수조를 영구적으로 보관할 방도, 3층의 장비실도 얻지 못했다.

물고기 프로젝트는 관심과 호평을 받고 있었다. 일본에서 강연을 막 마치고 돌아온 낸시는 다트머스[312] 대학 생화학과의 학과장 자리에 지원해 달라는 요청을 받기도 했다. 이제 그녀는 박사 후 연구원 2명,[313] 대학원생 2명, 기술자 1명을 데리고 있었고, 매주 적어도 1명, 어떤 주에는 3명의 박사 후 연구원에게서 지원서를 받고 있었다. 하지만 낸시와 연구실 사람들은 장비를 고치거나[314] 찾는 데 점점 더 많은 시간을 보내야 했다. 가령 그들은 새는 것을 막기 위해 오래된 젤 건조기의 호스 주위에 파라핀을 둘러야 했다. 베타 계수기는 인쇄를 멈춰 수기로 데이터를 기록해야 했고, 원심분리기는 오래되어 대부분의 실험실에서 8시간이면 할 수 있는 일을 24시간에 걸쳐 했다. 현미경의 경우에는 다른 연구실에 속한 친구들의 친절에 의존했다. 낸시의 박사 후 연구원 중 하나[315]는 필요한 현미경이 다른 건물에 있어 실험을 포기한 적도 있었다. 몇 번을 시도했지만, 현미경이 있는 곳에 도착했을 때는 이미 시간에 민감한 과정을 관찰하기에 너무 늦어 있었기 때문이다. 낸시는 자신의 연구실에 현미경이 있었다면 그가 실험에 성공할 수 있었을 것이라고 확신했다.

낸시는 이미 현미경 3대를 직접 구매했지만, 더 높은 성능의 현미경이 필요했다. 새 현미경을 사는 데는 국립과학재단에서 받은 보조금의 3분의 1이 넘는 3만 달러가 들었다. 그녀는 삽입 돌연변이 유발 방법—유전자에 태그를 붙이는 방법—을 알아내기 전까지는 새 현미경을 사고 싶지 않았다. 먼저 그 일에 어떤 현미경이 가장 적합한지 알아야 했기 때문이다. 낸시는 암센터를 뒤져 작동하는 현미경 3대를 찾았는데, 그중에는 약간 구식이지만 다른 사람이 거의 사용하지 않은 장점이 있는 형광 현미경도 있었다. 1992년 5월 그녀는 리처드에게 이 현미경을 빌릴 수 있는지 물었다. 리처드는 현미경이 필요하면 직접 보조금 지원서를 작성해 구입하라고 말하며 이를 거절했다.

낸시와 나이가 비슷했던 리처드는 키가 컸고, 수염을 길렀으며, 영국인이었다. 낸시는 그를 과학자로서 존경하고 친구로 생각했지만, 그의 키와 또렷한 억양 때문에 지금 그녀는 그가 자신을 업신여긴다고 느꼈다. 단지 현미경을 사기 위해 보조금 지원서를 쓴다는 것은 들어 보지도 못한 얘기였다. 암센터는 늘 국립보건원으로부터 받은 주요 보조금으로 장비를 구입했다—살바와 데이비드 볼티모어가 이렇게 준비해 두었다. 현미경은 보통 이 주요 보조금을 이용해 구매했고, 그녀가 빌리고 싶었던 현미경도 이런 식으로 구매한 것이었다.

지난 몇 달간 낸시와 리처드가 연구실 공간을 둘러싸고 나눈 대화는 두 사람의 신경을 날카롭게 했다. 현미경에 대한 논의는 곧 유치한 다툼이 되었다. 낸시는 리처드에게 왜 자신이 새 현미경 구입을 미루고 있는지 설명하며, 빌리려고 하는 현미경이 그해에 5시간 반밖에 사용되지 않았다고 말했다. 게다가 그 시간의 거의 절반은 낸시의 연구실 사람들이 사용한 것이었다.

"그건 사실이 아니에요." 리처드가 말했다.

"사실이에요."

"아니, 그렇지 않아요."

"그렇다니까요."

낸시는 사람들이 현미경을 몇 시간 동안 사용했는지를 보여 주는 일지를 복사했다고 말했지만, 그는 사람들이 늘 일지를 기록하는 것은 아니라고 반박했다.

"광원을 확인하면 되죠." 낸시가 서슴없이 말했다. "현미경이 사용된 시간은 기록과 완벽하게 일치[316]했어요."

또한 낸시는 스스무가 점점 더 공간을 잠식한다고 느꼈다. 그의 연구실 직원들은 휴게실 중 한 곳을 배달물 포장과 수령 장소로 이용하고 있었는데, 이제 그곳을 또 다른 장비들로 채우더니 포장재와 배달물을 낸시의 사무실과 연구실 밖 복도까지 내놓았다. 출근하는 길은 장애물 코스가 되어 버렸다.

7월이 되고 급기야 복도에서 택배 상자에 걸려 넘어져 허리를 다친 낸시는 고충처리부의 메리 로우를 찾아가 불만을 털어놓았다. 메리는 오랜 시간 동안 축적된 무시와 불이익을 "토성의 고리 현상"으로 설명한 이후 20년간 직장 내 성희롱에 관해 고민해 왔었다. 낸시의 이야기를 들은 메리는 그녀가 성희롱을 당하는 것처럼 들린다고 말했다. 낸시는 동의하지 않았다. 괴롭힘을 당한다고 느끼긴 했지만, 아니타 힐이 전년도에 클래런스 토머스 청문회에서 말한 것처럼 음란한 농담이나 성적인 행동을 하는 사람은 아무도 없었기 때문이다. 메리는 성희롱이 반드시 성관계와 관련 있진 않다고 설명했다. 다른 곳과 마찬가지로 MIT의 정책은 성희롱을 성별에 기초한 행동 패턴, "MIT에서 개인이나 단체의 교육 또는 업무 수행을 부당하게 방해하는 의도나 효과가 있는" 행위로 정의했다.

메리는 낸시에게 특히 남성 중심적인 직장에서 여성의 기여가 남성보다 높게 평가되지 않는다는 것을 보여 주는 '존 도John Doe/제인 도John Doe'[317] 연구에 관해 이야기해 주었다. 남성과 여성 모두 남성이 한 일이라고 생각되면 그 일을 더 높게 평가했다. 낸시는 "저평가되었다" 아래에 두 줄을 그어 강조하는 등 관련 내용을 자세히 메모했다. 하지만 우선 낸시는 자신의 연구실에서 필요한 것을 얻는 데 집중했다. 이미 공간을 둘러싼 싸움에 시간의 절반을 쓰고 있던 터라, 연구에 써야 할 시간을 뺏기는 것이 점점 더 괴로웠다.

메리의 조언에 따라 낸시는 리처드에게 6장[318] 분량의 편지를 써서 자신의 요구사항을 설명하고 새로운 공간을 찾을 수 있는 해결책을 제안했다. 그녀는 두 번째 물고기 연구실을 재차 요청했고 리처드가 공간을 마련해 준다면 개조를 위한 보조금을 더 받아 오겠다고 했다. 낸시는 5층에 세포를 보관하지 않아도 되도록 냉동고를 원했다. 또 최근에 실험실 장비 수리 비용으로 6,000달러를 썼는데 학과에서 수리 비용을 부담한다고 하니 수조용 재순환 필터를 살 수 있게 그 돈을 돌려달라고 요청했다. 그녀와 연구실 직원들은 물을 갈기 위해 매일 직접 수조에서 물고기를 퍼내야 했는데, 이 일은 지저분할 뿐만 아니라 시간도 오래 걸렸다. 낸시는 최근 도움을 주기로 했던 본부에서 너무 바쁘다고 했기 때문에, 밤마다 집에서 직접 연구 보조금 제안서를 작성하고 있었다. 과학 회의도 빠진 채 집에서 제출 서류를 마무리했지만, 집에는 흐릿하게 인쇄되는 낡은 도트 매트릭스 프린터뿐이어서 제안서가 전문적으로 보이지 않는다고 생각했다. 그녀는 MIT가 새 레이저 프린터 구매를 위한 비용을 내줄 수 있을지도 궁금했다.

메리는 또한[319] 낸시에게 각 교수가 얼마나 많은 공간을 차지하고 있는지, 얼마나 많은 연구 보조금을 확보해야 하는지, MIT가 그들의 연구실에 얼마나 많은 지원을 했는지 등 암센터의 자원에 대한 자세한 설명을 리처드에게 요구하라고 했다.

리처드가 자신의 사무실에서[320] 보자고 했을 때, 낸시는 메리에게 같이 참석해 달라고 부탁했다. 리처드는 낸시에게 새로운 장비가 필요하면 연구비를 더 따내서 직접 구입해야 한다고 말했다. 그는 낸시의 연구실에서 일하는 인원을 기준으로 낸시가 학과 내 8명의 다른 상급 교수만큼 공간을 차지하고 있다는 것을 보여 주는 막대그래프를 제시했다. 각 교수의 총 직접 보상액을 기준으로 비교하면 낸시는 필 샤프를 제외하고 누구보다 많은 공간을 차지하고 있었다. 하지만 이는 낸시와 메리가 요청한 숫자가 아니었다. 처음부터 자원이 적은 사람들은 당연히 많은 연구원을 고용하거나 같은 양의 일을 할 수 없었다. 암센터의 주요 보조금을 누가 얼마나 받는지는 명확하지 않았다.

낸시는 지쳐서 리처드의 사무실을 나왔다. 그녀가 나중에 메리에게 썼다. "이런 식으로 분명히 표현하게 될 줄은 몰랐지만, 여성들이 너무 일찍 물러나 결국 언제나 더 적은 몫을 쥐게 되는 것은 자신의 몫을 요구할 때의 엄청난 스트레스 때문일 것이라는 당신의 말이 옳습니다."[321]

메리는 이과대학 학장에게 새 형광 현미경 구매를 위한 3만 1,000달러를 낸시가 재단에서 지원받을 수 있도록 부탁해 그녀의 괴로움을 잠시나마 덜어 주었다. 그사이에 리처드는 낸시가 원했던 현미경을 빌려 주는 데 동의했지만, 그녀는 다른 교수가 휴가에서 돌아와 승인할 때까지 1달을 더 기다려야 했다. 현미경을 받은 지 나흘 만에[322] 낸시의 박사 후 연구원은 6개월 전부터 시도했던 실험을 완료할 수 있었다.

하지만 11월에 낸시는 또 다른 위기[323]에 봉착했다. 17년 동안 그녀의 연구실에서 일했던 기술자가 복도 안쪽에 있는 다른 교수 밑에서 일하게 된 것이다. 그 기술자는 낸시에게 돈이 충분치 않다는 암센터 관리자의 말에 일자리를 잃게 될까 두려웠다. 돈이 빠듯하다는 것은 알았지만 그 정도는 아닐 것으로 생각했던 낸시는 놀라서 관리자에게 자신의 연구 보조금에 관해 이야기를 좀 하자고 요청했다. 낸시는 회계사 교육을 받고 증권 중개인으로 일하던 언니 앤을 함께 데려갔다.

대다수 대학과 마찬가지로 MIT의 연구실 책임자는 보조금을 확보해 자신의 급여 일부를 충당해야 했고, MIT가 나머지 급여를 지급했다. 관리자는 회의를 시작하면서 리처드가 암센터장으로 일을 시작했을 때 낸시의 급여가 같은 학과의 다른 사람들보다 적고, 그녀가 매우 높은 비율로 자신의 급여를 직접 충당하고 있다는 것을 알게 되었다고 말했다. MIT는 급여의 35%를 지급했지만, 리처드는 예산이 허락하는 한 이를 45%까지 올려 주기로 했다. 앤은 다른 교수들은 자기 급여의 몇 %를 직접 충당하는지를 물었다. 관리자는 교수마다 다르다고 답했다.

그날 오후[324] 내년에도 낸시가 생물학 필수 과목을 가르칠 것인지 확인하기 위해 필이 그녀의 사무실에 들렀다. 낸시는 그에게 MIT가 다른 교수들에게 급여의 몇 %나 준다고 생각하는지 물었다. 필은 60~70% 정도라고 말했다.

"난 35%를 받는데." 낸시가 그에게 말했다. 필은 놀란 표정을 짓더니 그건 불가능해 보인다고 말했다.

낸시가 이에 대해 리처드에게 묻자 그는 낸시가 잘못 알고 있으며 숫자를 잘못 쓴 게 틀림없다고 말했다.[325] 낸시는 자신의 언니도 정확히 같은 숫자를 적었다고 말했다. 그녀는 다른 교수들은 자기 급여를 얼마나 충당하는지 다시 물었다. 단순히 자신의 위치를 확인하고 싶어서는 아니었다. 다른 교수들이 연구비로 얼마를 받았는지 알면 그들이 얼마나 많은 사람을 고용했는지 계산할 수 있었고, 그러면 자신의 연구실에 얼마나 많은 사람을 고용할 수 있는지도 알 수 있을 거라는 생각에서였다. 리처드는 그녀가 평균에 가깝거나 평균을 살짝 웃돈다는 것을 제외하고는 말하기를 거부했다. 그는 짜증이 났다. 그녀가 다른 사람들보다 적게 돈을 받는다는 사실을 알아차린 사람은 바로 자신이었다. 자신이 그녀를 도우려 애쓰는 것은 보이지 않는 건가?

그날 밤 전화로 앤은 리처드가 거짓말을 하는 것 같다고 말했다. 낸시는 그가 그런 사람이라는 것을 믿을 수 없었다. 하지만 그를 믿는다고 전적으로 확신할 수도 없었다.

"정확한 정보를[326] 얻기가 어렵습니다." 낸시가 12월에 메리 로우에게 썼다. "저는 지난 20년 동안 이런 문제에 크게 신경 쓰지 않았어요. 센터장과 관리자들은 저와 다른 사람들이 과학을 하도록 돕는 데 관심이 있다고 생각했기 때문이죠. 이제는 그렇게 생각하지 않습니다. 유감스럽게도 이제 저는 항상 진실만을 들을 수 있을 거라 믿지도 않아요."

낸시는 1월에 휴가를 마치고 돌아와 공간 문제를 직접 해결해야겠다고 마음먹었다. 그녀는 먼저 유리 기구를 청소하는 주방 직원에게 연구실 테이블을 점점 더 비좁게 하고 있던 작은 수조와 비커와 접시들을 어디에 보관할 수 있을지 물었다. 그들은 웃으면서 공용 창고로 쓰기로 되어 있는 작은 방을 가리켰다. 그 방은 스스무가 채워 넣은 유리 기구 캐비닛으로 가득했다. 한 여성이 웃으면서 물었다. "낸시, 다른 사람들은[327] 모든 것을 갖고 마는데 당신은 왜 그렇게 조금 갖는 거예요?" 낸시는 미소를 지었지만, 속으로는 당혹스러웠다. 사람들은 그녀를 그런 식으로 바라보았다.

그날 오후 낸시는 그해 가을에 있었던 회의 중 하나에서 리처드가 제안한 대로 공용 회의실에 있는 선반에 그녀의 사무실에 있던 과학 저널 일부를 갖다 두었다. 그러자 스스무가 사무실에 나타나 왜 거기에다 그 물건들을 갖다 놨는지 따졌다. 낸시는 화를 내면서 리처드가 허락을 한 데다, 그 층에 있는 공용 공간들의 용도를 정리할 때까지 오랫동안 기다려 왔다고 말했다. 낸시의 연구실은 수년간 지체되어 있었기 때문에 그녀는 앞으로 나아가야 했다. 그녀는 스스무나 히데보다 더 적은 공간을 사용했다—그들은 각자 전용 회의실을 갖고 있었지만 낸시는 없었다. 따라서 공용 회의실의 빈 선반을 사용하는 것은 합리적인 것 같았다.

스스무는 점점 더 화를 내며 녹음기가 있어야만[328] 그녀와 이야기하겠다고 말했다. 낸시는 리처드에게 짧은 편지를 써서 그가 허락했음을 확인해 달라고 요청했다. 낸시는 확인받은 문서의 사본을 스스무에게 주었지만, 그는 그것을 찢어 버렸다.

낸시는 리처드에게 자신의 공간이 다른 어떤 종신 교수들의 공간보다 좁은 것 같다고 말했다. 그녀의 과학은 고통받고 있었다. 그날 밤 낸시는 얼마 전부터 기록하기 시작한 일지에 이렇게 썼다. "그는 내 말이 사실이 아니라고 말했다.[329] 그는 자신의 사무실이 내 사무실보다 크지 않다고 확신하지만 크기를 측정해서 알려 주겠다고 했다!!!!!!!!!!! 리처드의 사무실(그리고 특히 비어 있는 선반 공간)과 내 사무실을 잠깐만 둘러봐도 그의 말이 얼마나 거짓에 가까운지 알 수 있을 것이다. 미치도록 어이가 없다."

낸시는 MIT 안전 관리실의 책임자에게 전화를 걸었고, 그 책임자는 관리인을 보내 낸시의 연구실 밖 복도에 널려 있는 물건들을 치우게 했다. 낸시는 그에게 감사의 인사를 전했다. "정말 좋네요.[330] 드디어 진짜 세상에 들어온 것 같은 기분이 듭니다!" 하지만 그녀의 승리는 오래가지 않았다. 스스무는 암센터 편지지에 쓴 메모를 직접 건네며 더는 그의 연구실 장비를 "습관적으로 사용"[331]하거나 빌리는 것을 허용하지 않을 것이라고 말했다.

낸시는 리처드에게 그 메모를 보여 주며 다시 한번 자신의 연구실이 다른 어떤 상급 교수들의 연구실보다 좁다고 말했다. 리처드는 그녀의 말을 미심쩍게 여기더니 또다시 자신의 사무실 크기를 재서 알려 주겠다고 약속했다.

다음 주에 리처드는 더 일찍 연락하지 못한 것을 사과하며 복도가 더 깨끗해 보인다는 짧은 메모를 남겼다—복도가 깨끗해진 것은 오로지 낸시가 안전 관리실에 연락한 덕분이었다. 리처드는 사무실 크기에 관한 내용도 덧붙였다. "사실[332] 낸시의 연구실과 스스무의 연구실 크기는 똑같습니다. 다른 상급 교수들의 연구실은 낸시의 연구실보다 더 작거나 크지만, 큰 차이는 없어요(참고로 제 연구실은 낸시의 연구실보다 5제곱피트[약 0.46 m²] 큽니다)."

낸시는 메리에게 편지를 썼다. "하인즈가 미친[333] 거 아닌가요? 완전히 거짓말쟁이 아니에요? 아니면 그저 평범한 남성 우월주의자인 걸까요?" 낸시는 "괴롭힘 문제"를 두려워하고 있었지만, 이렇게 썼다. "아마도 이제는 정면으로 부닥쳐야 할 때인 것 같습니다. 후배 교직원이 그런 문제로 이 사람, 그러니까 스스무를 상대한다면 기분이 어떨지 상상해 보세요"라고 썼다.

하지만 좋은 소식도 있었다. 낸시는 샌디에이고에서 구해 온 바이러스를 물고기 배아에 주입하는 방법을 개발하는 데 쓰일 새로운 연구 보조금을 국립과학재단에서 받게 되었다. 중국에서 온 그녀의 박사 후 연구원 슈오 린도 2개의 펠로우십에서 연구비를 더 지원받게 되었다. 낸시는 짐에게 "기적[334]은 멈추지 않습니다! 적어도 1~2년은 더 버틸 수 있게 되었어요"라고 썼다.

낸시는 자신이 괴롭힘을 당하고 있다 해도, 그것이 성별에 기초한 것인지 확신할 수 없었다. 하지만 리처드는 낸시에게 그런 생각의 씨앗을 심어 주었다. 그녀는 여섯 살짜리 아이도 다른 남성 교수들의 공간이 자신의 공간보다 더 넓다는 것을 알 수 있을 것이라 생각했다. 낸시는 리처드가 요청한 숫자를 주지 않으면 자신이 직접 알아내야겠다고 마음먹었다.

낸시는 마지막으로 남은 대학원생들이 저녁을 먹으러 나가고 암센터가 조용해지는 밤까지 기다렸다가 마스터키를 이용해 2층에 있는 연구실로 슬며시 들어갔다. 아무도 그녀를 볼 수 없도록 불은 꺼진 채로 놔두었다. 그리고는 기듯이 몸을 낮춘 뒤 줄자를 꺼내 방의 크기를 재기 시작했다. 2층에 있는 방을 모두 측정한 다음에는 3층으로 옮겨 갔고, 그렇게 다음 몇 주간 건물에 있는 모든 실험실과 사무실과 장비실의 크기를 측정했다. 그녀는 원심분리기, 책상, 액체 질소 탱크를 조심히 옮겨 가며 벽의 끝까지 꼼꼼히 치수를 측정하고 여러 가지 색의 형광펜으로 평면도에 측정한 공간들을 표시했다―상급 교수진의 공간은 주황색과 파란색, 하급 교수진의 공간은 분홍색과 녹색, 공용 장비 공간은 노란색으로 표시했다. 한 번은 누군가에게 그녀가 하는 일을 들킬 뻔하기도 했다. 5층에 있는 공용 장비실인 537호에 들어갔을 때 낸시는 바깥의 복도에서 인기척을 느꼈다. 순간 그녀는 얼어붙어 밤늦게 어두운 방에 혼자 있는 것을 어떻게 설명해야 할지 걱정했다. 눈에 띄지 않게 몸을 웅크려야 할까? 복도 쪽 출입구에는 작은 창문만 하나 있었다. 낸시는 그대로 서서 편안한 표정을 짓는 것이 최선이라고 생각했다. '날 미쳤다고 생각할 거야.' 낸시는 제정신이 아닌 기분이 들기 시작했지만, 만약 그렇다면 그녀를 미치게 만든 것은 리처드와 스스무였다. 다행히 계단실 문이 열리는 소리가 들리더니 발걸음 소리가 사라졌다. 그녀는 잠시 기다리면서 다른 사람이 더 없는지 확인했다. 그리고 몸을 굽혀 다시 줄자를 잡아당겼다.

낸시의 직감이 옳았다. 리처드는 틀렸다. 심지어 하급 교수[335]—남자—도 그녀가 가진 공간의 거의 2배에 해당하는 공간을 확보하고 있었다. 리처드의 공간은 4배나 더 넓었다. 암센터의 모든 이가 낸시보다 더 넓은 공간을 차지하고 있었다.

늦은 밤의 측정 결과는 전년도에 메리 로우가 했던 말을 떠올리게 했다. 어쩌면 여성의 기여는 정말로 과소평가되었을지 모른다. 낸시의 학생들과 기술자들은 다른 연구실 대비 낸시의 연구실에 자원이 부족하다는 것을 오래전부터 알고 있었다. 그들은 다 낡은 헌 옷을 입도록 강요당한 아이들처럼 그들이 느끼는 당혹감에 대해 농담했다(연구실에 필요한 장비 목록에 누군가는 심리치료사를 제안했다).[336] 낸시의 연구실 환경은 그녀의 가치 부족을 널리 알리고 있었다.

낸시는 다른 방식으로도 여성이 저평가되고 있음을 느끼기 시작했다. 그해 2월 입사 지원자에 대해 논하기 위해 암센터에서 열린 점심 회동에서 교수들은 나이가 많다는 이유로 한 여성의 이력서를 무시하고 낸시가 보기에 더 나을 것도 없는 두 살 많은 남성의 이력서를 택했다. 그녀가 리처드에게 썼다. "다른 곳에서는 다들 여성의 해[337]라고 하지만, MIT에서만큼은 확실히 아니라고 믿게 되었습니다!"

낸시는 리처드에게 학생들이 왜 이렇게 학과에 여자가 없는지, 진지한 여성 지원자가 없는지 물어봤다고 말하면서 이렇게 썼다. "젊은 여성 과학자들의 사기가 점점 더 저하되는 것 같습니다. 고백하건대, 그들이 느끼는 것이 틀렸다고 말할 순 없군요."

3월에 낸시는 자신에게 여성학 강의를 맡겼던 루스 페리가 종신 재직권을 얻지 못했을 때 MIT를 고소하는 것을 고려했었다는 사실을 떠올렸다(MIT는 루스의 주장을 다시 검토하기로 했고, 루스는 종신 재직권을 따냈다). 루스는 낸시에게 보스턴의 유명 민권 변호사를 소개해 주었다.

3월 중순의 어느 금요일 아침, 낸시는 변호사를 만났다.[338] 자신이 겪는 문제가 괴롭힘에 해당하는지 여전히 확신은 못 했지만, 낸시는 괴롭힘에 관한 MIT의 정책 사본을 챙겨 갔다. "물론 괴롭힘입니다." 변호사가 그녀에게 말했다. 하지만 그는 낸시가 성차별—낸시가 생각해 보지 않은 단어—도 겪고 있는 것 같다고 생각했다. 낸시에게 차별은 어딘가에 취직할 수 없는 것을 의미했다. 변호사는 그녀가 겪고 있는 일은 증명하기가 어렵고 MIT를 떠날 각오도 해야 할 것이라고 말했다. 하지만 그는 루스 페리의 사례에서 MIT 행정본부의 선의에 깊은 인상을 받았다고 말했다. 그는 낸시에게 교무처장을 만나 보라고 말했다. 교무처장은 5개 단과대학의 학장들에게서 직접 보고를 받는

MIT의 최고 연구 관리자였다. 낸시는 대학 행정에 관해서는 거의 생각해 본 적이 없었기 때문에 그의 이름조차 떠올리지 못해 변호사가 그 이름을 말해 줘야 했다. 변호사는 자신을 만났다고 말하지 말고 다른 일자리 제안을 받았다고 한 다음, 그녀의 요구를 받아들이지 않는 것 같으면 그것은 차별인 것 같다고 말하라고 했다.

변호사를 만나고 나오자 폭풍의 시작을 알리는 눈보라가 몰아쳤다. 미국 동부의 절반을 마비시킨 이 폭설은 전기를 끊고, 지붕을 무너뜨렸으며, 테네시주에도 56인치(약 142 cm)의 눈을 쏟아부었다. 보스턴 주변에는 1피트(약 30 cm) 높이의 눈이 쌓여 로건 공항과 지하철, MIT의 아테나 컴퓨터 서버가 마비되었다. 주말 동안 눈에 갇힌 도시는 고요했다. 낸시는 집에서 언니와 짐, 다른 오랜 친구들에게 전화를 걸어 근황을 묻고 변호사가 한 말에 관해 이야기를 나누며 시간을 보냈다. 변호사의 말은 그녀를 안심시켰다. 그녀는 고소 같은 건 하고 싶지 않았다. 다음 주 초, 낸시는 그 어느 때보다도 편안해진 어투로 메리에게 편지를 썼다. "눈이 내린 주말[339]은 제게는 정말로 좋은 시간이었습니다. 사람들은 MIT 조직 어딘가에 이 문제를—아마도 몇 시간 만에—해결할 수 있는 선의와 능력, 권위를 모두 가진 사람이 분명히 있을 것이라고 믿는 것 같아요. 저도 기본적으로 그들 생각에 동의하기 때문에 그 사람을 찾아보려고 합니다."

몇 주 후 리처드가 낸시에게 만나자고 했고, 낸시는 메리를 데려왔다. 리처드는 암센터 지원자에 관해 이야기하고 싶어 했다. 낸시는 최근 있었던 심사가 차별적이라고 생각한다고 말했다. 리처드가 그렇지 않다고 하자, 메리는 남성의 이름과 여성의 이름이 적힌 똑같은 이력서를 비교하는 식으로 암센터가 자체적으로 '존 도/제인 도' 연구를 해보는 것은 어떨지 제안했다. 리처드는 다시 짜증을 내며 조직 내에서 성차별의 증거를 발견하지 못했다고 말했다.

낸시는 여전히 언제쯤 공간을 더 확보할 수 있을지 궁금했다. 메리가 학장에게서 구해 준 돈으로 아직 형광 현미경을 사지 않은 이유는 실험실에 둘 자리가 없기 때문이었다. 곧 낸시의 연구실에는 15명이 일하게 될 예정[340]이었지만, 연구실이 너무 좁은 게 문제였다. 낸시는 그해 여름 자기 밑에서 일하고 싶어 하는 대학원생 2명과 이미 일자리를 약속한 박사 후 연구원들을 거절하는 일이 생길까 봐 걱정했다. 리처드는 길 건너 생물학 건물에 있는 주방에 유리 기구를 보관해도 된다고 말했다. 하지만 리처드의 유리 기구는 그의 연구실에 있었다. 왜 자신의 물건은 길 건너에 있어야 한단 말인가?

낸시는 3층으로 함께 올라가서 쓸 만한 공간을 찾아볼 수 있을지 물었다.

"좋은 생각이네요." 메리가 말했다.

리처드는 거절했다. "정말 당황스럽군요!"[341]

낸시는 메리를 바라보았다. 메리는 리처드 없이는 움직일 것 같지 않았다. 그 순간 낸시는 이 문제를 스스로 처리해야 함을 깨달았다.

다음 날은 교무처장인 마크 라이턴 Mark Wrighton 과의 면담[342]이 있는 날이었다. 낸시는 요구사항을 요약한 2장 분량의 편지에 자신이 생각한 평면도를 첨부해 그에게 보냈다. 그녀는 약 300제곱피트(약 28 m²)의 공간이 필요했는데, 113제곱피트(약 10 m²)는 자신의 전용 공간으로 쓰고 싶었고, 다른 더 넓은 공간은 대형 장비를 보관하는 곳으로 쓰고 싶었다. 변호사가 제안한 대로 그녀는 다른 일자리를 제안받았지만, MIT를 떠나고 싶지 않다고 말했다.

낸시는 자신의 연구실에 지원한 박사 후 연구원들의 우수성을 보여 줄 수 있도록 지원서로 가득 찬 무거운 캔버스 가방을 들고 라이턴의 사무실에 도착했다. 라이턴은 그녀의 연구에 대해 듣는 것을 즐거워하는 듯했고[343] 낸시와 얼마든지 이야기를 나눌 수 있을 것 같은 분위기를 풍겼지만, 어떻게 그 문제가 자신에게까지 오게 되었는지 이해하지 못했다. 그는 낸시에게 그런 사소한 문제로 자신을 찾아오는 사람은 아무도 없었다고 말했다. 그는 대학 전체의 예산을 다루는 사람이지 보관 캐비닛에 대한 분쟁을 다루는 사람이 아니었다. 그는 몇 번이나 왜 암센터가 그녀의 연구를 지원하지 않는지 물었다. "암센터장인 리처드가 발달생물학에 관심이 없는 것은 아닌가요?" 마침내 낸시는 변호사가 말한 단어를 꺼내 보았다. "제 생각에 이것은 차별인 것 같습니다."

라이턴이 좀 더 똑바로 앉았다. 그는 차별은 심각한 문제라며 낸시에게 이과대학 학장인 밥 버지노Bob Birgeneau를 만나 보라고 말했다. 그리고는 자신이 미리 그에게 전화를 걸어 놓겠다고, 학장은 분명히 낸시가 원하는 것을 얻게 해 줄 것이라고 했다.

버지노는 물리학자였다. 낸시보다 한 살 많은 그는 키가 컸고, 캐나다인이었으며, 단정했고, 효율적으로 일을 처리했다. 그는 교무처장에게서 연락을 받은 뒤 낸시에게 리처드와 이야기해 보겠다고 말했다. 낸시는 버지노가 이미 리처드와 이야기를 나누었을 것이고, 리처드가 그에게 자신이 까다롭다고 말했을 것이라고 짐작했다. 버지노는 그녀의 문제를 대단치 않게 생각하는 듯했다. 낸시는 이번에는 문을 나설 때까지 기다렸다가 변호사가 그녀에게 말한 단어를 사용했다. "제 생각에 이것은 차별인 것 같습니다." 버지노는 낸시를 따라 복도로 나오더니 조수를 보내 그녀의 공간을 살펴보겠다고 말했다.

이틀 후 그의 조수[344]가 와서 낸시의 연구실이 얼마나 붐비는지를 바로 확인했다. 그녀는 학장이 모든 일을 처리할 것이라고 낸시를 안심시켰다. 몇 주 후 낸시는 요청했던 유리 기구를 보관할 수 있는 새 캐비닛과 113제곱피트(약 10 m²)의 공간을 얻었다. 연구실에 다른 학부생—낸시의 추천으로 학계에서 가장 까다롭게 선발하는 장학금 중 하나인 마셜 장학금을 받았다—을 데려올 수 있을 만큼 충분한 공간이었다. 그녀는 더 많은 박사 후 연구원들에게 보조금을 마련할 수만 있다면 자신의 연구실에 들어와도 좋다고 말했는데, 그들은 실제로 미국에서 가장 권위 있는 펠로우십을 통해 연구비를 지원받게 되었다. 그해 여름 낸시는 12개 이상의 정부가 뇌 및 생물학적 발달 연구를 위해 지원하는 휴먼 프론티어 사이언스 프로그램Human Frontier Science Program(생명과학 분야의 정부 간 국제 협력 프로그램—옮긴이)의 보조금을 받은 12명의 미국인 중 1명이 되었다.

50번째 생일을 며칠 앞둔 6월 어느 날 낸시가 라이턴에게 썼다. "100제곱피트(약 9.3 m²)[345]가 개인의 능력에 미칠 수 있는 영향이 놀라울 뿐입니다!" 그해 가을 슈오 린은 낸시가 샌디에이고에서 찾은 레트로바이러스를 3시간 된 배아에 성공적으로 주입했고, 바이러스는 생식세포에 침투해 바이러스 유전자의 DNA 사본을 삽입했다. 실험은 거의 믿을 수 없을 정도로 성공적이었다. 그들은 삽입 돌연변이 유발의 첫 번째 중요한 걸음마를 떼었다. 삽입된 유전자가 돌연변이를 일으키면, 그들은 물고기에서 유전자를 분리하는 일을 시작할 수 있었다.

10월에 스스무는 생체영상 분석기가 있는 방의 문에 자물쇠를 채우고 출입 금지라는 메모[346]를 붙였다. 그의 연구실 입구에는 '들어오는 모든 화물을 바깥의 뒤쪽 복도에 두십시오. 연구실은 배송과 수령, 그리고 과학을 위한 공간을 모두 제공하도록 설계되지 않았습니다'라는 안내문이 붙어 있었다. 바깥의 뒤쪽 복도는 낸시가 있는 곳의 앞문으로 이어졌다. 10월 셋째 주 월요일, 사무실에 도착한 낸시는 복도가 다시 무거운 상자, 쓰레기, 동물 케이지로 가득한 것을 발견했다. 그녀는 리처드에게 다시 편지를 썼고, 그는 스스무의 기술자에게 냉동고와 관련된 긴급 상황이 있었다고 답장했다. 리처드는 그 월요일이 학교 휴일이었던 데다가 스웨덴에서 날아온 기쁜 소식으로 다들 정신이 없었다고 말했다. 필 샤프가 1993년 노벨상을 탄 것이다.

리처드는 그녀가 수조를 넣을 공간을 더 찾고 있다는 것을 알고 있다고 덧붙였다. "대략적인 면적과[347] 다른 특이 사항을 포함해 정확히 무엇을 재배치하고 싶은지 작성해 줄래요? 어떤 것이 준비될 수 있을지 모르겠으나, 정확한 요구 사항을 알려 주면 최종적인 답을 찾는 데 도움이 될 겁니다."

공간 전쟁은 끝나지 않았고, 상황은 평화보다 휴전에 가까웠다. 곧 낸시는 줄자로 해결하기에는 너무 큰 새로운 싸움에 휘말리게 되었다.

17장

MIT 주식회사

　　　　　　　　버지노 학장은 낸시에게 필요한 공간을 마련해 주었다. 하지만 그는 낸시가 사용한 '차별'이라는 단어가 문제를 설명하진 않는다고 생각했다. 그가 알기로 낸시의 불만은 교수들이 늘 말하는 불만이었고, 다른 불만들처럼 사소한 것이었다. 대학 지도자들은 자신들이 깨어 있다고 생각하기를 좋아했는데 버지노도 예외는 아니었다. 그는 자신을 차별에 맞서 평생 일해 온 사람, 자신이 도움을 받았던 것처럼 혜택받지 못한 사람들을 도우려고 노력하는 사람으로 생각했다.

　　큰 키에 희끗희끗한 머리, 환한 미소를 지닌 당시 51세의 버지노는 교외에서 네 아이를 키우는 부유한 아버지의 모습을 하고 있었다. 하지만 그는 토론토 동쪽 끝의 노동자 계급 지역인 해변 동네에서 가난하게 태어났다.[348] 그의 어머니는 가난한 아일랜드인이었고 아버지는 프랑스인과 원주민 사이에서 태어난 혼혈아였다. 부모님 중 고등학교를 졸업한 사람은 아무도 없었기 때문에 버지노와 그의 형제들은 자신들도 그럴 것으로 생각했지만, 4남매 중 셋째인 그는 분명히 수학에 남다른 재능이 있었다. 다섯 살 때 그는 동네 약국의 배달원으로 일하던 형을 자주 따라다녔다. 약사는 어린 그를 계산대 위에 올려놓고 손님들의 약값을 계산해 보라고 하면서 그가 약값을 얼마나 빨리 계산하는지 자랑하곤 했다.

그가 열한 살이 되었을 때 그의 가족은 살던 곳에서 쫓겨나 도시의 다른 한쪽 끝에 있는 공동 주택에서 살게 되었다. 얼마 후 그의 아버지가 집을 나갔고, 형과 누나는 열다섯 살의 나이에 학교를 그만두고 일터로 나갔다. 버지노는 자신도 그렇게 되리라 생각했다. 하지만 그는 네 명의 가톨릭 신부에게서 연달아 구제를 받았다. 첫 번째 신부는 그가 토론토 대학의 명문 부속 고등학교인 성 미카엘 칼리지 학교에 다닐 수 있도록 장학금을 주었다. 두 번째 신부는 여름 아르바이트로 야들리 비누 공장에서 일하던 그를 데리고 나오더니 그에게 신이 주신 재능을 대학에서 활용할 의무가 있다고 말했다—신부는 대학이 무엇인지, 어떻게 지원해야 하는지 설명해야 했다. 세 번째 신부는 버지노가 그리스어와 라틴어에 소질이 있다는 사실을 발견하고 토요일마다 그를 가르쳐 온타리오주에서 시행하는 고등학교 졸업 자격시험을 준비시켰는데, 버지노는 이 시험에서 2등을 하여 토론토대학의 고전학 장학금을 받았다. 하지만 대학에 들어가기 전 여름, 버지노의 어머니가 신경 쇠약으로 입원하게 되면서 그는 계획을 포기하고 어머니와 여동생을 위해 일자리를 구하기로 마음먹었다. 성 미카엘 학교의 교장—네 번째 신부—은 이 소식을 듣고 그가 대학을 졸업할 때까지 학교가 4년 동안 그의 가족을 부양하겠다고 약속했다. 버지노가 이 소식을 어머니에게 전한 일주일 만에 그녀는 회복했고 곧 일터로 돌아갔다.

버지노는 대학 졸업 후 예일대에서 박사 과정을 밟았다. 이후 벨 연구소에 직장을 얻고 MIT로 옮기는 등 순탄한 길[349]을 걸었지만, 고등학교 시절 한 부자 친구가 공책을 돌려주러 그가 사는 곳까지 왔을 때 건물 복도에 있던 노숙자들을 밟고 지나갔던 일의 아픔은 결코 잊지 못했다. 그 친구는 버지노에게 다시는 말을 걸지 않았다. 예일대에서 그는 뉴 헤이븐의 극심한 인종차별에 경악해 주로 흑인이 사는 가난한 동네의 복지관에서 청년회 리더로 봉사 활동을 했다. 이후 그는 민권운동에 관심을 두게 되었고, 1965년 여름에는 사우스캐롤라이나에 있는, 흑인이 대부분인 작은 침례교 대학에서 물리학을 가르쳤다.

MIT의 물리학과장으로서 그는 과학계에서 가장 소외된 계층 중 하나인 흑인 학생을 대상으로, 대학원 펠로우십이 설립될 수 있도록 도왔다. 2년 후인 1989년, 국립과학재단의 책임자가 그에게 전화를 걸어 최근 전국에서 물리학 박사 학위를 취득한 흑인[350] 학생 중 50%가 MIT 물리학과에서 나왔다고 전했다—소수에 불과했지만, 진전은 있었다. 1993년 지금 버지노는 입학처가 MIT에 더 많은 젊은 여성들을 데려올 수 있도록 돕고 있었다. 당시 미국 대학생의 절반이 여성이었지만, MIT에서 학부생 중 여성이 차지하는 비율은 28%에 불과했다. 그는 자신의 딸 패티가 MIT—1970년대의 책자가 약속한대로 '여성을 위한 곳'—에서 어떻게 성장했는지를 설명하는 정성스러운 편지를 썼다. 입학처는 대학 입학시험에서 우수한 성적을 거둔 수천 명의 젊은 여성들에게 버지노가 쓴 이 편지를 보냈다. 이 홍보[351]는 효과가 있었다. 버지노에게 "교수님과 같은 아버지가 있으면 좋겠어요"와 같은 감동 어린 답장이 왔고, 기록적인 수의 여성이 MIT에 지원했다. 신입생 중 여학생의 비율은 역대 최고인 40%에 달할 것으로 보였다.

새로운 세상이 시작되었음을 알리는 신호가 곳곳에서 나타났다. 1992년 여성의 해는 상원 의원에 당선된 최초의 흑인 여성을 포함해 기록적인 수의 여성이 의회에 진출한 해였다. 여성의 해는 또한 젊은 민주당 대통령인 빌 클린턴이 아슬아슬한 차이로 승리하는 데 도움이 되기도 했다(그해 여성의 대다수가 민주당에 투표해 세대 교체의 시작을 알렸다). 클린턴은 전문적 경력이 있는 부인을 둔 첫 번째 대통령이었다. 그는 1993년 역사상 가장 다채로운[352] 내각을 구성해 5명의 여성을 임명했는데, 최초의 여성 법무부 장관을 비롯해 그중 3명이 여성 최초로 해당 직책을 맡았다. 그는 최근 미국의 두 번째 여성 대법관으로 1970년대에 변호사로서 여성의 권리를 위해 가장 뜻깊은 소송 일부를 제기했던 루스 베이더 긴즈버그를 지명한 참이었다. 또 공군성 장관으로 MIT의 실라 위드널을 지명함으로써 그녀는 여성 최초로 군을 이끌게 되었다.

다른 업무 현장과 마찬가지로 대학들은 성희롱에 대한 정책을 수립하고 있었는데, 이는 아니타 힐 사건 이전에는 주로 법정에서 논의되던 개념이었다. 새로운 규칙은 오랫동안 여성들이 일터에서 소외되고 열등한 존재가 된 느낌을 받게 한 행동, 즉 추근거림, 비하, 성생활에 대한 잡담 등을 통제하려 노력했다. 하지만 여전히 많은 사람이 성희롱이 반드시 성관계와 연관 있는 것은 아니라는 사실을 이해하는 데 어려움을 겪었다. 연관이 있다 해도, 그러한 행동을 규제할 수 있는지 혹은 그러한 행동이 규제되어야 하는지에 대해 확신하지 못했다. 캠퍼스에서[353] 학생과 교수 간의 성적 관계—그때까지는 대수롭지 않게 여겨지거나 비밀에 부쳐졌다—를 금지하는 새로운 규칙에 대해 논하는 동안, 신문에는 대학이 "큐피드를 범죄자 취급"하려 한다고 비난하는 사설이 실렸다. (《뉴욕 타임스》기사에 따르면 하버드가 이 정책을 통과시켰을 때 뛰어난 경제학자이자, 외교관이자, 공공 지식인이었던 존 케네스 갤브레이스는 학생 출신 아내와의 거의 50년에 걸친 결혼 생활에 대해 "어떻게 대가를 치르면 될지 조언을 간청"했다. 《타임스》는 이에 교수진 학장이 "교육적, 비교육적 정사가 유행하던 시대에 맺어진 관계에는 공소시효가 있다"라고 답했다고 보도했다.)

MIT는 1993년에 성희롱에 대한 정책을 통과시키고 그해 가을 2만 부의 사본을 캠퍼스에 배포했다. 한 무리의 학생들은 이 정책이 표현의 자유를 침해한다고 주장하면서—한 학생은 이를 "완전한 검열"로 여겼다—모닥불[354]에 종이를 태웠고, "괴롭힘이란 것을 누군가의 기분을 상하게 하는 것으로 정의한다"라고 불평했다. 하지만 이들의 반대는 상대적으로 많은 이에게서 공감을 얻지 못했다. 학교 측은 이과대학 여성 대학원생 13명이 제기한 불만에 따라 1989년부터 이 정책을 수립하기 시작했고, 새로운 정책에는 백인이나 남성이 아닌 학생, 또는 비교적 부유하지 않은 학생들에게 더 따뜻한 캠퍼스를 만들려는 시도가 반영되었다.

MIT에는 척 베스트Chuck Vest라는 새로운 총장이 임명되었는데, 그는 어려운 학생들을 보호해야 한다는 외로운 사명을 안고 대학을 이끌었다. 1991년 연방 정부는 어려운 학생들에게 얼마나 많은 재정적 지원을 할지 검토하는 대학의 연례 회의를 중단시키기 위해 MIT

와 아이비리그 8개 학교를 상대로 소송을 제기했다. 정부는 대학들이 가격 경쟁을 억제하고 있다고 비난하며 대학들이 실력을 바탕으로 상대적으로 부유한 학생들에게 보조금을 더 지원하기를 원했다(1990년대 초까지 MIT와 일부 명문대들은 학비 보조 계획을 공유해 학비를 조정하는 오랜 관행을 이어 왔다. 이에 대해 법무부가 조사에 착수했고, 이 대학들이 학비 보조 규모를 결정하기 위해 실시해 온 연례 회의를 '가격 담합' 행위와 같은 것으로 간주했다. 법무부의 소송을 촉발한 것은 경제적 필요에 따른 지원이 아니라, 상대적으로 부유한 계층에 대한 실력 기반의 지원이 부족하다는 점이었다—옮긴이). 다른 아이비리그 대학들은 빠르게 법원의 조정서에 합의했다. 하지만 베스트는 MIT가 패소할 경우 지원을 거부당한 가족들이 3배의 손해배상 청구 소송을 제기할 수 있다는 위험이 있는데도 싸우기로 다짐했다.

1993년 10월 MIT 연례 보고서에서 베스트는 MIT가 평등한 기회의 장소임을 강조했다. "우리는 다양한[355] 견해를 존중하고, 사회의 비평가로서 우리 학교의 역할을 중요시하며, 부나 사회적 지위가 아닌 오로지 재능과 성취에 바탕을 둔 엘리트주의를 믿는다." 그는 자신이 1960년대에 공학 분야에서 가르치는 일을 시작했을 때 이 영역은 "남자들의 세계"였음을 언급했다. 이제 MIT의 학부생 중 흑인은 6%, 여성은 30%를 차지했다. 캠퍼스는 때로 "정치적 올바름political correctness(차별적인 언어의 사용과 행동을 피하는 원칙—옮긴이)"에 대한 비판이 불씨가 되어 인종, 민족, 성별에 따라 분열되기도 했다. 하지만 베스트는 알프레드 노스 화이트헤드가 1925년 강의 '과학과 근대 세계'에서 했던 말("다른 관습을 가진 다른 국가는 적이 아니라 신이 주신 선물")을 인용하며 공통된 기반을 모색할 것을 주장했다.

"이는 우리가 사회, 직업, 또는 단일 기관에 관해 말할 때도 마찬가지다." 베스트가 썼다. "전기 엔지니어와 기계 엔지니어는 혼자서는 구축할 수 없는 시스템을 함께라면 구축할 수 있다. 남성과 여성은 함께 균형 잡힌 담론과 세계관을 만들어 간다. 피부색과 상관없이 사람들은 혼자일 때보다 함께일 때 훨씬 더 의미 있고 창의적인 캠퍼스와 국가를 만든다."

낸시는 변호사가 그렇게 하라고 해서 '차별'이라는 단어를 썼다. 심지어 그녀는 그 단어가 자신이 직면하고 있는 문제를 설명하는지도 확신하지 못했다. 그녀는 선의를 가진 MIT 사람들의 도움을 약간만 받으면 문제를 해결할 수 있을 거라는 변호사의 말을 믿었다. 하지만 1993년 후반의 사건 이후 낸시는 차별이 어떤 것인지에 대해 다르게 생각하게 된다. 그녀는 버지노—그리고 MIT—를 같은 길로 이끌 것이었다.

낸시는 리처드 하인즈가 MIT의 모든 학부생이 이수해야 하는 새 생물학 과정을 설계하는 데 도움을 요청했을 때 이를 신뢰의 표시로 받아들였다. MIT는 좀처럼 필수 과목을 바꾸지 않았기 때문에 생물학과는 이 과목을 추가하기 위해 열심히 싸웠다. '생물학 입문' 강의는 분자생물학의 기초부터 생명공학과 인간유전학의 혁명을 이끄는 보다 새로운 기술, 그리고 그로 인한 윤리적 문제까지 모든 것을 다루어야 했다. 이를 위해서는 교수진의 시간과 새로운 조교 등 막대한 자원 투자가 필요했고, 게다가 이 작업은 빠르게 이루어져야 했다. 2년간의 토론을 거친 끝에 1991년 4월 MIT 교수진은 새 필수 과목을 승인했고, 그해 9월에 첫 수업이 시범적으로 시작되었다.

낸시는 자신이 필요 이상의 자격을 갖추었다고 생각했다. 파지에서 바이러스학, 발달생물학까지 그녀의 이력은 폭넓은 분야에 걸쳐 있었고, 이미 생식 기술 과목을 통해 생물학 비전공자에게 분자생물학의 기초를 가르치는 수업을 설계한 적이 있었다. 학생들은 그 수업을 매우 좋아했고, 낸시는 7점 만점에 6.6점이라는 생물학과에서 단연코 가장 높은 평가 점수[356]를 받았다. 당시 생물학과에는 5점대, 4점대도 흔했다.

하지만 생식 기술 수업을 듣는 학부생은 20명 정도에 불과했다. 7.012로 알려진 이 필수 과목의 수강생은 400명이었고 일반적으로 남자가 많았다—학부생의 67%[357]가 남성이었다. 낸시는 강의실 앞에 선 사람이 여성이면 학생들이 그녀가 전하는 과학적 지식을 신뢰하지 않을 것이라는 전 생물학과장이자 좋은 강의의 기수인 진 브라운의 충고를 잊지 않고 있었다. 그녀는 그 말이 여전히 사실이며 학생들이 잔인한 평가를 남길 수도 있다는 것을 알았다. 이과대학에서 필수 과목을 가르치는 25명의 교수 중 여성은 낸시가 유일했다. 새 강의는 아주 훌륭해야 했다.

리처드는 낸시에게 암센터에서 같이 일하는 유전학자 데이비드 하우스먼과 에릭 랜더Eric Lander 중 누구와 함께 가르치는 것을 더 선호하는지 물었다. 낸시가 그건 과에서 제일 잘 알지 않냐고 대답하자 리처드는 그녀가 에릭과 함께 가르치게 될 것이라고 말했다.

낸시는 에릭 랜더를 거의 알지 못했지만, 그는 MIT인들 사이에서도 천재로 여겨졌다. 그는 자신만만하고, 거침이 없고, 기업가 정신이 투철했으며, 기회를 잡고 인맥을 쌓는 데 능했다. 홀어머니의 보살핌 아래 브루클린에서 자란 그는 열한 살 때 변호사였던 아버지가 다발성 경화증으로 세상을 떠났지만, 그 후에 연달아 기회를 잡으며 살아온 인물이었다. 뉴욕시의 명문 공립 고등학교 중 하나인 스타이브슨 고등학교에서 그는 수학팀의 에이스이자 수석 졸업생이었고, '준완전수'에 관한 논문으로 웨스팅하우스 과학 인재 발굴상을 받았다. 프린스턴대에서는 수석 졸업생으로 스무 살에 조기 졸업을 했고, 로즈 장학금을 받았다.

그는 옥스퍼드에서 순수 수학으로 박사 학위를 받았지만, 수도승과 같은 수학자로서의 커리어를 거부했다. 프린스턴대의 한 교수가 하버드 경영대학원에서 관리경제학—에릭이 한 번도 수강해 본 적이 없었던 과목—을 가르치는 일을 소개해 주었을 때는 그 학문에 깊이가 없다고 생각했다. 그러다 신경생물학자인 남동생이 뇌의 동작 방식을 수학적으로 보여 준 후, 에릭은 생물학에 관심을 두게 되었다. 그는 낸시의 친구인 데이비드 봇스타인을 만났는데, 봇스타인은 당시 수학과 컴퓨터과학을 이용해 인간 질병과 관련된 유전자 지도를 작성할 수 있는 사람을 찾고 있었다. 봇스타인은 에릭에게 데이비드 볼티모어를 소개했고, 1986년 볼티모어는 그에게 펠로우십과 화이트헤드 연구소의 연구실을 지원했다. 봇스타인과 볼티모어는 함께 에릭을 맥아더 천재상의 후보로 추천했으며, 이듬해 에릭은 서른 살의 나이에 이 상을 받았다. 월리 길버트가 에릭을 하버드로 데려가려 했을 때 볼티모어는 MIT에 이 소식을 전했고, MIT는 그를 종신직으로 채용하겠다고 답했다. 에릭은 일반적인 절차를 밟지 않았고, 발표한 논문도 거의 없었기 때문에 볼티모어는 생물학과가 그를 교수로 채용하도록 하는데 상당한 노력을 기울여야 했다.[358] 에릭은 오만한 태도로 일부 대학 지도자들의 반감을 샀지만—그는 원하는 것을 얻기 위해서라면 전화기를 들고 소리치는 일도 서슴지 않았다—, 그를 반대했던 사람들조차도 그가 역동적인 강사, MIT 최고의 선생 중 하나라는 데 동의했다.

어떤 위험이 따를 수 있든, MIT가 에릭을 채용한 것은 매우 잘한 일이었다. 에릭이 교수로 임용된 1990년, 그는 인간 게놈 프로젝트의 첫 연구 보조금 중 하나를 받았다. 이 지원금 덕분에 화이트헤드 연구소는 에릭이 이끄는 새 게놈 센터를 설립하고 인간 게놈 매핑을 위한 모델로써 쥐 게놈을 연구할 수 있었다. 2년 후 그는 2,400만 달러에 달하는 또 다른 연구 보조금을 확보했다.

시작부터 논란이 많았던 게놈 프로젝트는 실리보다 야망에 가까운 것으로 취급받았고, 그것이 수반하는 돈과 야욕 때문에 '거대 과학'이라며 조롱당했다. 이 프로젝트에서 가장 중요한 인물 중 하나로 급부상하고 있었던 에릭은 프로젝트의 연구 결과를 기반으로 다른 사람들처럼[359] 새로운 생명공학 회사를 시작했다. 이는 그를 새로운 케임브리지의 상징으로 만들기도 했다. 반문화적이고 제조업이 성행했던 과거의 흔적은 사라지고 있었지만, 여전히 인민공화국이라는 별명을 가지고 있었던 케임브리지는 분명히 자본주의적 방식으로 팽창하고 있었다. 한때 나사를 위해 정리되었던 켄달 스퀘어의 부지에 생명공학 회사들이 들어서고 있었고, 공기에서 고무가 아닌 돈 냄새가 났다. 이제는 사라진 보스턴 우븐 호스 공장이 있던 자리는 맥줏집과 줄리아 차일드(미국의 유명 요리사—옮긴이)를 단골로 둔 식당이 들어선 개방형 사무실 단지로 변모했다. 벤처 투자가들이 최신의 가장 유망한 단백질이나 성장인자 억제제를 찾아 이곳을 방문했다.

에릭이 강의에 대해 의논하기 위해 처음으로 낸시에게 전화를 걸었을 때, 그는 생물학 입문—그가 한 번도 수강해 본 적이 없는 또 다른 과목—을 가르쳐야 한다는 사실에 거의 당혹해하면서도 즐거워하는 듯했다. "생물학 입문을[360] 가르치기에는 제가 아는 게 하나도 없네요."

"걱정하지 마세요. 당신이 생각하는 옛날식의 과목이 아니니까요." 낸시는 이전에 강의했던 내용을 바탕으로 자신이 계획하고 있는 강의에 관해 설명했다.

그런 거라면 달랐다. 에릭이 말했다. "정말 재미있을 것[361] 같군요."

낸시는 주도적으로[362] 강의를 설계했다. 그녀는 이전의 생물학 입문 강의에 대한 학생들의 평가서를 모두 읽고 왜 그 강의가 낮은 평가 점수를 받았는지 분석한 뒤 필을 설득해 평이 좋은 조교 1명을 고용했다. 그리고 조교와 함께 문제와 시험지를 만들었다. 이어 에릭의 사무실에서 함께 강의 계획서를 작성하고, 교재를 골라 주문했으며, 사용할 수 있는 강의실을 둘러보다 적합한 장소를 찾았다. 그녀는 캠퍼스에서 가장 큰 강의실 중 하나로, 노벨상 수상자를 발표할 때 대학 관계자들이 모이는 총장실 근처의 10-250호를 강의실로 선택했다.

낸시는 에릭이 학기 전반기에 강의를 맡겠다고 고집했을 때만 유일하게 걱정을 했다. 서른네 살 남성의 뒤를 이어 중년 여성이 강의실에 나타났을 때 학생들이 어떻게 반응할지[363] 몰랐기 때문이었다. 학생들은 처음 본 강사를 더 높은 사람으로 생각하는 경향이 있었다. 게다가 그는 여름이 다 끝날 때까지 준비를 다 마치지 않아 낸시가 후반기의 강의를 계획하기 어렵게 만들었다.

1991년에 시작된 첫 강의는 학생들에게서 좋은 평가를 받았다. 버지노 학장과 생물학과는 강의의 성공에 크게 기뻐했다. 늘 강의의 질에 크게 신경을 쓰고 있었던 진 브라운은 모든 강의를 끝까지 지켜보고는 낸시에게 딱 한 가지를 지적했다. 그는 낸시에게 자기비하적 태도를 보여선 안 되며 학생들은 그것을 약점으로 여길 것이라고 말했다. 에릭은 평점 6.5점을 받아 우수지도상을 받았다. 5.1점을 받은 낸시는 필에게 계속 이 강의를 맡을 것이며 더 나은 강의를 위해 몸을 던질 것이라고 말했다. 최소 6점은 받기를 원했던 그녀는 에릭과 다른 사람들로부터 대규모 인원을 대상으로 강의하는 방법, 예를 들면 수업 중 어떻게 목소리를 조절하고 어떻게 칠판을 활용해 중요한 부분을 강조하는지를 배우며 강의를 개선해 나가기 시작했다. 낸시의 평가 점수는 곧 5.3으로, 그다음에는 5.6으로 올랐다.[364] 1993년, 이 과목이 모든 신입생의 필수 과목이 된 첫해에 그녀는 드디어 6점을 받으며[365] 목표를 달성했다.

1993년 12월, 겨울 방학을 한 주 앞두고 낸시는 기쁜 마음으로 마지막 강의를 마친 뒤 학생들의 성적을 매겨 제출했다. 그녀는 칠판쓰는 연습을 더 하면 평점이 계속 오를 것이라고 확신했다. 그래서 낸시는 복도에서 마주친 톰 라즈반더리 교수에게서 내년에는 그 과목을 그녀가 아닌 하비 로디시 교수가 맡게 될 것이라는 말을 들었을 때 놀랐다. 낸시는 톰이 잘못 알고 있는 게 틀림없다고 생각했다.

다음 날 낸시가 생물학 건물의 사무실에 앉아 다가오는 종신 재직권 심사를 위한 추천서를 읽고 있을 때 학과 조교가 나타나 필을 만날 수 있을지 물었다. 낸시는 필이 그녀의 성과에 대해 축하해 주려는 것으로 생각했다. 필이 얼마 전에 그녀가 학생들에게서 받은 점수를 분석한 데이터를 보내 왔기 때문이었다. 편지 맨 위에는 "정말 잘했어!"[366]라고 적혀 있었다. 낸시는 그를 만나게 되어 기뻤다. 그들은 오랜 친구였지만 그가 생물학과장이 된 뒤로는 자주 만나지 못했다. 그는 노벨상을 받고 스톡홀름에서 막 돌아온 상태였다.

"내년엔 뭘 가르치고 싶어?" 필이 물었다.

낸시는 입을 꾹 다물었다. 어쩌면 톰의 말이 맞을 수도 있었다. "내가 뭘 가르칠지는 이미 얘기가 다 끝난 것으로 아는데." 그녀가 말했다. "생물학 강의 말이야."

필은 낸시에게 하비 로디시를 데려와 그 과정을 맡기고 싶다고 말했다.

"뭐라고?" 낸시는 소리를 지를 뻔했다. "내가 이 일을 계속할 수 있을 거라고 약속했잖아." 그녀는 필뿐만 아니라 누구에게도 여자로서 대규모의 학부 과정을 맡는 것이 얼마나 힘든 일인지에 대해 이야기해 본 적이 없었다. 필이 이해해 줄 것으로 생각도 하지 않았고, 그 일로 관심을 끌고 싶지도 않았다. 하지만 그녀는 정말 열심히 이 과정을 만들고 가르쳤다. 그런 자신을 이제 수업에서 빼겠다고? 뭔가 더 있어야 했다. 그녀는 필의 태도가 좀 이상하다고 생각했다. 필은 그녀의 눈을 똑바로 마주치지 못하는 것 같았다.

필은 봄학기용으로 생물학 입문 과정의 다른 버전을 만들 수 있을지 물었다.

"이미 아주 혁신적인 강의를 3개나 새로 만들었어. 거기에는 학과에 매우 중요한 과정도 포함되어 있지." 낸시가 그에게 상기시켰다.

"엄청난 노력이 필요한 일이라, 다신 그렇게 못 해."

"그럼 뭘 가르치고 싶은데?" 필이 다시 물었다. 낸시는 이것이 이미 결정된 일이라는 것을 알 수 있었다. 톰이 이 사실을 먼저 알고 있었던 것도 당연했다.

"이 강의를 뺏으면 난 이제 절대 MIT에서 학생들을 가르치지 않을 거야." 명백한 협박이었지만, 그만큼 낸시는 이 강의가 그녀에게 얼마나 큰 의미가 있는지 필이 알아 주기를 바랐다. 낸시는 그가 자신을 밀쳐놓도록 두고 싶지 않았다.

"절대라."[367] 필은 그녀에게 다시 연락하겠다고 말했다.

연말 연휴가 지나고 낸시는 1월에 복도에서 우연히 필을 마주쳤다. 그는 다시 한번 그녀에게 무엇을 가르치고 싶은지 물었다. 그녀는 어떻게든 이 강의에 계속 참여하고 싶었기 때문에, 강의에 출석해 개선점을 제안하는 식으로 하비, 에릭과 함께 일하면 어떻겠냐고 제안했다. 그녀는 자신이 에릭에게 연락하겠다고도 덧붙였다.

낸시와 에릭은 가까운 친구는 아니었지만, 함께 수업하는 동안 어느 정도 친해졌다. 낸시는 에릭에게 그에게서 얼마나 많은 것을 배웠는지 말했었고, 그는 아들이 태어난 후 치르는 할례 의식에 낸시를 초대했었다. 낸시는 그에게 전화를 걸어 자신의 당황스러움을 표현하며 그가 원하는 것은 무엇인지 물었다.

에릭은 평소답지 않게 길게 뜸을 들이더니 마침내 자신은 하비와 함께 강의하는 것이 아주 기대된다고 말했다. 에릭과 하비는 좋은 친구였다. 하비는 1968년부터 MIT에 있었고, 지금은 데이비드 볼티모어가 그를 창립 멤버로 영입한 화이트헤드 연구소에서도 일하고 있었다. 그는 젠자임의 설립자로, 에릭처럼 기업가였다. 에릭은 수업을 시작한 지 3년이 지난 후 약간의 진부함을 느끼고 있던 차에 다른 사람과 함께 수업하면 활력을 되찾을 수 있지 않을까 생각했다고 말했다.

낸시는 놀라움을 표했다. 하비는 입문 과목을 가르치는 데 관심이 없다고 말했었다.

또다시 침묵이 흘렀다. "상황이 바뀌었어요."[368] 에릭이 말했다. 하비는 생물학 입문 교재 집필 건으로 한 회사에서 연락을 받은 상태였다. "그가 아주 신이 나서 제게 말하는데, 저도 신이 나더라고요. 저희는 함께 책을 쓰고 싶습니다."

낸시는 알 만하다고 생각했다. 그녀는 에릭에게 자신이 그 과정에 얼마나 많은 시간을 들였는지 이야기했다—여성학 강의를 위해 개발했던 과목부터 시작해 생물학 입문 과목을 만들었다고 치면 총 7년이었다. "그 모든 노력을 뒤로하고 그냥 떠날 순 없어요. 이제 제게는 다른 과정을 처음부터 다시 시작할 시간이나 에너지가 없거든요."

"교수님과 함께 가르치는 것이 싫은 게 아닙니다. 단지 하비와 함께 강의하는 것이 기대될 뿐이에요."

낸시는 그럼 모두 함께 강의를 맡는 것은 어떨지 제안했다.

"그래요." 에릭이 말했다. "어쩌면 그런 방법이 있을 수도 있겠네요."

11일 후 낸시는 필에게서 다음 가을에 그녀가 할 일이 담긴 편지 한 통을 받았다. 편지에 따르면, 그녀는 교수가 아닌 일종의 컨설턴트로서 강의에 출석할 것이고, 그녀의 이름은 강의 카탈로그나 계획서에 올라가지 않을 거라는 내용이었다.

낸시는 큰 충격을 받았다. 그 주말, 그녀는 천시 거리에 있는 집에서 책상에 앉아 보조금 지원서를 쓰는 데 집중하려 했지만 실패했다. 그녀는 한때 눈부셨던 과일나무가 이제는 겨울이 되어 뼈만 남은 이웃집 정원을 내다보았다. 그리고는 지붕 너머 멀리, 그녀가 23년 전 갓 발행된 박사 학위를 받았던 도시를 바라보았다. 낸시는 자신이 실패했다는 생각, 충분히 훌륭하지 않다는 생각, 그래서 필이 자신을 강의에서 빼 버렸다는 생각을 떨칠 수가 없었다. 하지만 그런 생각을 하면 할수록 자꾸만 더 이해가 안 됐다. 그녀는 기록적인 시간 내에 이 과정을 만들었고, 수업은 학장과 필이 기대했던 것보다 더 큰 성공을 거두었다. 낸시는 리처드 하인즈가 다른 교수들이 더 많은 공간을 차지하거나 더 많은 급여를 받는 이유에 대해, 그것은 그들이 노벨상이나 다른 상을 받았기 때문에, 혹은 다른 대학으로 옮기는 것을 막기 위한 보상이라고 설명했을 때 그 말을 믿었다. 하지만 그런 처우가 이 경우에는 적용되지 않았다. 강의 평가 점수는 그녀가 히트작을 만들었음을 보여 주었다. 객관적으로 봤을 때, 그녀가 충분히 훌륭하지 않다는 생각은 말도 안 되는 것이었다.

일요일까지 낸시는 필에게 여러 버전의 편지를 썼고, 마침내 정당함과 무례함 사이의 균형을 맞췄기를 바라며 그중 하나를 택했다. 편지에서 낸시는 그가 강의를 둘러싼 자신과의 합의를 "믿기 어렵게도 위반"[369]했다고 비난했다. "네가 내게 말한 교수직이라는 것은 내가 아는 한 교수직이 아니야. 외부인으로서의 내 역할은 강의나 학생, 학과에 아무런 도움이 안 되는 또 다른 엄청난 시간 낭비가 될 거야."

그다음 주 낸시는 필을 만나러 가는 길에 진 브라운에게 들렀다. 그녀는 그에게 필에게서 받은 편지를 보여 주었다. 진은 이제 68세였다.

"내 나이에370 그런 편지를 받으면 나는 복도로 걸어 나가 사직서를 낼 거요." 그가 낸시에게 말했다. 그는 수업을 들으면서 낸시가 얼마나 훌륭한 선생인지에 놀랐다고 말했다. 이제 그는 필이 놀라웠다. "똑똑한 사람들이 어떻게 이런 식으로 어리석을 수 있는지 놀랍군요." 그가 생각에 잠겨 말했다.

필은 유난히 말이 많았다. 낸시는 이의를 제기하기 위해 그의 말을 잘라야 했다. 문제는 단순히 그가 그녀를 강의에서 뺀 것이 아니었다. 낸시는 학과가 교과서를 팔고자 하는 사람을 기준으로 교수를 택해선 안 된다고 생각했다. 필은 하비와 에릭이 이 강의를 바탕으로 책을 쓴다는 이야기를 듣고 놀란 듯했다. 다시 그는 다른 사람들과 이야기해 보고 연락을 주겠다고 말했다.

하비는 낸시에게 자신의 집으로 전화해 달라는 메시지를 남겼다. 낸시는 전화로 그에게 책에 관해 물었다.

"음, 솔직히 말씀드리자면371 그보다 훨씬 더 많은 일이 있었습니다." 그와 에릭은 회사를 세웠고, 짐의『유전자 분자생물학』과 하비의 세포생물학 책을 담당했던 편집자를 이미 사장으로 고용한 상태였다. 그들은 단순히 교과서를 펴내려는 것이 아니라 생물학 입문자를 위한 비디오와 CD-ROM, 기타 교육용 장치들을 제작하려 했다. "첫해에는 수익이 크지 않겠지만, 5년쯤 되면 수백만 달러를 벌 수 있을 겁니다." 하비가 낸시에게 말했다. "이 나라에 생물학을 배우는 1학년이 얼마나 많은지 아시나요?"

하비는 여전히 낸시의 괴로움이 신경 쓰였다. "당신은 어떻게 되는 건가요?" 그는 자신이 낸시를 밀어낸 것이 아니란 사실을 그녀가 알아

주기를 바랐다. 에릭과 함께 가르칠 사람으로 하비를 데려오자고 제안한 사람은 필이었다.

하비와 낸시는 아무런 해결도 보지 못한 채 전화를 끊었다. 하지만 낸시는 안도했으며, 심지어 자신이 조금은 자랑스럽게까지 느껴졌다. '내가 설계한 강의가 수백만 달러의 가치가 있다니!' 정말로 성공적이었다. 그녀는 하버드에서 수업을 같이 들었던 친구이자 건축 및 예술용품 체인점 샤렛의 공동 창립자인 블레어에게 연락했다. 낸시는 그에게 하비가 말한 그런 종류의 사업이 돈이 된다고 생각하는지 물었다.

"응, 될 것 같네." 그가 진지하게 답했다. "그런데 내 생각에는 네가 천만 달러짜리 소송을 걸 수도 있을 것 같아. 네가 성자거나 내가 뭘 놓치고 있는 건가. 왜 화를 내지 않는 거지?[372] 그들이 네 강의를 빼앗았잖아!" 블레어는 낸시에게 그의 변호사 친구와 이야기해 보라고 말했다. 곧 다른 변호사들—친구의 친구들—도 전화를 걸어 왔다. 낸시는 짐에게 연락해 이 강의가 돈이 될 수 있을지 물었다. 그는 많은 돈을 벌 수 있을진 확신하지 못했지만, 블레어와 마찬가지로 낸시를 대신해 분노했다. "이 정도면 내가 페미니스트가 되어야겠군."[373] 짐은 낸시에게 그 회사 지분의 20%나 10만 달러를 요구해야 한다고 말했다. 그리고 일어난 일을 모두 기록한 다음, 베스트 총장에게 그 기록을 가져갈 수 있도록 준비해 두라고 말했다. 낸시는 그날 밤 '7.012의 역사'라는 제목으로 컴퓨터 파일을 만들고 "나는 짐의 조언을 늘 따라왔으므로 지금부터 이 사건에 대해 계속 기록하겠다"라고 적었다.

낸시가 필에게 에릭과 하비가 사업을 시작했다는 소식을 전하자 그는 깜짝 놀란 듯했다. MIT에는 기술 라이선스 담당 부서가 있었지만, 필은 강의 라이선스에 관한 규정이 있는지는 잘 몰랐다. 그는 또다시 한 번 알아보고 연락을 주겠다고 말했다. 그러나 낸시가 독일에 갔다 2주 후에 돌아왔을 때도 그녀는 여전히 필에게서 연락을 받지 못했다. 대신 에릭과 하비의 새 회사 사장으로부터 보스턴에 방문할 예정인데 낸시와 함께 점심을 먹고 싶다는 메시지가 와 있었다. 하비도 그들이 함께 교과서를 집필해야 할 것 같다고 메시지를 남겼다.

왜 진작 그 생각을 하지 못한 걸까? 다음 날 아침 낸시와 통화하던 하비는 큰 소리로 의아해했다. 짐의 교과서 최신판에 공동 저자로 참여했던 낸시야말로 이 일에 적격이었다. 하비와 에릭은 지난 주말에 함께 저녁을 먹으며 강의 노트를 검토했다. "정말 훌륭한 강의예요." 하비가 그녀에게 말했다. 하비는 필과도 이야기를 나눴는데, 필은 교수진이 강의를 통해 이익을 얻는 것을 허용하는 MIT가 외부에 어떻게 비칠지 걱정하고 있었다. 하비는 필이 MIT에 회사의 지분을 일부 제공하고 자신을 이사회에 넣어 줄 것을 제안했다고 말했다.

2월 중순에 낸시는 암센터 건너편 켄달 스퀘어에 있는 한 해산물 식당에서 그 회사의 사장을 만났다. 사장은 회사를 시작할 생각으로 에릭과 하비에게 접근했다고 말했다. 그리고는 생물학 입문 교과서가 회사의 중심 제품이 될 것이고, 3년 안에 출간될 수 있기를 희망한다고 말했다. "아무에게도 말하지 마세요."[374] 그녀가 말했다. "사람들이 이 아이디어를 훔칠 수도 있으니까요."

농담이라도 하는 걸까? 낸시는 궁금했다.

낸시는 누가 진실을 말하고 있는지, 누가 그녀를 강의에서 빼고 싶어 하는지, 뭘 해야 할지 확실히 알 수 없었다. 그녀는 이제 일지에 '에릭앤하비 주식회사'로 적게 된 이 벤처 기업에 대해 점점 더 화가 나기 시작했다. 2월 말, 낸시는 전년도에 그녀가 113제곱피트(약 10 m²)를 추가로 확보할 수 있도록 도와주었던 버지노 학장을 만나기로 약속했다. 버지노는 공동 개발한 강의를 어느 한쪽이 시장에 내놓는 것은 공정하지 않은 것 같다고 생각했다. 그는 낸시가 원하는 것을 더 명확히 할 필요가 있다고 말했다. 낸시는 그들에게 함께 책을 쓰고 싶다고 말하고 필이 그 생각에 동의하도록 하고 싶었다. 학과에서 그녀를 지지하고 있다는 사실을 알면 에릭과 하비도 낸시와 함께 일하는 쪽으로 마음이 더 기울 것이었다.

낸시는 그녀가 학장을 찾아갔다는 사실에 짜증이 난 듯한 필에게 협업에 대해 긍정적으로 생각해 보라고 제안했다. 또다시 그는 나중에 연락하겠다고 말했지만, 그녀는 아무런 연락도 받지 못했다. 1주일 후, 낸시는 화이트헤드 연구소의 계단에서 에릭을 마주쳤다. 그가 그녀를 반기며 물었다. "함께 책을 쓰고 싶으신가요?"[375]

"그런 것 같아요."

에릭은 재미있는 작업이 될 것이라고 답했다. 그는 그녀의 책을 본 적이 있었다. 책은 아주 훌륭했다.

낸시는 그가 왠지 너무 환심을 사려는 듯 행동한다고 생각했다. 낸시의 친구 블레어는 그녀가 변호사를 만나 봐야 한다고 주장했다. 그래서 3월 말에 낸시는 하버드대에서 법률 고문을 지내고 지금은 보스턴의 명망 있는 로펌 로프스앤그레이에서 일하는 다니엘 스타이너를 만났다. 그는 대학이 거대 자본에 의해 변화하고 있고 그 영향을 받지 않는 대학은 없다고 했다. 누구도 강의로 돈을 벌 가능성을 무시할 수 없었고, 에릭만큼 큰 규모의 보조금을 끌어오는 사람을 멀리할 여유가 없었다. 스타이너는 낸시의 문제가 적어도 지금은 소송 없이 해결될 수 있다고 생각했다. 그는 낸시에게 버지노에게 돌아가 해야 할 말을 알려 주었다. 일지에 기록했듯이 그녀의 해임은 "전례 없는" 일이자 "부당한"[376] 일이었으며, 그녀의 결과물은 이익을 좇는 다른 2명의 교수에게 도용당했다.

낸시는 준비를 마치고 학장실을 찾았지만, 그는 장염으로 결근한 상태였다. 사무실로 돌아오는 길에 그녀는 MIT의 교내 신문에서 세계 최대 생명공학 회사 중 하나인 암젠이 MIT 연구물에 대한 라이선스를 제공받는 대가로 대학에 10년간 최대 300만 달러의 연구 보조금을 지원하기로 했다는 기사를 발견했다. 기사는 암센터장인 리처드 하인즈의 말을 인용해 보조금에 관심이 있는 교수진은 버지노가 이끄는 위원회에 지원하면 된다고 전했다.

낸시의 연구실은 생식세포에 침투한 레트로바이러스가 물고기가 성장하는 동안 유전자에 돌연변이를 일으키는지를 알아보는 삽입 돌연변이 유발의 다음 단계를 진행 중이었다. 추가로 영입한 박사 후 연구원의 급여를 위해 보조금이 필요했던 낸시는 리처드의 사무실에 들러 암젠 보조금을 어떻게 신청하면 되는지 물었다. 기사에는 그가 제안서를 검토하는 위원회의 일원으로 나와 있었다. 리처드는 낸시에게 자신은 지원 절차를 잘 모른다고 답했다.

낸시는 동료인 데이비드 하우스먼에게 공동 연구를 제안할 생각을 하고 있었기 때문에 그에게 혹시 암젠 보조금에 대해 아는 것이 있는지 물었다.

"리처드가 저한테 그 보조금을 신청하라고 하던데요." 데이비드가 그녀에게 말했다.

낸시는 진절머리가 났다. 그녀는 한두 번 소외된 것이 아니라 계속 소외되고 있었다. 그런 와중에도 낸시는 끊임없이 MIT 외부에서 자신의 연구를 검증받기 위해 노력해야만 했다. 4월에 그녀는 스위스에서 열린 이틀간의 소규모 과학 회의에 참석했다. 참가자들이 탄 버스가 좁은 산길을 굽이굽이 돌아가기 시작했다. 높은 곳이 무서웠던 낸시는 창밖을 내다보지 않으려고 옆자리에 앉은 사람에게 말을 걸었다. 그는 거대 제약회사인 글락소[377]에서 일했는데, 낸시의 물고기 연구에 완전히 매료되었다. 즉석에서 그는 새 수조를 사기 위한 비용으로 10만 달러를 지원하고 싶다고 말했다.

낸시가 다음 주에 MIT로 돌아왔을 때, 필이 강의실에 들어가려는 그녀를 옆으로 불러내더니 봄학기용으로 생물학 필수 과목의 새 버전을 만들어 줄 수 있는지 물었다. 낸시는 폭발했다. "나는 좋은 강의를 만들었어.[378] 하지만 내가 감사 인사로 받은 것은 내 결과물을 가져가 다른 사람들에게 넘기는 것이었지. 내가 또 다른 좋은 강의를 만들면, 넌 그걸 가져가 돈을 벌려는 다른 사람들에게 넘길 거야. 난 내일 학장을 만날 거고 이미 변호사는 만났어. 우리 모두 바쁜 사람들이잖아. 지금 할 수 있는 최선은 그냥 이 일을 변호사에게 넘기는 거야."

다음 날 버지노의 사무실에서 낸시는 그에게 변호사를 만났으며 MIT 내에서 문제를 해결하려 한다고 말했다. 이제 그녀는 마음을 바꿨다. 그녀는 하비와 에릭에게 변호사를 보내고 3년간 가르치는 일에서 물러나 연구에 집중하고 싶었다.

"당분간은 만족스럽지 않겠군요."[379] 버지노가 말했다. "당신은 진정한 교수니까요."

낸시는 그에게 암젠 보조금에 대해, 그리고 암젠에 제안서를 내는 데 도움을 줄 수 있는지 물었다. 버지노는 승낙했다. 그것은 큰 부탁이 아니었다. 하지만 버지노는 여전히 의아해했다. "아직 이해가 잘 안 되는군요."

"네. 그걸 차별이라고 하죠. 저는 무력하고 소외된 기분을 느낍니다. 제가 충분히 공격적이지 않다고 말씀하셨는데, 이런 식으로 행동하는 것은 저를 병들게 합니다." 과학계에 여성이 거의 없는 것도 당연했다. "평범한 여성이라면 이렇게 살지 않을 테니 앞으로도 과학계에서 여성은 찾아보기 힘들 거예요."

버지노는 무력감에 관한 그녀의 말에 동감한다고 말했다. 낸시는 일지를 쓰면서 그가 자신의 말을 이해하긴 했는지 궁금했다. 어떻게 동감할 수 있다는 거지?

_____ 낸시가 학장을 만나고 오자 필은 또다시 전화를 걸어와 다음 날 그녀의 사무실에 들러도 되겠냐고 물었다. 그는 어쩌면 낸시와 에릭, 하비가 모두 함께 강의할 수 있을지 모른다고 말했다. 그는 자기가 점심 약속을 잡겠다고, 모두 다 잘될 것이라고 말했다.

하지만 3주가 지나도록 낸시는 아무런 연락도 받지 못했다.

낸시는 암젠 연구 보조금 제안서를 작성해 버지노의 사무실에 직접 가지고 갔다. 그리고 그의 비서에게 거기에 '수령' 도장을 찍어 달라고 부탁했다. 그 도장은 낸시로 하여금 그가 제안서를 실제로 볼 거라는 확신을 갖게 했다. 5월 초에 낸시는 버지노에게 다시 편지를 보내 베스트 총장에게 그 강의에 대해 문제를 제기하는 것이 어떨지 제안했다. "저는 개인적으로[380] 관리자가 누군가의 전문적 성과를 빼앗아 다른 사람에게, 아마도 금전적 이익을 좇는 사람들에게 내주는 상황에서, 어떻게 개인이 그 기관을 위해 일할 것으로 생각할 수 있는지 모르겠습니다. 논리적으로 다음 단계는 우리 학생들이 문제에 대한 답을 판매하는 것일 수 있습니다. 잘하는 학생이 그걸로 돈을 벌면 안 되는 이유가 있을까요? 아니면 어떤 학생은 누군가에게서 답을 훔쳐 팔 수도 있을 것입니다. 그 끝은 어디일까요?"

낸시가 학장에게 편지를 보내자 또 필에게서 연락이 왔다. 그는 낸시를 행복하게 해 주고 싶다고 말했다. 그것이 에릭과 함께 강의하던 때로 돌아가는 것을 의미한다면, 그렇게 해 주겠다고 했다. 하지만 이제 하비는 세 사람이 모두 강의를 맡아선 안 된다고 생각했다. 그래서 낸시는 하비가 마음을 바꾸기를 바라며 전화를 걸었다. 낸시가 나중에 일지에 기록한 바에 따르면 그 대화는 "재앙"[381]이었다. 하비는 자신이 에릭과 함께 설계한 강의가 낸시가 만든 강의와 완전히 다르다고 말했지만, 그가 개요를 읽어 주었을 때 낸시에게 그 내용은 80%가 똑같이 들렸다. 낸시가 같이 책을 쓰는 것에 관해 묻자, 그는 아직 확신하기에는 너무 이르다고 말했다. 그들은 면역학에 관해 글을 쓸 사람을 찾고 있었다. 낸시는 『유전자 분자생물학』 최신판의 면역학 부문을 자신이 썼다며 잘됐다고 말했다. 하비는 난감해했다. 그는 그들에게 정말로 필요한 사람은 신경생물학을 하는 사람이라고 말했다.

무시당한 기분을 느낀 낸시는 자신이 아직 가을 학기를 맡아 달라는 필의 제안을 고려하고 있다고 말했다. 하비가 촉각을 곤두세웠다.

"무슨 말이에요?" 하비가 물었다. "필이 제게 그 과정을 맡겼어요. 더 말할 필요도 없습니다."

"제가 가을 학기에 그 강의를 맡을 수도 있단 말이죠."

이제 하비가 폭발했다. 하비에 따르면, 필이 하비에게 물러서달라고 요구한 것은 오로지 학교 측이 낸시가 차별로 소송을 걸 가능성에 대해 우려하고 있기 때문이라고 했다.

그 말이 낸시의 관심을 끌었다. "필이 그렇게 말했나요?"

"이런, 낸시.[382] 이게 다 무슨 일인지 알잖아요. 에릭이 아주 불쾌해할 겁니다."

에릭은 정말로 불쾌해했다. 그는 다음 날 낸시에게 전화를 걸어 그녀가 모든 과정을 맡게 될 것이며 자신은 1년간 쉴 것이라고 말했다. 그는 이런 식으로 대우받고 싶지 않았다. 필은 단 한 번도 그에게 낸시와 함께 가르칠 의향이 있는지 물어본 적이 없었다. "난 당신과 함께 가르치는 게 싫어요." 필은 에릭에게 하비가 자신의 강의를 훔쳤다는 낸시의 말을 전한 적이 있었다. 그건 말도 안 됐다. 에릭이 말했다. "제가 맡은 부분은 100% 제가 만들었습니다. 대체 당신이 한 게 뭔가요? 당신의 역할은 그저 찡얼거리며 내게 도움을 구하러 오는 것뿐이었어요."

이 모든 다툼은 낸시가 연구실에 쓸 시간을 낭비하게 했다—어떤 때는 강의에서 빠지지 않을 방법을 찾느라 회의나 전화 통화에 서너 시간을 써야 했다. 물고기 실험은 잘 되어 갔다. 암젠의 신기술 발굴자가 낸시의 제안에 관심이 있다며 연구실을 방문하고 싶어 할 정도였다. 낸시는 기본적 발달에 관여하는 유전자를 확인할 수 있을 대규모의 유전적 검색을 위해 매사추세츠 종합 병원과 하버드 의대와의 협력[383]을 논의하고 있었다. 글락소는 10만 달러를 지원했다. 하지만 낸시는 그 돈으로 사야 할 수조를 주문할 여유가 없었다.

"내가 아는 것[384]은 이 문제에 더는 시간을 쓸 수 없다는 것뿐이다." 하비, 에릭과의 처참한 통화를 끝낸 다음 날 낸시가 일기에 썼다. "이 문제 때문에 나는 내 훌륭한 연구실을 제대로 운영할 수가 없다."

낸시는 5월 말에 마지막으로 한 번 더 노력해 보았다. 한 동료가 MIT 기술 라이선스 부서에서 일하는 지적 재산권 담당 변호사의 이름을 알려 주었다. 그 변호사는 전화로 낸시에게 2명의 교수가 개발한 강의는 공동 지적 재산에 해당한다고 말했다. 이 지적 재산을 상업화하고자 하는 교수는 다른 교수의 지적 재산을 매입해 그 결과물의 가치를 보상해야 했다. 변호사는 이것이 또한 MIT 학술 편람의 사기 및 부당 행위에 관한 조항에 따라 동료 간 협력 관계의 문제도 된다고 말했다. 편람에 따르면 교수진은 대학 내에서 개발된 지적 재산을 보호해야 할 의무가 있었다. 따라서 1명의 교수 혹은 관리자가 상호 합의 없이 강의를 빼앗는 것은 부적절했다. 교수는 동료가 묻지도 않고 자신의 결과물을 이용할 수 있다는 생각이 들면 함께 가르치는 것을 거부할 수 있었다.

"MIT에 이런 인물은 이제 없는 것 같습니다만." 변호사가 말했다.

"천만에요, 제 동료들이 그런 경우죠."

변호사는 낸시에게 잠깐 기다리라고 한 다음 라이선스 부서의 책임자와 이야기했다. 잠시 후 변호사가 다시 말했다. "낸시, 지금은 학장님과[385] 차를 마실 때가 아니라 이 사람들을 학술 부당 행위와 사기로 고발해야 할 때입니다. 변호사들이 낸시의 소송을 맡으려고 전화를 거는 것도 당연해요."

다음 날은 대학원생들에게 학위 가운 위에 휘장을 걸쳐주는 박사 학위 수여식이 있는 날이었다. 낸시는 필과 함께 암센터로 걸어가면서 그에게 변호사가 한 말을 전했다. 그는 동의할 수 없었다. 하지만 그는 어쨌든 강의실을 채워야 했다. 그는 다음 주에 하비와 에릭을 만나 함께 해결책을 찾아보자고 말했다.

그들은 메모리얼 데이 다음날인 목요일에 만났다. 버지노는 2달 동안 캠퍼스를 떠나 있을 예정이었다. 낸시는 버지노가 없으면 에릭과 하비가 강의를 맡고 싶어 할 경우(실제로 여전히 강의를 맡고 싶어 했다) 필이 그들을 막지 못할 것을 알고 있었다. 그들은 낸시가 고문역으로 강의에 출석하는 데 합의했다. 낸시는 약간의 양보를 했다. 필은 이 강의가 '공동으로' 개발되었기 때문에 상업화될 수 없다는 문서를 작성했고, 낸시는 강의 계획서에 자신의 이름이 올라가야 한다고 주장했다. 낸시는 에릭이 친절하고 공손해 보인다고 생각했다. 그들은 필의 사무실에서 나와 암센터와 화이트헤드 연구소를 향해 함께 걸었다.

낸시는 그날 밤 일기에 이렇게 썼다. "마음이 아프다."[386]

하지만 다음 며칠간 낸시의 절망감은 분노로 바뀌었다. 자꾸만 에릭이 그녀에게 한 말이 생각났다. "대체 당신이 한 게 뭔가요?"

낸시는 바보가 된 것 같았고, 속은 기분을 느꼈다. 그녀는 과학계에 있으면서 겪은 모든 문제에 대해 자신을 탓하고 그러한 문제들을 스스로 해결할 수 있다고 생각했던 지난 모든 시간을 떠올렸다. 이제 낸시는 세상일은 그런 식으로 돌아가지 않는다는 것을 알았다. 그녀는 혁신을 시도할 수 있고, 최고가 되려 노력할 수도 있고, 모두를 기쁘게 하려 노력할 수도 있지만, 그래 봤자 아무런 소용이 없을 것이다. 여성의 노력은 남성의 노력만큼 높게 평가되지 않을 것이다. 그 사실을 깨닫기까지 자그마치 20년이 걸렸다—그녀는 이러한 현실이 다른 여성들에게나 해당된다고 여겼다가 자신 또한 마찬가지라는 것을 깨달았다. 하지만 이제 그것은 DNA에 결합한 억제자와 같이 가장 명확한 과학적 결과만큼이나 분명했다. 그녀는 이 모든 문제를 개인적인 것으로 받아들여 왔지만, 이제 그러한 문제들이 자신과는 별 상관이 없다는 것을 깨달았다. 이 남자들은 그녀를 거의 보지 않았다. 그녀는 없는 거나 마찬가지인 사람이었다.

낸시는 베스트 총장에게 보내는 편지의 초안을 썼다. 낸시는 그가 자신이 누군지 모르리라 생각해 "저는 생물학과 교수입니다"[387]라고 밝혔다. 그리고 지난 4년간의 싸움을 항목별—공간, 급여, 강의 등—로 정리한 다음, 자신은 이것이 "차별의 결과"라고 "강력히" 믿는다고 말했다.

낸시는 이제 친구가 된 아서 메릴에게 편지를 보여 주었다. 그는 편지를 보내지 말라고 충고했다. 낸시를 잘 모르고 앞뒤 사정도 모르는 총장은 그녀의 불만을 어떻게 판단해야 할지 모를 것이고, 그러한 문제를 개인 간의 다툼이나 낸시의 성격 문제로 생각할 수 있었다. 아서의 말에 일리가 있다고 생각한 낸시는 생물학과를 잘 아는 사람, 그녀가 신뢰할 만한 사람에게 먼저 편지를 보여 주기로 했다. 그녀는 메리-루 퍼듀에게 점심 식사를 같이할 수 있을지 물었다. 낸시는 메리-루를 잘 알지 못했지만 메리-루의 이력을 존경했고 다른 사람들도 그렇다는 것을 알고 있었다.

그들은 지금은 문을 닫은 옛 케임브리지의 또 다른 유물인 F&T를 대신해 낸시의 단골 식당으로 자리 잡은 고급 수프 및 샐러드 전문점 레베카스에서 만났다. 주방 소음이 시끄럽게 들려오는 뒤쪽의 작은 테이블에 앉아 낸시는 메리-루에게 강의와 관련해 있었던 일을 짧게 설명한 뒤 총장에게 보낼 편지를 읽어봐 달라고 부탁했다.

메리-루가 편지를 읽는 시간은 영원처럼 느껴졌다. 메리-루의 눈은 페이지를 따라 움직이고 있었지만, 그녀의 얼굴에는 아무런 감정도 나타나지 않았다. 낸시는 메리-루에게 편지를 보여 준 것 자체가 실수는 아니었는지 걱정하기 시작했다.

메리-루는 이제 생물학과의 원로 교수 중 1명으로 여러 위원회와 MIT 외부에서 과학상 및 상금을 심사했다. 메리-루는 지원자들을 심사하기 위해 참석했던 모든 교수진 회의에 대해 생각했다. 여성 지원자가 발표하다 질문을 받고 머뭇거리면 남자들은 그것을 약점으로 치부했지만, 남성 지원자가 그러면 남자들은 그가 아직 자기 역량을 발휘하지 못하고 있다며 눈감아주었다—남자들은 그를 보며 자신의 나이 때 모습을 떠올렸다. 메리-루는 심지어 입상 후보로 이름이 거론되기까지도 여성들이 얼마나 더 많은 업적을 쌓아야 하는지 생각했다. 그리고 낸시의 종신 재직권 심사와 이름의 순서를 뒤바꿨던 추천서에 대해서도 생각했다.

"이러한 개인적인 경험 외에 저는 한 가지 더 충격적인 사실을 덧붙이고자 합니다. 현재 대학원생의 40~50%가 여성임에도 불구하고, 생물학과의 여성 교수진 비율은 제가 MIT에 몸담은 21년간 본질적으로 변함이 없습니다." 낸시가 총장에게 썼다. "그 비율은 약 15%에 머물러 있습니다."

"저는 이러한 상황에 주의를 집중시키고 궁극적으로 이를 바로잡을 방법으로 MIT에 대한 법적 조치를 진지하게 고려해 왔으며, 지금도 교무처장에게 제 상사의 행동에 대한 조사에 착수해 달라고 요청할지를 고려하고 있습니다." 편지는 계속되었다. "저는 그러한 조치에 필연적으로 수반될 부정적인 면들이 싫습니다. 저는 똑같이 긍정적 결과를 얻을 수 있는 다른 보다 협력적인 방법을 찾고 싶습니다."

마침내 메리-루가 고개를 들었다. "이 편지에 서명하고 싶어요. 그리고 함께 총장님을 뵈러 가야 할 것 같군요."

메리-루는 낸시에게 생물학과 내 여성, 특히 원로 여성들의 문제에 관해 오랫동안 생각해 왔다고 말했다. 메리-루는 데이비드 볼티모어가 낸시의 종신 재직권 획득을 방해했던 이야기를 하지 않았다. 낸시도 메리-루에게 프랭크 솔로몬이 찾아와 했던 이야기, 그러니까 대학원생들에게 메리-루가 '방법론과 논리학' 과목을 가르칠 자격이 없다고 말할 거라고 떠들었단 사실을 말하지 않았다. 낸시는 너무 신이 나서 그런 생각을 할 틈이 없었고, 혼자만 이렇게 느끼는 것이 아니란 사실에 기쁨과 안도감을 느꼈다.

그러다 이런 생각이 들었다. '우리와 함께할 다른 여성들이 있지 않을까?'

18장

16명의
여성 종신 교수

_____ 메리-루에게 전화를 걸어 점심 약속을 잡을 때쯤, 낸시는 강의를 되찾을 수 있다는 희망, 자신이 학과에서 중요한 동료라는 느낌이 사라진 상태였다. 하지만 레베카스의 작은 테이블에 앉은 지금 낸시는 갑자기 힘이 솟구치는 것을 느꼈다. 메리-루와 같은 능력과 명성을 지닌 여성이 자신에게만 보인다고 생각했던 문제들—MIT는 이에 맞서고 대응해야 했다—을 본 것이다. 국립과학아카데미의 회원인 메리-루는 생물학과에서 두루 존경받고 선호되었다. 필이나 리처드 하인즈가 낸시를 "까다롭다고" 일축할지 몰라도, 메리-루를 부정할 수 있는 사람은 아무도 없었다.

낸시는 여전히 강의를 되찾을 수 있을 거로 생각하지 않았다. 하지만 뭔가 더 크고 더 좋은 것, 즉 어떤 모습일진 몰라도 변화의 가능성이 느껴졌다.

낸시와 메리-루는 다른 여성들과 이야기를 나눠 보자는 것 외에는 정확히 무엇을 할 것인지 혹은 무엇을 이룰 수 있을지 모른 채 헤어졌다. 20년을 MIT에 있었는데도 낸시가 지금 당장 이름을 댈 수 있는 여성 교수는 많지 않았다. 그래서 낸시는 그날 밤 집으로 가 7년 전 자신에게 여성학 강의를 맡겼던 루스 페리에게 전화를 걸었다. 페리는 공간 전쟁을 할 때부터 낸시가 차별에 맞서고 있다고 말해 왔지만, 낸시가 확신하지 못한다는 것을 알고 있었다. 페리는 천시에 있는 낸시의 아파트에서 저녁을 먹은 뒤 곧바로 일에 착수해 일주일 만에 소규모의 여성들을 모았다. 그들은 MIT 곳곳에서 왔는데, 메리-루, 경제학자인 카렌 폴렌스키, 엔지니어인 로나 깁슨, 철학자인 주디스 자비스 톰슨이 그들이었다.

바람이 잘 통하는 낸시의 거실에서 나란히 소파에 앉은 여성들은—수년 동안 학생의 절반 이상이 여성이었던 인문학부에서도—느닷없이 수업에서 잘리고 학과 내 결정권이나 영향력 있는 직무에서 배제되었던 경험에 관해 이야기했다. 여성은 교수진의 25%도 안 됐다. 로나는 자신과 비슷한 시기에 채용된 공학부의 한 남자 동료가 집을 샀다고 말했던 때를 떠올렸다. 로나가 그에게 자신은 아직 집을 살 돈을 모으고 있다고 말하자 그는 자신의 멘토가 MIT에서 대출을 받게 도와준 이야기를 해 주었다. 그제서야 로나는 남자들이 자신은 있는 줄도 몰랐던 그 모든 특권을 누리고 있다는 사실을 알게 되었다. 일부 여성들은 자신들이 비슷한 위치의 남성들보다 돈을 덜 받는 것 같다는 의심을 하긴 했지만, 급여는 비밀이었기 때문에 확인할 방법이 없었다. 주디스는 MIT가 그저 다른 대학보다 더 낮은 급여를 지급하는 줄로만 알았다. 전에 학생이었던 한 남자가 스탠퍼드에 조교수로 막 채용되었는데, 정교수인 자기보다 더 많은 돈을 받았기 때문이다. 낸시는 어떻게 그런 대우를 받아 왔는지 묻고 싶었지만 참았다. 주디스는 자신보다 열다섯 살이 더 많았고 1964년에 임용되었다. 낸시는 그녀가 자신이 대학교수로 임용된 것 자체가 행운이라고 생각하는 여성들의 집단에 속한다는 것을 알았다. 때로는 자신이 어떤 대우를 받는지 생각하지 않는 것이 더 편했다.

여성들은 총장에게 보내는 편지에 모두 서명한 다음 총장과의 면담을 요청하자고 제안했다. 주디스는 고충처리부의 메리 로우부터 만나 보자고 말했다. 다른 사람들은 반대했다. 공간 전쟁이 메리가 가진 힘의 한계를 보여 줬기 때문이었다. 그날 저녁 낸시와 메리-루는—해결책은 고사하고—MIT 여성 교수진 전체를 대상으로 문제를 파악하려 하는 것이 너무 의욕만 앞세운 일은 아닌지 생각했다. MIT에는 5개 대학—건축대학, 공과대학, 인문대학, 경영대학, 이과대학—이 있었으며, 각 대학에는 급여와 직급의 차이를 설명할 수 있는 고유의 문화가 있었다. 모든 실험은 변수를 제한하는 것이 최선이었다. 그들은 자신들이 잘 아는 이과대학에 집중하는 것이 좋겠다고 생각했다. 메리-루는 교무처가 여성 교수를 늘릴 계획을 하고 있다는 것을 들어 알고 있었다. 낸시는 대학이 어떤 식으로 돌아가는지 아는 것이 거의 없었다. 18개월 전까지만 해도 그녀는 교무처장의 이름조차 몰랐다. 그래서 그녀는 물리학과 교수진에 임용된 최초의 여성이자 이제 막 은퇴한 베라 키스티아코프스키에게 전화를 걸었다. 베라는 과학계의 명문가 출신이었다—그녀의 아버지는 맨해튼 프로젝트의 폭탄 개발팀을 이끌었고, 하버드 화학과 교수였으며, 아이젠하워 대통령의 과학

고문을 지냈고, 국립과학훈장을 받았다. MIT에서 베라는 함께 일하는 남성들과 같은 자격을 갖추었음에도 수년 동안 연구원으로 일하며 오랫동안 도우미에 가까운 대우를 받았다. 1972년 그녀는 미국물리학회에 공유할 목적으로 여성의 지위에 관한 최초의 보고서를 작성한 바 있었다.

베라는 전화로 낸시에게 MIT에 여성 문제를 다루는 위원회가 2개 있다고 말했다. 하나는 메리-루가 언급했던 교무처장실에 있는 위원회—채용 문제를 집중적으로 다뤘다—였고, 다른 하나는 버지노 학장이 이과대학에 신설한 소수집단 우대 정책과 관련된 새로운 위원회였다. 위원회는 각 학과의 대표로 구성되었지만, 생물학과의 대표가 누군지 기억나지 않았던 베라는 낸시가 기다리는 동안 이름을 찾아보고는 그 사람이 프랭크 솔로몬이라고 했다. 낸시는 숨이 턱 막혔다. 지난해 그 모든 대화를 나누면서도 어떻게 버지노 학장은 그녀에게 위원회에 대해 말 한마디 하지 않은 걸까? 그리고 생물학과 여성들을 그토록 비하하는 프랭크가 어떻게 생물학과 대표일 수가 있을까? 그녀가 일기에 썼다. "이는 MIT 여성(생물학자들)에게 최악의 농담[388]이다."

낸시와 메리-루는 이과대학부터 시작하기로 하고 1967년 생물학과에 최초의 여성으로 채용된 리사 스타이너와 이야기를 나누었다. 리사는 몇 년 전에 자신의 급여가 학과 내 비슷한 연령대의 남자들이 받는 급여보다 약 40% 적다는 사실을 알게 되었다고 말했다. 이를 알게 된 후 그녀는 긴 우울증을 앓았다. 더 최근에는 지난 20년간 학과 내 다른 면역학자들이 모두 받은 단체 연구 보조금을 자신만 받지 못했다는 사실을 깨달았다. 낸시는 왜 다른 사람들에게 그 문제에 관해 물어

보지 않았는지 물었다. 그중 1명은 리사의 박사 후 과정 지도 교수이자 여전히 친구였는데도 말이다.

"그렇게 하려고 할 때마다 눈물이 나오기 시작했어요." 리사가 말했다. 그녀는 생물학과의 관행이 "비민주적"이라고 생각했지만, 그것이 차별인지는 확신할 수 없었다고 말했다. 리사는 이과대학 내 모든 여성의 명단을 작성해 설문 조사를 하고 여성 교수진에 대한 차별이 있다고 생각하는지 물어볼 것을 제안했다. 어쩌면 그들은 총장을 만나고 싶어 하거나 총장에게 보내는 편지에 서명하고 싶을지 몰랐다. 리사는 선반에서 강의 카탈로그를 꺼내 학과별로 교수 명단이 정리된 페이지를 펼쳤다. 세 여성은 함께 이름을 살펴보며 여성 교수를 가려내기 시작했다.

너무 적은 것 같았다. "여성 교수는 따로 정리되어 있나요?" 낸시가 물었다. "책 뒤쪽에 있으려나?"

다른 명단은 없었다. 집계 결과 여성 종신 교수는 15명, 남성 종신 교수는 197명이었다. 여성 종신 교수는 생물학과에 가장 많았다(이들 3명과 루스 레만, 그리고 그해 종신 재직권을 얻은 테리 오르-위버Terry Orr-Weaver였다). 두 번째로 많은 과는 뇌 및 인지과학과로 4명이 있었고, 화학과에 2명, 지구·대기·행성 과학과에 3명이 있었다. 물리학과에 1명이 있었고, 수학과에는 1명도 없었다. 종신 재직권이 없는 하급 교수 7명을 더하면 여성 교수는 총 22명이었다. 이과대학 전체 교수진의 8%가 채 안 되는 인원이었다.

적은 인원 덕에 적어도 이들의 일은 좀 더 쉬워졌다. 이들은 종신 재직권이 없는 여성들은 목소리를 내고 싶어 하지 않을 것이며, 그들에게는 물어보는 것조차 부당하다고 생각했다. 리사의 사무실에 있는 작은 테이블에 둘러앉아 그들은 여성 교수들의 이름을 2개의 명단으로 나누었다. 메리-루와 리사가 한쪽 명단에 나와 있는 사람들을 만나기로 했고 낸시가 나머지 다른 명단에 나와 있는 사람들을 만나기로 했다.

낸시는 화학과의 실비아 시어Sylvia Ceyer를 찾아 캠퍼스의 심장부, 찰스강을 끼고 있는 신고전주의 석회암 건물로 향했다. 그곳은 MIT의 보다 웅장하고 조용한 곳으로 끊임없이 무언가 건설 중인 켄달 스퀘어의 암센터와는 매우 달랐다. 낸시는 이스트먼 안뜰의 그늘진 대각선 길을 걸어가며 열흘 전 점심 식사 자리에서 메리-루가 편지를 다 읽기를 기다릴 때 느꼈던 것과 같은, 거의 당혹감에 가까운 불안한 기분이 들기 시작했다.

그들은 만난 적이 없었지만, 낸시는 MIT 신문에서 실비아가 이런 상을 받았다거나 저런 명예를 얻었다는 기사를 자주 읽었다. 실비아는 MIT의 기준으로도 까다로운 시험대로 알려진 화학과에서 노력하여 종신직까지 오른 최초의 여성이었다. 낸시는 실비아가 틀림없이 만족스럽고 완벽하게 살 거라 생각했다. 머리끝이 깔끔하게 말린 금발의 젊은 실비아는 피부가 도자기 같았고 눈은 인형처럼 크고 파랬다. 실비아는 그녀의 사무실에서 천장까지 닿는 창문에 둘러싸인 채 사각형 안뜰의 나무들을 내려다보며 두 손을 깍지 끼고 완벽한 자세로 앉아 있었다. 낸시가 앉은 의자 옆에는 커다란 제도용 테이블이 놓였다. 그 위의 도면을 보면서 낸시는 실비아가 뭔가 커다란 기계를 설계하고 있을 것으로 짐작했지만, 그녀의 일이 무엇인지는 알 수 없었다.

실비아 역시 낸시를 외국인으로 여겼다. 낸시의 목소리를 듣고 낸시가 영국인인가 생각한 것이다. 실비아는 아무런 말 없이, 아무런 감정도 드러내지 않고 낸시의 말을 주의 깊게 들었다. 실비아는 낸시가 최근에 자신이 생각하고 있던 것과 동일한 문제들을 호소력 있게 설명한다고 생각했다. 낸시처럼 실비아도 평생을 과학에 바쳤다. 심지어 낸시보다 더 어릴 때부터 말이다. 실비아는 열 살에 시카고 교외 도서관에서 '왓 이즈What Is 시리즈'를 읽다 『화학이란 무엇인가?』에 실린 원자 그림에서 눈을 뗄 수 없었다. 세상의 많은 부분을 이해할 수 없었던 나이에 그 그림은 아주 논리적으로 보였다. 그녀는 책을 집으로 가져가 짙은 청록색 만년필로 그림을 베낀 후 모두에게 화학자가 되겠다고 말했다. 실비아는 초고진공에서 분자와 표면 사이의 반응을 연구하는 물리화학자였는데, 이 분야에 다른 여성은 거의 없었다. MIT의 남자 상급 교수들은 처음에는 그녀를 딸처럼 따뜻이 맞아 주었다. 하지만 그녀는 낸시에게 종신 교수가 되고부터 그들은 자신을 경쟁자로 여기는 것 같다고 말했다. 자원과 인정을 둘러싼 싸움이 끊임없이 벌어졌다.

실비아는 서 있을 수 있을 만큼 큰 실험용 기계가 필요했다—제도용 테이블 위의 그림은 그중 하나를 위한 설계도였다. 하지만 학과에서는 그녀에게 기계가 들어갈 만큼 큰 공간을 내주지 않았다. 실비아는 그녀보다 늦게 고용된 한 남자의 공간이 자신의 공간보다 2배나 더 넓고, 그것보다 더 넓은 공간을 쓰는 남자도 있다는 사실을 알게 되었다. 더 최근에는 남성 생물학자가 위원회장인 연구소 전체 예산위원회에 참석했는데, 위원회장은 실비아의 존재를 인지하지도 못했다. 위원회 업무에 대한 아이디어를 얻기 위해 실비아의 학과장과 점심을 먹고선 학과장에게 위원회에 화학과 인원이 1명도 없어 아쉽다는 짧은 편지를 보낸 것이다. 실비아의 학과장은 화학자인 실비아가 위원회에 참가하고 있으며 "그녀의 의견은 가치가 있을 것"이라고 답했다. 학과장은 실비아에게 그와 주고받은 편지를 보여 주었다. 실비아에게 그 편지들은 그녀가 보이지 않는 존재라는 명백한 증거였다. 학과장도 그 사실을 알 수 있었다. 실비아는 낸시가 생각지도 못했던 단어를 사용했다. 실비아는 "주변화"되는 기분을 느꼈다.

"제가 서명할 수 있는 문서 같은 게 있나요?"

낸시는 의자에서 벌떡 일어날 뻔했다. 같은 생각을 하는 더 많은 여성, 즉 더 많은 힘을 발견하기까지는 오랜 시간이 걸리지 않았다. 근처의 다른 건물 사무실에서는 조앤 스튜베 JoAnne Stubbe — 종신직으로 고용되어 1992년에 국립아카데미 회원으로 선출된 생화학자 — 가 낸시가 말을 다 꺼내기도 전에 다 알겠다는 듯이 웃었다. "저는 모든 것을 봤어요." 그녀가 낸시에게 말했다. "제가 보지 않고 겪어 보지 않은 일은 아무것도 없죠." 생물학 건물로 돌아오자 리사와 메리-루가 그린 빌딩 — 이오 밍 페이가 설계한 케임브리지에서 가장 높은 건물로 캠퍼스 중앙과 도시 위로 우뚝 솟은 콘크리트 건물 — 에 본부를 둔 지구·대기·행성 과학과에서 좋은 소식을 가지고 돌아왔다. 그들은 인상적인 젊은 지구 물리학자 리 로이든 Leigh Royden 을 만났는데, 그녀는 자신의 커리어에 만족하지만, 여성 교수진에 관한 논의는 무엇이든 참여하고 싶다고 말했다. 근처 사무실에 있는 그녀의 동료 마샤 맥넛 Marcia McNutt 도 참여하고 싶어 할 기라 생각한 리는 그들에게 마샤가 여름에 근무하는 우즈홀 해양학 연구소의 전화번호를 알려 주었다.

하루 만에 이과대학 15명의 여성 교수진 중 10명이 이들 공통의 문제를 논의하기 위해 모이는 데 동의했다. 낸시와 메리-루는 표본 크기를 조금이라도 늘리기로 하고 이과대에 공동 임용된 공과대 여성 교수 2명, 즉 밀리 드레슬하우스와 페니 치점Penny Chisholm도 명단에 추가했다.

페니는 낸시에게 바로 전화를 걸었다. 그녀는 토목환경공학과의 해양생물학자였는데, 학과 동료에게 새로운 생물학 필수 과정에 생태학 단원을 넣는 것은 어떨지 제안한 뒤 최근 생물학과 교수로 임용되었다. 그녀는 낸시가 강의에서 빠졌다는 소식을 듣고 놀랐다고, 낸시의 강의를 들은 적이 있는데 낸시만큼 좋은 선생님이 되는 것은 상상도 할 수 없다고 말했다.

1976년 샌디에이고의 스크립스 해양학 연구소에서 MIT에 도착했을 때 페니는 학과에서 유일한 여성이었고 교수보다는 학생에 더 가까워 보였다. 둘 중 어느 것도 그녀가 공대에 발을 쉽게 들이는 데 도움이 되진 않았다. 모래빛 금발에 천진난만한 미소를 지닌 페니는 47세가 된 지금도 실제보다 훨씬 젊어 보였다. MIT 초기 시절 그녀가 이끈 팀은 지구 대기에 공급되는 산소의 상당 부분을 담당하는 바다에서 가장 작고 가장 풍부한 광합성 세포 '프로클로로코쿠스Prochlorococcus'—또는 '원시 그린 베리'—라는 새로운 미생물을 발견했다. 그런데도 최근 페니는 최근 정교수로 승진하기 위해 싸워야 했다. 새로 온 학과장은 그녀에게 '리더십'의 본보기를 보여 주지 못했다. 이에 페니는 이 문제를 더 윗선으로 올려도 될지 묻고 자신의 주장을 뒷받침할 자료를 정리해 학장에게 가져갔다. 그녀의 주장은 큰 어려움 없이 순조롭게 받아들여졌다. 4년 전에는 급여가 너무 적다는 것을 알게 되어서 그해 중반에 급여를 올려받았다.

남자아이들 사이에서 자란 페니는 자신을 말괄량이로 여겼지만, 수년 동안 학과 내 교수진 회의에서 압도당하는 기분을 느꼈다. 그녀는 남자들이 누구를 고용하고 어디에 돈을 쓸지를 두고, 또 누구의 연구는 대담하고 누구의 연구는 시간 낭비라고 서로 싸우다 복도로 나가 레드삭스 이야기를 하거나 다 같이 맥주를 마시러 나가는 모습을 지켜보았다. 오랜 시간 동안 페니는 그들 사이에 낄 만큼 적극적이지 못한 자신을 탓했다. 그녀가 푸에르토리코 출신의 한 남성과 함께 종신 교수 코스를 밟고 있을 때―그들은 같은 해에 종신 재직권을 얻었다―, 그는 자신들이 부서의 '다양성'을 담당하고 있다고 농담하곤 했다. 하지만 공대 교수진의 다른 많은 남성처럼 그도 MIT 학생으로서 차근차근 위로 올라갔다. 그에게는 각본이 있었다. 페니는 자신이 공대 내 생물학자였기 때문에 이곳과 조화를 이루기가 힘들지 모른다고 생각했다. 하지만 종신 재직권을 따낸 후, 그녀는 '페미니스트 신경'이 곤두서면서 문득 "여성인 우리는 그들의 레이더망에 있지도 않다"라는 사실을 깨달았다.

낸시와 메리-루가 함께 점심을 먹은 지 한 달이 지난 7월 7일, 이과대 여성 교수진 17명 중 12명이 생물학 건물 내 비교적 구석진 곳에 있는 메리-루의 사무실에 모였다. 메리-루는 당근과 포도를 접시에 담아 내놓았다. 여성들은 끌어올 의자가 모자라자 바닥에 앉거나 블라인드에 등을 기댄 채 긴 창턱 위에 앉았다. 리 로이든의 6개월 된 아들이 카펫 위에 깔아 놓은 담요 위를 기어 다녔다.

대부분 서로 잘 모르는 사이였지만, 서로의 이야기가 놀라울 만큼 익숙하다는 사실을 발견했다. 한 신경과학자는 어떤 인스티튜트 교수―MIT에서 가장 높은 직위―가 3주 안에 자물쇠를 교체할 것이고 누구라도 자신을 막으려 하면 사임하겠다고 말하면서 그녀가 다른 5명과 함께 일하고 있던 연구실을 비우라고 강요했던 이야기를 들려주었다. 학과장이 개입하기를 거부하자 그녀는 싸우는 대신 자리를 옮겼다. 두 여성―1명은 국립아카데미 회원이었다―은 다른 연구소에서 받은 일자리 제안을 들고 학과장을 찾아갔다. 이러한 행동은 더 많은 급여와 더 중요한 자리를 얻기 위해 남자들이 늘 하던 일이었다. 하지만 여성의 경우 MIT는 별다른 제안을 하지 않았다.

여성들은 대화를 나누는 동안 여성이 어떤 학과나 센터의 우두머리가 된 적이 없다는 사실을 깨달았다. 심지어 부책임자로 임명된 적도 없었다.

여성들은 여성이라는 것에 대해 생각하지 않으려 노력하고, 과학자로 보이길 바라면서 경력을 쌓아 왔다. 하지만 매우 다양한 상황에서 그들은 최초이거나 유일한 여성이었기에 더 높은 기준에 부응해야 한다고 느꼈다. 페니의 말대로 여성은 모든 사람의 기대를 한 몸에 받고 있었으므로 실패라는 걸 해선 안 됐다. 그녀는 보조금 지원서의 아주 소소한 부분까지 집착했고 거절당하면 아무도 자신을 진지하게 받아들이지 않을까 두려워했다. 보조금을 따내도―페니는 동료 중 1명이 그녀에게 황금알을 낳는 거위가 있다 할 정도로 자주 보조금을 따 냈다―, 이를 성공이라기보다 실패하지 않은 것으로 보았다. 상을 받 았을 때도 페니는 사람들이 자신이 여성이라서 상을 받았다고 생각한 다는 것을 알고 있었다. 그녀는 상을 탄 두 번째 여성이 되고 싶다고 농담했다. 열 번째면 더 좋고 말이다. 실비아는 자신이 칠판에 낸 수 학 문제에 남자 학부생들이 어떻게 이의를 제기했는지에 대해 이야기 했다. 교수진 세미나나 회의에서는 자신이 자주 방해받는다고 느꼈다. 질문은 마지막에 하는 것이 관례였지만, 그녀는 사람들이 여성에게는 마음대로 끼어든다는 것을 알게 되었다. 실비아는 완벽을 목표로 하는 것은 너무나 어렵고 위태로운 일이었다고 했다. 그건 정말 진을 빼는 일이었다.

여성들의 나이는 38세부터 64세까지 다양했는데, 가장 어린 사람 은 테리 오르-위버였다. 그녀는 수년 전 메리-루의 '숨겨 둔 박사 후 연 구원'이었으며 메리-루를 멘토로 여겼던 앨런 스프래들링과 함께 카 네기 연구소에서 박사 후 연구원으로 있었다. 테리는 수년 전 낸시가 콜드 스프링 하버에서 바버라 매클린톡의 이야기를 들었던 것처럼 다 른 여성들의 이야기를 들었다. 다른 여성들의 삶이 전에 어땠는지 아 는 것은 중요했지만, 그것은 지나간 이야기였다. 테리는 나이 든 여성 들의 말을 믿었으나, 자기 세대에서 문제는 대부분 해결되었다고도 생 각했다. 테리는 화이트헤드 연구소에 교수로 임용된 최초의 여성이 었고―그녀에 앞서 10명의 남성이 있었다―, 그곳에서 환영과 지지 를 받고 있다고 느꼈다. 그녀를 괴롭히는 문제는 딱 한 가지였다. 그녀 는 메리 로우에게 출산 휴가를 떠나는 것에 관해 물어본 적이 있었다.

메리는 그렇게 하라고 했지만 출산 휴가를 쓰고 종신 재직권을 획득한 사람은 아무도 없었기 때문에 테리가 시험 사례가 될 수 있다고 말했다. 테리는 출산 휴가가 낙인이 될 것을 알고 휴가를 쓰지 않기로 했다. 그녀는 임신 사실을 숨기기 위해 헐렁한 옷을 입었다.

테리가 종신 재직권을 얻었을 때 축하 만찬이 열렸고, 버지노도 아내와 함께 그 자리에 참석했다. 버지노의 아내가 그녀에게 인사하며 말했다. "종신 재직권[389]을 얻기도 전에 아이를 가질 만큼 용감한 사람이 바로 당신이군요!" 버지노 학장이 웃으며 이 사실을 확인해 주었다. 그에 따르면, 자신은 투표가 끝날 때까지 남성에게 아이가 있는지 언급하지 않을 것이므로 테리에게 아이가 있다는 사실 또한 과학 위원회의 위원들에게 이야기하지 않았다. 이제 그는 그 사실을 사람들에게 알렸다. "얼마 전 이 여성에게 종신 재직권을 주기로 투표하셨죠. 이 여성에게는 두 아이가 있답니다." 버지노는 학술위원회 사람들에게도 똑같은 짓을 했다. 테리는 놀라 입을 다물지 못한 그때를 MIT에서 보낸 시간 중 가장 환멸적이었던 순간으로 기억했다. 그녀는 나중에 이 이야기를 이과대학의 전 학장인 진 브라운에게 들려주었다. 그는 버지노가 그녀를 도우려 했을 뿐이라고 말했다. 어쨌든 아이가 있는 데도 종신 재직권을 따낸 것은 이례적인 일이었다. 한편 테리는 학과의 남자들이 적어도 여성이 아이들을 돌보는 시간만큼이나 생명공학 회사를 키우는 데 많은 시간을 쓰고 있진 않은지 의심했다.[390]

뇌 및 인지과학과의 심리학 교수인 몰리 포터는 나이 든 여성에 속했다. 이제 60대가 된 그녀는 1968년 유일하게 일자리를 찾을 수 있었던 도시계획과에 채용되었다. 몰리는 처음에 낸시가 여성들을 모으는 계획에 관한 이야기를 꺼냈을 때 회의적이었다. 그녀는 1970년대에 MIT를 여성에게 더 환영받는 곳으로 만들기 위해 많은 노력을 했고, 밀리의 점심 모임에도 꾸준히 참석했었다. 그녀는 그들이 할 일을 다 했다고 생각했다. 하지만 메리-루의 사무실에서 다른 여성들의 이야기를 들어 보니 그들 말에도 일리가 있었다. MIT는 여성 학부생의 수를 늘리는 데 큰 진전을 이루었지만, 여성 교수진에는 별 관심을 기울이지 않았다.

그렇지만 아무도 그저 불평만 하고 싶진 않았다. 그들은 과학자였으므로, 데이터를 활용해 문제를 정량화할 수 있지 않을까 생각했다. 급여와 보조금, 다른 자원에서 여성들이 느끼는 불이익을 확인할 수 있지 않을까? 낸시는 줄자가 얼마나 강력할 수 있는지 알고 있었다. 그녀는 각 학과에 자원의 할당을 감시하고 여성이 공정하게 대우받는지 확인할 수 있는 관리자를 두자고 제안했다. 다른 여성들은 학과장들이 그 자리를 만드는 데 절대 동의하지 않을 것이며, 그 여성이 하는 일을 방해할 것이라고 반대했다. 게다가 누가 그런 일을 맡고 싶겠는가? (낸시는 "제가 할게요"라고 말했다.)

대신 그들은 공간, 급여, 자원, 수업 배정에 관한 자료를 조사하고 여성이 남성과 비교해 공정한 대우를 받고 있는지 확인하기 위해 총장이 임명하는 위원회 설립을 제안하기로 했다. 위원회는 1년에 한 번 각각의 여성 교수를 만나 문제를 파악한 후 학장에게 해결할 방법을 추천할 것이다. 낸시는 위원회가 너무 하찮고 무력해서 윗선에 압력을 가하지 못할까 걱정했다. 하지만 다른 사람들은 MIT가 협력적 통치에 자부심을 갖고 있다고 주장했다. 교수위원회는 단순히 의례적인 것에 그치지 않고 실제로 일을 처리할 수 있었다. 낸시는 그들을 따랐다. 너무 급진적으로 보이면 그룹에서 소외될까 걱정되었기 때문이다. 페니는 계속 그녀에게 "우리는 일단 그들의 레이더망에 들어가야 한다"고 상기시켰다.

몰리는 총장 대신 버지노 학장에게 글을 쓰자고 제안했다. 총장부터 시작하면 버지노를 소외시킬 수 있었다. 몰리는 1980년대에 교수회 의장을 지낸 적이 있어서 다른 여성들은 그녀의 판단을 신뢰했다. 7월 한 달 동안 일부 여성이 학장에게 보여 줄 제안서를 쓰기 위해 여러 번 다시 만났다—다음 만남은 심지어 생물학 건물보다 캠퍼스 중심부에서 더 멀고 벙커처럼 지어진 토목 공학 건물 내 페니의 사무실에서 이루어졌다.

낸시는 여전히 어떻게 그처럼 빨리 여성들이 모일 수 있었는지 믿기지 않았다. 메리-루가 낸시에게 힘을 실어 주었고, 여성들은 그 10배의 힘을 실어 주었다. 이 일을 수포로 만들고 싶지 않았던 낸시는 편지를 고쳐 쓸 때마다 여성들에게 편지를 보여 주며 바뀐 단어 하나하나에 대해 모두의 승인을 받았다. 그녀는 편지 초안에 '기밀 유지'라 표시하고, 그해 7월 마샤 맥넛에게 보내는 편지에 "우리는 최종 버전이 나올 때까지 그 이전의 문서들은 파기[391]하고 있습니다"라고 썼다.

낸시는 나중에 그 여름을 카타르시스의 여름, 때로는 분노의 여름으로 회상했다. 그녀는 생물학과 연구실들의 책자를 살펴보던 중 메리-루의 연구실에 대학원생이 1명도 없다는 사실을 알게 되었다. 메리-루의 지명도를 생각하면 이상한 일이었다. 5년 전 그녀의 전 박사후 연구원 중에는 노벨상 수상자도 있었기 때문에, 이는 메리-루를 학생들에게 더욱더 매력적으로 보이게 했을 것이었다. 낸시는 프랭크 솔로몬이 자신의 사무실에 찾아왔던 일을 떠올렸다. 그리고는 어느 날 메리-루와 함께 점심을 먹는 자리에서 왜 연구실에 대학원생이 없는지 조심스럽게 물었다. 더는 대학원생을 받지 않기로 한 걸까?

메리-루는 아니라고 대답했다. "학생들은 제 연구실에 오지 않는 쪽을 택했어요. 우리가 지금 하는 연구가 그들에겐 주류로 여겨지지 않는 것 같아요."

낸시는 메리-루가 '방법론과 논리학' 대학원 세미나를 그만둘 때 이제 그만하겠다고 먼저 요청한 건지 물었다. 메리-루는 아니라고, 그 결정은 모리 폭스가 내린 것이라고 말했다. 낸시는 그녀에게 프랭크가 당시 자신에게 그 이야기를 언급했었다고 말했다. 그러자 메리-루는 낸시에게 프랭크와 마찰이 있었던 한 대학원생을 도왔던 이야기를 해주었다. 낸시는 메리-루가 그 일이 강의에서 빠지게 된 것과 관련이 있다고 생각하는지 물었다. 메리-루는 아니라고, 자신이 그 대학원생을 도운 건 모리가 자신을 강의에서 빼고 난 이후의 일이라고 말했다.

며칠 후 여행을 다녀온 낸시는 메리-루가 자신의 집과 직장에 남긴 전화 메시지와 사무실 문에 붙인 메모, 그리고 그 밑에 떨어진 메모를 발견했다. 메리-루가 날짜를 확인해 보니 낸시의 말이 맞았다고 했다. 메리-루는 대학원생을 도우려 했다가 강의에서 퇴출당한 것이다. 낸시는 다시 한번 화가 났고 굴욕감을 느꼈다.

하지만 이 여성들은 활발하고 낙천적이기도 했다. 1달 만에 이들은 점심과 저녁을 같이 먹고 거의 매일 통화를 하는 친구 사이가 되었다. 어떤 여성들에게 이는 사막에서 물을 찾은 것과 같았다. MIT에 들어온 지 얼마 안 됐을 때 페니의 친구는 페니의 학생들이었다. 지금 생각해 보면 부적절한 행동이었지만 공대 남자들하고는 친구가 될 수 없었다고 그녀는 말했다. 스펜스를 졸업한 이후로는 여자 친구들과 모인 적이 없었던 낸시는 자신이 얼마나 그러한 모임을 그리워했는지 깨달았다. 이 여성들은 자신처럼 과학에 대한 질문과 열정으로 가득했다. 조앤은 의욕이 꺾일 때마다 새로운 논문을 읽으면 다시 자극을 받는다고 했다. 페니는 최근에 『발코니의 여성들』이란 책을 읽었는데, 이는 권위 있는 직에서 배제되고 남자들보다 급여도 적다는 것을 알게 된 후 1972년 《뉴욕 타임스》를 상대로 소송을 벌인 여성 기자들에 관한 내용을 다루고 있었다. 페니는 이 책을 낸시에게 선물했고, 낸시는 책이 "심신을 피로하게 했다"[392]라고 말했다.

"우리와 정말 놀라울 정도로 비슷하더군요." 낸시가 책을 선물한 페니에게 고마워하며 편지를 썼다. "MIT가 20년 전의 《뉴욕 타임스》보다 나을까요? 아니면 비슷할까요? 몰리 포터에게 이 책을 선물해야겠어요. 리사와 조앤에게도요. 너무 우울한 얘기일까요?"

———————— 여성들은 8월 11일에 밥 버지노와 만나기로 약속을 잡은 다음, 7월 마지막 날에 낸시의 비서를 그의 사무실로 보내 자원과 수업이 어떻게 배분되는지 조사할 여성위원회에 대한 2장짜리 제안서와 편지를 전달했다. 그들의 어조는 정중하고, 회유적이며, 협력적이었다.

"여성 교수진 사이에는 연구소 내에 대체로 무의식적이지만 일관된 성차별이 존재한다는 인식이 널리[393] 퍼져 있습니다." 그들이 썼다.

"우리는 MIT를 선택한 여성들에 대한 불공정한 대우가 이들의 성공을 더욱 어렵게 만들고, 성공하더라도 덜 인정받는 것에 익숙하게 하며, 삶의 질을 떨어뜨리는 데 크게 영향을 주어, 그 결과 실제로 이 여성들이 후배 여성들에게 부정적인 역할 모델이 될 수 있다고 믿습니다.[394] 우리는 여성이 약자가 아닌 강자로, 학교가 너그러이 봐주는 존재가 아닌 가치 있는 존재로 여겨질 때 차별이 줄어들 수 있다고 생각합니다. 학교가 여성을 가치 있는 존재로 여긴다는 것을 보다 가시적으로 보여 준다면, 관리자들, 동료, 직원들도 여성의 능력과 성취를 좀 더 있는 그대로 볼 수 있을 것입니다."

이들은 학장에게 보내는 편지에서 출산 휴가나 육아에 대한 언급은 전혀 하지 않았다. 그랬다간 학교 측에서 과학계에 여성이 그처럼 적은 이유가 여성들이 아이를 갖기로 했기 때문이라고 말할 것이 걱정되었기 때문이다. 여성들 자신도 오랫동안 그렇게 생각해 왔다. 이들 대부분은 과학을 하는 대가로 아이를 갖지 않는 쪽을 택했다. 하지만 그들은 MIT가 아이들만이 유일한 문제가 아니라는 것을 깨닫길 바랐다. 그들은 이과대학의 모든 여성이 위원회에 돌아가면서 참여해 학과가 어떻게 운영되는지 배우고 여자 후배들의 이해를 도울 수 있도록 해 달라고 요구했다. "너무 적은 여성 수 때문에 일부 학과에서는 여성이 고립되고 업무적인 이점을 제공하는 정보에서 배제되기 쉽습니다." 궁극적으로 여성들은 학과장으로서 일하는 방법을 배울 수 있었다. 그리고 이 일이 성공한다면 이 모델은 MIT의 다른 단과대학들을 조사하는 데도 사용될 수 있었다.

여성들은 불공평한 급여와 공간, 메리-루에 대한 프랭크 솔로몬의 명예 훼손, 낸시의 생물학 수업 해임에 관한 기밀 메모를 첨부해 이들의 운동이 시작된 생물학과에서 겪은 "충격적인 경험 중 일부"를 설명했다. 낸시는 강의에서 해임된 일이 "몇 년 전 동료에게 강간을 당할 뻔했던 일보다 더 충격적"[395]이었다고 썼다.

제안서가 학장에게 전달될 무렵 제안서에는 이과대학 17명의 여성 중 15명의 서명이 담겨 있었다. 밀리 드레슬하우스는 서명인에서 빠진 상태였다. MIT 여성 교수진 중 가장 초기에 임용된 밀리와 실라 위드널은 여전히 캠퍼스에서 가장 찬양받았고 유명했으며 다른 여성들을 위해 길을 닦은 것으로 사랑받았다. 하지만 일부 여성들에게 본보기로서의 그들은 오히려 짐이 되었다. 그들이 뛰어난 업적을 이루고 영감을 주었다는 사실을 의심하는 사람은 없었다. 하지만 여성 스타는 2명이면 충분해 보였다. 남자들은 MIT의 다른 여성들도 열심히만 하면 원하는 대로 될 수 있다는 증거로 이 두 사람을 들었다—"밀리는 애가 넷이나 되는데도 이 모든 일을 하는데, 뭐가 불만인 거죠?"

실라는 공군성 장관으로서 학교를 떠나 있었고, 밀리는 전국적으로 유명해지면서 자주 자리를 비운 까닭에 연락하기가 어려웠다. 1990년 밀리는 부시 대통령으로부터 국립과학훈장을 받기도 했다. 그녀는 미국물리학회 회장을 역임하면서 고등학교, 대학교와 협력해 물리학 공부를 시작하는 여성들을 위해 보다 우호적인 환경을 조성하는 위원회를 시작했다.

마침내 낸시가 밀리를 찾아냈을 때, 밀리는 학장에게 보내는 편지에 서명하기를 망설였다. 그녀는 MIT가 자신에게 여성 교수진을 늘릴 수 있게 도와 달라고 요청한 지 20년이 지난 후에도 다른 학과에 여성 교수가 그처럼 적은 것을 보고 놀랐다. 하지만 그녀는 여전히 더 많은 여학생을 학교에 입학시켜야 한다는 당시의 접근 방식을 믿었다. 밀리는 낸시에게 자신이 남편을 포함한 일부 남성보다 더 적게 번다는 사실을 알고 있다고 말했다. "하지만 돈은 충분해요." 그녀가 낸시에게 말했다. 그녀는 여전히 더 많은 여성을 고용하는 것이 기준의 저하를 의미하진 않을지 걱정했다.

그러다 밀리는 학장에게 보내는 편지에 서명한 여성들의 명단을 보았다. "조앤 스튜베. 훌륭한 사람이라고들 하더군요."

그렇게 밀리는 제안서에 열여섯 번째이자 마지막으로 서명한 여성이 되었다. 낸시는 물리학 종신 교수였던 준 매튜스June Matthews에게서 답장을 받지 못했지만, 리사 스타이너는 괜찮고, 오히려 잘된 일일 수도 있다고 말했다. 거절한 여성이 1명이라도 있으면 그 누구도 압력을 받아 사인한 게 아님을 보여 줄 수 있다는 이유였다.

예정된 면담이 일주일 앞으로 다가오자 낸시는 점점 더 불안해졌다. 이 일에는 큰 위험이 따를 터였다. 그녀는 틀림없이 학장이 대학 총장에게 이 사실을 전했을 것이고, 총장은 다시 MIT의 변호사들에게 전했을 거라고 생각했다. 학교는 이과대학의 여성들, 각자 자신의 분야에서 최고의 위치에 있는 여성들이 차별당했다고 말하는 것을 감당할 수 없을 것이다.

그들은 대표로 6명이 학장과 만나기로 하고, 면담이 있기 이틀 전에 낸시의 사무실 근처에 있는 회의실에서 총연습을 했다.

8월 11일 페니가 학장과의 약속 1시간 전에 암센터로 낸시를 데리러 왔다. 그들은 길 건너 생물학 건물에 들러 리사와 메리-루를 만난 다음, 메인 캠퍼스로 이동해 조앤과 실비아를 만났다. 낸시는 실비아가 창백하고 평소보다 수척하며 거의 반투명해 보인다고 생각했다. 리사가 입은 치마는 이날의 면담이 얼마나 중요한지를 말해 주고 있었다. 이스트먼 안뜰의 그늘진 지대를 무리 지어 걸어가면서 이들은 모두가 자신들을 쳐다보고 있는 것만 같은 기분을 느꼈다. 페니는 정말 말도 안 되는 일이라고 생각했다. 정교수인 자신이 개강 첫날의 신입생처럼 불안에 떨고 있었다.

그들은 찰스강을 따라 위치한 우아한 초기 캠퍼스의 기념비적인 흰 건축물 중 하나인 6번 건물의 육중한 문을 열고 길고 서늘한 복도를 걸어가기 시작했다. 평소처럼 학생들로 북적거리지 않던 어느 여름날, 그들의 발소리가 대리석 바닥과 페인트칠 된 높은 콘크리트 벽에 부딪혀 울려 퍼졌다. 아무도 입을 열지 않았다.

학장의 비서가 그들을 회의실로 안내했다. 낸시가 늘 보고 싶어 했던 그곳은 과학위원회가 종신 재직권을 놓고 논쟁을 벌이는 곳이기도 했다. 천장이 높고 나무 패널로 장식된 회의실에 위엄이 감돌았다. 낸시의 시선은 회의실을 꽉 채우고 있는 길고 세련된 나무 테이블을 향했다. 낸시는 새로 결성된《뉴욕 타임스》여성 간부회가 25피트(약 7.7 m) 길이의 테이블, 즉 여성들이 싸우고 있는 121년 된 기관의 상징인 고풍스럽고 빛나는 마호가니 테이블을 사이에 두고 발행인과 신문사 경영진을 만나던『발코니의 여성들』의 첫 장면을 떠올렸다. 책에 등장하는 기자들에게 그 테이블은 "눈에 보이는 한 계속해서"[396] 압도되는 기분을 느끼게 하는 물건이었다. 낸시는 이 테이블이 더 작긴 해도 덜 위압적인 건 아니라고 생각했다.

　테이블 옆 선반에 누군가 준비한 청량음료와 커피, 쿠키가 있었다. 그리고 그 위에는 커다란 사진이 걸려 있었는데, 낸시는 다른 여성들의 시선이 그곳에 고정된 것을 볼 수 있었다. 그것은 버지노와 이과대학의 다섯 학과장이 함께 찍은 사진이었다. 늘 그랬듯이 그들은 모두 남자였고, 웃고 있었다. 1명은 턱시도를 입은 채였다. 그들은 집게손가락을 치켜들고는 "우리가 최고다!"라고 말하고 있었다. 갑자기 낸시는 그 사진 말고는 아무것도 눈에 들어오지 않았다. 구역질이 났다. 이 모든 건 잘못된 생각이었다. 페니가 여름 내내 했던 말이 떠올랐다. "우리는 그들의 레이더망에 있지도 않아요."

19장

X와 Y

_____ 페니의 말이 옳았다. 그들은 레이더망에 있지도 않았다.

1994년 8월 11일 3시, 밥 버지노가 회의실에 들어섰을 때, 그는 회의의 주제가 무엇인지도 모르고 있었다. 그는 여성들이 지난 1달 동안 그토록 정성 들여 쓰고, 찢고, 다시 쓴 편지나 제안서를 전혀 읽지 않았다. 그는 롱아일랜드에 있는 브룩헤이븐 국립연구소에서 막 돌아온 참이었는데, 그곳은 그가 고중성자속 빔로에서 중성자 산란 실험을 하며 해마다 여름 대부분을 보내는 곳이었다. 경력 초기에 행정 업무를 피했던 그는 학장의 역할도 좋아했지만 관리해야 할 박사 후 연구원이나 대학원생 없이 직접 연구하는 브룩헤이븐의 연구실 생활을 특히 더 좋아했다. 늘 그랬듯이 그는 재충전되어 돌아왔다. 그를 기다리며 앉아 있는 6명의 여성들에게 자신감과 여유, 늦여름에 그을린 피부, 활짝 웃는 모습을 보여 주면서 말이다.

어쩌면 그는 봄부터 익히 들어 알고 있던 그 사건, 즉 낸시가 생물학 강의에서 빠지게 된 일에 관해 이야기하러 모인 것이라고 짐작했을지도 모른다. 하지만 낸시는 그들이 여름 동안 어떻게 모이게 되었는지를 설명했고, 대학과 함께 노력하고 싶다며 여성위원회에 대한 아이디어를 제안했다. 긴장할까 봐 걱정된 낸시는 말할 내용을 타이핑해갔다. 그녀는 굵은 글씨로 '대학의 발전은 헌신적인 교수진과 헌신적인 관리자가 만날 때 이루어집니다. 지금 MIT에는 이 매우 중요한 문제에 관해 중요한 조처를 할 기회가 있습니다'라고 썼다.

회의 테이블에 둘러앉은 여성들은 실비아부터 시작해 조앤 순으로 이야기를 꺼냈다. 이들은 희망을 품고 MIT에 왔지만 일하는 동안 결국 고립감과 무시, 자원 부족으로 인해 좌절감을 느껴야 했던 순간들을 설명했다. 급여 이야기를 꺼내든 리사는 일부 여성들의 경우 갑작스럽게 급여가 인상되고 나서야 자신의 급여가 적었다는 사실을 깨달았다고 말했다. 여성들은 과학자로서의 길을 선택할 때 개인적 삶을 희생해야 한다는 것을 알았지만, 급여가 적을 것이라고는 예상하지 못했다. 회의실에 있는 사람 중 아이가 있는 사람은 아무도 없었다. 낸시가 그에게 말했다. "이들은 결혼조차도 하지 않았어요."

"제게 개인적 삶[397]이란 건 없습니다." 실비아가 말했다. "집도 살 수 없죠."

이때 학장이 불쑥 끼어들었다—낸시는 그가 테이블을 가로질러 달려드는 게 아닌가 생각했다. "왜 저한테 와서 이야기하지 않으셨어요?" 남자 교수들은 수년간 집을 살 돈을 대출받아 왔지만, 그 자리에 있던 여성 중에 그런 요청을 할 수 있다는 것을 안 사람은 아무도 없었다.

온 세상이 남자들을 위해 존재했고 여성들은 이제야 그 세계를 얼핏 엿보는 중이었다.

버지노는 30년을 일하는 동안 깨달음의 순간을 몇 번 경험한 적이 있었다. 서로 잘 맞지 않는 것처럼 느껴지는 일련의 사실들을 이해하려 애쓰고 있을 때, 천둥 번개가 치듯 갑자기 모든 것이 제자리를 찾아가고 날씨가 바뀌듯 하나의 근본적인 진실이 드러났다. 그는 스멕틱 결정smectic crystal의 위상에 관한 문제—한 세기 전 프랑스 물리학자들이 처음 제기한 후 미해결 상태로 남아 있었던 문제—를 연구하던 1978년 당시를 아직 생생히 기억했다. 코네티컷주 유료 도로를 따라 남쪽으로 운전하던 중 갑자기 답이 떠오른 그는 부리나케 고속도로를 빠져나와 공중전화로 동료에게 전화를 걸었다. "알아냈어!"

버지노는 여성들의 이야기를 차례로 들으면서 이와 같은 갑작스러운 명쾌함을 느꼈다. 그 느낌이 너무 강해 나중에 그는 이를 종교적 경험이라고까지 표현했다.

이과대학 학장으로서 모든 교수진과 그들이 직면한 어려움을 아는 것이 그의 일이었기 때문에, 이 여성들과 여성들이 하는 이야기 중 일부는 그에게 낯설지 않았다. 그들 중 누구라도 봄에 낸시가 그랬듯이 개인적으로 그를 찾아왔다면, 그는 그들의 불만을 학과, 상황 또는 관계의 특수성, 예산 분쟁이나 내부 정치로 설명했을 것이다. 하지만 지금 그의 앞에는 6명의 여성과 16명의 서명이 담긴 편지가 놓여 있었다. 여성들이 한자리에 모인 것을 보고 그들의 일관되게 불행한 이야기를 들으면서 그는 별안간 큰 문제가 있다는 것을 깨달았다. 이것은 단순히 연구 공간이나 강의에 관한 문제가 아니라 패턴이었다. 시스템의 문제였다. 이 여성들은 까다롭지 않았다. 그는 그들이 어려운 조건 속에서 얼마나 많은 것을 이뤄 냈는지에 깜짝 놀랐다. 그는 그들 중 아이가 있는 사람이 거의 없다는 사실도 알지 못했다. 남자들은 개인적 희생을 하는 경우가 거의 없었다. 그 자신도 네 아이의 아버지였다.

버지노는 여성들에게 지금 이야기해도 괜찮을지 물었다. 그는 작년에 낸시가 그를 찾아왔을 때는 낸시를 잘 몰랐기 때문에, 그녀의 말을 어떻게 생각해야 할지 알 수 없었다며 말문을 열었다. 그는 그것이 차별이라고 생각하지 않았지만, 자신의 딸과 사회복지사인 아내에게 물어본 뒤 차별에 대해 다시 생각하게 되었다. 이제 그는 그들이 하는 말, 낸시가 했던 말을 이해했다. 여성은—그는 실비아가 회의에서 했던 말을 인용했다—"주변화되었다."

낸시는 그에게 위원회가 효과가 있을 것으로 생각하는지 물었다. 버지노는 확신하지 못했다. 여성들이 느끼는 멸시는 수치로 나타내기 어려웠다. 그는 여성들에게 이 문제는 MIT의 경쟁적이고 남성 지배적인 문화와 얽혀 있어서 어떤 위원회도 이를 해결하진 못할 거라고 예상했다. 하지만 그는 노력은 해 볼 수 있다고 했다. 버지노는 위원회를 3명으로 조그맣게 유지하자고 제안했지만, 여성들이 네다섯 명으로 늘려달라고 요구하자 동의했다. 그는 여성들에게 자신의 조수를 만나 위원회의 역할을 설명하는 공식 문서를 작성해 달라고 부탁했고, 이는 가설을 설정하는 것처럼 새로운 위원회를 설립할 때의 일반적인 절차였다. 조수는 2주 후 휴가를 마치고 돌아올 예정이었다.

낸시는 다른 여성들에게 "학장님과의 면담[398]은 아주 잘 진행되었습니다"라고 썼다. "사실 이보다 더 좋은 결과를 얻기는 어려울 겁니다. 그는 수용적이었고, 문제에 관심을 기울였으며, 준비가 되어 있었습니다."

낸시의 환희는 오래가지 않았다. 2주 후 암센터에 있는 낸시의 사무실 문 앞에 버지노가 나타났다. 낸시의 사무실은 그가 있는 곳에서 캠퍼스의 반대편 끝에 있었다. 그가 어색하게 웃었다. "길을 잃었지 뭡니까."

낸시는 버지노를 안으로 들었다.

"문제가 있습니다."[399]

"제가 해고되나요?" 낸시는 면담 이후 여전히 기분이 좋아 반쯤 농담을 했지만, 어쩐지 그러면 안 될 것 같다는 생각이 들었다.

버지노는 학과장들과 암센터장인 리처드 하인즈가 포함된 과학위원회에 여성위원회 설립 건에 관해 이야기했다. 몇몇 학과장이 짜증을 냈다. 그들은 이미 너무 많은 위원회가 있다고 생각했다(버지노는 이를 해결할 수 있는 문제라고 생각했다). 또 누군가의 비판을 받는 것도 싫었다. 버지노는 그들이 얼마나 격렬하게 여성위원회에 반대하는지에 놀랐다.

"그래서요?" 낸시가 물었다.

"결국은 단념하게 될 겁니다."

"잘됐네요."

버지노가 웃었다. "학장에겐 큰 힘이 없다는 걸 아마 눈치채셨겠죠." 사실이었다. 강의를 배정하거나 연구 공간과 내부 보조금 같은 자원을 통제하는 사람은 학과장들이었기 때문에, 이과대학의 힘은 언제나 학과장들에게 있었다. 필—낸시는 특히 그가 여성위원회 설립에 반대했을 거라 의심했다—은 특히 영향력이 있었다. 그는 노벨상 수

425

상자였고, 마음을 바꾸지 않았다면 대학 총장이 되었을 터였다. 버지노는 낸시에게 자신이 일부러 강한 학과장들을 선출했다고 말했다. "약한 사람들은 지루해요. 전 강한 사람들이 좋습니다. 그래서 제가 당신을 좋아하는 거죠." 하지만 그는 합의에 따라 대학을 운영해야 했다.

학과장들은 낸시가 버지노에게 자신의 문제가 '차별'이라고 말했을 때 그가 보였던 것과 같은 반응을 보였다. 각 학과에 여성이 너무 적었기 때문에 그들은 어떤 패턴도 볼 수 없었다. 그들은 이 여성이나 저 여성이 불행한 이유를 모두 설명할 수 있었다. 그들의 시각에서 여성이 겪는 어려움은 그녀가 여성이라는 것과는 전혀 상관이 없는 개인적인 상황과 관계된 것이었다. MIT 역시 다른 모든 일류 대학과 마찬가지로 이과대학 교수진에 여성은 거의 없었다. 수학과의 경우 전국의 상위 10개 수학과 중 3개 학과를 제외[400]하면 여성 교수는 단 1명도 없었다. 필이 생물학과를 예로 지적했듯이 하버드는 더 심했다.

그나마 두어 명의 학과장이 여성위원회의 역할을 정의하는 문서가 작성될 때 참여하길 원했다. 버지노는 낸시에게 그들의 요청을 받아들이겠다고, 그렇게 하는 게 학과장들의 참여를 유도하는 데 도움이 될 것이라고 말했다.

낸시는 여성들이—아마도 버지노와 함께—총장에게 가야 하는 것 아니냐고 물었다. 버지노는 아니라고 말했다. "대학에서는 변화가 위에서 아래로 진행되지 않습니다. 당신이 하는 일은 아래에서 시작된 것이기 때문에 영향력이 있습니다. 학과장들을 당신 편으로 만들어야 해요."

"잘될까요?"

"그럴 겁니다."

"약속하실 수 있나요?"

"약속이요?" 버지노가 다시 웃었다.

버지노는 서둘러 베스트 총장을 만나러 갔다. 척으로 알려진 총장은 키가 크고 팔다리가 긴 웨스트 버지니아 출신으로 말투가 부드럽고 겸손한 사람이었다. 그의 아버지는 모건타운에 있는 웨스트버지니아대학의 저명한 교수였다. 척의 반 친구들은 척 베스트를 모든 반에서 가장 똑똑했던 아이로 기억했지만, 그게 다는 아니었다며 그를 높이 평가했다. 그는 따뜻하고 잘난 체하지 않았으며 여전히 자신을 소도시의 가치관을 지닌 소도시 소년으로 생각했다. 그는 고향에서 대학을 졸업한 후 줄곧 몸담았으며 교수에서 시작해 잇달아 높은 자리로 빠르게 승진했던 미시간대학을 떠나 4년 전 MIT 총장으로 부임했다. 그가 도착했을 때 MIT의 반응은 냉담했다. 교수진은 MIT 내에서 승진한 총장을 선호했다. 게다가 베스트는 필 샤프가 마음을 바꿔 총장직을 맡게 된 2순위라는 오명도 갖고 있었다. 하지만 베스트는 MIT에서 평생 편지를 두 통 받아봤는데, 한 통은 그의 조교수 지원을 거절하는 편지였고 다른 한 통은 그를 총장으로 임용하고 싶다는 편지였다고 농담하며 회의론에 정면으로 맞섰다. 농담은 무시되었고, 많은 교수진이 MIT가 MIT에서 종신 재직권도 얻을 수 없는 사람을 총장으로 임용했다고 비난했다.

그러자 베스트는 워싱턴과 개인 기부자들에게서 많은 기금을 모금

하는 것으로 자신을 증명했다. 그는 냉전 이후 미국의 혁신을 위해 연구하는 대학의 중요성을 설명하는 것이 자신의 책임이라고 생각했고, 미국 수도에 MIT의 첫 사무실을 열었다. 최근에는 대학이 필요보다는 능력에 따라 더 많은 재정적 지원을 하도록 강요하는 연방 정부의 공격을 막아 내는 데 성공했다. 다른 아이비리그 대학은 이 싸움에 참여하길 거부했었다.

형편이 어려운 학생들을 위해 나서면서, 척은 처음에 그에게 의구심을 품었던 사람 중 1명인 버지노를 포함해 많은 교수의 영웅이 되었다. 버지노는 자주 척의 조언을 구하기 시작했다. 이번에 베스트를 찾은 버지노는 여성들이 급여와 다른 자원들을 조사하기 위해 좋은 아이디어를 제안했지만, 학과장들이 이에 반발하고 나선 상황을 털어 놓았다.

베스트는 결정을 내리기 전에 많은 의견을 들어 보는 것을 좋아했는데, 때로 이러한 습성은 그의 아랫사람들을 짜증 나게 했다. 하지만 이 경우 그는 망설이지 않았다. 베스트는 버지노에게 곧장 그 일을 추진하고, 필요하다면 학과장들에 맞서 그를 지지하겠다고 답했다. 불평등이 존재한다면, MIT는 이를 바로잡아야 했다. 버지노는 지구·대기·행성 과학과의 세 여성 중 1명인 리 로이든에게 베스트의 말을 정확히 전달했다. 리가 그 말을 낸시에게 전했고, 낸시는 이를 메모지에 적어 컴퓨터 모니터에 붙였다. "총장님이 '추진하라'고 말씀하심."[401]

베스트는 이과대학, 아니 어느 대학이든 교수진에 여성의 수가 적다는 사실에 놀라지 않았다. 놀랄 사람은 아무도 없었다. 1972년 타이틀 9가 승인된 이후 미국의 여성 교수는 2배로 늘었지만, 여전히 전체 교수진의 33%[402]에 불과했다. 베스트의 전공인 공학 분야에도 여학생의 수는 여전히 턱없이 적었고 흑인 과학자의 수는 극소수였다. 1973년 셜리 앤 잭슨이 MIT에서 흑인 여성 최초로 박사 학위를 받았을 때 그녀는 미국에서 물리학 박사 학위를 받은 두 번째 흑인 여성이었지만, 20년이 지난 후에도 그 수는 20명이 채 되지 않았다.[403] 소수 집단 우대 정책에 대한 선의의 공언은 이제 많은 대학에서 일상화되어 있었다. MIT에서는 모든 학과가 채용 시 여성이나 소수자 지원자가 포함되도록 노력했음을 증명해야 했다. MIT의 연례 보고서에는 어느새 일종의 표준 조항이 된 "우리는 직원 채용 시 MIT의 소수 집단 우대 정책에 따라 자격을 갖춘 소수자나 여성을 찾기 위해 모든 노력을 기울인다"라는 내용이 포함되었다.

베스트는 기꺼이 여성위원회를 허용했지만, 여성 교수들이 차별 대우를 받고 있을 거라곤 생각하지 못했다. 대다수 사람들처럼 그는 문제가(분명히 해결책도) 대학 시절이 아니라 더 일찍, 즉 중학교와 고등학교 시절에 있다고 생각했다. 수학, 과학, 공학 분야의 엘리트 교수가 되려면 더 어려서부터 시작해야 했다.

여학생의 패턴[404]은 잘 알려져 있었다. 여학생은 처음에는 수학과 과학에서 남학생과 비슷하거나 더 좋은 성적을 거두었지만, 중학생이 되면 뒤처지기 시작했고, 고등학교 때는 표준화된 수학 및 과학 시험에서 더 낮은 점수를 받았다. 그나마 시간이 지나면 성적이 향상되어 능숙도가 타고난 능력의 결과가 아니라 변하는 것임을 보여 주었지만, 남학생과의 격차는 계속되었다. 연구에 따르면 그 격차는 사고방식과 관련이 있었다. 중학교에서 여학생은 남학생만큼 과학을 좋아했지만,

고등학교 3학년이 되면 과학을 좋아하지 않는다고 답할 가능성이 컸다. 여학생은 집에 컴퓨터나 현미경이 있다고 답할 가능성이 낮았고, 교사가 그들을 말려서 혹은 그들 스스로 수학을 잘한다고 생각하지 않아서 수학을 택하지 않았다고 답할 가능성이 컸다.

모든 사람이 여학생을 걱정해야 할 대상이라는 데 동의한 것은 아니었다. 여학생은 다른 많은 면에서 우위에 있었다. 남학생은 수학 보충 수업이나 특별 교육을 받고 유급할 가능성이 더 컸으며, 대학에 갈 가능성이 더 낮았다. 수년 동안 여학생들에게 기회를 열어 주기 위해 노력한 결과, 일부 교육자들은 학교가 남학생들을 저버리고 있다고 주장하기 시작했다(1993년 미즈 재단은 여학생들의 커리어에 대한 야심을 장려하기 위해 처음으로 '딸을 직장에 데려가는 날'을 개최했다. 거의 동시에 학부모와 학교, 직장에서 왜 남학생도 포함되면 안 되는지 물었는데, 이 행사의 공식 명칭이 '자녀를 직장에 데려가는 날'로 바뀌는 데는 거의 10년이 걸렸다).

여성들이 뒤처지는 이유가 무엇이든, 이과대학의 남성들은 자신들을 비난하는 것이 불공정하다고 생각했다. 그들은 여성 혐오주의자가 아니었다. 이 모든 것은 과잉 반응처럼 보였다.

지구·대기·행성 과학과의 학과장이자 리의 상사인 톰 조던은 마샤 맥넛에게 전화해 "대체[405] 이게 뭐야?"라고 물었다. 그는 여성들이 종신 재직권과 승진을 감독할 권한이 있는 여성들만의 과학위원회를 원한다는 말을 들었다. 원하는 것을 얻기 위해선 거래를 해야 하는 MIT의 기업가적 문화를 선호했던 그는 위원회에 반대하기로 마음먹었다. 프랭크 솔로몬은 사람들이 자신에 대해 거짓말을 하고 있다며 화가 난 채 메리-루의 사무실에 나타났다.[406] 그는 메리-루가 대학원 세미나에서 빠지게 된 것은 자신과 아무런 상관이 없으며 자신은 아무것도 모른다고 주장했다. 메리-루는 낸시에게 전화해 몇 년 전 프랭크와의 대화를 일지에 기록했는지 물었다(낸시는 틀림없이 기록했다고 답했다).

9월 중순까지 버지노는 과학위원회의 수장들을 만났지만, 여성위원회에 동의하도록 그들을 설득하진 못했다. 그는 낸시에게 각 학과에서 1명씩 여성들이 직접 그 생각에 관해 이야기해 주었으면 좋겠다고 말했다. 누가 말하든 상관없었지만, 밀리가 받는 존경을 고려하면 일단 밀리가 있어야 했다. 그래서 그달 말, 낸시와 밀리, 그리고 다른 4명의 여성들은 학장의 회의실에 다시 모여, 이번에는 버지노를 비롯한 학과장들과 함께 점심을 먹으면서 의견을 피력했다. 낸시는 학과장들에게 이것이 여러 세대에 걸쳐 존재해 온 문제를 해결할 절호의 기회라고 말했다. "세계 최고의 과학 전문가들이 모인 MIT보다 문제를 더 잘 해결할 곳이 있을까요?"

하지만 회의는 좋지 않게 흘러갔다. 학과장들은 대부분 무표정한 얼굴로 앉아 있었다. 오직 한 사람, 화학과장인 밥 실비만이 원칙적으로나마 이 안에 찬성했다. 다른 사람들은 위원회가 학과의 자원 분배 방식을 조사할 수 있도록 하는 것은 일반적인 명령 체계에서 벗어나는 일이라고 말했다. 위원회는 분쟁을 키우기만 할 터였다. 버지노는 위원회가 "자문 역할만" 할 것이고, 발견된 문제를 해결할 행정적 권한은 없을 것이라고 말하며 오찬을 마무리했다.

"절대 안 될 거라고 했죠."[407] 밀리가 나중에 낸시에게 말했다.

버지노는 완전히 비실용적인 해결책을 써 보기로 했다. 방 안에 있던 사람들로 여성위원회의 역할을 정의할 소위원회를 구성하는 것이었다. 일하면서 정말 말도 안 되는 관료주의적인 일들을 많이 봐 왔지만, 위원회를 위한 위원회를 만드는 것은 처음이었다. 하지만 그는 이 일이 학과장들의 걱정을 덜어 줄 수 있을 것으로 생각했다. 그는 이른바 '책임위원회'의 구성원으로 화학과장인 실비와 여성위원회를 강력히 반대하는 지구·대기·행성 과학과의 톰 조던을 택했다. 톰을 포함시키는 것은 리 로이든의 아이디어였다. 그녀는 톰이 자신의 의견을 강력히 내세우는 만큼 설득력 있는 주장이 제시되면 태도를 바꿀 수 있고, 똑같이 강력하게 새로운 견해를 주장할 수 있음을 알고 있었다. 버지노는 톰이 마음을 바꾸는 것을 보면 다른 학과장들도 그렇게 할 것이라는 데 동의했다.

하지만 다른 여성들은 버지노가 실제로는 자신들의 편이 아니라고 걱정했다. "위원회를 죽이기 위한 위원회인가?" 페니의 조언에 따라 낸시는 『발코니의 여성들』을 그에게 보냈다. "여기에 나오는 상황은 저희와 놀라울 정도로 비슷[408]합니다." 낸시가 그에게 보내는 메모에 썼다. 책은 《뉴욕 타임스》가 더 많은 여성을 고위직에 배치하되 급여를 인상하진 않는다는 동의 판결로 소송이 마무리되면서 끝났다. 낸시는 버지노에게 이 책을 학과장들과 함께 읽어 볼 것을 제안했다. "우리는 《뉴욕 타임스》의 여성들이 얻은 것보다 훨씬 더 나은 결과를 기대합니다!" 낸시가 썼다. "그러나 우리 중 일부는 학과장들과의 회의가 우려스러웠던 것이 사실입니다. 이는 단순히 이해의 문제가 아니라, 이 건이 그들의 의제에 포함되어 있긴 한지에 대한 문제인 것 같습니다."

여성들은 좀 더 소규모의 대화를 통해 학과장들의 마음을 바꾸려 노력했다. 생물학과의 여성 종신 교수 5명이 필을 만났는데, 필은 생물학과에는 다른 학과보다 여성 교수가 많으므로 잘하고 있는 게 틀림없다고 말문을 열었다. 여성들은 인정하지 않았다. 루스 레만은 단체 연구 보조금이 어떻게 지급되는지 설명해 달라고 요구했다. 필은 그것은 자기 권한 밖의 일이라고 답했다. 연구비를 신청한 교수가 구성원으로 포함할 교수들을 결정한다는 것이었다. "그건 사실이 아니에요." 낸시가 말했다. "연구비가 있는데 유일하게 제외된 사람이 여성이라면, 그것은 차별이고, 항의할 수 있습니다." 그는 자신이 그런 것을 어떻게 알 수 있겠냐고 물었다. 낸시는 그것이 흡연과 폐암 같은 것이라고 말했다. "한 가지 사례가 아니라 패턴이죠."

필은 급여를 산정할 때 이제 막 일을 시작하는 젊은이들을 생각하려 한다고 말했다.[409] 그들은 지역 사회에서 자리를 잡고, 집을 사고, 아이를 가져야 했다. "바로 이 부분에서 여성의 관점이 필요합니다." 낸시가 말했다. "독신 여성도 더 많은 돈이 필요할 수 있어요."

낸시와 공간 전쟁을 벌였던 리처드 하인즈는 학장에게 보내는 편지에 첨부된 기밀 메모에 생물학과의 문제가 적혀 있다는 이야기를 듣고 낸시를 그의 사무실로 불렀다. 그는 학과장으로서 자신이 여성들을 위해 한 일을 모두 열거하며 급여를 "완벽하게" 지급했다고 말했다. 그는 암센터장으로 부임한 후 바로 낸시의 급여가 적다는 사실을 알아차리고 급여를 올려주었다. 적은 급여를 모두 한 번에 바로잡을 순 없었다. 부서의 예산은 한정되어 있었고 남자들의 급여도 올려 주어야 했기 때문이다.

낸시는 리처드에게 공간을 더 확보하는 문제로 결국 변호사를 만나러 갔는데, 변호사가 그녀가 괴롭힘을 당하고 있다고 말했다고 이야기했다.

리처드는 충격을 받은 듯했다. "그 일로 저도 스트레스를 받았어요."[410]

낸시는 몹시 화가 났지만, 그를 비난할 순 없었다. 그녀 자신도 괴롭힘을 당하고 있다는 사실을 이해하는 데 20년이 걸렸다. 지금 리처드가 자신을 온전히 이해할 거라고 기대하는 것은 무리일지 몰랐다.

           낸시는 버지노나 다른 남자들이 위원회를 무산시킬 것을 대비해 여전히 해결책을 두루 찾고 있었다. 그녀는 페니와 함께 MIT 슬론 경영대학원의 로테 베일린을 만나러 갔다. 낸시는 1988년 함께 활동했던 '일과 가정에 관한 위원회'를 통해 로테를 알게 되었는데, 그녀가 커리어 전문가로서 직원들이 일과 개인적 삶의 균형을 맞출 수 있도록 기업과 재단에 컨설팅을 제공하고 있다는 사실을 알고 있었다. 로테는 최근 이 경험을 바탕으로『틀 깨기: 새로운 기업 세계의 여성, 남성, 그리고 시간』이라는 책을 출간한 참이었다.

로테는 여성의 일터를 개선하기 위해서는 직장에 대한 개념 자체를 재설계해야 한다고 믿었다. 그녀가 1960년대에 진단했던 문제는 여전히 사라지지 않았다. 즉 직장은 여전히 남성의 영역으로, 가정은 여성의 영역으로 여겨졌다. 직장은 직원들이 집에 개인적인 일을 처리하는 아내를 두고 있다는 가정에 기반을 두었다. 하지만 직장에서 일하는 여성의 대부분은 퇴근 후 아이와 가정, 노부모를 돌보는 "두 번째 일"을 해야 했다. 직장에서 이상적인 근로자는 회사 밖에서는 아무런 책임이 없는 사람이었기 때문에 여성이 이상적인 근로자가 되기는 힘들었다. 주간 보호 및 간호 휴가에 대한 보조금이 있긴 했지만, 문제는 좀처럼 해결되지 않았다.

로테는 이따금 1963년 '미국의 여성'을 주제로 열렸던 미국 예술 및 과학 아카데미의 컨퍼런스로 돌아가 남성과 여성이 일에 접근하는 방식이 어떻게 다른지에 대한 에릭 에릭슨의 견해를 떠올렸다. 로테는 당시 그런 견해가 이상하다고 생각했다. 하지만 그녀는 여성이 남성적인 업무의 틀에 자신을 밀어 넣으려고 해서는 이길 수 없으며, 진정한 평등을 위해서는 "혁명적인 재평가"가 필요하다는 그의 주장에 동의하게 되었다. 책에서 그녀는 사무실에서 보내는 시간으로 일에 대한 헌신을 평가하는 것을 멈춰야 한다고 주장했다. 대신 고용주들은 업무를 정의하고, 직원들이 어디서 어떻게 업무를 완수할지 스스로 정하게 한 다음, 기대에 부응하려는 그들의 본질적인 열의를 신뢰해야 했다. 가족과 함께 보내는 "양질의 시간"에 대한 그 모든 이야기는 잘못된 방향을 향하고 있었다. 여성과 남성은 직장에서 양질의 시간을 보내고 집에서 물리적으로 더 많은 시간을 보내는 것이 나았다. 로테는 일과 삶의 균형 대신 "일과 개인적 삶의 통합"[411]이라는 표현을 선호했지만, 이것이 좀 더 투박한 표현임은 인정했다.

로테는 수년 동안 슬론 경영대학원에서 유일한 여성 종신 교수로 있었다. 금융과 경제를 강조하는 학교였기에 로테의 전공 분야인 조직학은 위상이 낮았고 이로 인해 그녀의 외로움은 배가 되었다. 종신 재직권과 승진을 논의하는 회의에서 남자들은 그녀만 빼고 서로 이야기를 나누었다. 언젠가 한 젊은 남성 동료—그는 박사 과정을 마치고 바

435

로 채용되었지만, 그들은 같은 해에 종신 재직권을 얻었다―가 모든 상급 교수들의 얼굴 사진이 담긴 포스터를 만들고 학생들에게 교수 조직을 전산화하도록 지시한 일이 있었다. 하지만 그가 로테를 빼 버리는 바람에 그녀는 화가 잔뜩 나 그를 찾아갔다. 그는 다른 성별이 포함되면 전산화가 너무 까다로워질까 봐 걱정되어서 그랬다고 설명했다.

로테는 여성들이 차별에 관해 이야기하는 것이 놀랍지 않았다. 차별은 MIT뿐만 아니라 모든 곳에 존재했다. 하지만 그들의 이야기를 듣고 난 후 그녀는 상황이 얼마나 심각한지에 놀랐다. 버지노와 마찬가지로 로테는 여성들이 그처럼 어려운 환경 속에서도 얼마나 많은 것을 이뤄 냈는지에 깜짝 놀랐다. 하지만 그녀는 그들이 MIT의 의식을 바꿔 놓을 수 있을지는 의문이라고 말했다. 그녀가 속한 일과 가정에 관한 위원회는 육아 휴직과 아픈 가족을 돌보기 위한 휴가 허용과 같은 기본적인 복리 후생을 권고했다. 그러나 사람들, 특히 여성들은 여전히 시간을 갖기를 두려워했다.

로테의 책은 로테가 컨설팅한 기업들의 성공적인 경험을 바탕으로 한 것이었다. 하지만 그녀는 낸시와 페니에게 MIT는 자신의 일을 진지하게 받아들이지 않았다고 말했다. 이제 막 64세가 된 그녀는 은퇴를 고려하고 있었다.

낸시는 이전에 로테와 함께 활동했던 일과 가정에 관한 위원회에 별로 관심을 기울이지 않았었다. 낸시는 자신에게 아이가 없고 다른 부탁할 만한 여성 종신 교수가 거의 없었기 때문에 자신이 위원회에 들어가게 되었다고 생각했다. 그리고 독일로 안식 휴가를 떠나면서 위원회를 그만둬야 했다. 낸시는 여전히《래드클리프 계간지》에 쓴 것처럼 높은 수준의 과학에는 주 70시간의 근무가 필요하다고 믿었지만, 로테의 비관적인 태도에 놀랐다. 낸시와 페니는 낙담했다. 낸시는 그날 밤 로테가 위원회에 대한 그들의 생각에 "전혀 흥분하지 않는 것"[412]처럼 보였다고 썼다.

여성위원회가 과학위원회를 통과하게 하는 일은 학장에게 보내는 편지에 서명한 16명의 여성 교수 중 가장 어린 리 로이든에게 맡겨졌다. 버지노는 그녀를 이른바 책임위원회의 위원장으로 임명했다. 리에게서 깊은 인상을 받은 낸시는 그녀가 언젠가는 대학 총장이 될 수도 있다고 생각했지만, 그렇다 해도 38세인 리가 그들의 지금 이 문제를 이해하기에는 너무 어리지 않을까 하는 생각도 있었다.

어릴 적 친구들에게 '위키'로 불렸던 리는 어깨가 넓었고 운동선수처럼 자세에서 자신감이 넘쳐났다. 10대 시절 그녀는 주 및 전국 타이틀을 따내고 세계 랭킹에 오른 캘리포니아의 수영 챔피언이었다. 또 하버드에서 조정을 전공했다는 농담을 즐겨할 정도로 조정 실력도 뛰어났다—1974년에 미국 선수권 대회 1인승 스컬 부문에서 우승했고, 1975년에는 세계 선수권 대회에 여자 조정 대표팀으로 참가해 은메달을 땄다. 《스포츠 일러스트레이티드》와 《타임》은 팀의 별명인 '레드 로즈 크루Red Rose Crew'에서 따온 헤드라인 아래 이 승리를 축하했다.[413]

솔직하고 침착한 리는 유명한 수학자인 스탠퍼드대 학장의 딸이기도 했다. 리의 아버지는 그녀에 대한 기대가 컸다. 그는 저녁 식사 자리에서 수영에 관한 이야기를 꺼내는 것을 금지했고, 대신에 그녀와 다른 두 자녀에게 질문을 던졌다. 먼저 정답을 맞히기 위해 아이들은 백과사전을 뒤졌고, 그제야 식사가 시작되곤 했다.

어린 시절부터 리가 받은 모든 운동 훈련은 이후 그녀의 커리어에 큰 도움이 되었다. 그녀는 자신의 데이터를 지키는 것이 출발선에 서 있는 것과 같다고 생각했다. 또 아빠와 함께 살면서 자기 분야의 선배들을 상대할 준비를 완벽히 하게 되었고, 존경과 관심을 보이는 법뿐만 아니라 자신이 옳다고 생각하면 스스로를 옹호하는 법도 일찌감치 배웠다.

리에게는 자신을 지지해 주는 남성 멘토들이 있었다. 그리고 옆 사무실에는 무한한 에너지와 과학계에서는 보기 드문 화려함을 지닌 지구물리학자 마샤 맥넛이 있었다—대다수의 MIT 교수가 주름진 카키색 옷을 입고 고무 밑창을 댄 구두를 신었지만, 마샤는 완벽하게 재단된 재킷을 입고, 하이힐을 신은 채, 선홍색의 오토바이를 탄 채 출근했다. 그녀는 어린 세 딸을 둔 미망인이었지만—그중 둘은 쌍둥이였다—, 충실한 가정부의 도움과 정확한 일정 관리 덕분에, 보통은 임무를 맡은 수석 과학자로서 1년에 몇 달간을 바다에서 보낼 수 있었다. 마샤는 리보다 2년 먼저 MIT에 들어왔고, 1년 먼저 종신 교수가 되었으며, 4년 먼저 아이를 낳았기 때문에 리는 그저 마샤만 따라가면 된다고 생각했다. 그것은 효과가 있었다. 리는 33세의 나이에 종신 재직권을 얻었고, 20년 선배 교수인 클라크 버치필과 결혼해 2명의 아이를 낳았다. 리가 학과에서 차별받는다고 느꼈을 때는 동료들이 그녀가 남편 덕분에 종신 재직권을 따냈다고 속삭일 때뿐이었다. 하지만 버지노는 리에게 그녀가 종신 재직권을 얻기에 "매우 충분하다"라고 말한 바 있었다. 버지노는 종신 재직권 심사 직후 열린 파티에서 클라크를 "리

로이든의 남편"이라고 소개했을 정도로 리에게서 깊은 인상을 받았다.

리와 낸시, 밥 실비, 톰 조던으로 구성된 책임위원회는 1994년 11월에 첫 회의를 진행했다. 첫 번째이자 가장 근본적인 질문은 여성위원회가 존재해야 하느냐는 것이었는데, 모두가 있어야 한다는 데 빠르게 동의했다. 낸시와 리는 여성위원회가 데이터, 특히 급여에 관한 데이터를 수집할 수 있어야 한다고 말했다. 실비는 프라이버시를 걱정했고, 데이터에 잘못된 점이 있을지도 의심했다. 버지노는 회의에 조수를 보냈는데, 그는 불평등했던 급여를 보상하기 위해 생물학과 여성 교수들의 급여가 1년에 20% 인상되었다고 끼어들었다. 그 말은 실비를 만족시키는 듯했다.

위원회는 2시간씩 세 차례에 걸쳐 회의를 진행하면서 여성위원회가 자문 역할을 할 것인지 관리자 역할을 할 것인지 토론했다—불평등을 바로잡을 권한을 가질 것인가 아니면 학장이 임의로 무시할 수 있는 해결책을 제안만 할 것인가? 위원회의 위원을 누가 뽑을 것인가, 즉 여성들이 뽑을 것인가, 학장이 뽑을 것인가, 여성들이 학장에게 추천한 사람들이 뽑을 것인가 등 관련 논의는 1시간 반이 걸렸다. 하지만 11월 말에 이르러 책임위원회는 각 학과의 대표를 포함해 남성 3명, 여성 6명으로 구성된 여성의 지위에 관한 위원회를 만들겠다는 제안서를 과학위원회에 제출하는 데 합의했다.

낸시는 위원회가 모두 여성으로 구성되어야 한다고 주장했다. 버지노는 반대했다. 여성들이 필요한 정보를 얻을 수 있도록 돕고 다른 남성들에게 주장의 정당함을 입증하는 데 도움이 되려면, 인맥 좋고 영향력 있는 남성을 위원회에 두는 것이 중요했기 때문이다. 실비아도 동의했다. 남성이 없으면 위원회는 아무런 신망도 얻지 못할 것이다. 조앤 역시 "그들—즉 남성들—이 지금 아주 신경이 예민[414]해져 있다"며 타협해야 한다고 낸시에게 말했다.

과학위원회는 여성들이 버지노를 처음 만난 지 5개월 후인 1995년 1월에 여성위원회를 승인했다. 학과장들이 바꾼 부분은 한 가지였다. 즉 책임위원회는 여성위원회가 "불평등한 대우를 받고 있다고 생각하는 여성 교수진에게 소통의 창구"가 되고, "가능한 조치를 권고할" 권한을 가지길 바랐지만, 과학위원회는 이 위원회가 '고충처리위원회'가 되길 바라지 않았다. 한편 버지노는 논쟁 끝에 위원 선출에 대한 문구를 바꿨다. 그는 위원들을 여성 교수진이 제안한 명단에 따라 선출하기보다 여성 교수진과의 "협의 후" 선출하길 원했다.

학장이 이과대 교수진에게[415] 쓴 바에 따르면, 위원회는 "이과대 여성 교수진의 지위와 공정한 대우를 평가하는 데 사용할 자료를 수집"할 수 있었다. 위원회에 행정적 권한은 없었다. 위원회는 단지 "여성 교수진, 학장, 학과장 간의 의사소통이 원활하게 하고", 학장과 학과장에게 "자원 역할"을 하며, "MIT 전체 커뮤니티에 MIT 여성 교수들에게 중요한 문제에 대한 조언을 제공하는" 자문 역할을 할 뿐이었다.

마지막 남은 문제는 누가 위원회를 운영해야 할 것인가였다. 버지노는 낸시를 염두에 두었다. 이 일을 시작한 장본인이었고 여성들이 신뢰하는 사람이었기 때문이다. 하지만 일부 학과장들은 그녀가 급진적이며 상습적으로 문제를 일으킨다고 불평했다. 밥 실비와 톰 조던은 이에 동의하지 않았다. 그들은 낸시가 의견의 일치를 위해 노력하는 사람이라고 말했다. 그래도 여전히 전체적인 계획이 틀어질까 걱정되었던 버지노는 리 로이든이나 아니면 호감도가 높고 교수회 의장을 지낸 적이 있는 몰리 포터를 택해야 할지 고민했다. 하지만 낸시는 그에게 그녀가 타협에 열려 있다는 것을 보여 주었었고, 그는 그 모습에 깊은 인상을 받았다. 그는 다른 여성들, 처음에는 페니, 그다음에는 몰리와 리에게 위원회를 이끌고 싶은 생각이 있는지 물었다. 그들은 그가 이미 알고 있는 답을 말해 주었다. 위원회를 이끌 사람은 당연히 낸시였다.

버지노는 1월 말에 사무실에서 낸시를 만나 위원회 의장직을 제안했다. 그는 낸시에게 준 매튜스가 물리학과 대표로 위원회에 참가할 것이라고 말했다. 그는 준이 여름 동안 로스앨러모스에 있었기 때문에 여성들이 쓴 편지에 서명하지 못했다고 말했다. 준은 자신이 차별을 당했다고 생각하지 않았다. 하지만 버지노는 그녀가 적은 급여를 받고 다른 교수가 그녀를 힘들게 했다는 사실을 알고 있었다. 그는 그녀가 위원회에 도움이 될 것으로 생각했다.

그런 다음 버지노는 낸시에 대해 우려되는 점으로 넘어갔다. 그는 낸시에게 한 가지 결점에 대해 말해 주고 싶은데, 그것은 자신 역시 통제하기 위해 애써야 했던 결점이라고 덧붙였다.

"메모하겠습니다." 낸시가 말했다.

버지노는 낸시에게 반응이 너무 빠르다고 지적했다. 화가 나면 일단 24시간 동안 기다렸다가[416] 반응할 것. 당신의 힘은 그룹에 있다는 걸 명심할 것. "협의적인 태도를 유지하세요."

"제가 화내는 걸 보신 적이 있나요?" 낸시가 물었다.

"아니요. 하지만 화를 냈다고 말씀하신 적이 있죠."

그녀는 리처드와 필도 버지노에게 그렇게 말했다는 것을 알고 있었다. "하지만 학장님은 그분들이 아주 비협조적이란 걸 아시잖아요." 낸시가 말했다. "리처드에게 72번 말했는데 듣지 않는다면, 73번째 말할 때는 화를 내게 되죠."

낸시는 이 이야기를 실비아에게 들려주었다. 실비아는 학장이 낸시를 비이성적인 사람으로 만들었다며 화를 냈다. 그리고는 제안서를 작성하고 수정할 때마다 그 초안들을 모두에게 나눠 주고 모든 사람이 서명했는지 확인했던 것을 예로 들며, 낸시가 협조적이라고 말했다. 낸시는 그 조언을 신경 쓰지 않았다. 그녀는 버지노의 말에 일리가 있다는 것을 알았다. 또 그가 그룹에 대해 한 말도 옳았다. 아직 위원회가 무엇을 이룰 수 있을지는 확실하지 않았지만, 이제 그들은 레이더 망에 있었다.

20장

하나를 위한 모두 혹은
모두를 위한 하나

여성교수위원회는 1995년 2월 말, 암센터 내 낸시의 사무실 바로 근처에 있는 회의실에서 처음으로 열렸다—더는 외진 곳을 찾아 돌아다니지 않아도 되었다. 위원회를 운영해 본 적이 없다는 사실을 깨달은 낸시는 세부적인 사항을 걱정했다. 낸시는 안건을 공유한 후 다시 수정된 안건을 공유했고, 참석을 독려하기 위해 와인을 준비해야 할지 고민했다. 그러다 회의가 11시에 예정되어 있다는 것을 떠올리고 대신 쿠키를 준비했다. 8명의 다른 위원 중 7명이 도착했다. 테이블에 6명의 여성—낸시, 페니 치점, 준 매튜스, 몰리 포터, 리 로이든, 조앤 스튜베—과 2명의 남성—밥 실비와 제리 프리드먼—이 둘러앉았다. 남자들이 먼저 말을 하기 시작했다. 리가 낸시를 한 번 보더니 끼어들었다. "잠깐만요, 여성이 쇼를 진행해야죠." 모두가 웃었다. 이번에는 낸시가 앞장서서 위원회를 시작했다.

그들은 급여, 수업 배정, 연구 보조금, 연구 공간, 그리고 MIT 내

과학계 여성들을 학부생부터 교수진까지 나눴을 때 직급별 여성의 수 등 수집하고자 하는 자료의 목록을 만들었다. 하지만 여전히 관리자 측에서 급여에 관한 자료를 공유할지는 확신할 수 없었다. 페니는 관련된 일화 없이는 주변화를 이해하기 힘들기 때문에 위원회가 그러한 이야기를 듣는 것도 중요하다고 생각했다. 그래서 그들은 종신 교수든 아니든 이과대학의 모든 여성 교수들과 모두 남성인 학과장들을 인터뷰할 계획을 세웠다.

위원회에 남성도 있어야 한다고 낸시에게 주장했던 버지노는 대학에서 두루 존경을 받고 있던 세 사람을 골랐다. 제리는 동료 2명과 함께 쿼크로 알려진 아원자 입자의 존재를 증명한 노벨 물리학상 수상자였으며 학과장을 지낸 바 있었다. 화학과장인 밥 실비는 대학 정치에 기민한 사람으로 알려져 있었다. 수학과에는 여성 종신 교수가 없었으므로 버지노는 수학과 소속의 한 여성에게 수학과를 대표할 사람을 추천해 달라고 부탁했다. 버지노는 그녀의 제안에 따라 다니엘 클라이트만을 택했는데, 그는 30년 동안 MIT에 재직하며 역시 학과장을 지낸 바 있었다(얼마 지나지 않아 누군가가 케임브리지 출신의 두 떠오르는 영화 제작자 벤 에플렉과 맷 데이먼에게도 클라이트만을 추천하게 된다. 그들은 MIT에서 청소부로 일하는 '윌 헌팅'이라는 천재에 대한 시나리오에 조언해 줄 수학자를 찾고 있었다). 여성은 학과를 이끌어본 적이 없었기 때문에 잘 몰랐지만, 남성들은 시스템이 어떻게 돌아가는지를 알았다. 다음 달, 위원회의 두 번째 회의가 끝난 후 낸시는 버지노에게 "학장님이 옳았습니다"라고 썼다.

실비는 실비아 시어와 같은 물리화학자였으며, 낸시가 하급 교수로 부임했을 때 그녀의 멘토 중 1명이었다. 그는 학과장들—그는 낸시에게 이들을 "절차주의자"[417]로 칭했다—의 우려를 인정했지만, 권위에 도전하는 것도 좋아했다. 실비가 늘 체크무늬 셔츠만 입는다는 사실을 눈치챈 버지노는 그에게 학장의 회의실에 걸린 "우리가 최고다!"라고 말하는 사진을 위해 넥타이를 매라고 지시했다. 실비는 턱시도를 입고 나타났다. 3월 말, 그는 낸시의 사무실로 찾아와 전화번호부만 한 커다란 책을 책상 위에 올려 놓으며 자신의 입장을 밝혔다. 낸시는 몰랐지만, 그 책은 후원받은 연구 활동에 관한 『브라운북』이라는 책이었다. 책에는 대학 안팎에서 들어온 자금을 포함해 MIT의 학교, 학과, 연구실로 어떻게 연구 보조금과 다른 자원들이 배분되었는지에 대한 내용이 담겨 있었다. 또한 각각의 교수들이 자신의 급여를 충당하기 위해 얼마나 많은 연구 보조금을 확보해야—낸시가 3년 전 리처드 하인즈와 논쟁을 벌일 때 물었던 질문—했는지도 나와 있었다.

5월이 되고 낸시가 학교 측에서 숫자 확인을 피하고 있다고 걱정하자, 실비는 그녀와 함께 버지노의 회의실을 찾아가 주먹으로 책상을 내리쳤다. "이 여성이 원하는 데이터를 얻게 해 주셔야 합니다!" 낸시는 자신이라면 그렇게 할 수 없음을, 그냥 넘어갔을 것임을 알았다.

책에 나온 데이터는 매우 귀한 것이었다. 생물학과와 뇌 및 인지과학과는 교수진이 급여를 충당하기 위해 연구비를 확보해야 하는 몇 안 되는 학과였다. 이곳의 여성 교수들은 남자들보다 더 큰 비율로, 때로 남자들의 2배까지 연구비에서 급여를 충당해야 했다. 메리-루는 생물학과에서 가장 높은 위치에 있는 교수 중 1명이었고 국립아카데미 회원이었는데도, 금액으로 보나 비율로 보나 다른 누구보다 더 많은 급여를 스스로 충당하고 있었다. 생물학과 여성들의 급여는 남성들의 급여보다 17%나 낮았다. 리사와 낸시가 이전의 차이를 보상받기 위해 급여 인상을 받은 후였는데도 말이다.

데이터는 '주변화'가 어떤 식으로 진행되는지를 보여 주었다. 남성과 여성은 보통 똑같이 시작했지만, 여성이 수많은 삭감에 맞서 싸우는 동안 남성은 여기에서 소소한 보조금, 저기에서 중요한 장비 하나 등 작은 혜택들을 누리고 있었다. 누군가 차별을 의도한 것은 아니었다. 학과장들은 '원하는 것을 알면 얻을 수 있다'라는 MIT의 기업가적 문화를 옹호한 것뿐이었다. 여성들은 몰랐다. 그들은 주어진 것을 그대로 받아들이고 모두가 같은 규칙을 따르고 있다고 생각했다. 아니면 너무 공손해서 요청할 수가 없었다. 어떤 남성들은 MIT 외부의 일자리 제안을 받아들이지 않도록 급여를 인상 받았지만, 어떤 여성들은 외부의 제안을 받아도 남편의 직장 때문에 자신의 직장을 옮기지 못하거나 위협받고 싶지 않아서 제안을 지렛대로 사용하지 않았다.

다른 숫자들도 비슷한 패턴을 보여 주었다. 그들의 계산에 따르면, 남성은 보상을 받는 외부 전문 활동[418]—회사 운영, 강연, 전문 협회의 위원 활동—에 여성보다 더 많은 시간을 쓰고 있었다. 하지만 여성은 같은 일을 하면서도 더 자주 무료로 일했다.

1994년 여름, 과학계 여성들이 처음 이야기를 나눌 때 의심했던 것처럼 1970년대 초 소수집단 우대 정책이 추진된 이후 20년 동안 여성 교수의 수[419]는 꼼짝도 하지 않았다. 생물학과의 경우 여성 교수의 평균 연령은 58세였고, 하급 교수진 중 여성은 단 3명에 불과했다. 뇌 및 인지과학과의 경우에는 여성 교수의 평균 연령이 56세였는데, 승진할 하급 여성 교수가 1명도 없었다. 화학과도 마찬가지였다. 하지만 여학생의 수는 10년 동안 꾸준히 증가했기 때문에 여성이 과학적 커리어에 관심이 없는 것은 아니었다. 생물학과, 화학과, 뇌 및 인지과학과에는 여자 학부생이 남자 학부생보다 더 많았다(지구·대기·행성 과학과의 남녀 비율도 대략 비슷했다. 물리학과와 수학과에만 남자 학부생이 여자 학부생보다 훨씬 많았다). 하지만 파이프라인이 새고 있었다. 여성의 수는 학부에서 대학원으로 넘어갈 때 감소했고, 그다음 단계, 즉 박사 후 연구원이나 하급 교수직으로 넘어가야 할 때 급격히 감소했다. 화학과에는 남자 박사 후 연구원이 여자 박사 후 연구원보다 3배나 더 많았다.

수치와 여성들의 이야기는 제리 프리드먼을 놀라게 했다. "이 내용을 정리해서 학장님께 보고서로 올려야 합니다." 그가 낸시에게 말했다. MIT 내의 많은 위원회와 특별조사단이 활동 결과를 보고서로 작성했지만, 원래 여성위원회는 그렇게 할 계획이 없었다. "학장님을 행동하게 하려면 서면 보고가 필요합니다." 제리가 계속해서 말했다. "학장님은 데이터로 움직이는 과학자예요. 데이터를 보여 줄 수 있다면, 설득력이 있습니다."

낸시는 6월까지 예비 보고서를 작성하고 이듬해 1월에 최종 보고서를 작성하기로 마음먹었다.

봄이 되자[420] 버지노는 이미 불평등을 바로잡기 시작했다. 그는 지난여름 여성들이 사무실에 나타난 직후부터 자체적으로 급여를 검토하기 시작해 그중 몇 명의 급여를 큰 폭으로 올려 주었다. 여성위원회가 일부 학과에서 여성들이 남성보다 비서의 급여를 더 많이 충당하고 있다는 사실을 발견한 후에는 MIT가 지급하는 보조금을 균등하게 나뉘 그 비율을 동등하게 만들었다. 그는 존스 홉킨스 출신과 코넬대 출신의 여성 종신 교수를 새로 채용했다. 그중 1명은 남편이 일자리를 못 찾으면 올 수 없다고 하여 MIT가 그에게 도움을 주었다. 또 버지노는 조앤 스튜베와 함께 생화학 센터를 새로 건립할 수 있도록 버클리대의 세 번째 여성과 교섭했다. 그리고 조앤이 필요로 하는 고가의 장비를 살 돈도 확보했다.

새로운 공정성과 소속감을 선사해주었기 때문에 작은 변화라 해도 이는 여성들의 삶을 변화시키는 요인이 되었다. 위원회 덕분에 그들은 대학의 운영 방식에 대해 발언권이 있다고 느끼게 되었다. 또 더는 학과 내에서 고립감을 느끼지 않았고, 물질적인 변화만큼이나 사기도 높아졌다. 여성들은 구직에 도움이 되도록 함께 전국의 뛰어난 여성 과학자들의 명단을 만들었다. 공과대학의 여성 교수진과 정기적으로 저녁 식사도 함께하기 시작했다. 3월에 가진 저녁 모임에서 공과대학의 여성들은 그들에게 자신들이 제안 중인 새로운 출산 휴가 정책에 대한 조언을 구하기도 했다. 5월에 공과대학은 이 정책을 채택했다.

낸시는 매달 열리는 회의를 포함해 위원회 활동으로 바빴고, 여전히 MIT의 여러 학과와 사무실에서 정보를 얻어 내려 노력했다. 그래도 이제 더는 강의나 자원을 두고 다툼을 벌이지 않아도 되었기 때문에 더 많은 시간과 에너지를 연구에 쏟아부을 수 있었다. 연구실은 번창하고 있었다. 1994년 12월에는 암젠의 대표가 삽입 돌연변이 유발 기술을 확인하기 위해 낸시의 연구실을 방문했다. 그는 물고기의 정상적인 배아 발달에 관여하는 유전자를 분리하려는 그녀의 야심이 유전병 치료법으로 이어질 수 있을 것이라 믿으며, MIT의 모든 제안 중 회사가 연구비 지원에 가장 관심이 있는 제안은 그녀의 제안이라고 말했다. 낸시는 물고기의 혈액 형성을 연구하는 박사 후 연구원 비용으로 3만 달러를 요청했다. 암젠은 그보다 훨씬 더 많은 25만 달러를 지원했다. 그리고 연구가 잘되면 연간 100만 달러까지 지원할 수 있다고 말했다.

낸시는 이 돈으로 더 많은 인력을 연구소에 채용했는데, 이는 중요한 유전자를 식별하는 데 도움이 될 돌연변이를 일으키기 위해 더 많은 사람이 관련 연구에 참여한다는 것을 의미했다. 버지노는 새로운 연구원들과 늘어나는 수조를 수용하기 위해 낸시에게 추가로 700제곱피트(약 65 m²)의 공간을 확보해 주었다. 1995년 중반, 낸시의 연구실은 다음 단계를 완료하여 돌연변이를 일으킬 수 있다는 사실을 확인했다. 하지만 낸시가 샌디에이고에서 발견한 바이러스는 돌연변이를 확실히 일으킬 수 있을 만큼 농축되어 있지 않았다. 유전자에 태그를 붙이는 데 너무 오랜 시간이 걸렸기 때문에 낸시는 더욱 강력한 바이러스를 개발해야 하는 새로운 과제에 직면했다.

낸시는 1995년 7월에 버지노와 함께 점심을 먹은 후 그에게 편지를 보냈다. "강의와 관련해 우리가 논했던 한 가지 매우 유감스러운 문제[421]와 그 근본적인 원인을 제외하면, 훌륭한 공간과 자원, 연구실 등 지금 일하는 곳의 모든 조건에 저는 매우 만족하고 있습니다. 또 위원회가 여성 교수진 공동체를 만들어 내면서 적어도 제게는 변화가 생겼습니다. 그들은 정말로 특별하며, MIT에서의 제 삶에 전혀 예상하지 못했던 보너스였습니다."

"한 가지 매우 유감스러운 문제"는 애초에 여성위원회를 있게 한 문제, 즉 생물학 입문 강의를 둘러싼 싸움이었다. 가을이 되자 이 문제는 다시 그녀의 시간을 갉아먹었다.

싸움은 그해 3월, 하비 로디시에게서 전화 한 통이 걸려 오면서부터 재개되었다. 지난여름 필과 합의한 대로 낸시는 가을에 에릭과 하비의 강의에 들어갔다. 그들은 친절했지만, 나쁜 감정은 아직 남아 있었다.

하비가 전화를 걸어 짜증을 냈다. "제가 당신의 강의 자료를 훔쳐서 에릭과 함께 책을 쓰고 있다고 말하고 다닌다면서요. 세 사람이나 제게 그 얘길 하더군요. 사실 우리 책은 그 강의와는 아무런 상관이 없어요."

"무슨 책이요?" 낸시가 목소리를 한 톤 높여 말했다.

"왜 이러세요. 우리가 쓰고 있는[422] 책 아시잖아요."

"모르는데요." 그녀는 지난봄, 누구도 생물학 입문 강의를 상업화할 수 없다는 문서와 함께 필이 책의 집필을 중단시켰다고 생각했다. 하비와 에릭의 강의를 지켜보면서 판단한 바에 따르면, 강의 내용은 그녀와 에릭이 했던 것과 거의 똑같았다. 낸시는 하비에게 지금 그들이 이 강의를 바탕으로 책을 쓰고 있다면, 가능한 한 빨리 두 사람을 총장님의 사무실에서 만나고 싶다고 말했다.

하비가 변호사와 법정에 관해 무언가를 말했다.

낸시는 버지노가 말했던 24시간 규칙을 떠올렸지만, 곧바로 그 규칙을 깼다. "이런, 철 좀 들어요. 이건 교수진의 문제고, 동료 간 협력 관계, 진실성, 사기, 부당 행위에 관한 문제에요. MIT의 변호사들도 그렇게 말했습니다."

"책은 아무런 상관이 없어요."

"말도 안 되는 소리예요. 내가 만든 강의에서 날 내쫓고 그걸로 책을 쓰고 있잖아요. 사람들이 다 바본 줄 알아요? 더는 당신과 이야기하고 싶지 않군요." 낸시는 먼저 전화를 끊었다.

낸시는 여성위원회가 생겼다고 해서 강의를 되찾을 수 있을 거라고 기대하진 않았다. 그 일에 위원회를 이용하려 하는 것만으로도 이해관계가 충돌할 수 있었다. 하지만 그녀는 또한 필이 작성한 문서에 자신의 동의 없이는 아무도 이 강의에 관한 책을 쓸 수 없다는 내용이 분명히 명시되어 있는 만큼 에릭과 하비가 윤리적 위반을 했다고도 생각했다.

낸시는 MIT의 라이선스 담당 변호사들에게 다시 연락했다. 그들은 그녀의 의견에 동의하면서 지원사격을 해 줄 여성 몇 명과 함께 교무처장을 찾아가라고 말했다. 짐 왓슨은 전화로 낸시에게 변호사 없이는 교무처장에게 가지 말라면서 학교 측이 인정할 수 있는 변호사를 1명 데려가라고 말했다. "변호사는 55세쯤의 백인 남성[423]이어야 해."

낸시는 이 일을 진행해야 할지 고민했다. 몰리 포터에게 쓴 것처럼 낸시는 에릭과 하비의 행동이 "비열하다"[424]고 생각했지만, 그녀를 가장 화나게 한 것은 학과가 이 강의를 성공시키기 위해 수년간 열심히 노력해 온 자신을 밀어 냈다는 사실이었다. "이런 일은 남자들에게는 절대 일어날 수 없는 일이에요." 그녀가 몰리에게 썼다. "제가 남자였다면 이 일로 분명히 상도 받았을 겁니다. 하지만 강의에서 쫓겨난 게 전부죠. 어떤 면에서는 그냥 이쯤에서 그만두는 게 최선이지 않을까 하는 생각을 해요. 특히 20년 만에 처음으로 지금처럼 학교생활이 즐거울 때는 말입니다. 하지만 이런 상태가 계속 유지될 수 있을지는 모르겠네요."

그래서 낸시는 또다시 직접 문제를 해결하려 노력하기 시작했다. 그녀는 교무처장 대신 버지노와 필을 만났고 변호사 대신 리 로이든을 데려갔다. 리의 판단력과 협상 능력을 높이 사게 되었기 때문이다. 버지노는 그들을 맞이하며 그의 조수가 MIT의 외부 변호인단에 보낼 서한을 작성하기 위해 같이 참석할 것이라고 말했다. 낸시는 깜짝 놀랐다. 그녀는 MIT와 계약한 변호인단이 있는 줄도 몰랐다. 필은 낸시에게 자신이 작성했던 문서가 생물학 입문 과정을 바탕으로 책을 쓰는 것을 막기 위한 것이 맞다고 말했다. 그러나 책을 쓰는 일 자체를 그가 막을 수는 없었다. 책을 쓰는 것은 하비와 에릭의 특권이었다. 책의 내용이 강의 내용과 겹친다고 생각되면 낸시는 소송을 걸 수 있었다. 하지만 필에 따르면 하비와 에릭이 책을 출간하기 전까지 낸시는 내용이 겹치는지 아닌지를 판단할 수 없었다.

그들은 서로 딴 얘기를 했다[425]—필은 저작권 문제에 대해, 낸시는 동료 간 협력 관계와 학문적 부당 행위에 관해 이야기했다. 그러자 마침내 리가 발언권을 요청하더니 문제를 빨리 마무리하는 것이 모두에게 좋으며, 이를 위한 가장 빠른 방법은 모든 사람이 같은 방에 모이는 거라고 말했다. 버지노는 우선 자신이 에릭과 하비를 만나 보겠다고 했다.

닷새 후, 에릭이 낸시의 집으로 전화했다. 밤 9시였지만 그는 아직 연구실에 남아 다음 날 일본으로 떠날 준비를 하고 있었다. 그는 낸시에게 학장님의 사무실로 불려가게 된 것이 마음에 들지 않으며, 낸시가 자신의 평판을 망치고 있다고 말했다. MIT 외부 사람들도 이에 대해 물어 왔다. 가령 그의 동료 중 1명인 예일대의 조앤 스타이츠는 화이트헤드 연구소에서 마주친 그에게 "홉킨스에게 무슨 짓을 하고 있는 거예요?"[426]라고 물었다. 에릭은 낸시에게 자신은 지금 친구이자 동료로 전화를 하고 있으며 그녀가 부당 행위와 사기 운운하는 것을 멈추지 않으면 명예 훼손 혐의를 고려할 수밖에 없다고 말했다. 그리고 변호사인 자신의 아내가 정식으로 서류를 제출할 수 있다고 덧붙였다. 낸시가 답했다. "잘됐네요. 제 형부도 변호사거든요. 둘이 즐거운 시간을 보낼 수 있겠어요." 낸시는 평정심을 유지했고, 에릭도 그렇게 하려고 했다. 그는 화를 내다가도 따뜻하게 굴었고, 낸시를 달래다 비밀을 털어놓기도 했다. 에릭은 지난봄에 낸시가 소송을 걸겠다고 위협하지 않았냐는 말을 꺼냈다. 필이 그 얘기를 전해 주었고, 그래서 자신과 하비가 그녀를 강의에 끼워 넣으려 애썼던 것이라고 낸시에게 말했다.

"저는 소송으로 누굴 협박해 본 적이 없어요." 낸시가 말했다. "다만 그것이 차별이라고 생각한다고는 말했죠."

에릭은 자신은 싸우는 것을 싫어하며 동료와 잘 지내고 싶다고 말했다. 그래서 그들은 그가 일본에서 돌아오는 대로 함께 버지노와 필을 만나 문제를 해결하기로 했다.

하지만 회의를 확정하는 데만 6주가 걸렸고, 5월 말에 회의가 열렸을 때 낸시는 그들이 자신의 성과를 얼마나 하찮게 여겼었는지만 다시 떠올리게 됐을 뿐이었다. 하비는 그들이 다른 저명한 교수들도 고려했다가 결국 참여시키지 않기로 했다면서, 그녀에게 집필을 도와달라 요청하지 않은 점을 모욕적으로 생각해선 안 된다고 말했다. 그들은 그녀가 그저 평범한 교수가 아니라 이 강의를 개발한 사람이란 사실을 깨닫지 못했다. 에릭은 이를 상업화하지 못한다는 사실을 알았더라면 처음부터 강의를 맡지도 않았을 것이라고 말했다. 필이 MIT의 변호사에게 판단을 맡기겠다고 말하자 에릭은 만약 그 판단이 자신에게 유리하지 않으면 수업을 그만두겠다고 말했다.

"가르치는 데[427] 이득을 얻고자 하는 동기가 필요한가요?" 낸시가 나중에 밥 실비에게 썼다. "저를 제 강의에서 내쫓고 강의에 대한 제 헌신을 산산이 짓밟은 에릭이 이제 강의고 뭐고 과를 떠나겠다고 위협할 수가 있는 건가요? 왜 이러한 일들이 저를 비롯한 다른 많은 여성에게, 부인할 수 없을 만큼 주로 여성들에게만 일어나는 것인지 이해하기 어려우시겠지만, 사실이 그렇습니다. 제게 닥친 특별한 문제에만 초점을 맞추지 마시고 여성 교수진들의 비애라는 일반적인 문제를 해결하는 데 귀중한 시간과 능력을 투자해 주셨으면 합니다. 그런데 둘은 결국 같은 문제이지 않을까요?"

또다시 몇 주 동안 아무런 연락이 없고 8월이 되어도 문제가 해결되지 않자 낸시는 변호사를 고용했다. 변호사는 짐이 제안한 대로 중년의 백인 남성이 아니라 보스턴에서 고용 차별 변호사로 일하는 34세의 여성이었다.

베스트 총장은 낸시에게 보내는 특사로 리 로이든을 택했다. 9월에 리는 총장님이 생물학과의 문제를 해결하겠다고 약속했다면서, 낸시에게 소송을 보류해 줄 것을 바란다고 전했다. 총장은 여성을 함부로 대하는 관리자들의 해임, 더 많은 원로 여성 교수의 의사 결정 참여, 총애하는 사람 위주가 아닌 위원회의 공정한 수업 배정을 약속했다. 리는 낸시에게 총장님이 낸시의 강의 평가서를 보고 얼마나 평가가 좋은

지 확인했다고, 그래서 낸시를 계속 있게 하고 싶은데 그녀가 그만둘까 봐 걱정했다고 말했다. 총장은 여성교수위원회가 역할을 다할 때까지 낸시가 기다려 줄 것을 원했다. 그는 파악된 문제들을 해결하기 위해 학교가 나서겠다고 약속했다.

지난여름 메리-루와 리사가 무슨 여성 단체를 결성하려 한다고 리에게 연락했을 때, 리는 여성들의 문제를 살펴보는 것이 중요하다고 생각해 선뜻 그들의 의견에 동의했다. 하지만 두 선배 여성의 이야기를 듣는 동안 내심 그녀는 그들의 문제가 생물학과에만 해당하는 것이라고 여겼다. 리는 자신이 강하다고 느꼈고—운동 훈련과 저녁 식사 테이블에서의 도전 덕분에—, 전적으로 실력에 기반해 MIT에 입학했다고 믿었다. 그녀는 정정당당한 경기를 할 수 있을 만큼 강인함을 유지한다면 남성 지배적인 기관이라 하더라도 여성이라는 사실은 중요하지 않으리라고 생각했다. 하지만 위원회 활동을 시작하고 1년이 넘은 지금 그녀는 이 문제들이 생물학과에만 국한된 문제가 아니라는 사실을 알게 되었다. 그리고 다른 여성들 역시 충분히 강했다.

리와 낸시는 MIT가 이 강의에 대한 태도를 바꾸지 않을 게 분명하다고 판단했다. 필은 아주 강력했지만, 에릭을 상대할 수 있을 만큼 강력하지는 않았다. 에릭은 원하는 것을 얻지 못하면 문제를 일으키겠다고 협박하고 있었다. 늦가을 즈음, 리는 낸시에게 소송을 거는 것 외에 다른 선택지는 없다고 말했다.

짐 역시 낸시에게 소송을 진행해야 한다고 말했다. 그러면서 500만 달러를 요구하면 MIT가 100만 달러에 합의하려 할 것이라고 말했다. 낸시의 변호사는 매사추세츠 차별금지위원회에 제출할 고소장을 준비하기 시작했다. 고소를 거는 상대는 하비와 에릭이 아니라 낸시가 일하면서 오랫동안 친구로 지내 온, 나이와 성별을 이유로 낸시를 강의에서 퇴출한 필이었다. 고소장에서 낸시는 자신이 여성이어서 차별 대우를 받았다고 주장했다. 낸시의 강의 평가 결과는 그녀가 나쁜 성과를 내 강의에서 해임된 것이 아님을 증명했다. 에릭과 하비는 낸시와 에릭보다 낮은 강의 평가 점수를 받았다.

낸시는 다른 많은 여성처럼 소송을 거는 것이 두려웠다. 1970년대에는 대학을 상대로 하는 소송이 비교적 적었기 때문에 많은 사람이 겁을 먹었다. 대체로 종신직을 거부당한 여성들이 제기한 이러한 소송들은 힘든 것으로 악명이 높았고, 너무 오랜 시간이 걸렸으며, 대개 성공하지 못했다. 게다가 종신 재직권에 관한 결정은 여러 계층의 사람들과 위원회가 내린 것이었기 때문에 비용도 많이 들었다. 그들의 결정에 이의를 제기한다는 것은 관련된 모든 사람을 물러나게 하고, 자신이 부당하게 거부되었음을 주장하기 위해 해당 여성이 종사하는 분야의 전문가를 찾아야 함을 의미했다. 수학이나 과학처럼 구체적인 수치에 의해 결정된다고 여겨지는 분야에서도 실력에 관한 결정은 주관적이었다. 변호사들은 법원이 이러한 소송들을 호의적으로 바라보지 않는다고 경고했다. 즉 진보적인 성향의 판사는 대학의 자유 침해를 걱정했고, 보수적인 성향의 판사는 차별을 당했다는 주장에 의구심을 품었다. 승소하더라도 여성은 대학과 자기 분야의 동료들에게서 배척당했다.

낸시는 캘리포니아대 버클리 캠퍼스에서 종신직을 거부당한 후 1989년 해당 대학을 상대로 소송을 건 수학자 제니 해리슨의 최근 사례를 읽은 적이 있었다. 캘리포니아대 수학과 교수진에는 남성이 70명, 여성은 1명뿐이었는데, 미국의 다른 일류 수학과에 대부분 여성이 1명도 없었다는 점을 고려하면 이곳은 여성이 특이하게 많은[428] 편이었다. 수학과가 누군가의 종신 재직권 획득을 거부한 것은 거의 15년 만에 처음 있는 일이었다. 해리슨은 학계 여성들이 흔히 당하는 일, 즉 동료들이 자신에게 더 높은 잣대를 들이밀어 자신의 업적을 과소평가하고 약점을 과장했다고 항의했다. 해리슨은 남자 동료들만큼 많은 논문을 발표했고 이 분야의 용어로 "주요 결실"을 2개나 맺었는데, 그중 하나는 그녀를 지지하는 사람들에게서 수학계의 노벨상이라 불리는 필즈 메달을 받은 두 남성이 낸 유사한 결과보다 더 명쾌하다는 칭찬을 받았다. 같은 학과의 다른 남성은 단 한 번도 주요 결실을 맺지 못했지만 종신 교수로 재직하고 있었다.

해리슨은 3년 동안 대학 내에서 문제를 해결하려 노력하다 대학을 고소했다. 법정에 서게 된 해리슨은 자신의 사건이 신문과 저널에서 다뤄지는 것을 보았는데, 거기에서 그녀는 수준 이하의 학식을 감추기 위해 성차별을 외치는 "패배를 인정할 줄 모르는 사람"으로 그려졌다. 1993년 《로스앤젤레스 타임스》는 그녀를 "검은색 치마와 헐렁한 보라색 스웨터를 입은 창백한 피부[429]의 여성"으로 소개하는 등 중립적인 관찰자들조차 그녀가 한심하다는 뜻을 내비쳤다. 한 독자가 신문에 보내는 편지에 쓴 것처럼 독자들은 그녀가 "그야말로 충분히 훌륭하지 않다"라고 판단했다.[430] "여성들의 짜증 나고 끊임없는 징징거림에 지쳤습니다. 숙녀 여러분, 철 좀 듭시다! 참여하고 싶지 않다면, 현장에서 물러나세요."

대학과 해리슨은 1993년 법정 밖에서 합의에 이르렀다. 해리슨이 세 번째 주요 결실[431]을 맺은 후, 대학은 해리슨이 별도의 새로운 종신직 검토위원회 앞에 다시 설 수 있도록 허용했고, 이를 통해 해리슨은 정교수가 될 수 있었다. 하지만 이 역시 이례적인 결과였고, "승리"를 거둔 뒤에도 그녀는 많은 동료에게서 소외당했다. 그들은 성차별주의자라는 말에 상처받았고 그녀가 학과를 곤란하게 만들었다고 생각했다. 캘리포니아대 다른 캠퍼스의 한 여성 수학과 교수는 "솔직함과 성차별을 헷갈리기 시작하면 수학의 미래는 암울하다"라고 썼다.

낸시는 2월 23일까지 소송을 제기할지 말지를 결정해야 했다. 그렇지 않으면 주 차별법에서 허용하는 시효가 만료되기 때문이었다. 가을 내내 그녀는 괴로워했다.

동료들과의 불화, 필과의 다툼으로 이미 힘든 나날이었다. 낸시의 변호사는 그녀에게 이 논쟁이 언론에 보도되면 상황은 더욱 나빠질 수밖에 없다고 경고했다.

학장은 여성위원회가 밝힌 많은 고충을 계속해서 해결하고 있었다. 그해 가을, 그는 같은 직급의 남성들보다 적은 급여를 받고 있던 여성들의 연금 규모를 35% 인상했다. 그는 모든 급여를 "학교 측에서 지급"해 아무도 자신의 급여를 충당하기 위해 보조금을 확보할 필요가 없게 했다. 생물학과 여성들이 지금까지 어느 여성도 중요한 자리—학과 내 높은 권위와 안정성의 상징—에 앉은 적이 없다는 점을 지적하자, 그는 새로운 자리를 만들고 그 자리에 메리-루를 앉혔다. 이 자리의 이름은 1971년 메리-루가 MIT에 처음 지원했을 때 그녀를 거절한 보리스 마가사닉의 이름을 따 지어졌다.

12월에 낸시는 일본에서 강연을 마친 후 스톡홀름으로 날아가 자니가 1980년대 초 초파리의 중요한 배아 유전자를 발견한 공으로 1995년 노벨 생리의학상을 수상하는 모습을 지켜보았다. 손님들은 스톡홀름 시청의 높은 천장 아래 금박으로 싼 모조 노벨상 메달 초콜릿이 흩뿌려진 긴 연회 테이블에 앉아 식사했다. 그들은 고개를 들어 웅대한 계단을 내려오는 수상자들의 행렬을 바라보았다. 자니가 스웨덴 국왕의 팔짱을 끼고 맨 앞에 서 있었다. 낸시는 그 승리의 순간 말없이 기쁨의 눈물을 흘리며 당대의 여성으로서 그녀의 천재적 성과를 인정했다. 낸시의 생물학과 동료들은 이제 자니의 이름을 알 수밖에 없었다.

1월에 암젠은 낸시에게 향후 3년간 매년 25만 달러를 지급한다는 내용으로 보조금 지급 기간을 연장했고, 10년 동안 매년 100만 달러를 지급하는 것으로 지원 규모를 늘리는 방안을 검토하겠다고 말했다. 또 조앤 스튜베가 화학과에서 중요한 자리에 올라 낸시는 그녀와 함께 저녁 식사를 하며 승진을 축하했다. 낸시는 나중에 버지노에게 편지를 보내 조앤이 1년 전에는 브랜다이스대학으로 떠날 생각이었지만, 지금은 이곳에 계속 머물고 싶어 할 만큼 만족해한다고 전했다. "MIT는 뛰어난 행정적 조치로 아무런 비용도 들이지 않고 (여성이기도 한) 최고의 인재를 지켜 낸 것 같습니다." 낸시가 썼다. "이는 제게 올해 가장 인상적인 일[432]이기도 했지요."

하지만 여전히 낸시와 그녀의 변호사는 학장이 소송의 위협 하에서만 문제를 해결하고 있다고 걱정했다. 변호사는 MIT가 다른 여성들의 문제를 더 많이 해결할수록 낸시의 사건은 더 약해 보일 것이라고 경고했다. 변호사는 낸시가 언제쯤 물고기의 유전자를 식별할 수 있을지 알고 싶어 했다. 실험이 성공하면 그녀는 소송에서 유리한 입장에 서거나 MIT를 떠나겠다고 위협해 MIT를 공개적으로 난처하게 만들 수도 있었다.

여성위원회는 이제 거의 매주 회의를 열어 교수진과 학과장들을 인터뷰하고 있었다. 이 일에는 스트레스가 따랐다. 물리학과의 유일한 여성 종신 교수였던 준 매튜스는 그룹에서 가장 회의적인 멤버였다. 급기야 그녀와 낸시는 서로를 받아들이지 못할 지경에 이르렀다. 준은 낸시가 차별을 증명하기 위해 MIT에 대한 그녀의 판단을 일반화하고 있다고 생각했고, 낸시는 준이 차별이 존재하지 않는다는 것을 증명하기 위해 패턴을 무시하고 있다고 생각했다. 준의 할아버지는 미국 천문학자들의 학장으로 꼽히는 하버드대 교수 할로 섀플리였는데, 미국 예술과학아카데미가 1942년 마침내 여성을 선출하도록 항의 시위를 주도했던 인물이었다. 준은 MIT가 대체로 능력주의에 기반을 둔다고 믿고 싶었다. 그녀는 일부 학과에 차별이 존재한다고는 생각했지만, 물리학과는 잘 돌아가고 있다고 여겼다―물리학과에는 연방 지원금이 넘쳐나서 그녀는 연구비 신청 건으로 걱정해 본 적이 없었다. 한 난폭한 동료가 지나치게 많은 학과 보조금을 가져가려고 하긴 했지만, 그는 준뿐만 아니라 모든 사람에게 다루기 힘든 사람이었다. 지난 봄 버지노가 큰 폭으로 급여를 인상해 준 여성 중 1명이었던 준은 적은 급여를 받고 있었는데도, 그것이 성별과 연관이 있다고는 생각하지 못했다. 그녀는 교수진에 여성이 적다는 이유로 학과를 비난하는 것은 공정하지 않다고 생각했다. 학과에서도 몇몇 여성을 채용하려고 했으나, 보통 이들은 남편의 직장이 다른 도시에 있어서 이사할 생각이 없거나 이사할 수 없었기 때문이다.

2월 초, 필이 부학과장인 밥 사우어와 함께 생물학과장으로서 위원회 앞에 섰을 때, 낸시는 아직 소송에 관한 결정을 내리지 않은 상태였다. 낸시는 조사위원회에 여성이 적은 이유를 설명하라고 그들을 압박했다. 작년 한 해 동안 조사위원회가 세 차례 구성되었지만, 위원회에는 남성만 11명이 참여했고 원로 여성 교수는 단 1명도 참여하지 못했다. 그녀는 어떤 조사위원회도 여성에게 제안된 적이 없다는 점을 지적했다. 사우어는 메리-루 퍼듀가 해당 학기에 안식 기간을 갖고 있었기 때문에 위원회에 원로 여성 교수가 없었다고 답했다. 낸시는 그의 답이 맞는지 확신하지 못했지만, 그래도 자신과 리사 스타이너가 있었다. 낸시는 왜 자신은 위원회에 포함되지 않았는지 물었다. 필은 이에 대해 자신의 마음대로 대답할 수 있는 사항이 아니라고 말했다. 낸시는 몹시 화가 났다. 자신과 리사는 필에게 보이지 않는 존재였다. 아니면 이제 그녀는 학과 활동에 참여시키기에는 너무 유독한 존재였다.

낸시는 회의실을 뛰쳐나갔다. 밥 실비와 페니는 낸시가 불안정해지고 있다고 걱정했다. 낸시는 페니에게 아직 소송을 제기할지에 대해 "고심하고 있다"[433]라고 썼다. "전과 마찬가지로 답은 이 그룹에 있다는 것을 압니다. 저는 홀로 맞설 수 있지만(싫긴 하지만), 여성들이 저를 지지해 준다면 안전할 거예요. 아니면 죽겠죠. 제가 두려운 것은 준 매튜스가 이 문제를 너무 극단적으로 분석하는 거예요. 반대편에 100만 분의 1의 진실이 있을 수 있는데 이를 어떻게 차별이라고 말할 수 있을지 고심할 때쯤이면, 이미 시체(이 경우에는 제 것)가 복도에 쌓여 가고

461

있을 테죠."

　낸시가 소송을 고려하고 있다는 사실을 다른 여성들이 모두 아는 것은 아니었다―낸시는 위원회 업무를 자신의 분쟁과 분리하려 노력했다. 하지만 2월 초, 소송을 제기할 수 있는 기한이 다가오자 메리-루는 낸시의 소송을 지지하는 서한을 준비했다. 6명[434]의 여성 종신 교수가 "여성 교수들이 남성 교수들에게 제공되는 것과 같은 고용 기회와 혜택을 얻지 못하는 것이 아닌가 우려"된다며 서한에 서명했다. 서한을 통해 이들은 "이과대학 측에 남녀 교수에 대한 차별 대우를 문제삼고 이러한 관행의 시정과 중단을 요구한 낸시의 청렴함과 용기"를 높이 평가했다.

　낸시는 제안받은 공동 작업 건으로 독일에서 자니를 만나기로 되어 있었고, 출국 예정일은 소송을 제기할 수 있는 기한을 하루 앞둔 2월 22일 목요일이었다. 화요일, 이미 서명을 완료한 16명 외에 해양물리학자 파올라 리졸리Paola Rizzoli가 메리-루의 서한에 자신의 이름을 추가했다. 그날 낸시는 예의상 필의 사무실에 들러 주 차별금지위원회에 그를 상대로 소송을 제기할 예정이라고 말했다. 필은 낸시의 마음을 바꾸기 위해서라면 무엇이든 하겠다고 말했다. 다만, 에릭과 하비가 책을 쓰는 것만은 법적으로 막을 수가 없다고 했다. 하지만 그는 과에 성평등 문제가 있다는 것을 인정하고 자신이 설립 중인 자문위원회와 대학원위원회에 낸시를 넣어 주겠다고 제안했다. 또 낸시가 만족할 만한 강의를 계획하겠다고도 약속했다.

　수요일 아침, 낸시는 버지노에게 "조심스럽지만,[435] 필과 자신이 어제 이룬 진전에 몹시 기뻤다"라고 썼다. 목요일 아침, 낸시는 결국 소송을 제기하지 않기로 마음먹고 변호사에게 편지를 썼다. "가장 안전한 방법은 그냥 지금 모든 것을 내려놓는 것이라는 쪽으로 마음이 기울었습니다. 손해를 감수하고, 이쯤에서 그만두는 것[436]으로 하겠습니다." 그러나 몇 시간 후, 낸시의 변호사는 MIT의 변호사에게서 필이 이틀 전에 한 약속을 인정하지 않는다는 새로운 편지[437]를 한 통 받았다. 낸시는 공항으로 가는 길에 방향을 바꿔 변호사 사무실에 들러 고소장을 승인했다. 그리고 학과의 인사위원회에서 제외되어 최근 화가 나 있던 실비아에게 편지를 썼다. 낸시는 긴 싸움을 할 준비가 된 것처럼 보였다. "이 문제가 해결될 때까지[438] 우리는 계속해서 노력할 겁니다. 해결하기가 불가능해 보인다는 것을 알지만, 그것이 이 문제의 본질입니다. 불가능해 보이지만 완전히 불가능한 건 아니에요. 투표가 허용되기까지의 50년을 기억합시다!!!!!!"

낸시는 비행기 안에서 잠들지 못했다. 독일에 있는 자니의 연구실 친구들은 낸시에게 연구에 큰 지장이 될 수 있으니 소송을 걸지 말라고 충고했다. 낸시는 막스 플랑크 연구소 게스트하우스의 방에 혼자 앉아 변호사와 1시간 이상 전화로 소송의 장단점을 다시 검토했다. 변호사는 이 사건이 《보스턴 글로브》 지면에 실릴 것이며, 낸시의 교수 능력과 품성이 법정과 여론의 심판을 받게 될 것이라고 경고했다. 변호사와의 통화가 끝난 후 낸시는 워싱턴 외곽의 호텔 방에 있던 버지노에게 전화를 걸었다. 1993년 봄, 낸시가 '차별'이라는 단어를 휘두르며 그의 사무실에 처음 나타났을 때부터 둘은 함께 먼 길을 걸어왔다. 낸시는 버지노의 마음을 바꾸었고, 그는 그녀가 다른 사람들의 태도 역시 바꾸고 있다고 말했다. 버지노는 시간이 걸리긴 했지만 낸시의 그룹은 그녀가 조직과 협력해 상황을 바꿀 수 있다는 것을 증명하고 있다고 말했다. 남성들은 여성들이 직면한 가외의 어려움을 이해하기 시작했다. 버지노는 그녀가 소송을 제기하면 그러한 진전이 중단될 수 있다고 말했다. 결국 낸시는 더 큰 좌절을 하게 될 수 있었다. 또한 그는 소송이 제기되면 갈등이 생길 상황을 피하기 위해 그녀를 위원회에서 해임해야 할 것이라고도 말했다.

오랜 친구인 필을 고소하는 것만으로도 충분히 힘든 일이었다. 소송을 제기하면 몸소 그녀의 편임을 보여 주었던 버지노도 적이 될 것이었다.

낸시는 여성들이 자신의 뒤에서 돕는다 해도, 소송을 걸고 혼자 힘으로 싸울 것인지 소송을 걸지 않고 여성 그룹의 집단적 힘을 믿을 것인지 선택해야 한다는 것을 알았다. 소송하지 않는다면, 여성위원회를 처음 시작하게 만든 강의 싸움에서 이길 수 있는 마지막 희망을 포기해야 했다. 하지만 소송에서 이긴다고 해도 그녀는 감정적으로, 업무적으로, 아마도 재정적으로 큰 타격을 입게 될 것이다. 또 소송으로 강의 문제가 해결된다 해도 곧 다른 보이지 않는 문제가 생길 것이다―전에도 이런 일이 여러 번 있었다. 그녀는 여성위원회를 통해 개인적인 피해 없이 과학계 여성들의 더 큰 문제를 해결할 기회가 있었다.

싸움은 낸시를 지치게 했다. 그녀는 변호사에게 전화를 걸어 소송을 취소하겠다고 말했다.

그녀는 소송에 반대했던 제리 프리드먼에게 편지를 보냈다. "기쁘다고 말할 순 없습니다. 후련하기도 하고 슬프기도 하지만, 어쨌든 앞으로 나아갈 준비[439]가 된 것 같네요."

낸시는 제리가 이야기했던 대로 위원회의 최종 보고서를 작성하여 버지노에게 제출하는 데 집중했다. 이미 스스로 정한 마감일에서 3개월이나 지난 상태였다. 그녀는 8월에 보고서를 보냈다. 약 2.5 cm 두께의 이 보고서는 밥 실비가 낸시에게 보내 준 《뉴요커》의 만평으로 시작되었는데, 테이블에 정장을 입은 부유하고 살찐 남자 4명이 둘러앉아 있고 1명이 "여기 페미니스트 아닌 사람 있나요?"라고 묻는 그림이었다. 보고서에는 모든 학과의 개별 보고서가 포함되어 있었다. 뒤쪽에는 16명의 여성이 버지노에게 쓴 편지 원본과 낸시가 강의 문제로 겪은 일들, 그러니까 문제와 문제를 해결하기 위해 했던 노력, 그것이 어떻게 위원회 구성으로 이어졌는지를 설명하는 4장 분량의 개인적 진술이 부록으로 실려 있었다.

"이러한 모든 문제[440]는 딜레마에 봉착한다." 낸시가 썼다. "시정을 위해 전문적으로 싸우는 것이 나을까 아니면 분노를 가라앉히고 앞으로 나아가려 노력하는 것이 나을까?"

낸시는 "긍정적인 점"이라는 제목 아래 글을 마무리했다. "여성 교수진 모임을 위한 계획이 시작되었을 때, 나는 여성 교수들에 대한 모멸적이고 부당한 대우를 그처럼 자주 목격하고 경험한 기관에서 경력을 쌓은 것을 후회하게 되었다. 하지만 여성 종신 교수 그룹의 결성과 이 그룹이 버지노 학장에게서 받은 지원은 MIT에서의 내 삶을 극적으로 개선했다. 덕분에 이번 봄에는 고질적인 괴롭힘과 협박의 스트레스가 없는 일터를 경험했다. 나는 이과대학의 여성 종신 교수진을 알게 된 것을 매우 영광으로 생각하며, 이 문제에 대한 버지노 학장의 관심과 그가 보여 준 공정성을 감사하게 생각한다."

낸시는 보고서와 함께 다음과 같은 메모를 리에게 보냈다. "보고서보다 더 많은 사실을 보여 주는 것은 제가 그룹 활동을 시작할 때부터 썼던 일지였어요. 우리는 먼 길을 왔죠.[441] 다른 여성들도 마찬가지고요!" 낸시는 언니 앤과 함께 올림픽국립공원으로 휴가를 가던 중이었지만, 그전에 먼저 제브라피시를 공동 연구하고 있던 유진에 있는 오리건대학교와 캘리포니아에 있는 암젠 본사에 들렀다. 낸시는 온전히 과학으로 돌아오게 되어 행복했다. 그녀는 자신이 "여성들의 일"이라고 불렀던 일은 이제 끝났다고 생각했다.

21장

"훨씬 더
큰 부분"

———————— "과학에서와 마찬가지로 사회적 발전은 수많은 실험의 결과일 수밖에 없다." 낸시가 암센터에 부임하기 직전인 요란했던 1960년대 말 이후, 제리 위즈너가 MIT 총장직을 맡았을 때 쓴 글이다. 지금도 그렇지만 당시 아무리 신중히 계획하고 통제해도 실험은 우연과 상황의 영향을 받을 수 있었다. 1997년 겨울에 시작된 일련의 사건들과 운이 없었다면, 낸시가 지난여름에 쓴 보고서는 이전의 다른 많은 보고서가 그랬듯이 저자 외에는 거의 알려진 게 없이 한탄으로 끝났을 것이다. 더 많은 실험과 더 많은 발전의 필요성에 동의한 것 외에는 대학이 한 일이 없다는 한탄 말이다.

보고서에는 각 학과의 문제와 관련된 데이터와 분석 결과가 포함되어 있었고, 실명이 언급되진 않았지만 세부 내용은 그들이 누군지 분명히 알려 주고 있었다. 여성위원회 전체가 보고서에 서명하기 전에 위원들은 낸시가 쓴 내용이 너무 솔직한 건 아닌지 논쟁했다. 수학과의 다니엘 클라이트만은 "좀 부드럽게[442] 가는 것이 더 효과적이지" 않을까 생각했다. 긴 토의 끝에 그들은 이 보고서를 "역사적 기록"으로 남기고, 나중에 "일반인들을 위한 좀 더 순화된" 버전의 무언가를 만드는 게 어떻겠느냐는 데 합의했다. 낸시가 나머지 위원들에게 썼다. "쉬쉬하는 행동이 정확히 우리가 조사해 온 문제들을 만들어 낸 것이 아닌가 하는 두려움이 있지만, 보여 줄 수 있는 무언가가 도움이 될 것이라는 데는 동의합니다."

1996년 가을 서부 해안 여행에서 돌아왔을 때, 낸시는 일기에 "정말 행복하다"라고 적었을 정도로 무거운 짐을 벗고 "새 사람"[443]이 된 기분이었다. 그달 초 보고서를 제출한 그녀는 위원회장으로서의 임기를 마친 상태였다. 보조금을 구걸하고 손수 수조의 물을 갈면서 물고기 연구를 시작한 지 6년 만에 이제 그녀의 연구실에는 현금이 넘쳐나게 되었다. 암젠은 낸시에게 매년 3년간 100만 달러를 지원하기로 약속하며 보조금을 다시 늘렸고, 성과가 좋으면 매년 300만 달러로 보조금을 다시 올려 주겠다고 약속했다. 암젠이 낸시의 연구실에 지원한 보조금은 그들이 MIT에 원래 지원하기로 했던 전체 보조금보다 많았다. 낸시의 대학원생 중 하나가 더 많은 돌연변이를 유도할 수 있는 바이러스를 개발하면서 연구는 더 속도를 내게 되었다. 그들은 새로운 바이러스를 물고기 배아에 주입하기 시작했고, 1996년 말에 이르러 6개의 돌연변이에 관여하는 유전자들을 식별했는데, 그중 5개가 배아 발달에 중요한 것으로 여겨졌다. 낸시의 사무실 선반에는 연구실 멤버들이 이를 축하하면서 비운 샴페인 병 5개가 놓였다. 실험은 낸시가 고안한 기법을 통해 그녀가 식별하길 바라는 훨씬 더 많은 수의 유전자를 분리할 수 있다는 사실을 확인시켜 주었다. 낸시는 그해 여덟 편의 논문을 발표했다.

여성들의 일은 그녀 없이도 계속되었다. 버지노 학장은 위원회를 2년간 연장하는 데 합의하고 1960년대 중반부터 MIT에 재직 중이던 뇌 및 인지과학과의 몰리 포터와 1981년에 부임한 지구·대기·행성 과학과의 파올라 리졸리를 공동위원회장으로 새로 임명했다. 리 로이든은 원래의 위원회가 하급 여성 교수진으로부터 들은 내용을 바탕으로 분과를 시작했으며, 보육 시설을 확대하고 관련 정책을 수립해 여성들이 안심하고 출산 휴가를 쓸 수 있도록 교무처장과 협의했다. 버지노는 낸시가 작성한 보고서를 대학의 최고 운영 기구인 학술위원회와 공유할 계획이라고 말했고, 낸시가 요약본을 작성해 교수 회보에 싣는 데 동의했다.

하지만 1996년 10월 중순 즈음, 낸시는 문제가 있다는 몰리의 전화[444]를 받았다. 버지노에게서 들은 바에 따르면, 생물학과와 화학과의 학과장들이 보고서에 불만을 품고 있다는 것이었다. 생물학과장인 필 샤프는 반박문을 작성해 낸시가 포함된 원래의 여성위원회에서 자신의 정당함을 입증하길 원했다. 몰리는 이것이 MIT가 보고서를 받아들이기를 거부하거나 교수진에 공유하지 않을 수도 있음을 뜻하며, 관리자 측은 논쟁 중인 결론에 동의한다는 신호를 보내고 싶지 않을 것이라고 말했다. 프랭크 솔로몬 역시 보고서 사본을 요청하며 이의 신청을 하고 싶어 했다. 그는 메리-루가 아직도 대학원 세미나에서 해임된 이유가 자신 때문이라고 믿는 것에 화가 났다.

1997년 2월[445] 위원회는 프랭크와 필을 만났다. 그들은 본질적으로 보고서에 동의하지 않았다. 필은 여성들, 특히 학과의 나이 든 여성들이 느끼는 주변화된 기분을 인정했다. 그는 보고서에 대한 반박문에서 "선구자가 되고, 소수집단의 일원이 되고, MIT 교수진의 수준에 맞는 성과를 내는 것은 분명히 어려운 일입니다"라고 썼다. 그는 학과와 MIT가 문제를 해결하기 위해 노력해야 한다는 데는 동의했지만, 생물학과의 관리자들이 실제로 차별을 했다는 뜻을 내비치진 않았다.

그렇지만 여성위원회의 활동을 일종의 계시로써 환영한 남성들도 있었다. 뇌 및 인지과학과의 보고서에 따르면 이 학과의 여성들은 편견이 특히 여성의 수를 늘리려는 노력에 방해가 된다고 생각했으며, 교수진 중 여성의 비율은 해당 학위를 취득한 사람들의 비율을 훨씬 밑돌았다. 최근에 여성 1명을 채용하긴 했지만, 여기에는 3년이라는 시간이 걸렸기 때문에 여성들은 문제를 해결할 의지가 별로 없다고 느꼈다. 그들은 여성 지원자들이 남성 지원자들보다 더 가혹한 심사를 받는다고 항의했다. 한 여성 종신 교수는 회의에서 채용할 만한 사람의 이름을 제안했다가 무시당했는데, 잠시 후 한 남성 교수가 같은 이름을 언급하자 회의실에 있던 모든 사람이 좋은 생각이라고 말한 일이 있은 후 최근 MIT를 떠났다. 이곳 학과장은 지금까지 아무도 주변화 문제를 제기한 적이 없었으며, 이 문제를 알게 해 줘서 고맙다고 말했다. "이 자리에 있으면 이런 일을 생각할 시간이 거의 없습니다." 그가 위원회에 말했다. "중요한 것은 제게 계속 알리는 것입니다." (라는 낸시에게 "분명히 교육이 가능한[446] 사람이에요"라고 말했다.)

하지만 비밀리에 시작된 여성위원회의 일은 2년이 지난 뒤에도 캠퍼스에서 아는 사람이 거의 없었다.

1997년 3월, 교수회 의장인 래리 바코우가 MIT 5개 대학의 교수 16명으로 구성된 교수정책위원회의 비공개 세션에 몰리와 파올라, 밥 버지노를 초청해 해당 보고서를 발표하게 하면서, 이 일에 관해 아는 사람은 조금이나마 늘어나게 되었다. 파올라와 몰리는 여성위원회의 조사 결과, 급여를 모니터링하고, 자원을 공정하게 배분하고, 더 많은 여성을 고위직과 조사위원회에 포함해야 한다는 등의 권고 사항을 발표했다. 버지노는 여성위원회가 차별 문제를 바라보는 자신의 시각이 바뀌는 데, 또 발견한 문제를 해결할 방법을 찾는 데 도움이 되었다고 말했다.[447] 그리고 이러한 문제들은 이과대학에만 해당하는 것이 아니라고 말했다. 그는 MIT의 다른 학교들도 이 여성들의 접근 방식에서 배울 수 있다고 생각했다.

낸시는 더는 여성위원회의 일원으로서가 아니라, 몇 달 전 바코우가 합류해 달라고 요청했던 교수정책위원회의 일원으로 테이블에 앉아 그들의 이야기를 듣고 있었다. 후임자들의 발표는 그녀를 감동시켰다. 몰리는 언제나 그랬듯이 안정적이었고, 뚜렷한 이탈리아식 억양으로 자신의 말을 강조하는 파올라는 열정적이었다. 낸시는 위원회에서 물러날 때 아무도 위원회를 운영할 시간이나 관심이 없을까 봐 걱정했다. 어쨌든 위원회는 생물학 강의를 둘러싼 자신의 싸움에서 시작된 것이기 때문이었다. "오늘 모든 걱정이[448] 사라졌습니다." 그녀가 나중에 버지노에게 썼다. "몰리와 파올라는 정말로 굉장했습니다—저보다 더 설득력이 있고 과감했죠!—학장님도 마찬가지였고요."

로테 베일린 역시 그들의 말을 주의 깊게 듣고 있었다. 바코우의 뒤를 이어 교수회 의장직을 맡기로 되어 있었던 그녀는 겁을 먹은 상태였다. 경제학자인 바코우는 MIT 학부생이었다가 하버드에서 법학 학위와 공공정책 박사 학위를 받은 뒤 교수로 돌아왔다. 그는 모르는 사람이 없는 것 같았고 자연스러운 매력을 풍겼다. 좀 더 내성적이었던 로테는 바코우처럼 능숙하게 회의를 진행하는 법을 배우고 싶어 2년에 걸쳐 그가 하는 말을 받아 적었다. 하지만 그녀는 그가 여성위원회의 발표 일정을 잘못 잡았다고 생각했다. 그는 교수진 회의의 전반부만 여성위원회에 할당했는데, 그 바람에 일정을 지키기 위해 교수진의 질문이 끝나기도 전에 논의를 중단해야 했기 때문이다. 로테는 다른 사람들도 자신만큼이나 흥미로워한다는 것을 알 수 있었다.

3년 전, 그러니까 낸시와 페니가 처음에 학장과 학과장들에게 여성위원회를 허용하도록 압력을 가하던 여름, 그들이 슬론 경영대학원 사무실로 찾아왔을 때만 해도 로테는 회의적이었다. 일과 가정을 오랫동안 연구해 온 로테는 여성을 대상으로 한 비슷한 연구를 너무 많이 봐왔기 때문에—그녀는 20년 전 앨리스 황의 남성과 여성 미생물학자 간 격차에 관한 연구를 위해 데이터를 분석했었다—또 다른 연구가 얼마나 큰 성과를 거둘 수 있을지 확신하지 못했다. 하지만 교수진 회의가 열리는 이곳 테이블에 앉아 그들의 이야기를 듣는 지금, 그녀는 여성들이 문제에 어떻게 맞섰는지, 학장을 어떻게 설득했는지, 공간과 보조금, 강의 배정을 얼마나 정교하게 비교했는지에 깊은 인상을 받았다. 로테는 MIT에서 여성으로서 살아남기 위해 필요한 것을 어느 정도는 알고 있었다. 하지만 이 여성들은 거기에 더해 자신의 분야에서 최고의 경지에 오르기까지 했다는 점에서 그녀는 놀라움을 금치 못했다. 로테는 의장직을 물려받으면 이 보고서를 MIT의 다른 학교들과 공유할 방법을 찾아야겠다고 마음먹었다.

　로테는 1997년 7월에 교수회 의장직을 맡았다. 그해 여름 67세가 된 그녀는 더는 은퇴를 생각하지 않았다. 대학이 어떻게 운영되는지 가까이에서 지켜볼 수 있는 이 새로운 일은 그녀에게 활력을 불어넣었다. 그녀는 평생 조직체를 연구해 왔지만, 자신이 속한 조직을 연구하는 일은 특별한 만족감을 주었다. 로테는 일과 가정을 통합할 필요성, 조직이 얼마나 이상적인 근로자를 직업적 영역 외에는 헌신하지 않는 사람으로 정의하기 쉬운지, 그리고 그러한 경향이 어떻게 여성들을 불리하게 하는지에 대해 오랫동안 글을 써 왔다. 특히 종신 재직권 심사를 받기까지의 가혹한 시간과 보육의 필요에 눈을 감고 있는 것으로 유명했던 대학들은 개선이 절실했다. 그녀는 임용, 종신 재직권, 평가의 면에서 여성을 향한 미묘한 편견에 관한 대화를 시작할 수 있을 것으로 생각했다.

　하지만 로테는 곧바로 그것이 너무 야심 찬 생각은 아니었는지 의심하게 되었다.

　교수회 의장으로서 그녀는 대학의 최고 운영 기구인 학술위원회에 참석하기로 되어 있었다. 그해 가을 그녀는 처음으로 참석하는 회의에 좀 일찍 도착해 버지니아 밸리언의 새 책『왜 이리 느린가? 여성의 발전』의 첫 장 사본을 배포했다. 밸리언은 수십 년에 걸친 연구를 총정리해 유리천장은 어린 시절부터 뿌리내린 남성과 여성에 관한 무의식적인 가정, 주로 무언의 가정에 의해 유지된다고 주장했다―밸리언은 이를 '편견'이 아닌 '스키마schema'로 불렀는데, 편견은 그러한 가정이 주로 문화적인 것일 때 그것을 의도적인 것으로 들리게 했기 때문이다. 이러한 스키마에서 남성은 독립적이고 적극적이며 여성은 감정적이고 양육적이었다. 가장 명망 있는 직업은 이중 남성의 특성을 중시했기 때문에 남자는 일단 신임을 얻고 유리한 출발을 할 수 있었지만, 여성은 "적어도 약간은[449] 자신의 직업에 부적합"했다.

이는 남성은 "계속해서 과대평가되는 반면, 여성은 과소평가된다는 것"을 의미했다. 밸리언이 썼다. "남성의 성별을 강조하는 것은 무엇이든 그에게 작은 이점, 즉 플러스 점수를 준다. 반면 여성의 성별을 강조하는 것은 무엇이든 그녀에게 작은 결점, 즉 마이너스 점수를 준다." 일상적인 만남에서든 공식적인 평가에서든 플러스 점수와 마이너스 점수는 결국 급여, 승진, 명망의 큰 격차로 이어졌다. 회의에서 당한 무시, 받지 못한 초대장, 인정받지 못한 공에 관해 불평하는 여성들은 대개 사소한 문제를 크게 만들지 말라는 핀잔을 들었는데, 이 여성들에게 큰 문제란 사소한 문제들이 쌓이고 쌓여 생겨난 것이었다. "성공을 열망하는 여성은 무시당할 것을 걱정해야 한다." 밸리언이 썼다. "그럴 때마다[450] 그녀는 위신을 잃고 주위 사람들은 그녀를 점점 더 진지하게 받아들이지 않게 된다."

밸리언은 사람들이 그들 자신을 편견이 있는 사람으로 생각하는 것을 좋아하지 않는다는 사실을 알았다. 남성과 여성은 모두 능력주의가 지배한다고 믿고 싶어 했다. 편견의 증거에 직면했을 때, 사람들은 존경하는 전문직 여성이나 성공한 여성, 혹은 자신(그들 자신이 성공한 여성인 경우)을 가리키며 편견은 존재하지 않음을 시사했다. 밸리언이 썼다. "그러나 이러한 예외적인 경우[451]가 만연한 현실을 가려서는 안 된다."

로테는 학술위원회의 누구도 성별 스키마에 대한 논의에 관심이 없다는 결론을 내릴 수밖에 없었다. 회의가 끝난 후에도 그녀가 나눠 준 인쇄물이 회의실 테이블에 그대로 남아 있었기 때문이다.

얼마 지나지 않아 캠퍼스에서 비극적인 사건이 발생하는 바람에 시급성이 덜한 문제는 의제에서 밀려나게 되었다. 1997년 9월 조정 경기팀에 들어간 말쑥한 용모의 신입생 스콧 크루거가 입회 서약자로 들어가 살고 있던 교외 남학생 클럽에서 열린 파티 후 알코올 중독으로 사망하는 사건이 발생했다. 클럽 회원들은 서약자들에게 독한 술을 한 병씩 나눠 준 다음 강제로 마시게 했고 의식이 없어진 크루거를 혼자 두었다. 지방 검사는 회원들이 거주하는 곳을 제대로 감독하지 않은 사교 클럽과 MIT에 대한 혐의를 검토하기 위해 대배심을 소집했고, 크루거의 부모는 소송을 계획했다. 고통에 찬 그의 어머니는 기자 회견에서 "아들을 MIT에 보낸 지 5주 만에 이곳으로 와서 그를 상자에 담아 다시 자동차 뒤에 태우고 간다"라며 오열했다. 그의 죽음은 기숙사를 둘러싼 오랜 논쟁에 다시 불을 붙였다. 전통적으로 신입생들은 캠퍼스에서 혼란스러운 첫 주를 보내는 동안 서둘러 살 곳을 택했는데, 많은 신입생이 사교 클럽이나 대학과 연계되지 않은 공동 주택에 정착했다. 재학생들과 졸업생들은 이러한 곳에서 같은 룸메이트와 4년을 함께 지내며 평생의 유대감을 형성했다고 주장했다. 심지어 이들은 학교 측이 더 철저한 관리와 멘토링을 받을 수 있다며 신입생들에게 기숙사 생활을 요구할 때마다 격렬하게 불만을 토로하곤 했다.

로테는 교수회 의장 임기가 1년이 채 남지 않은 때까지도 여성들에 관한 보고서를 잊지 않고 있었다. 1999년 2월 그녀는 래리 바코우가 거의 2년 전에 시작한 대화를 계속할 수 있기를 바라며 보고서에 관한 안건만 가지고 교수정책위원회를 소집했다. 보고서 원본을 MIT 전체 교수진에 배포하는 것이 좋은 생각이라고 여기는 사람은 아무도 없었다. 위원회와 비밀리에 이야기를 나눈 이과대학의 여성들은 보고서의 세부 내용이 공개되면 난처해질 수도 있었다. 하지만 로테는 다른 학교의 남녀들이 선례를 통해 배울 수 있다고 생각했다. 그녀는 낸시에게 여성들이 불평등을 어떻게 인식하게 되었는지, 학장이 그러한 문제들을 해결하기 위해 무엇을 했는지에 대한 설명을 포함해, 위원회의 조사 결과를 요약한 다른 버전의 보고서를 써 달라고 요청했다. 다른 학교들이 모델로 삼을 수 있는, 과정이 담긴 보고서를 말이다. 로테의 요청에는 그녀의 부모님이 마리엔탈의 실업자 주민들을 대상으로 했던 연구와 1959년 그녀가 버드와 함께했던 미국의 초기 해운 경제에 관한 연구에서 얻은 교훈이 반영되어 있었다. 데이터도 중요하지만, 이야기는 사람들을 감동하게 했다. 로테는 낸시에게 이야기를 들려 달라고 말했다.

낸시는 집으로 가 3시간 만에 글을 완성했다.[452] 우선 여성들의 일이 처음에 어떻게 시작되었는지부터 설명했다. 낸시는 메리-루를 만나 이야기를 나눴고, 1994년 여름에는 리사를 만났다. 당시 여성들은 "각자의 경험이 놀랄 만한 것인지, 그들의 인식이 정확한지 확신하지 못했다." 이어 "평생의 노력과 선행이 수포로 돌아갈 수도 있다"라는 두려움에도 불구하고 16명의 여성이 어떻게 버지노에게 보내는 첫 편지에 서명하게 되었는지, 학장이 어떻게 학과장들의 위원회 설립 승인을 얻어 냈는지, 여성들이 어떤 사실들을 발견했는지, 즉 해당 분야에 진출하는 여성의 수가 꾸준히 증가하고 있는데도 여전히 적은 여성 교수의 수, 남성과 여성의 급여·공간·자원의 차이, 종신 재직권 획득 후 여성들이 보이지 않는 존재로 취급되는 실정 등을 설명했다.

"현재의 원로 교수진을 포함해 각 세대의 젊은 여성들은 처음에는 성차별이 이전 세대에서 '해결'되었기 때문에 그들과는 상관이 없다고 믿었다." 낸시가 썼다. "그러나 그들은 경쟁의 장이 전혀 공평하지 않으며, 그 결과 개인적으로나 업무적으로 큰 대가를 치른다는 사실을 점차 깨닫게 되었다."

낸시는 새는 파이프라인에 관해 설명했다. 교수진 중 여성의 비율이 20년 동안 제자리걸음을 하고 있는데, 과거에 그랬던 것처럼 MIT가 '더 많은 여학생은 유기적으로 더 많은 여성 교수로 이어질 것'이라는 가정에 의존한다면 앞으로도 그 비율은 제자리걸음을 할 가능성이 컸다. "소수계 교수진을 상당수 포함시켜야 하는 문제는 훨씬 더 오랫동안 지속될 것이다. 파이프라인에 소수계 학생이 부족한 추가적인 문제가 있기 때문이다."

낸시는 변화에 관해서도 이야기했다. 버지노의 신규 임용 덕분에 MIT 이과대학 여성 교수진의 비율은 사상 처음으로 10%를 넘겼다. 전체적으로는 "여전히 매우 적은" 수였지만, 1999년에는 이과대학의 여성 종신 교수 비율이 "놀랍게도" 40%나 향상될 터였다—1994년에 22명이었던 여성 교수는 1998년 현재 31명이었다. 낸시가 썼다. "이과대학에서 지금과 같은 증가율로 여성을 계속 임용한다고 해도 교수진의 40%가 여성이 되기까지는 40년이 걸릴 것이다."

낸시는 마치 과학 저널에 쓰듯 초록으로 서두를 열고 선언문에 가까운 투로 글을 마무리했다. 어떻게 이런 불평등이 생겨났는가? 30년 간의 소수집단 우대 정책이 시행되었지만, 각자의 분야에서 명성을 떨치고 있는 이 여성들이 희귀한 상품처럼 귀중히 여겨지기는커녕 배제되어 온 이유는 무엇인가? "사람들은 모든 여성 종신 교수가 특별한 대우를 받을 것이라고, 귀한 대접을 받고, 많은 급여를 받고, 하고 싶은 것은 다 할 수 있다고 생각할 것이다." 낸시가 썼다. "하지만 알고 보니 그들은 적은 급여를 받고, 불공평하게 자원을 분배받으며, 대학 내 실질적인 권력에서 배제되어 있었다." 그녀는 한때 자신을 괴롭혔던 생각, 즉 여성들이 "단지 충분히 훌륭하지 않다"라는 생각을 버렸다. 이 여성들 중 거의 절반이 국립과학아카데미나 미국 예술 및 과학 아카데미 회원이었는데, 이는 그들이 평균적으로 학과 내의 남성들보다 훨씬 더 뛰어난 성과를 거두었음을 나타냈다.

"실제로 최초의 여성, 최초의 흑인, 거대한 장벽을 뚫고 나아간 선구자들이 이례적으로 우수하다는 것은 거의 분명하다." 낸시가 썼다. "'소수집단 우대 정책'이라는 용어는 때로 여성이나 소수자라는 이유만으로 사람들을 받아들이는 것을 의미하지만, 이는 MIT에, 특히 MIT의 여성 교수진에게 소수집단 우대 정책이 의미하는 것과는 정반대된다."

낸시는 아무도, 심지어 여성들 자신조차도 차별을 알아보지 못했기 때문에 차별이 계속되었다고 썼다. "차별의 모습은 우리가 차별이라고 생각하는 것과 달랐다. 경험이 쌓인 여성 교수들은 남성 동료와 여성 동료가 대우받는 방식에 차이가 있다는 것을 발견했고, 점차 이것이 차별임을 깨달았다. 하지만 이들이 목소리를 냈을 때 사람들은 이들의 말에 귀 기울이지 않았고 각각의 문제가 그 자체의 '특수한 상황'으로 설명될 수 있다고 믿었다. 여성들이 함께 모여 정보를 공유했을 때에야, 그리고 이 정보를 통해 학과 전체에 걸쳐 데이터를 검토했을 때에야 패턴은 반박할 수 없는 것이 되었다."

로테는 한 가지만 빼고 이 버전을 마음에 들어 했다. 낸시는 학장과 여성들이 하나의 그룹으로서 새로운 세기를 목전에 두고 성차별의 윤곽을 "발견했다"라고 썼다. 로테는 단순히 "차별"이라 부르지 말고 그것이 어떤 모습인지 밝혀야 한다고 말했다. 로테와 낸시와 몰리는 패컬티 클럽에서 마지막으로 한 번 더 만나 점심을 먹으며 함께 문구를 생각했다. 인간의 인지를 연구하는 몰리가 먼저 시작했다. "그들은 차별이 강력하지만 눈에 띄지 않는 가정과 태도의 패턴으로 구성되어 여성 교수진에 체계적으로 불리하게 작용한다는 것을 알게 되었다." 로테가 맞장구를 치며 문장을 완성했다. "명백한 선의에 비추어 보아도."

여성들은 낸시의 요약본을 MIT의 변변찮은 대안 신문인 교수 회보에 실을 준비를 했다. 교수 회보는 《보스턴 글로브》에 보도된 것처럼 24명의 교수진과 86명의 대학원생이 소속된 학과를 학교 측이 기습적으로 폐쇄하기로 하면서 1988년에 시작된 소식지였다. (물리학과의 베라 키스티아코프스키는 공식 대학 신문이나 교수진 회의 중 어느 것도 교수진이 알아야 할 정보를 전달하는 통로 역할을 하지 못한다고 주장하며 교수들에게 새로운 간행물을 위해 후원해 달라고 요청했다.[453])

로테가 낸시의 글을 버지노에게 보여 주자, 그는 글에 대한 짧은 논평을 써 주겠다고 제안했다. 로테는 베스트 총장에게도 그렇게 해 줄 수 있는지 물었다.

베스트 총장과 그의 최고 보좌관들은 보고서가 공유되는 것을 걱정했다. 그로 인해 다른 여성 교수나 은퇴한 여성 교수들이 소급분 급여와 연금 조정을 요구하는 소송을 제기할 수 있었기 때문이다. 그들은 데이터에 대해 걱정했다. 비교가 통계적으로 무의미할 정도로 여성의 수는 너무 적었다. 보고서가 공개되면 '이과대학'의 이미지가 안 좋아지지 않을까? 하지만 버지노와 마찬가지로 베스트는 여성들의 이야기를 통해 이들의 경험이 학과 전반에 걸쳐 얼마나 일관되게 나타나는지를 확인했다. 보고서에 관한 논의가 끝난 후 베스트는 몇몇 여성들과 함께 사무실의 커피 테이블에 둘러앉아 하급 여성 교수들이 급여와 초기 필요 자원을 비교적 잘 지원받고 있다고 느낀다는 말로 대화를 시작했다. 하지만 그는 이제 막 국립아카데미의 회원으로 선출된 화학과 실비아 시어의 반응에 흠칫 놀랐다. "저도 어렸을 땐 아주 긍정적으로 생각했답니다."

늦은 밤 베스트는 메모리얼 드라이브 옆에 있는 총장 사저의 서재에 있다가 보고서에 실을 짧은 서문을 써 달라는 로테의 이메일을 받았다. 그는 고문이나 다른 누군가의 조언 없이 앉아서 자신이 생각하고 있던 것을 써 내려갔다. 그는 스콧 크루거의 죽음 이후 자신의 직감을 믿는 법을 배웠다. 베스트는 그의 죽음에 큰 영향을 받았다. 그에게는 아직 나이가 많지 않은 자녀가 2명 있었다. 그는 뉴욕 북부에서 열린 장례식에 참석해 크루거의 부모님을 뵙고 조의를 표하고 싶었지만, 고문들은 그가 장례식장에 나타나는 것만으로도 분노나 폭력을 불러올 수 있다고 경고하며 그를 말렸다. 그때 이후로 베스트는 자신이 옳다고 생각하는 일을 하지 않은 것을 후회하며 다시는 그런 실수를 하지 않겠다고 마음먹었다. 베스트가 쓴 글은 짧게 쓴 세 단락이 전부였지만, 곧 그나 여성들이 예상했던 것보다 더 널리 인용될 터였다. 그는 작성한 서문을 로테와 버지노, 그리고 낸시에게 보냈다. 낸시는 이메일을 열어 본 후 그 내용에 압도되어 가만히 등을 기대고 앉았다. 과학계에 몸담은 여성으로서 자신이 얼마나 불이익을 받았는지 깨닫는 데 20년이 걸렸다. 그 모든 시간 동안 그녀는 총장 역시 그러한 사실을 이해할 수 있으리라곤 상상도 하지 못했다.

베스트가 쓴 글 일부는 이러했다. "나는 늘 현대의 대학 내 성차별이 부분적으로는 현실, 부분적으로는 인식이라고 믿어 왔다.[454] 그렇지만 이제는 현실이 훨씬 더 큰 부분을 차지한다는 것을 이해하게 되었다."

_____ 몇 주 후 낸시는 MIT에서 1년간 공부하는 기자 그룹인 나이트 펠로우스Knight Fellows에 제브라피시를 소개했다. 질문 시간이 되자 《사이언스》의 한 기자가 생물학 분야에서 여성으로 일한다는 것이 어떤 건지 물었다. 낸시는 그런 질문을 하다니 재미있다고 대답했다. 낸시는 지난 4년의 대부분을 MIT의 여성 교수진에 대한 처우를 조사하는 데 보냈고, 교수 회보에 실을 보고서를 이제 막 끝낸 상태였다. 그녀는 수업이 끝난 후 남아 나이트 펠로우스의 책임자이자 오랫동안 과학 기자로 활동했던 보이스 렌스버거와 이야기를 나누었다. 그는 낸시에게 보고서가 뉴스거리가 될 것 같은데 《보스턴 글로브》와 《뉴욕 타임스》의 지인들에게 이에 대해 알려 줘도 되겠는지 물었다. 낸시는 반대했다. 여성들이 늘 자신의 고충을 언론에 알리고 싶지 않

다고 말해 왔기 때문이다. 하지만 사무실로 돌아온 낸시는 그의 제안을 다시 고려했다. 그러면서 총장의 발언이 얼마나 놀라웠던지를 생각했다. 낸시는 보이스에게 전화를 걸어 베스트의 발언에 관해 이야기했다. 그녀는 이 발언이 실제로 보고서를 뉴스거리가 되도록 해 줄 거라 생각했다. 보이스도 이에 동의했다. 용기를 낸 여성들과 보고서의 결론을 인정한 척 베스트, 그에게 이것은 영웅의 이야기였다. 그리고 논리와 숫자가 지배하는 MIT의 이야기였다. 데이터는 승리했다.

보이스의 정보는《보스턴 글로브》의 보도국에서 두 사람을 거쳐 내게 전달되었는데, 당시 나는 약 6개월 동안 고등교육에 대해 취재하고 있었다. 물리학자인 아버지로부터 물리학에 종사하는 여성이 얼마나 부족한지, 밀리 드레슬하우스가 이를 개선하기 위해 얼마나 노력했는지 듣긴 했지만, 성차별에 관한 이야기는 좀처럼 믿기 힘든, 시대와 맞지 않는 것처럼 들렸다. 때는 1999년 3월이었다.《타임》과《뉴스위크》는 영부인으로서 두 번째 임기를 맞는 힐러리 클린턴의 용감한 새 삶에 관한 표지 기사로 그 달을 시작했다. 남편의 당선과 백악관을 지키기 위해 자신의 성last name, 야망, 헤어스타일을 바꿔 가면서 오랜 세월 동안 여론의 뭇매를 맞았던 그녀는 이제 민주당에서 상원 의원 출마를 권유할 정도로 인정을 받고 있었다. 상원 의원은 그녀의 첫 선출직이 되었고, 이는 필연적으로 그녀가 대통령 선거에 출마할 것이라는 추측으로 이어졌다. 전 교통부 장관이자 지난 공화당 대선 후보의 부인인 엘리자베스 돌은 내년에 있을 대선 출마 의사를 막 밝힌 참이었다. 그리고 여성으로서는 처음으로 매들린 올브라이트가 국무장관으로서 세계 무대에서 미국을 대표하고 있었다.

차별은 정착되었거나 적응되었다. 차별이 존재하지 않는다고 말하는 사람은 아무도 없었지만, 차별은 동기를 부여하는 요소로도 보이지 않았다. 여성의 해 이후 의회에 출마하는 여성의 수[455]는 감소했고, 9개월 전에는 "페미니즘은 죽었는가?"[456]라는 질문이 《타임》 표지에 실렸다. 잡지가 마지막으로 이 질문을 던진 지 10년이 안 된 시점에서 그 대답은 완전한 '그렇다'였다. 여성들이 페미니즘을 원하지 않아서가 아니라, 더 젊은 여성들이 이제 페미니즘은 필요하지 않다고 생각해서였다. 이전 세대는 현세대가 더 즐기고, 더 꾸미고, 사회적 변화나 직업에 대한 집착을 줄이는 등 "성을 긍정적으로 보는" 페미니즘을 채택할 수 있게 해 주었다. 텔레비전에서 메리 타일러 무어의 역할을 물려받은 앨리 맥빌은 보스턴에서 일하는 허구의 30대 변호사로, 낮에는 옆 사무실에서 일하는 전 남자 친구에 대한 음모를 꾸미며 시간을 보냈고, 밤에는 때맞춰, 짐작건대 앨리의 똑딱거리는 생체 시계에 맞춰 춤추는 아기의 환영에 시달렸다. '칙릿chick lit(주로 20대와 30대 미혼여성의 일과 사랑을 주제로 한 소설 장르—옮긴이)'이라는 새로운 장르의 베스트셀러는 『오만과 편견』을 각색한 『브리짓 존스의 일기』였는데, 까칠한 다아시에 대한 여주인공의 열망은 매일의 체중 측정과 비워 낸 술병으로 묘사되었다.

하지만 MIT의 여성들은 무언가 신선한 것을 말하고 있었다. 1995년 2명의 심리학자가 훈련, 고정관념, '과거 경험의 흔적'[457]에 의해 인식이 어떻게 형성되는지를 설명하는 중대한 논문을 쓴 바 있었다. 이에 따르면, 명시적으로 편견을 부인하는 사람들도 사회적 상호작용에 편견을 불러왔다. 그러나 내포된 혹은 무의식적인 편견의 개념은 아직 널리 사용되지 않고 있었다. 로테는 보고서에서 이렇게 설명했다. "보고서의 핵심적인 결론[458]은 1990년대의 성차별은 미묘하지만 만연해 있으며, 남성과 여성 모두에게 주로 사회화된 무의식적 사고방식에서 비롯된다는 것이다. 이러한 형태의 성차별은 노골적인 불평등과 성폭행과 협박을 견뎌 내면서도 말을 꺼내지 못했던 지난 수십년 전을 생각하면 분명히 나아진 것이다. 우리는 모두 이에 고마워한다. 하지만 이러한 좀 더 미묘한 형태의 차별의 결과도 똑같이 진짜이고, 똑같이 사기를 꺾는다."

MIT가 성차별을 인정한 것은 사람이 개를 문 이야기만큼이나 예기치 못한 일이었다.

나는 낸시에게 전화를 걸어 이 모든 일이 어떻게 시작되었는지 물었다. 그녀는 공간 전쟁에 대해 말하면서 수조를 놓을 공간이 필요했지만 거절당했던 이야기, 자신보다 경력도 짧은 남성들이 더 넓은 공간을 차지하고 있다는 것을 알게 된 이야기를 들려주었다.

나는 남자들의 공간이 더 넓다는 것을 어떻게 알게 되었는지 물었다.

"재봤죠. 줄자로요." 세상에서 가장 당연한 답이라는 듯이 그녀가 덧붙였다.

어쩌면 정말일지도 몰랐다. 멘스 앳 마누스. 정신과 손. MIT에서 또 뭘 기대할 수 있을까? 줄자는 그레이트 돔 위에 경찰차를 올려놓는 것보다는 좀 더 감지하기 힘든 것이었지만, 그녀의 행동 역시 해킹이라는 생각이 들었다. 기사가 될 것 같았다.

하지만 로테는 《보스턴 글로브》와 인터뷰하는 것에 관심이 없었고 낸시도 그래 주기를 바랐다. 로테는 이 보고서를 캠퍼스 외부에 공개할 생각이 없었다. 그녀는 베스트와 버지노가 배신당한 기분을 느낄까 걱정했다. 교수진이 신문에서 먼저 보고서에 관해 읽게 되는 것도 원치 않았다—교수 회보는 정확히 이런 유형의 놀라움을 방지하기 위해 생겨난 것이었다. 낸시의 보고서가 실린 회보는 아직 인쇄되지 않은 상태였다.

로테는 교수 회보가 배포될 때까지 기사 쓰는 것을 기다려 줄 수 있는지 《보스턴 글로브》에 물었다. 《뉴욕 타임스》가 이 사실을 알게 될까 봐—보이스가 아니더라도 다른 교수진이 연락했을 수 있었다—걱정했던 《보스턴 글로브》는 더는 지체하고 싶지 않았다. 누군가 보고서를 새로 생긴 교수 회보 웹사이트에 올리는 해결책을 제안했지만, 로테는 그렇게 하는 데 어려움이 있다고 전했다. 이 학교가 MIT라는 점을 고려하면 그녀의 말은 좀 의심스러워 보였다. 《보스턴 글로브》는 일요일에 기사를 내겠다고 고집했다.

캠퍼스에서는 봄 방학을 맞은 학생들이 떠나고 있었다. 로테는 회보에 실을 최종 보고서를 서둘러 정리하며 정신없는 한 주를 보냈다—여성 교수의 수가 20년 동안 제자리걸음을 했다는 것을 보여 주는 표와 그래프를 추가했다. 그녀는 《보스턴 글로브》의 헤드라인이 차별을 강조하고 MIT가 여성들의 문제를 해결하기 위해 했던 일은 무시할까 걱정했다. 총장이 그녀에게 책임을 물을지도 몰랐다. 다음 주에 있을 학술위원회 모임에 어떻게 얼굴을 내밀까?

로테는 금요일 오후에 보고서에 대한 논평을 작성한 뒤, 교수들에게 보고서를 첨부해 이메일을 보내면서 일요일이 되면 《보스턴 글로브》에 기사가 실릴 것이라고 썼다. 5시쯤 그녀는 전송 버튼을 누르고 집으로 가 초조한 마음으로 주말을 보냈다.

기사는 3월 21일《보스턴 선데이 글로브》1면 상단에 실렸다. 로테는 헤드라인을 보고 움찔했다.

MIT 여성들, 편견과의 싸움에서 승리하다
이례적으로, 학교가 차별을 인정하다

낸시는 신문을 흘낏만 보고도 안절부절못하게 되었다. 그녀는 집에 있으면 앉아서 걱정만 할 것 같아 서둘러 연구실로 갔다. 그리고는 도착하자마자 이메일을 확인했다. 척 베스트에게서 메일이 한 통 와 있었다. 제목: "축하합니다." 그는 가차 없지만 공정한 기사였다고 말하며 그 공을 여성들에게 돌렸다.

곧 낸시가 모르는 여성들에게서도 이메일이 왔다. 그중 최근 MIT에서 물리학 박사 과정을 그만둔 한 젊은 여성은 "고맙고, 고맙고, 고맙고, 고맙고, 고맙습니다"라고 썼다. "차별은 보통 감지하기 어려운 것일 순 있어도 부인할 수 없는 사실입니다. 여러분의 행동 덕분에 미래의 여성들이 MIT를 더욱더 일하기 좋은 곳으로 느끼게 되길 바랍니다."

월요일 아침이 되면서 기사는 사람들에게 완전히 영향을 끼치기 시작했다. 메리-루는 MIT가 여성 교수진에 대한 차별을 인정했다는 시계 라디오의 소리를 들으며 잠에서 깼다. 꿈을 꾸고 있는 걸까? 6번 건물에 도착한 버지노는 복도에서 자신을 기다리고 있는 CBS 이브닝 뉴스의 카메라맨들을 발견했다. 리 로이든은 캠퍼스 위쪽 그린 빌딩의 사무실에 있었는데, 한 동료(스코틀랜드 출신의 지구화학자인 몇 년 선배)가 《보스턴 선데이 글로브》의 1면을 흔들어 보이며 그녀의 방으로 불쑥 들어왔다. "1면 상단!" 그가 외쳤다. "당신이 1면 상단에 나왔어요!" 리는 그 말이 여성들이 함께해 온 여정에 대한 적절한 은유라고 생각했다.

낸시가 암센터의 사무실에 도착했을 때 전화벨이 울렸다. 라디오 방송국에서 걸려 온 전화였다. 축하 전화와 기자들의 전화가 거의 끊임없이 온종일 울렸다. 화요일에는 《뉴욕 타임스》의 1면에 이 보고서를 MIT의 "놀라운 인정"[459]으로 선언하는 기사가 실렸다. 신문사 편집국은 그러한 인정을 이렇게 환영했다. "다른 학교와 다른 직장의 여성들[460]도 성 편견과 유리천장의 문제에 주의를 촉구해왔다. 하지만 MIT의 조사는 남성 중심의 과학계에서 뛰어난 성과를 거둬 온 여성 종신 교수를 대상으로 했다는 점에서 특별하다. 이들의 편견에 대한 집단적 경험은 특수한 상황으로 설명될 수 없었다. 이 조사는 노골적인 괴롭힘이나 협박이 없어도 차별이 얼마나 만연하고 파괴적일 수 있는지를 매우 명확하게 입증하기 때문에 상당한 사회적 가치가 있다."

《뉴욕 타임스》 보도가 나간 후, 플로리다와 켄터키, 싱가포르, 중국에서 보고서를 자신의 이야기로 말하는 여성들의 이메일이 쇄도했다. 디트로이트에 있는 웨인주립대학교의 한 화학자는 《뉴욕 타임스》 기사가 나간 후 24시간 만에 "4개 대학 5명의 여성 교수로부터 기사와 보고서를 읽고 그에 관해 논해 보자는 다섯 통의 이메일을 받았다"라고 썼다.

시애틀의 한 암 연구원은 여성 동료들 사이에서 오가는 대화를 이렇게 설명했다. "그냥 일하러 나오기 싫은 날이 있습니다. 무의식적이지만 체계적으로 우리를 무시하는, 잘난 척하고, 자기만족에 빠져 있으며, 독선적인 남자들과 직면해야 한다는 것을 아는 날이죠. 그 박탈감 때문에 얼마나 많은 에너지와 재능이 낭비되는지. 대개는 해야 할 일을 생각하고 그러한 기분을 무시할 수 있지만, 늘 그런 것은 아닙니다. 오늘 아침 기사를 보면서 저는 제가 편집증적인 정신병자가 아니라, 이러한 일이 실제로 일어나고 있다는 사실에 안심하게 되었습니다."

낸시의 줄자는 여성들이 어떻게 설명해야 할지 몰랐던 감정을 정량화할 수 있는 새로운 방법, 즉 시간이 지나면서 쌓이는 모든 모욕감을 측정할 방법을 제공했다. "여성들의 기반을 약화하는 이러한 태도는 너무 만연해 있어서 여성 대학원생들조차도 모든 교수진을 똑같이 대하지 않는다." 뉴욕의 한 생화학자가 썼다. "연구실의 크기, 연구실에서 일하는 사람의 수, 최신 장비, 정말로 중요한 정책을 결정하는 위원회의 구성원 등 이 모든 미묘한 것들이 여성 교수진을 전적으로 동등하지 않은 존재로 인식하는 데 기여한다." 알래스카대학의 한 해양생물학자는 자신과 여성 동료들도 비슷한 분석을 할 수 있길 바란다고 썼다. "힘겨운 투쟁이 되겠지만, 기사에 쓰인 대로 데이터 기반의 조사가 수행된다면 기회가 있을 것이다. 이름 높은 MIT가 한 것처럼 주의 깊게 데이터를 패턴화한다면 사소하고, 어리석고, 무의미하다는 비난을 받지도 않을 것이다. 잘 해결할 방법이 없었을 뿐, 문제가 있다는 것은 아주 오래전부터 분명했다."

다음 달 '동일 임금의 날'에 낸시와 버지노는 백악관의 초청을 받고 연단에 앉게 되었다. 낸시는 몹시 놀란 채로 클린턴 대통령 부부가 데이터를 분석해 불평등을 해소할 수 있도록 다른 기관들을 독려하는 연설을 들었다. 곧이어 낸시에게 전국의 대학에서 수백 건의 강연 요청이 쏟아졌다. 그해 말,《크로니클 오브 하이어 에듀케이션》은 "아니타 힐[461]이 성희롱에 대해 해낸 일을 낸시 홉킨스는 성차별에 대해 해냈다"라고 찬양했다.

대학들은 거의 즉시 성별에 따른 급여의 차이를 바로잡기 시작했다. 그중 일부 대학은 이 문제에 대해 이미 알고 있었지만 바로잡아야 할 시급한 이유가 없다고 생각했었다. 일부 여성들은 이를 '낸시 홉킨스 인상'이라고 불렀다. 아무도 여성 교수진을 차별해 곤란해지고 싶어 하지 않았다. 게다가 보고서는 MIT를 곤란하게 하지 않았고 오히려 대담해 보이게 했다. 하버드 의대의 저명한 정신과 의사인 레온 아이젠버그는 척 베스트에게 이렇게 썼다. "'중립적인' 과학적 연구의 문제[462]에서 중요시되는 데이터와 그 결과가 공언된 신념과 정책에 위배되는 내부 문제를 밝힐 때의 데이터는 또 달랐습니다."

사실상 하룻밤 사이에 MIT는 고등교육계에서 성평등을 주창하는 선도자가 되었다. 포드 재단[463]과 애틀랜틱 박애재단은 MIT가 다른 학교와 협력해 이공계 여성의 수를 늘릴 수 있도록 MIT에 100만 달러의 보조금을 지원했다. 베스트 총장은 다른 8개 명문 대학—버클리대, 캘텍대, 하버드대, 프린스턴대, 스탠퍼드대, 예일대, 미시건대, 펜실베이니아대—의 지도자들을 소집해 여성이 공평하게 대우받고 여성 교수의 수가 해당 분야의 학생 수를 반영할 수 있도록 몇 가지 조치를 함께 약속했다. 버클리대의 로버트 버달 총장은 한 회의에서 에이브러햄 링컨이 해리엇 비처 스토에게 했던 말을 인용해 "당신이 위대한 전쟁을 일으킨 여성이로군요!"라고 낸시에게 인사했다.

국립과학재단은 MIT의 모범 사례를 전국적으로 확대하기 위해 새로운 프로그램을 만들었다. 수년 동안 재단은 여성들에게 개별적으로 보조금을 지급해 왔지만, '어드밴스ADVANCE'라는 새 프로그램을 통해 대학들이 데이터를 모아 차이를 파악하고 시스템을 변경해 평가, 채용 관행, 강의 배정 등에서 여성의 연구 수행이 공정히 진행되도록 자금을 지원했다. 이후 20년 동안 재단은 3억 6,500만 달러를 들여 전국 217개 기관에 프로그램을 수립했다.

1999년 가을, MIT의 교무처장 밥 브라운은 MIT 4개 학교의 학장들에게 여성들의 현황을 분석하기 위한 위원회를 꾸려 데이터를 수집하고 여성 교수진과 면담하도록 지시했다. 2002년 이에 대한 보고서가 완성되었을 무렵에는 여성 교수들의 수가 이미 증가하고 있었다. 가장 눈에 띄는 변화는 이과대학의 여성들을 지켜보면서 그들을 무척이나 따라 하고 싶어 했던 로나 깁슨이 있던 곳, MIT에서 가장 큰 학교인 공과대학에서 일어났다. 공대 여성의 수는 4년 만에 거의 2배가 되었는데, 이는 주로 더 많은 여성이 포함되도록 모든 구직자 풀을 확대해야 한다는 학장의 주장 덕분이었다. 이과대학의 여성 교수는 22명에서 34명으로 증가했다. 고위 관리직에 오른 이공계 여성의 수는 1999년에 1명이었지만 2003년에는 10명으로 증가했다. 심지어 여성들의 일이 시작되었을 때 여성 교수가 전혀 없었던 수학과에도 이제는 4명의 여성 종신 교수가 있었다.

1999년 12월 버지노가 모교인 토론토대학의 총장으로 임명되자 이과대학의 여성들은 그들의 가장 큰 동맹을 잃을까 봐, 또 그들이 함께 이룬 진전이 수포가 될까 봐 걱정했다. 밥 브라운 교무처장은 교수진 다양화 위원회를 신설해 교수진에 여성뿐만 아니라 소수자의 수도 늘려 달라는 여성들의 요구에 대응했다. 브라운은 낸시와 부교무처장이자 도시연구 및 계획과의 전 학과장이며 흑인인 필 클레이를 위원회의 공동의장으로 임명했다. 브라운은 낸시에게 이 새로운 직책과 함께 최고 정책 결정 위원회인 학술위원회와 대학 전체의 모든 채용 및 승진, 교수 급여를 검토하는 위원회 내 소규모 그룹에도 자리를 마련해 주었다. 낸시는 대학의 진전에 다시 한번 놀랐다. 콧수염을 기른 텍사스 출신의 직설적인 브라운은 이를 실질적인 문제로 인식했다. "과학의 목표가 세계에서 가장 어려운 문제들을 해결하는 것이라면, 세계 인구의 절반을 제외할 이유가 있을까요? 우리는 엔지니어입니다." 브라운이 낸시에게 말했다. "우리는 문제를 해결하죠."

과학계 여성들은 수년 동안 이 문제를 해결하려 노력했다. 1990년 비슷한 보고서가 발표된 후 존스홉킨스대학은 여성위원회를 소집했고, 이듬해 하버드대학의 컴퓨터과학자 바버라 그로스는 한 위원회를 이끌며 하버드가 과학 분야의 대학원 과정과 교수진에 여성을 끌어오는 데 "심각할 정도로 소질이 없다"[464]라고 평가했다. 1994년부터 연례 보고서를 작성해 온 하버드의 또 다른 여성 그룹은 1996년 여성 교수의 수가 여전히 "말도 안 되게 적으며",[465] 여성들은 내부에서 종신 재직권을 얻을 가능성이 낮고, 얻는다 해도 남성 교수가 1달러를 버는 동안 88센트를 벌 뿐이라고 보고했다.

《샌프란시스코 크로니클》이 사설에서 밝힌 것처럼 MIT의 보고서는 다음과 같은 이유에서 더욱 강력했다. "그 차이는⋯[466] 미국에서 가장 명망 있는 대학 중 하나인 MIT의 존경받는 총장이 보고서를 무시하지 않았을 뿐만 아니라, 차별의 존재를 인정하고 이를 해결하기 위해 조치를 취했다는 점이다."

루스 페리는 남성들을 영웅처럼 보이게 했다고 낸시를 책망했다. 하지만 낸시에게 그들은 영웅이 맞았다. 낸시가 학장에게 보내는 첫 편지에 서명한 다른 15명의 여성이 없었다면 아무 일도 해낼 수 없었을 것처럼, 여성들은 버지노와 척 베스트가 없었다면 그러한 일을 해낼 수 없었을 것이다.

이 보고서는 또한 과학계에 여성이 그처럼 적은 이유에 대한 오래된 가정, 즉 여성들이 충분히 똑똑하지 못하거나 아이 때문에 시간을 뺏겨 제대로 해내지 못할 것이라는 가정 그리고 해결책은 고등학교와 대학교에서 더 많은 여학생이 과학과 수학 강의를 듣도록 하는 것이라는 가정을 무너뜨렸다. MIT의 보고서가 제시한 과제는 여성을 완전한 참여자로서 인정하고, 그저 딸이 아닌 동료, 상사, 리더로서 지원하는 것이었다.

1999년 3월에 낸시가 교수진에게 보낸 보고서에 쓴 것처럼, 그것은 발견이었다. "많은 발견과 마찬가지로 처음에는 놀랍고 예상치 못한 일이었다. 하지만 일단 '알아차리고 나면', 그 사실은 거의 분명해 보인다." 이 발견은 일련의 실험들을 통해 이루어졌다. 과학의 길을 택한 것은 실험이었다. 제브라피시로 연구 분야를 바꾸고, 메리-루에게 점심을 같이 먹자고 권하고, 1994년 8월 그날 버지노의 회의실에 나타난 것도 실험이었다. 그들은 운 좋게도 자신의 시각을 넓히는 데 열려 있는 학장과 총장, 그리고 다른 사람들보다 훨씬 앞서 수십 년 동안 여성의 문제에 관해 고민해 온 교수회 의장을 만났다. 그 모든 실험은 수십 년 전 짐 왓슨의 연구실에서 한 박사 후 연구원이 낸시에게 제시했던 가설, "우리는 당신이 그 사람일 수도 있다고 생각합니다"에 대한 시험이었다. 낸시는 가설을 증명했다. 다른 여성들과 학장에게 보내는 편지에 이름이 올라가지 않은 그들 전후의 수많은 여성도 마찬가지였다. 예외적인 여성은 많았다.

에필로그

_____ 2005년 1월 낸시는 마침내 '여성들의 일'은 끝났다고 마음속으로 다짐했다. 하지만 친구의 부탁으로, 그녀는 케임브리지에서 이공계 인력 다양화를 주제로 하루 동안 열리는 소규모의 콘퍼런스—참가자는 50명 정도—에 참석해 한 번 더 강연을 하기로 했다. 행사는 그녀가 브룩과 함께 살던 아파트에서 모퉁이를 돌면 나오는 매사추세츠 애비뉴의 국립경제연구국에서 열렸다. 점심 시간의 연사는 MIT 출신의 하버드 총장이자 전 재무장관이며 당대 가장 뛰어난 경제학자 중 1명으로 꼽혔던 래리 서머스Larry Summers였다.

고상함과 통념을 참을 수 없었던 서머스는 관객들에게 주최 측에서 자신을 초대했을 때 자신이 "별로 하고 싶지 않은" 하버드의 다양성 정책에 관한 강연을 원하는지, 자신이 좀 더 끌리는 "몇 가지 질문과 어느 정도의 도발"을 원하는지 물었다는 말로 이야기를 시작했다. 그는 도발했다. 하지만 과학계에 종사하는 여성의 수가 남성의 수와 "상당히 차이"가 나는 현상에 대해 그가 제시한 가설은 지난 세기 중반부터 수년 동안 반복적으로 제시되어 온 것이었다.

첫째, 그는 과학은 역사적으로 기혼 남성이 기혼 여성보다 더 적극적으로 해 온 높은 수준의 헌신—주당 80시간—을 요구하며, 20대 여성은 이를 거부하고 있다고 말했다. 둘째, 그는 아마도 엘리트 과학의 미래를 예측하는 지표인 표준화된 수학 시험에서 더 많은 남학생이 여학생보다 매우 높은 점수를 받았다는 점을 고려할 때, 남성과 여성은 "적성의 효용이 다르다"[467]라고 말했다.

회의실 중앙에 있는 말굽 모양의 테이블에 다른 발표자들과 함께 앉아 있던 낸시는 "주당 80시간"이라는 말에 귀를 쫑긋 세우고 자신이 맞게 들은 건지 확인하기 위해 서머스의 말을 주의 깊게 들었다.

"따라서 여러분을 자극할 만한 이야기이긴 하겠지만, 이 모든 상황의 배경에 대해 가장 그럴듯한 추측을 해 보자면, 단연코 가장 지배적인 요인은 가족에 대한 사람들의 정당한 욕구와 고용주의 고출력·고강도에 대한 욕구 사이의 전반적인 충돌입니다. 또 이공계와 같은 특별한 경우, 본질적인 적성 문제가 있다는 것입니다…."

"본질적인 적성" 대목에서 낸시는 옆에 있는 여성 쪽으로 몸을 틀었다. 그 여성은 1976년 과학계에 소수자 여성으로 있는 것에 관한 보고서 〈이중구속〉의 저자로, 당시 미국과학진흥회에서 일하고 있던 셜리 말콤이었다.

"더는 참을 수가 없군요. 나갈까요?"

"못 나가요." 셜리가 말했다. "제가 다음 발표자거든요."

낸시는 일부러 노트북을 닫아 가방에 넣고, 마지막으로 커피를 한 모금 마신 다음, 의자를 뒤로 밀고 일어났다. 그녀는 아무도 자신이 화장실에 가거나 예정된 약속 때문에 슬쩍 빠져나가는 걸로 생각하지 않도록 잠시 서 있었다. 그리고는 춥고 비 오는 오후의 거리로 걸어 나와 도로 경계석에서 공회전 중인 서머스의 검은색 타운카—번호판 1636, 하버드 창립 연도—를 지나쳤다.

사무실로 돌아오니 지난주에 논의했던 기사를 확인하고 콘퍼런스는 어땠는지 묻는 《보스턴 글로브》 기자의 이메일이 와 있었다. "래리 서머스의 발표를 듣다 방금 나왔습니다." 낸시가 답장을 썼다. "아직도 몸이 떨리는군요."

이 일로 과학계 여성에 관한 기사가 다시 쏟아지기 시작했고 오래된 논쟁에 불이 붙었다. 여성이 과학을 잘하지 못하고 좋아하지 않기 때문에, 과학계에서 최고의 위치에 오를 여성이 부족한 것일까? 아니면 여성들이 과학을 잘하지 못하고 좋아하지 않는다는 이야기를 반복적으로 들어서 그런 것일까?

특약 칼럼니스트인 조지 윌은 낸시가 비과학적이고 표현의 자유에 대한 적이며 "히스테리"를 부린다고 비난했다. 《애틀랜틱》은 낸시 그리고 서머스에 반대하는 다른 여성들을 "자신과 친구들을 위한 은근한 직업적 우대나 특정 할당량"을 요구하는 "출세주의 페미니스트"로 일축했다. 하버드대 심리학 교수이자 서머스에게 영향을 미친 책의 저자인 스티븐 핑커는 《뉴퍼블릭》에서 성차별에 반대하는 노력이 젊은 여성들을 "좋아하지 않는 분야"로 몰아넣을 수 있다고 우려했다.

거의 20년이 지났지만 할 일은 아직 남아 있었다. 2018년 국립과학공학의학아카데미가 2018년에 발표한 획기적 보고서[468]에 따르면,

여성 교수진의 50%가 성희롱을 경험했고, 이들의 가장 큰 불만은 "성적 강제"가 아니라 그들의 지적 능력에 대한 무시, 배제, 그리고 20년 전 MIT 여성들이 설명했던 주변화와 같은 것이었다.

하지만 그들이 이룬 진전 역시 부인할 수 없다. MIT 보고서가 발표된 이후, 과학·기술·공학·수학 부문에 종사하는 여성이 불균형적으로 적은 이유에 대한 조사와 여성의 대표성을 높이고 여성을 해당 분야의 완전한 참여자로 대우하기 위한 전략에 대한 연구가 폭발적으로 증가했다. 그러한 노력은 여성뿐만 아니라 전통적으로 소외된 집단의 다른 사람들도 포함될 수 있도록 점차 확대되었다.

이러한 전략 중 일부[469]는 기본적인 것이다. 즉 연구실 바닥의 길이를 재기 위해 줄자를 늘이는 것과 크게 다르지 않다. 예를 들어 공간 추론 시험에서 더 높은 점수를 받는 쪽은 남학생들이지만, 여학생들에게 지금 하는 것이 '수학 과제'가 아닌 '미술 과제'라고 말하면 성별에 따른 점수 차는 사라진다. 물리학과 수학 등 타고난 '총명함'이 필요하다고 여겨지는 분야는 더 많은 남성의 관심을 끄는 반면, 여성은 '노력'이 필요하다고 여겨지는 분야에 진출할 가능성이 더 크다.

과학계 여성에 대한 오랜 사고방식을 뒤흔드는 또 다른 전략은 최고의 업적을 이룬 여성들의 사례를 들어 대응하는 것이다. MIT 보고서가 발표된 후 더욱더 많은 사례가 생겨났다. 1999년 7월 흑인 여성 최초로 MIT에서 박사 학위를 취득한 셜리 앤 잭슨은 랜셀러폴리테크닉대학교의 총장이 되어 23년 동안 자리를 지켰다. 2001년에 이르러서는 3명의 여성이 펜실베이니아대, 브라운대, 프린스턴대의 총장이 되었는데, 프린스턴대의 총장인 셜리 틸그먼은 미혼모로서 두 자녀를 키운 분자생물학자이자 국립아카데미회원이었다. MIT가 신경과학자인 수전 호크필드를 최초의 여성 총장으로 선출했듯, 2007년 하버드도 최초의 여성 총장을 선출했다. 2016년에는 1994년 밥 버지노에게 보내는 편지에 서명했던 16명의 여성 중 1명인 마샤 맥넛이 국립과학아카데미를 이끄는 최초의 여성이 되었다. 또한 다른 3명—페니 치점, 앤 그레이비엘Ann Graybiel, 조앤 스튜베—도 밀리 드레슬하우스처럼 국립과학훈장을 받았다.

2020년에는 천체 물리학자이자 맥아더 천재상 수상자인 네르기스 마발와라가 여성 최초로 MIT 이과대학을 이끌게 되었다. 2021년 백악관은 대통령 과학기술자문위원회를 이끌 사람으로 여성 2명을 최초로 지명했다. 1명은 여성위원회 설립 후 버지노가 기용한 인원 중 하나인 지구물리학자 마리아 주버—나사의 행성 탐사 임무를 이끌었던 최초의 여성이자 MIT에서 과학 학부를 이끈 최초의 여성이었다—였고, 다른 1명은 화학공학자이자 노벨상 수상자인 프랜시스 아널드였다. (대통령의 과학 고문인 에릭 랜더가 위원회의 3대 공동의장으로 있었지만, 백악관 조사 결과 동료들을 비하하고 무시했다는 사실이 드러나면서 2022년 2월 사임했다.)

코로나19 백신을 개발하기 위해 초고속으로 달리던 전 세계의 과학자들이 그 열쇠를 발견한 곳은 수년간의 무시와 저임금에도 불구하고 mRNA를 이용하는 기술 개발을 고집해 온 65세의 여성 카탈린 카리코의 연구실이었다.

낸시 역시 계속해서 성과를 내고 명예를 얻었다. 2004년 즈음 그녀는 제브라피시의 유전적 검색을 완료해 배아 발달에 중요한 유전자의 25%를 식별했다. 그리고 미국예술과학아카데미, 국립의학아카데미, 그리고 국립과학아카데미의 회원으로 선출되었다.

낸시는 하버드 출신의 뉴욕 변호사 디니 애덤스와 사랑에 빠지기도 했다. 서로 아는 친구의 집에서 특별한 주말을 보내는 동안 만난 두 사람은 2007년 7월 허드슨강 변에 있는 그의 집 근처에서 결혼했다.

현재 낸시의 유명한 줄자는 MIT 박물관에 보관되어 있다. 하지만 그녀의 '여성들의 일'은 아직 끝나지 않았다. 낸시는 하비 로디시와 함께[470] "보스턴 생명공학계 여성들의 문제"를 진단하는 글을 작성해 《보스턴 글로브》에 기고했다. 이들에 따르면 생명공학 기업을 설립하거나 이러한 기업의 이사진에 있는 여성의 수는 불균형적으로 적었다. 이를 계기로 낸시는 수전 호크필드 그리고 자신을 멘토라 부르는 생화학공학 교수이자 생명공학 기업가 샌기타 바티아와 함께 새로운 계획을 세우게 되었다. 이들은 보스턴 바이오테크 워킹 그룹을 설립하고 낸시의 1999년 보고서를 바탕으로 만든 보고서를 2021년 초 MIT 교수 회보에 발표해 그간의 노력을 알렸다. 또한 미래 창업자 교육 프로그램과 벤처 캐피털 회사의 서약을 통해 수십 년간 생명공학 기업가들 사이에서 계속되어 온 여성 배제의 문제를 해결하려 노력하고 있다.

낸시는 이러한 '여성들의 일' 덕분에 생물학 2 강의를 처음 듣던 열아홉 살에 꿈꿨던 그대로 인간 행동을 연구할 수 있게 되었다고 공개석상에서 자주 말하곤 한다. 최근에는 하버드 신경생물학자 및 1,600장 분량의 교과서를 통해 비공식적인 연구를 하는 등 인간 행동 이면의 신경과학에 다시 관심을 돌리고 있다. 그녀는 세포와 분자의 측면에서 인간 두뇌의 복잡한 기능을 이해할 수 있을지 모른다는 가능성에 새로이 놀랐다. 60년이 지난 지금도 그녀가 한때 과학에 대한 집착이라고 불렀던 것, 즉 다음 문제와 예기치 않은 기발한 탐구가 주는 흥분은 여전히 그녀의 원동력이 되고 있다.

서명에
참여한
16명에 대하여

_____ 1994년 7월 로버트 버지노 학장에게 보내는 편지에 서명한 여성들은 여러 면에서 예외적으로 뛰어난 인물들이었다. 몇 가지 예를 들면, 2019년 미국에서 일하는 박사 학위가 있는 과학자 85만 7,200명 중 국립과학아카데미 회원으로 선출된 과학자는 0.5%가 채 안 된다. 그에 반해 MIT 여성 16명의 경우 68%가 국립과학아카데미의 회원이며, 그중 1명은 현재 여성 최초로 아카데미의 회장직을 맡고 있다. 국립과학훈장을 받은 미국 과학자는 이보다 훨씬 더 적은 비율을 차지한다(1962년 처음 수여된 이래 훈장을 받은 사람은 506명에 불과하다). 하지만 MIT 여성 16명 중 이 최고의 영예를 안은 사람은 4명이나 된다. 또한 MIT 교수진 1,000명 중 대략 12명만이 "지적, 협력적 삶에 지대한 공헌을 한 훌륭한 남녀" 교수진에 부여되는 인스티튜트 교수의 직위를 부여받았는데, 이 여성들 중 3명이 이 직위를 보유하거나 보유한 적이 있었다.

수전 케리Susan Carey는 진화, 역사, 개인의 발달 전반에 걸쳐 인간 특유의 것으로 여겨지는 개념의 기원을 연구하는 심리학자이다. 그녀의 사례 연구에는 수학적 개념(특히 정수, 유리수)의 출현, 물리적 및 생물학적 세계에 대한 직관적이고 과학적인 이론, 논리적으로 구조화된 사고 능력 등이 있다. 그녀는 핵심 개념의 풍부한 선천적 레퍼토리와 개념 발달 과정의 질적 변화를 확인하고, 개념적 변화의 바탕이 되는 학습 메커니즘을 특징짓는 연구로 잘 알려져 있다.

실비아 시어는 분자와 물질 표면 간 원자 수준의 상호 작용을 연구하는 물리화학자이다. 연구 목표는 더 저렴하고 깨끗한 에너지원 개발에 필요한 접촉 반응의 근본적 특성과 전기적 및 기계적 나노 소자의 생산에 필수적인 반도체 화학의 근본적 특성을 밝히는 것이다. 이러한 연구를 통해 그녀는 스플랫 화학 반응splat(충돌 중에 전달된 에너지가 화학적 반응을 유발할 수 있다는 개념—옮긴이), 망치를 이용한 화학 반응, 충돌 유도 공정 등 고압의 산업 환경과 저압의 실험실 환경에서 표면 화학 반응의 차이를 유발하는 현상을 밝혔다. 또 금속 표면 아래에서 일시적으로 여기된 수소 원자의 발견은 촉매 수소화 메커니즘의 그림을 바꿔 놓았다. 이 기초 연구로 산화 반응을 위한 새로운 저온 촉매 개발의 길이 열렸기 때문이다. 시어의 연구실은 불소와 이플루오린화 제논을 이용한 실리콘 에칭이 각각 원자 추출 메커니즘과 표면 반응 생성물의 기체상 해리를 통해 일어난다는 것을 보여 주었다. 이 발견으로 실제 환경에서 반도체 에칭 속도와 수율을 예측하는 데 사용되는 반응 모델을 수정할 수 있었다.

샐리 (페니) 치점은 바다에서 가장 작고 가장 풍부한 광합성 미생물인 프로클로로코쿠스 발견에 기여한 해양생물학자이다. 그녀의 연구는 개별적인 유전자부터 해양 생태계에 이르기까지 그 범위가 다양하며 생태유전체학 분야를 발전시키는 데 중요한 역할을 했다. 그녀의 연구실은 프로클로로코쿠스를 가이드 삼아 지구의 초기 해양과 대기를 형성한 진화적 힘 그리고 오늘날 해양 생태계를 안정화하는 유전적 다양성의 역할에 대한 통찰력을 제공했다. 그녀는 또한 해양지구공학의 위험에 대한 글을 광범위하게 썼고, 지구 생명체를 형성하는 광합성의 역할에 관한 일련의 아동 도서들도 공동 집필했다.

수잰 코킨Suzanne Corkin은 H. M으로 알려진 기억 상실증 환자를 대상으로 오랫동안 연구를 이어 왔다. 이 연구는 특정한 인지 과정을 별도의 두뇌 회로에 연결해 기억의 해부학적 구조와 기억 장애를 설명하는 데 도움을 주었다. 그녀의 또 다른 연구는 알츠하이머와 파킨슨병과 같은 퇴행성 질환에 관여하는 뇌의 부위를 밝히는 데 이바지했다. 그녀는 또한 제2차 세계대전과 6·25전쟁 참전 용사들이 입은 두부 손상의 장기적 영향에 관해서도 연구했다. 그녀는 2016년 79세에 세상을 떠났다.

밀드레드 드레슬하우스는 흑연 및 기타 탄소 구조물의 전자적 구조에 관한 혁명적 발견을 한 고체물리학자이다. 그녀가 개발한 것 중 하나가 '나노튜브'인데, 탄소 원자들로 이루어진 원기둥 형태의 이 나노튜브는 인간의 머리카락보다 가늘지만 강철만큼 강하다. 튜브는 우주 프로젝트와 스마트폰에 사용되면서 더 작고 더 보편적인 기술의 시대를 여는 데 이바지했다. 1990년대에 그녀는 동료와 함께 열전 물질의 차원을 줄이면 성능이 극적으로 향상될 수 있음을 보여 주는 두 편의 이론적 논문을 발표했고, 이 논문들은 열전 분야를 부활시킨 것으로 평가받았다. 그녀는 2017년 86세에 세상을 떠났다. "훌륭한 여성 과학자들을 스타처럼 대우하면 어떨까요?"라고 묻는 제너럴일렉트릭의 상업 광고에 출연한 지 며칠 뒤였다.

앤 그레이비엘Ann Graybiel은 신경과학자로, 이전에 간과되었던 기저핵으로 알려진 뇌 부위의 중요성을 최초로 확인하고 학습, 동기부여, 행동의 면에서 기저핵이 하는 역할을 밝혔다. 그녀의 연구는 건강한 뇌가 작동하는 방식에 대한 이해와 파킨슨병, 헌팅턴병, 투레트 증후군, 강박 장애, 우울증 등 기저핵의 기능 장애로 발생하는 신경 퇴행성 및 신경 정신 질환에 대한 이해와 치료로 이어졌다.

낸시 홉킨스는 분자생물학자로, 유전학을 이용해 비결손 쥐 백혈병 바이러스의 생물학적 특성에 관여하는 유전자를 최초로 매핑하고 식별한 사람 중 1명이다. 그녀의 연구실은 숙주 범위와 (외피 단백질 P30, 피막 유전자, 인핸서로 알려진 전사 요소를 포함하는) 이러한 종류의 RNA 종양 바이러스가 일으키는 암의 유형과 심각성을 결정하는 유전자를 식별했다. 이후 낸시는 분야를 바꿔 제브라피시 모델을 사용해 척추동물의 초기 발달에 관여하는 유전자를 연구했다. 그녀의 연구실은 유사 유형의 쥐 레트로바이러스 매개체와 대규모 유전적 검색을 이용해 물고기에 대한 효율적인 삽입 돌연변이 유발 방법을 고안했다. 이들은 초기 발달에 유전적으로 필수적인 유전자의 약 25%인 315개의 유전자를 식별하고 복제했는데, 여기에는 돌연변이 발생 시 물고기를 암에 걸리기 쉽게 하는 일부 유전자도 포함되어 있다.

루스 레만은 생식 계열의 수명 주기를 연구하는 발달 및 세포생물학자이다. 그녀는 난자와 정자를 생성하고 완전히 새로운 유기체를 만들 수 있는 잠재적 가능성을 다음 세대에 전달하는 생식세포를 연구하는 것으로 알려져 있다. 그녀의 연구실에서 수행된 연구는 모든 유기체에서 생식세포의 운명이 어떻게 정해지는지를 설명하는 초기의 유전적 틀 확립에 이바지했으며, 배아 극성의 확립에서 RNA 국소화 및 국소적 번역의 역할을 증명했다. 레만은 또한 난모세포 미토콘드리아가 어떻게 작은 게놈 안의 돌연변이를 자손에게 전달하지 않는지 밝히는 데 도움을 주었다. 그녀는 현재 MIT 화이트헤드 생의학 연구소의 소장을 맡고 있다.

마샤 맥넛은 지질 연대로 지구 상부 맨틀과 암석권의 역학을 연구해 온 지구물리학자이다. 그녀는 1억 년 이상 비정상적으로 얕은 해저를 형성해 온 남태평양 초융기 현상의 존재를 최초로 기록하고 이에 관해 설명했다. 그녀는 12회 이상 심해 탐사에 나선 베테랑으로 대부분의 탐사에서 수석 과학자로 일했다. 또한 하와이제도, 콜로라도 로키산맥, 프랑스령 폴리네시아의 화산 등 판의 경계가 아닌 중심부에서 분화가 일어나는 판구조론의 예외 사례에 관해서도 설명했다. 오바마 정부 시절에는 미국지질조사국 국장으로서 아이티, 칠레, 일본의 대지진, 그리고 딥워터 호라이즌의 석유시추선 폭발 사고 등 재난에 대한 정부의 대응을 감독했다. 2016년부터는 국립과학아카데미의 회장직을 맡아 여성 최초로 이 조직을 이끌고 있다.

테리 오르-위버는 초기 발달 과정 중 세포 분열을 조절하는 과정을 연구한 세포 및 발달생물학자이다. 그녀는 잭 조스택의 대학원생 시절, 모계 및 부계 염색체의 유전자가 재구성되는 과정인 감수분열 중 염색체 재조합으로 이어지는 사건들을 밝혔다. MIT의 연구실에서, 그녀는 유기체가 수정 및 이후 난모세포에서 배아로의 전환을 위해 난자를 어떻게 준비하고 활성화하는지를 알아냈다. 또 연구를 통해 염색체 분리와 DNA 복제를 위한 중요한 제어 단백질을 발견했으며, 지나친 DNA 내재 복제와 핵내 분열로 DNA 복사본 수가 증가하면 세포가 매우 커질 수 있다는 사실을 밝혔다.

메리-루 퍼듀는 진핵생물의 염색체 구조와 기능을 연구한 유전학자이자 세포생물학자이다. 대학원생이었던 1960년대에 그녀는 조셉 갤과 함께 지금까지 실험실과 임상 환경에서 널리 사용되는 제자리 혼성화 기술을 개발했다. 또 세포가 다양한 종류의 스트레스에 대처하는 메커니즘을 연구해 열충격 유전자와 단백질에 대한 이해를 높였다. 그녀는 초파리에서 발견된 후 텔로미어로 알려진 염색체의 보호 말단을 연구하여 텔로미어가 '레트로테랜스포존retrotransposon'이라는 특별한 전이성 인자로 유지된다는 사실을 발견했다.

메리 (몰리) 포터는 인간 정신의 구조를 이해하는 데 명쾌하고 반직관적인 공헌을 한 것으로 알려진 심리학자이다. 포터는 개념이 단어와 그림의 심적 표상과 구별되고, 그림과 단어 모두 개념에 이르는 독립적인 직접 경로를 갖고 있으며, 지각의 첫 몇 밀리 초에 개념 정보가 포함되고, 작업 기억working memory(정보를 단기적으로 기억하며 능동적으로 이해하고 조작하는 과정—옮긴이)의 한계성은 쉽게 정의되지 않는다는 것을 입증하는 데 이바지했다. 그녀의 발견은 정보 처리의 초기 단계에 사용되는 계산적 메커니즘을 특징짓는 데 중요한 역할을 했다.

파올라 말라노트-리졸리Paola Malanotte-Rizzoli는 다양한 해양 분지에서 이루어지는 해양 순환의 동적 과정과 지구 온난화에 따른 변화를 연구하는 해양물리학자이다. 특히 지중해와 고향인 이탈리아 베네치아의 해수면 상승에 관해 오랫동안 연구했고, 점점 늘어나는 극심한 홍수에서 도시를 보호하기 위해 석호 입구에 '모스MOSE'로 알려진 개폐식 방벽을 설계하는 데 이바지했다.

리 로이든은 판 구조, 대륙 충돌, 조산 운동, 섭입, 지각과 맨틀의 변형을 제어하는 역학을 연구하는 지질학자이자 지구물리학자이다. 그녀는 퇴적 분지의 열적 침하 과정과 대륙 충돌 및 산맥 형성 과정 중 판 경계의 전진과 후퇴가 미치는 중요한 역할을 최초로 설명한 사람 중 하나이다. 그녀의 연구는 티베트고원 등 대륙 대지의 형성 및 장기적 안정성을 이해하는 데 이바지했다. 최근 그녀의 섭입 역학 연구는 유라시아와 충돌하기 전 인도판의 기록적인 움직임을 설명하고 섭입 판이 상부 맨틀을 통해 내려앉는 각도를 최초로 설명한다.

리사 스타이너는 항체의 구조적 변이를 연구한 면역학자이다. 그녀는 연구를 통해 유효 항체가 가변 부위 및 불변 부위와 같은 특정한 기본 특징을 공유하면서도 폴리펩타이드 사슬의 수나 이황화물 결합의 패턴에 따라 구조 면에서 예상외로 다양할 수 있음을 보여 주었다. 또한 비포유류 척추동물의 폴리펩타이드 사슬은 일반적으로 포유류 항체에 대해 확립된 범주에 맞지 않는다는 사실도 보여 주었다.

조앤 스튜베는 리보뉴클레오티드환원효RNRs와 천연물인 블레오마이신BLMs 등을 통해 생물학적 맥락에서 제어된 라디칼 기반 반응이 어떻게 일어나는지에 대한 메커니즘을 밝혔다. RNR은 DNA 생합성 및 복구에 필수적인 디옥시뉴클레오타이드 구성물을 만든다. BLM은 DNA의 특정 부위를 분해할 수 있다. 스튜베는 공동 연구를 통해 RNR의 메커니즘 기반 억제자인 젬시타빈Gemcitabine과 BLM의 메커니즘을 밝혔다. 두 가지 모두 광범위한 암 치료에 치료법으로 쓰인다.

감사의 말

_____ 이 책이 나올 수 있도록 도운 사람들을 만난 것은 나에게 큰 특권이었고 보다 큰 행운이었다. 당연하게도 나는 낸시 홉킨스에게 가장 큰 빚을 졌다. 우리는 1999년 모리씨대로에 있는 오래된 《보스턴 글로브》 건물 안, 내 책상에서 전화로 처음 만났다. 6년 후, 나는 래리 서머스 사건과 관련해 낸시를 의심하는 사람들이 그녀를 언론의 관심을 쫓는 사람으로 비난하는 것을 지켜보며, 그보다 더 사실과 거리가 먼 것은 없다고 생각했다. 그녀는 늘 활동가가 아닌 과학자로 알려지기를 원했기 때문이다. 이 책을 쓸 때 낸시는 내게 "영웅처럼 그려지는 건 바라지 않습니다"라고 말했지만, 나와 대화를 나눈 많은 사람이 그녀를 영웅으로 묘사하곤 했다. 책에 실린 몇 가지는 다시 떠올리는 것조차 고통스러웠을 텐데, 내 질문과 방해를 참아 가며 보여 준 그녀의 품위와 훌륭한 유머에 감사를 표한다. 또 그러한 방해의 결과들을 감내해야 하는데도 특유의 유쾌한 표정으로 언제나 나를 반겨 준

디니 애덤스에게도 감사하다.

낸시와 마찬가지로 MIT의 다른 여성들—16명의 여성과 그 외— 역시 내게 과학과 삶에 대해 가르쳐 주었으며, MIT 최초의 여성 졸업 생인 엘렌 스왈로우 리처드의 지혜 "계속 생각하라"의 본보기를 보여 주었다. 로테 베일린과 페니 치점은 처음부터 이 책에 관한 대화에 참여했는데, 실비아 시어, 루스 레만, 마샤 맥넛, 메리-루 퍼듀, 몰리 포터, 파올라 리졸리, 리 로이든, 리사 스타이너, 조앤 스튜베가 그랬듯이 내 질문에 솔직함과 호기심, 인내심을 가지고 기쁜 마음으로 답해 주었다. 이들은 물론이고, 1999년에 내 전화를 받은 이후 물리학과 기타 주제에 대해 솔직히 답해 준 밥 버지노에게 이루 말할 수 없이 감사하다. 2011년에는 마침내 밀리 드레슬하우스를, 또 2013년에는 척 베스트를 만나 그들이 작고하기 전 대화를 나눌 수 있어서 매우 기뻤다.

2011년 보고서를 위해 이과대학 여성들의 지위를 재점검한 이후, 내게 그에 관한 글을 쓰지 않겠냐고 제안해 준 헤이즐 시브, 그리고 자신의 기억과 일종의 '변혁적' 파일을 공유해 준 루스 페리에게도, 많이 늦었지만 감사의 뜻을 표한다. MIT와 그 이야기를 이해할 수 있도록 도와준 MIT의 다른 분들, 제리 프리드먼, 로나 깁슨, 데이비드 하우스먼, 데이비드 카이저, 에릭 랜더, 하비 로디시, 톰 매그난티, 켄 매닝, 준 매튜스, 메리 로우, 밥 사우어, 로빈 셰플러, 필 샤프, 수전 실비, 기글리올라 스태필라니, 캐스린 윌모어에게도 감사하다.

수전 거비와 조앤 스타이츠, 특히 마크 프타신은 자신들의 기억뿐만 아니라 원고를 읽고 해당 부분에 대한 생각과 전문 지식도 공유해 주었다. 인터뷰에 기꺼이 응해 준 다른 많은 이들, 래리 바코우, 데이비드 볼티모어, 마자린 바나지, 수 버젯, 밥 보셀만, 데이비드 봇스타인, 라파엘 브라스, 돈 브라운, 스티브 버든, 마리앤 드레슬하우스 쿠퍼, 쇼시 쿠퍼, 루스 슈워츠 코완, 티티아 델랑어, 앤과 얀 뒤보아(그리고 낸시와 내가 계속 연락할 수 있게 해 준 앨리스와 뱃속의 안나), 조 갤, 낸시 거트너, 앤드리아 게즈, 테리 그로드지커, 바버라 그로스, 에블린 해먼즈, 데밍 홀러란, 앨리스 황, 척과 레이다 킴멜, 댄 루리아, 셜리 말콤, 샌디 마주어, 미리엄 맥켄달, 클레어 무어, 보이스 렌스버거, 조앤 루더맨, 실비아 샌더스, 에드 스콜닉, 킴벌리 쇼만, 앨런 스프래들링, 래리 서머스, 셜리 틸그먼, 댄 뱁넥, 레슬리 보스홀, 짐, 리즈, 던컨 왓슨, 세리타 윈스럽, 팅 우, 버지니아 자키안에게도 감사를 표한다.

물리학자 리처드 파인먼은 "발견하는 즐거움"이라는 명언을 남겼는데, 물리학에서의 진리는 기록에서도 마찬가지다. 특히 MIT의 알렉스 맥기, 콜드 스프링 하버의 밀라 폴록과 스테파니 사탈리노, 래드클리프 슐레진저 도서관의 사라 허천, 미국철학협회에서 루리아와 매클린톡의 논문을 찾는 데 도움을 준 기록보관 담당자들에게 감사하다. 그리고 과학적 설명을 제공하고 정보를 찾아내거나 부족한 부분을 메우는 데 도움을 준 수전 비치, 수전 케리, 조스 코킨, 데비 더글라스, 피터 프리첼, 마틴 하윗, 린다 해밀턴 크레이거, 에릭 마주어, 재닛 머츠, 버지니아 발리안에게도 감사하다.

나는 2019년 6월 할아버지의 과학적 고향이자 아버지의 모교인 흐로닝언대학의 초청을 받고 5년마다 열리는 행사에서 세 차례 강연을 한 바 있다. 그 강연들과 로절린드 프랭클린 펠로우십 수혜자들과의 대화는 과학계 여성에 관한 내 사고에 도움이 되었다. 낸시의 명예 학위를 축하하는 만찬에 나를 초대해 준 록펠러대학의 릭 리프턴 총장에게도 감사의 마음을 전한다. 또한 2018년 MIT 여성 동창회에 초대해 준 에이미 브랜드에게도 감사하다. 마리 자호다의 놀라운 삶에 관한 극 〈일하는 여성〉의 대본을 공유해 준 비엔나의 포트레이트씨어터 회장 아니타 지허에게도 감사하다. 전 세계의 무대가 어두워지기 전인 2020년에 케임브리지에서 이 공연을 본 것은 행운이었다.

이 책을 쓰면서 나는 내 경력이 시작된 보스턴으로 되돌아가 멘토—나도 몇 명 있었다—의 중요성에 관해 다시 생각하게 되었다. 나를 고용해 주고 지금도 내가 아는 그 누구보다 열심히 기사를 만들어 내는 월터 로빈슨에게 가장 큰 감사를 표한다. 1997년 어느 이른 봄날 밤, 민감한 기사의 마감 시간을 앞두고 전화로 정보원을 구슬리고 있을 때, 보도국의 빅 4—매트 스토린, 헬렌 도노반, 그렉 무어, 알 라킨—가 내 책상 주위에 마치 나침반의 점들처럼 서 있던 모습을 자주 떠올렸다. 나는 계속해서 그들이 유명 기자를 불러 기사를 쓰게 할 것으로 생각했지만, 그들은 내가 그 기자가 되길 바랐다. 해당 기사를 비롯해 다른 수많은 기사에 대해 그들이 보여 준 신뢰와 내게 준 엄청난 기회를 고맙게 생각한다. 나의《보스턴 글로브》편집자 무리, 동료들, 친구들, 특히 지타 아난드, 티나 캐시디, 스티브 커징, 스콧 리하이, 프랭크 필립스, 애드리안 워커에게도 감사를(케이크도 함께!) 전한다. 보스턴 초기 시절에 만난 친구들—제레미 크록포드, 메리 프리드, 지미 골렌, 캐롤린 라이언—덕분에 내게 보스턴은 기자가 되는 법을 배우기 위한 최고의 장소가 될 수 있었다. 내게서 고등교육 주제를 넘겨받고 래리 서머스 연설 사건에 대한 기억을 공유해 준 마르첼라 봄바르디에리에

512

게 고맙다. 22년 동안 나의 직업적 고향이었던《뉴욕 타임스》의 편집자들, 멘토, 친구들, 특히 나를 고용해 준 에단 브론너, 나와 처음 친구가 되어 준 애비 굿너프, 모니카 데이비, 폴 피쉬레더, 루스 프렘슨, 마티 고틀립, 웬델 제이미슨, 애덤 립탁, 다니엘 마툰, 짐 루텐버그에게 감사하다. 나는 예전에 〈위크 인 리뷰〉 코너에 참여한 여성들인 케이티 로버츠, 메리 조 머피, 메리 수에게서 많은 것을 배웠다. 기자를 시작한 지 얼마 안 됐을 때 내 꿈은《뉴욕 타임스》의 전국 특파원이 되는 것이었다. 나를 데스크에 데려와 계속해서 앉혀 놓았던 편집자들—짐 로버츠, 수잰 달리, 릭 버크, 그리고 포기를 모르는 앨리슨 미첼—과 2022년에 나를 다시 환영해 준 지아 린 양에게 감사를 표한다.

수년 동안 내게 훌륭한 조언을 해 주고 문을 열어 준 바쿠엣 학장에게 감사하다. 동시에 그의 리더십, 특히 이 책을 쓸 수 있도록 허락해 준 것에 대해 고마운 마음을 전한다. 매트 퍼디는《뉴욕 타임스》에 들어가는 것이 일종의 입대와 비슷하다는 사실을 아느냐고 쾌활하게 물었던 9·11 테러 직후부터 지금까지 나의 멋진 멘토이자 친구였다. 『발코니의 여성들』에 대한 논평에 언급된 아서 그레그 설즈버거를 편집자로 둔 것은 행운이었고, 그와 설즈버거 가족을 독립적 저널리즘의 옹호자로 둔 것은 우리 모두의 행운이다. 놀라운 기적을 (거의) 매일 만들어 낸 지니아 벨라판테, 페넬로페 그린, 알렉산드라 제이콥스, 사라 라이올, 줄리아 모스킨, 로비 포그레빈에게 특별한 감사의 마음을 전한다.

이 책이 희미한 아이디어에 불과할 때부터 함께해 준 여성 팀원들에게 감사의 뜻을 표한다. 우선 강인한 정신과 넓은 마음을 지닌 대리인 엘리스 체니, 그리고 통찰력을 발휘해 준 체니 에이전시의 클레어 길레스피에게 감사하다. 책을 쓰기 시작한 지 얼마 안 됐을 때 다른 대리인이 내게 편집자가 누구냐고 물은 적이 있다. 내가 캐시 벨든이라고 답하자 그는 "아, 대단한 사람 중 하나지"라고 말했다. 하지만 캐시는 그런 말로 끝내기엔 더 대단한 사람이었다. 그녀는 나를 밀어 주고, 격려해 주고, 가르쳐 주고, 친구가 되어 주었다. 그녀는 사라 골드버그와 협력해 새로운 세대를 끌어들일 영감을 얻었는데, 사라는 우리와 책의 절반을 함께하는 동안 두세 가지 질문을 던져 내 생각과 기록의 방향을 더 나은 방향으로 바꿔 주었다. 프로젝트에 대한 내 그레이엄의 열정은 우리가 처음 만나기 이틀 전 치른 중요 행사로 인해 쌓였던 긴장을 완화해 주었고, 내가 결승선을 통과할 수 있게 해 주었다. 멋들어진 표지를 작업한 자야 미셸리, 꼼꼼하게 원고를 읽어 준 캐롤린 레빈, 제작의 레베카 제트와 케이티 리조 등 스크리브너의 다른 분들에게도 감사를 전한다.

도움을 준 친구 중 앨리슨 프랭클린은 지난 25년 동안 많은 일에 대해 내가 처음으로 연락한 친구다. 이 책을 처음 고려했을 때, 그리고 첫 줄을 쓰는 어려운 문제에 직면했을 때도 나는 그녀에게 가장 먼저 연락을 했다. 케임브리지에서의 초기 조사와 편집, 그리고 변함없는 그녀의 지혜에 고마운 마음을 전한다. 키트 실리는 사실상 캠퍼스 내에 있는 숙소를 제공해 주고 좋은 친구들을 만나게 해 주었다. 수전 더키는 웰플릿에 조용히 글을 쓸 수 있는 훌륭한 공간을 마련해 주었다. 그곳에서 댄과 베키 오크렌트는 원고를 읽고, 아이디어를 들어 주고, 나를 돌봐 주었다. 데일 러사코프는 여러 번의 점심 식사와 전화를 통해 프로젝트에 대한 내 생각에 자양분을 공급해 주었으며, 예리한 시각과 빨간 펜으로 원고를 검토해 주었다. 대릴 레빈슨은 이번에도 나를 일찍부터 격려한 독자였다. 도움이 필요할 때 나를 인도하는 멘토인 제리 레이번은 적절한 시기에 적절한 조언을 해 주었다.

아버지는 오랫동안 나에게 책을 쓸 것을 권하셨다. 나는 아버지의 삶이 얼마 남지 않았다는 것을 알게 된 후 맹렬한 속도로 첫 번째 책을 썼다. 아버지는 책이 출간되고 10개월 후에 돌아가셨다. 아버지가 아니었다면 이 책을 쓸 수 없었기 때문에, 이 책은 아버지가 아직 살아서 읽어 주셨으면 좋았을 책이다. 아버지는 내가 과학을 존중하고 이야기를 사랑하도록 키워 주셨다. 나의 훌륭한 어머니는 이 책을 쓰는 동안 돌아가셨다. 나중에 나는 어머니의 집을 청소하다가 이전에 전화로 의견을 구했던 책의 특히 곤란한 부분에 대해 어머니가 직접 휘갈겨 쓴 종잇조각을 발견했다. 업무적인 글이든 일상적인 글이든 어머니는 내가 글을 쓰다 막혔을 때 수많은 구절을 다듬어 만들어 낼 수 있도록 도와주셨다. 어머니도 이 이야기를 읽었으면 좋았을 것이다. 이 책은 어머니에게서 영감을 받아 가능했다. 어머니의 종양 전문의였던 안드레아 실버에게는 어머니가 내게 남긴 사명을 상기시켜 준 데 대해 감사의 마음을 전한다.

나머지 가족들에게도 큰 감사를 전한다. 특히 내 동생 해리는 소규모 폐쇄 공동체를 이끌었고, 책을 읽고 사진 작업을 도우며 내 문법을 고쳐 주었다. 그것만으로도 부모님은 그를 자랑스러워하셨을 것이다. 나를 어머니와 아내로 둔 사람들의 사랑을 받는 것은 큰 행운이다. 나의 아들들인 프릿츠와 니코는 유머와 지혜, 이 프로젝트에 대한 자연스러운 열정으로 나를 기쁘게 해 주었다. 그리고 조나단보다 더 많이 원고를 읽고, 더 많은 식사를 준비하고, 더 많은 단어를 채워 넣고, 더 많이 나를 진정시킨 사람은 없다.

출처에
관한
참고 사항

_____ 이 이야기는 내가 4년에 걸쳐 진행한 인터뷰, 편지, 대학 보고서, 구술, 비디오, 졸업앨범, 사진 등의 기록물에 바탕을 두고 있다. 또한 일지, 수첩, 개인적 편지, 1994년 여름에 여성들과 함께 시작한 회의 기록, 색으로 구분된 평면도 등 낸시 홉킨스의 수천 장에 달하는 자료들을 활용했다. 낸시는 당시 자신의 사무실에 있던 이 자료들을 내가 자유롭게 이용할 수 있게 해 주었다. 이후 낸시는 이 자료들을 MIT 기록보관소에 넘겼지만, 이 글을 쓰는 지금 자료들은 목록화되지 않았다. '주'에서 나는 이 자료들을 'NHP'로 표시했다.

'CSHL'로 표시된 출처는 콜드 스프링 하버 연구소 기록보관소의 제임스 D. 왓슨 컬렉션이다. 'MIT'로 표시된 출처는 케임브리지에 있는 특수 컬렉션부Department of Distinctive Collections이다.

래리 서머스 사건 이후 한 대리인이 낸시에게 회고록을 써 볼 것을 제안했다. 낸시는 몇 장을 써 본 뒤 작업을 접었고, 원고를 판매하려는 시도를 하지 않았다. 그 자료를 참고한 부분은 낸시가 지은 제목인 '15명의 종신직 여성Fifteen Tenured Women'으로 표시했다.

대화 부분을 쓸 때는 아래에 언급된 것처럼 일지에서 회상된 내용이나 다른 동시대의 기록물을 참조했고 아니면 직접 대화를 한 사람들에게서 내용을 확인했다.

낸시가 1996년에 쓴 MIT 보고서 원본은 공개되지 않았고 어떤 기록보관소에서도 찾을 수 없다. 낸시는 내게 그 자료에 접근할 권한을 주지 않았다. 그녀와 밥 버지노는 해당 보고서가 비밀이 보장되는 인터뷰에 기반을 두고 있고, 쉽게 개인을 특정할 수 있는 데이터를 포함하고 있기 때문에 기밀로 유지되어야 한다고 주장했다. 나는 그 보고서의 사본을 독자적으로 입수했다.

주

1 기류 변화: Natasha Loder, "US Science Shocked by Revelations of Sexual Discrimination," *Nature* 405 (June 8, 2000): 713-14

2 조교: Student Count, CSHL

3 거창하게 시작했다: "Outline of Lectures by J. D. Watson—Biology 2," CSHL

4 세상은: Sally Schwager, "Taking Up the Challenge: The Origins of Radcliffe," in *Yards and Gates: Gender in Harvard and Radcliffe History*, ed. Laurel Ulrich (New York: Palgrave Macmillan, 2004), 138.

5 더 높은: Radcliffe College, Annual Reports of the President and Treasurer, United States, 1894.

6 수십 년 동안: Marie Hicks, "Integrating Women at Oxford and Harvard Universities, 1964-1977," in Ulrich, Yards and Gates, 371

7 한정적 배치였다: Marcia G. Synnott, "The Changing 'Harvard Student': Ethnicity, *Race, and Gender*," in Ulrich, Yards and Gates, 298.

8 낸시의 반에는: *Radcliffe College Freshman Register* (Harvard Yearbook Publications, August 1960).

9 하버드대 총장: Synnott, "Changing 'Harvard Student,'" 298.

10 피상적인 것일 뿐: *The Red Book: Student's Handbook of Radcliffe College* (Cambridge, MA: Radcliffe College, 1950-51), 100.

11 단절되어 있었고 형편없었다: Radcliffe College, *Report of the President*, 1960-61, 5.

12 공개적으로 비난: Mary I. Bunting, "A Huge Waste: Educated Womanpower," *New York Times Magazine*, May 7, 1961, 23-112.

13 프리단이 부탁해: Maggie Doherty, The Equivalents: *A Story of Art, Female Friendship, and Liberation in the 1960s* (New York: Alfred A. Knopf, 2020), 65.

14 불만족스러운 여성: Bunting, "Huge Waste," 112.

15 주변에서: Ibid., 109.

16 정말로 열심히: "One Woman, Two Lives," *Time* 78, no. 18 (November 3, 1961).

17 꼬집었다: *Report of the President*, 94.

18 번팅은 래드클리프를: Ibid., 7-8.

19 현명하고 크게: Ibid., 99.

20 번팅은 시작했다: Synnott, "Changing 'Harvard Student,'" 304-5.

21 긍정적으로 평가했다: *Report of the President*, 16.

22 무서울 만큼 똑똑한: "One Woman, Two Lives."

23 번팅은 생각했다: Ann Karnovsky, "Nostalgia and Promise," in Ulrich, Yards and Gates, 351; "The Rules Revolution," in *Radcliffe College Yearbook, Class of 1964* (Cambridge, MA: 1964), 56.

24 정부가 흑인과 관련해: *Report of the President*, 24.

25 여학생은 47명: Course Lists, 1901-84 (inclusive), Harvard University Archives.

26 생물학을 전공으로 선택한 여학생: *Report of the President*, 1960-61, 56; *Report of the President*, 1961-64, 45.

27 화가 나 있었다: James D. Watson, *Avoid Boring People: Lessons from a Life in Science* (New York: Alfred A. Knopf, 2007), 118-31.

28 윌슨은 왓슨을: E. O. Wilson, "The Molecular Wars: Changing Paradigms, Clashing Personalities, and the Revolution in Modern Biology," *Harvard Magazine*, May-June 1995, 42-49.

29 노벨상 시상식에서: Letter from Nathan M. Pusey to James D. Watson, December 28, 1962, CSHL.

30 스타이츠가 처음 택한 곳: Richard Panek, "Don't Listen to the Naysayers," *Yale Alumni Magazine*, July/August 2019.

31 그들은 만들고: Letter from George Gamow to James D. Watson, November 25, 1954, CSHL.

32 두 젊은이 모두: Watson, *Avoid Boring People, 108*.

33 그녀가 일하는: Elga Wasserman, *The Door in the Dream: Conversations with Emi- nent Women in Science* (Washington, DC: Joseph Henry Press, 2000), 5.

34 학생처장은 경고했다: John T. Bethell, Harvard Observed: *An Illustrated History of the University in the Twentieth Century* (Cambridge, MA: Harvard University Press, 1998), 213.

35 오늘날의 젊은 여성들은: "Women in Education," *Radcliffe College Yearbook, Class of 1964* (Cambridge, MA: 1964), 76.

36 학생들은 보았었다: "The Academic Year," *Radcliffe Yearbook*, 111.

37 연감 편집자들은 일축했다: "Women in Education," 76-79.

38 미국 여성의 절반: *1965 Handbook on Women Workers*, Women's Bureau Bulletin no. 290 (Washington, DC: US Department of Labor, 1965), 5.

39 래드클리프 졸업생들: *Radcliffe Yearbook*, 79

40 인구 조사에 따르면: Kristin Smith, Barbara Downs, and Martin O'Connell, "Maternity Leave and Employment Patterns: 1961-1995," Current Population Reports (Washington, DC: US Census Bureau, 2001), 20, 11.

41 총명하고 매우 유쾌한: Copy of letter from James D. Watson to Detlev Bronk regarding Nancy Hopkins, CSHL.

42 짐은 추천했지만: Letter of recommendation for Nancy Hopkins, CSHL.

43 성배: Horace Freeland Judson, *The Eighth Day of Creation: Makers of the Revolution in Biology, Commemorative Edition* (Cold Spring Harbor, NY: Cold Spring Harbor Laboratory Press, 2013), 560.

44 교수님이 저를 이렇게 만들었어요: Handwritten letter from Nancy Hopkins to James D. Watson, CSHL.

45 낸시는 수긍했다: Handwritten letter from James D. Watson to Nancy Hopkins, CSHL.

46 몇 달 후: Handwritten letter from Nancy Hopkins to James D. Wat- son, CSHL.

47 낸시는 들었다: Nancy Hopkins, notes regarding isolation of the lambda re- pressor, CSHL.

48 편지를 보냈다: Handwritten letter from Nancy Hopkins to James D. Watson, CSHL.

49 미국예술과학아카데미: Margaret W. Rossiter, *Women Scientists in America: Volume 2, Before Affirmative Action, 1940–1972* (Baltimore: Johns Hopkins University Press, 1995), 324-25.

50 하버드 의과대학장: "Harvard's First Lady," Harvard T. H. Chan School of Public Health, https://www.hsph.harvard.edu/news/centennial-harvards-first-lady/.

51 백인 여성이 최초: "Biographies of Women Mathematicians," Agnes Scott College, https://www.agnesscott.edu/lriddle/women/women.htm.

52 제2차 세계대전 중: "The Outlook for Women in Science," Women's Bureau Bulletin 223-1 (Washington, DC: US Government Printing Office, 1949), 21.

53 전쟁이 끝나자: Rossiter, *Women Scientists*, 31.

54 여성 교수의 수: Ibid., 226

55 남성 과학자들은 해결했다: Ibid., 149.

56 거티 코리는: "Women in Health Sciences," Washington University in St. Louis School of Medicine, Bernard Becker Medical Library Digital Collection, http://beckerexhibits.wustl.edu/mowihsp/bios/cori.htm.

57 감히 불평하는 여성들: Rossiter, *Women Scientists*, 19.

58 어떤 사람들은 주장했다: Ibid., 47.

59 가장 큰 장애물: Helen Hill Miller, "Science: Careers for Women," *Atlantic*, October 1957.

60 화학자 베티 루 라스킨: Betty Lou Raskin, "Women's Place Is in the Lab, Too," *New York Times Magazine*, April 19, 1959, 17-20.

61 그해 말: Dorothy Barclay, "For Bright Girls: What Place in Society?," *New York Times Magazine*, September 13, 1959, 126.

62 캘리포니아대학의: Rossiter, *Women Scientists*, 330.

63 7%에 불과했다: "Women in Scientific Careers," National Science Foundation NSF 60-51 (Washington, DC: Government Printing Office, 1961).

64 여성은 받았다: "Women in Science and Engineering," *Science*, September 25, 1964, 1389.

65 상위 20개 대학의: Rossiter, *Women Scientists*, 129.

66 기술이 진보할 때마다: "Women in Scientific Careers," 1.

67 여성의 과학적 업무: Ibid.,10.

68 위원회는 정치적 책략의 결과물: Dorothy Sue Cobble, "Labor Feminists and President Kennedy's Commission on Women," in *No Permanent Waves: Recasting Histories of U.S. Feminism*, ed. Nancy A. Hewitt (New Brunswick, NJ: Rutgers University Press, 2010), 156-60.

69 각 여성이: *American Women: Report of the President's Commission on the Status of Women* (Washington, DC, 1963), 2.

70 친할머니인: Lotte Bailyn, "Four Generations: A Memoir of Women's Lives," Matina S. Horner Distinguished Visiting Professor Lecture Series, Radcliffe Public Policy Institute, May 6, 1997.

71 어린 로테가: Sandra Schüddekopf and Anita Zieher, *Women at Work: Kathe Leichter and Marie Jahoda* (Vienna: portraittheater, 2019), 9.

72 이 젊은 부부는: Marie Jahoda, Hans Zeisel, and Paul Lazarsfeld, *Marienthal:*

The Sociography of an Unemployed Community (New Brunswick, NJ: Transaction Publishers, 2002), 66; Paul Neurath, "Sixty Years Since Marienthal," *Canadian Journal of Sociology* 20, no. 1 (1995): 91-105.

73 아버지 폴 라자스펠트는: David L. Sills, *Paul F. Lazarsfeld, 1901–1976: A Biographical Memoir* (Washington, DC: National Academy of Sciences, 1987); Hynek Jerabek, "Paul Lazarsfeld—the Founder of Modern Empirical Sociology: A Research Biography," *International Journal of Public Opinion Research 13*, no. 3 (2001): 229-44.

74 로테의 논문은: Lotte Bailyn, "Notes on the Role of Choice in the Psychology of Professional Women," *Daedalus* 93, no. 2 (Spring 1964): 700-710.

75 그는 낙인을 인정하면서도: David Riesman, "Two Generations," *Daedalus* 93, no. 2 (Spring 1964): 711-35.

76 에릭슨은 요구했다: Erik H. Erikson, "Inner and Outer Space: Reflections on Womanhood," *Daedalus* 93, no. 2 (Spring 1964): 582-606.

77 로시는 부탁했다: Rossiter, *Women Scientists*, 365.

78 로시가 발표한 논문: Alice S. Rossi, "Equality Between the Sexes: An Immodest Proposal," Daedalus 93, no. 2 (Spring 1964): 607-52.

79 로시는 불렸고: "Alice Rossi, 87, Noted Sociologist, Leading Feminist," *Boston Globe*, November 10, 2009.

80 이틀간 열리는 심포지엄: "Should Science Be for Men Only?," *Technology Review* 67 (December 1964): 28-46; Alice S. Rossi, "Women in Science: Why So Few?," *Science* 148 (May 28, 1965): 1196-202; John Lear, "Will Science Change Marriage?," *Saturday Review*, December 5, 1964, 75-77.

81 하지만 그러한: Timothy Leland, "Over the Din of Babes at MIT / Women Told of Science Role," *Boston Globe*, October 24, 1964, 2.

82 특히 비판적인: "A Woman's Place⋯. ," Tech, October 28, 1964, 4.

83 과학계 남성들에게: E. C. Pollard, "How to Remain in the Laboratory Though Head of a Department," *Science* 145, no. 3636 (September 4, 1964): 1018-21.

84 시위자들이 몰려들었다: Robert S. McNamara, *In Retrospect: The Tragedy and Lessons of Vietnam* (New York: Vintage Books, 1996), 256; Stephen D. Lerner, "McNamara Protest On Despite Master's Move to Control Picketers," *Crimson*, November 4, 1966; "1966: The Last Time," *Crimson*, May 3, 1985. 맥나마라의 회고록에서 프랭크는 학부생으로 언급되지만, 사실 1962년 졸

업생인 프랭크는 케네디학교에 근무하며 맥나마라의 방문을 주선했다.

85 이듬해 10월: W. Bruce Springer, "300 Stage Sit-In at Mallinckrodt Hall to Halt Dow Chemical Recruitment," *Crimson*, October 26, 1967, https://www.thecrimson.com/article/1967/10/26/300-stage-sit-in-at-mallinckrodt-hall/.

86 그해 연례 보고서: *Report of the President of Harvard College*, 1966-67, 22, Harvard University Archives.

87 부모의 회의적 태도: Jane Gitschier, "Irrepressible: An Interview with Mark Ptashne," *PLOS Genetics*, July 16, 2015.

88 젊은 돌격대: Wilson, "Molecular Wars."

89 짐은 ABC뉴스: "The Scientist," YouTube, https://www.youtube.com/watch?v=kdO goTl9Fog.

90 왓슨은 제출했고: Walter Gilbert and Benno Müller-Hill, "Isolation of the Lac Repressor," *Proceedings of the National Academy of Sciences* 56, no. 6 (December 1966): 1891-98.

91 2월: Mark Ptashne, "Isolation of the Lambda Phage Repressor," *Proceedings of the National Academy of Sciences* 57, no. 2 (February 1967): 306-13.

92 그들은 혼합했다: Mark Ptashne, *A Genetic Switch: Phage Lambda Revisited*, 3rd ed. (Cold Spring Harbor, NY: Cold Spring Harbor Press, 2004), 72-73.

93 점점 짜증이 났던 짐은: Watson, *Avoid Boring People*, 240-48; Nancy Hopkins, Notes Regarding Isolation of the Lambda Repressor, CSHL.

94 보그: James D. Watson, *The Double Helix: A Personal Account of the Discovery of the Structure of DNA* (New York: Simon & Schuster, 1996), 65.

95 중력: Ibid., 90.

96 페미니스트에게 가장 좋은 짐: Ibid., 212.

97 크릭은 비난했다: Francis Crick to James D. Watson, April 13, 1967, Francis Harry Compton Crick Papers, Wellcome Library for the History and Understanding of Medicine, https://profiles.nlm.nih.gov/spotlight/sc/catalog/nlm:nlmuid-101584582X137-doc.

98 리처드 파인먼: Michelle Feynman, *Perfectly Reasonable Deviations from the Beaten Track: The Letters of Richard P. Feynman* (New York: Basic Books, 2005), 236.

99 뉴욕 타임스를: Nancy Hopkins to James D. Watson Sr., Watson Collection, CSHL, http://libgallery.cshl.edu/items/show/81296.

100 1969년 래드클리프 학생들이: Hicks, "Integrating Women," 384.

101 이는 월드가: George Wald to W. Bickel, March 8, 1967, photograph of letter at University of Zurich, Karl Gademann이 저자와의 이메일을 통해 공유한 내용, November 11, 2019.

102 래드클리프는 자랑스레: Ruth Hubbard, "Memories of Life at Radcliffe," in Ulrich, *Yards and Gates*, 344.

103 친애하는 브룩 부인에게: L. L. Waters to Nancy Hopkins, May 24, 1971, CSHL.

104 짐은 추천했다: James D. Watson to L. L. Waters, November 20, 1970, CSHL.

105 그로부터 10년 동안: Daniel Okrent, *The Guarded Gate: Bigotry, Eugenics, and the Law That Kept Two Generations of Jews, Italians, and Other European Immigrants out of America* (New York: Scribner, 2019), 24-28, 118-24.

106 밴더빌트: Elizabeth L. Watson, *Houses for Science: A Pictorial History of Cold Spring Harbor Laboratory* (Cold Spring Harbor, NY: Cold Spring Harbor Laboratory Press, 1991), 115-19.

107 주최자들은: "Conference on Quantitative Biology at Cold Spring Harbor," Science 78, no. 2023 (October 6, 1933): 304-5.

108 새로운 연구소장: Watson, *Houses for Science*, 145.

109 《사이언스》에 실린 공고: "Symposium on Quantitative Biology at Cold Spring Harbor," *Science* 93, no. 2416 (April 18, 1941): 370.

110 새로운 복음: Gunther S. Stent, "That Was the Molecular Biology That Was," *Science* 160, no. 3826 (April 26, 1968): 390-95; William Hayes, *Max Ludwig Henning Delbruck: 1906–1981, a Biographical Memoir* (Washington, DC: National Academy of Sciences, 1993).

111 1968년 왓슨이 왔을 때: Watson, *Avoid Boring People*, 271-80.

112 최고 연구자: Evelyn Fox Keller, *A Feeling for the Organism: The Life and Work of Barbara McClintock* (New York: W. H. Freeman, 1983), 44-45.

113 매클린톡은 화가 나 있습니다: Ibid., 73-74.

114 헝겊 조각: Nathaniel Comfort, *The Tangled Field: Barbara McClintock's Search for the Patterns of Genetic Control* (Cambridge, MA: Harvard University Press, 2001), 17.

115 전화를 놓는 대신: Gina Kolata, "Dr. Barbara McClintock, 90, Gene Research Pioneer, Dies," *New York Times*, September 4, 1992, 1.

116 그녀에 대한 평가: Keller, *Feeling for the Organism*, 74-75.

117 캐서린 헵번: Comfort, *Tangled Field*, 247.

118 헌신적: Miller, "Science: Careers for Women," *Atlantic*, October 1957.

119 저는 생각했어요: Comfort, *Tangled Field*, 65.

120 소의 뇌: Ralph J. Greenspan, *Seymour Benzer, 1921–2007, a Biographical Memoir* (Washington, DC: National Academy of Sciences, 2009).

121 몇 가지 결과를 얻었다: Joseph G. Gall, "The Origin of In Situ Hybridization— Personal History," *Methods*, April 2016.

122 새로운 기술: Mary Lou Pardue and Joseph G. Gall, "Molecular Hybridization of Radioactive DNA to the DNA of Cytological Preparations," *Proceedings of the National Academy of Sciences* 64 (October 1969): 600-604.

123 지원하십시오: Boris Magasanik, Letter to the Editor, *Science* 171 (February 19, 1971).

124 기사: Patricia Albjerg Graham, "Women in Academe," *Science* 169 (September 25, 1970): 1284-90.

125 떠넘기는: Roger W. Bolz, Letter to the Editor, *Science* 170 (December 18, 1970): 1260.

126 심리학 교수: Sandra Scarr, Letter to the Editor, *Science* 170 (December 18, 1970): 1260.

127 비전통적인 세대: Gloria Steinem, "Living the Revolution: Commencement Address at Vassar College," May 31, 1970.

128 키스티아코프스키: Chris Kenrick, "Physics Alienates Women," *Tech, March* 7, 1972, 1; Anna Nowogrodzki, "A Binder Full of Physicists," *Technology Review*, April 21, 2015.

129 비슷한 모임: Laura A. Williams, "The History of WICB: The Founding and Early Years," *ASCB Newsletter*, August 1, 1996.

130 《미국의 남성 과학자》: Rossiter, *Women Scientists*, 380.

131 사소한 장애물: Dora B. Goldstein, Letter to the Editor, Science 173 (September 17, 1971): 1080.

132 가상의 이력서: Arie Y. Lewin and Linda Duchan, "Women in Academia: A Study of the Hiring Decision in Departments of Physical *Science*," Science 173 (September 3, 1971): 892-95.

133 너무 드셌다: Bernice Resnick Sandler, "Title IX: How We Got It and What a Difference It Made," *Cleveland State Law Review* 55, no. 4 (2007): 473-89.

134 메이어: Rossiter, *Women Scientists*, 381.

135 우리 자신을: Susan Tolchin, *Women in Congress* (Washington, DC: Government Printing Office, 1976), 32.

136 전혀 등장하지 않았는데도: Sandler, "Title IX," 478.

137 한 줄만: Eric Wentworth, "New Programs to Make Mark on Education," *Washington Post*, June 24, 1972, 4.

138 설문 조사: Lotte Bailyn, "Career and Family Orientations of Husbands and Wives in Relation to Marital Happiness," *Human Relations* 23, no. 2 (1970): 97-113.

139 암과의 전쟁: Siddhartha Mukherjee, *The Emperor of All Maladies: A Biography of Cancer* (New York: Scribner, 2010), 183-88.

140 440만 달러: Sari Kalin, "The Free Thinker," *Technology Review*, August 23, 2011.

141 궁극적인 연구 목표: James D. Watson이 Jon R. Beckwith에게 보낸 편지, November 5, 1971, CSHL.

142 아무리 새로운 장애물이: James D. Watson이 Salvador E. Luria에게 보낸 편지, October 9, 1972, CSHL.

143 도중에 필라델피아에서: Nancy Hopkins가 Marie에게 수기로 쓴 편지, CSHL.

144 과학의 수녀: Devan Sipher, "Vows: Nancy Hopkins and Dinny Adams," *New York Times*, July 29, 2007.

145 실무자: Merritt Roe Smith, " 'God Speed the Institute': The Foundational Years, 1861-1894," in *Becoming MIT: Moments of Decision*, ed. David Kaiser (Cambridge, MA: MIT Press, 2010), 19.

146 지식 추구 정신: Emma Barton Rogers, *Life and Letters of William Barton Rogers, Edited by His Wife*, 2 vols. (Boston: Houghton Mifflin, 1896), 1:259.

147 6명의 노예: Craig S. Wilder, "William Barton Rogers: Race and the Founding of MIT," MIT Black History, https://www.blackhistory.mit.edu/story/william-b-rogers.

148 슬픈 시련: Ibid., 2:138.

149 연구와 발명을: Ibid., 2:139.

150 15명: Smith, " 'God Speed,' " 15.

151 1916년: Bruce Sinclair, "Mergers and Acquisitions," in Kaiser, *Becoming MIT*, 37-57.

152 학교는 빠르게 성장했고: Deborah Douglas, "MIT and War," in Kaiser, *Becoming MIT*, 84-96.

153 더 많은 자금: David Kaiser, "Elephant on the Charles: Postwar Growing Pains," in Kaiser, *Becoming MIT*, 104.

154 후드 유제품 회사: Nidhi Subbaraman, "The Evolution of Cambridge," *Technology Review*, December 21, 2010.

155 학생들이 사회적인: Kaiser, "Elephant," 103.

156 저희 모토: Samuel Jay Keyser, *Mens et Mania: The MIT Nobody Knows* (Cambridge, MA: MIT Press), 8.

157 자아 과잉: "Interesting Hacks to Fascinate People: The MIT Gallery of Hacks," hacks.mit.edu.

158 모든 경쟁자와 거리를: Rogers, *Life and Letters*, 2:276.

159 엘렌 헨리에타 스왈로우: David Mindell and Susan Hockfield, "Introductory Remarks: MIT150 Symposium, 'The Women of MIT,'" March 28, 2011.

160 1882년: Robert M. Gray, "Coeducation at MIT, 1950s-970s," https://ee.stanford.edu/~gray/Coeducation_MIT.pdf.

161 무력한 여성: Amy Sue Bix, *Girls Coming to Tech! A History of American Engineering Education for Women* (Cambridge, MA: MIT Press, 2014), 224.

162 20명의 여성 중 1명: Gray, "Coeducation," 15.

163 미성숙한 여성들: Ibid., 24.

164 다소 불쾌감을: "Coeds, Even," *Crimson*, March 2, 1956

165 위원장: Ibid., 20-27.

166 잊힌 사람들: Bix, *Girls Coming to Tech!*, 223.

167 교수의 관심을 한 몸에: "Where the Brains Are," *Time*, October 18, 1963.

168 그렇게 똑똑함에도: Bix, *Girls Coming to Tech!*, 231.

169 우수한 자격을 갖춘: *President's Report Issue*, 1963-64, 16.

170 이러한 증가율: Ibid., 423.

171 그들의 특성: Ibid., 240.

172 1964년: Gray, "Coeducation," 40.

173 끔찍한 난장판: Mildred Dresselhaus, "Mildred Dresselhaus Discusses Her Life in Science," James Dacey와의 인터뷰, *Physics World* Video Series, August 13, 2014.

174 어떤 방정식이든: Natalie Angier, "A Conversation With: Carbon Catalyst for Half a Century," *New York Times*, July 3, 2012, D1.

175 밀리는 재활용해: Mark Anderson, "Mildred Dresselhaus, the Queen of

Carbon," *IEEE Spectrum*, April 28, 2015.

176 논문 지도 교수: Alice Dragoon, "The 'What If?' Whiz," *Technology Review*, April 23, 2013.

177 부부를 고용하는 곳은: Mildred Dresselhaus, "Vannevar Bush Award Talk," National Science Foundation, May 13, 2009.

178 함께 논문을: Mildred Dresselhaus, "MIT History: The Women of the Institute 1997, Panel Discussion," Cambridge, MA, June 27, 1997.

179 아픈 아이: Natalie Angier, "Mildred Dresselhaus, the Queen of Carbon, Dies at 86," *New York Times*, February 24, 2017, B15.

180 폭설: Dragoon, " 'What If?' Whiz."

181 한 동료: Anderson, "Mildred Dresselhaus."

182 그 기간이 지나면: Dresselhaus, "Vannevar Bush."

183 닉슨 백악관: Marianne Dresselhaus Cooper, "My Extended Family: Growing Up as the Daughter of Millie Dresselhaus," Celebrating Our Millie: The Legacy and Impact of Mildred Dresselhaus, MIT, Cambridge, MA, November 26, 2017.

184 새끼 돼지: Paul Dresselhaus, "Growing Up with Millie," Celebrating Our Millie.

185 순종: Albin Krebs, "Abby Rockefeller Mauze, Philanthropist, 72, Is Dead," *NewYork Times*, May 29, 1976, 26.

186 제초제: Emily Wick, "MIT History: The Women of the Institute 1997," panel discussion.

187 양자 이론: Aviva Brecher, "Remembering My Mentor, Millie," Celebrating Our Millie.

188 히피: MIT, *Report of the President*, 1969, 505.

189 시험과 대립의 해: MIT, *Report of the President*, 1969-70, 299.

190 일기예보관: Ibid., 300.

191 소식을 듣고: Shirley Ann Jackson, "Remarks at MIT Black Students' Union Fiftieth Anniversary Celebration," Cambridge, MA, November 2, 2018.

192 신입생: MIT, *Report of the President*, 1969-70, 55.

193 1970년: Ibid., 299.

194 기금 모금: Dresselhaus, "MIT History."

195 증가했다: Dorothy Bowe, "MIT History: The Women of the Institute 1997."

196 깜빡한: Dresselhaus, "MIT History."

197 사나이가 드문 시대: Archibald MacLeish, "A Celebration of Jerry Wiesner, 13th President of MIT," MIT Video Productions, YouTube, December 21, 2017.

198 데이터와 엄격함: Millie Dresselhaus, "Women and MIT: Some History," *MIT Faculty Newsletter* 14, no. 4 (April/May 2002).

199 그해 봄에 발표된: *Role of Women Students at MIT*, Report of the Ad Hoc Committee on the Role of Women at MIT, 1972.

200 의미 있는 결과: Dresselhaus, "MIT History."

201 여성에 대한 부당함을: *Role of Women*, 57.

202 자신감: Karen Arenson, Sheila E. Widnall과의 인터뷰, November 17, 2010, MIT150 Infinite History Project.

203 100주년: Association of MIT Alumnae Records, MIT; Photographs of AMITA Centennial Convocation banquet, June 2, 1973, in "Women—eneral photos," MIT Museum.

204 어쩌면 보호: MIT, *Report of the President and Chancellor*, 1972-73, 12.

205 변화하는 시대적 문제: Ibid., 2.

206 사회적으로 건설적인 연구: MIT, *Report of the President*, 1969, 508.

207 4년도 안 되서: Stuart W. Leslie, "'Time of Troubles' for the Special Laboratories," in Kaiser, *Becoming MIT*, 138.

208 지금은 인간의: MIT, *Report of the President*, 1972-73, 9-10.

209 과학에서와 마찬가지로: Ibid., 13.

210 MIT의 여학생 수: Ibid., 14.

211 안내 책자: "MIT: A Place for Women," Women and Scientists and Engineers Oral History Collection, MIT.

212 보트를 빌려: Roseanna Means, Madeleine Kline이 진행한 인터뷰, June 2, 2017, Margaret MacVicar Memorial AMITA Oral History Project, MIT Libraries.

213 러스콤: Bowe, "MIT History."

214 여성 교수의 비율을: MIT, *Report of the President*, 1971-72, 193.

215 요란한 선전: James D. Watson, "Dedication of the Seeley G. Mudd Building, MIT—Running Too Fast?," March 6, 1975, CSHL. 왓슨의 발언은 암과의 전쟁을 지지하는 많은 사람을 당황하게 했다. 그해 MIT의 교무처장 월터 로젠블리스는 연례 보고서에서 다음과 같이 언급했다. "개관식은 역사적 관점, 첨단 과학, 그리고 암 연구 부문의 과학 정책과 관련해 다소 논란의 여지가 있는 몇 가지 발언이 교

차한 자리였다. 마지막 발언은 뉴스거리가 되었다.": MIT, *Report to the President*, 1974-75, 71.

216 폴리 번팅: Evelyn M. Witkin, "Chances and Choices: Cold Spring Harbor, 1944-1955," *Annual Review of Microbiology* 56 (April 2, 2002).

217 설거지: "Men in the News: Salvador E. Luria," *New York Times*, October 17, 1969, 24.

218 똑똑하고: S. E. Luria, *A Slot Machine, a Broken Test Tube: An Autobiography* (New York: Harper and Row, 1984), 136.

219 6명: MIT, *Report of the President*, 63.

220 그곳의 불: "Building the Foundation of Modern Cancer Research: Four Decades of Discovery within the CCR at MIT," Koch Institute, MIT, YouTube, April 3, 2012.

221 필 샤프에게: Nancy Hopkins, 출간되지 않은 *Fifteen Tenured Women*라는 제목의 회고록 초안, 15, NHP.

222 정기 모임: "Building the Foundation."

223 생존: Nancy Hopkins가 James D. Watson에게 수기로 쓴 편지, CSHL.

224 오찬: Dresselhaus, "MIT History."

225 저희 같은 사람을: Sheila E. Widnall, "Millie's Impact on Women at MIT," Celebrating Our Millie.

226 《뉴욕 타임스》 1면: Gene I. Maeroff, "Minority Hiring Said to Hurt Colleges," *NewYork Times*, June 28, 1974, 1.

227 공적으로는: "Affirmative Action: The Negative Side," *Time*, July 15, 1974.

228 자질구레한 성차별: Mary P. Rowe, "The Progress of Women in Educational Institutions: The Saturn's Rings Phenomenon," *Graduate and Professional Education of Women: Proceedings of the American Association of University Women Conference*, 1974.

229 앨리스를 데려가요: David Baltimore, Sara Lippincott가 진행한 인터뷰, October 13, 2009, 글로 옮긴 기록, Oral History Project, California Institute of Technology Archives, Pasadena, CA; Hillary Bhaskaran, "Alice Huang: Keeping Science and Life in Focus," *Caltech News* 33, no. 1 (1999): 3.

230 저자들은 결론지었다: Eva Ruth Kashket, Mary Louise Robbis, Loretta Leive, and Alice S. Huang, "Status of Women Microbiologists," *Science* 183, no. 4124 (February 8, 1974): 488-94.

231 하버드에는: Wasserman, *Door in the Dream*, 20.

232 많은 백인 여성과 마찬가지로: Shirley Mahaley Malcom, Paula Quick Hall, and Janet Welsh Brown, *The Double Bind: The Price of Being a Minority Woman in Science* (Washington, DC: American Association for the Advancement of Science, 1976).

233 1시간을 달려가: Aseem Z. Ansari, Marsha Rich Rosner, and Julius Adler, "Har Gobind Khorana, 1922-2011," *Cell* 147 (December 23, 2011).

234 낸시의 글: Nancy Hopkins, "The High Price of Success in Science: A Woman Scientist Disputes the Notion That a Woman Can Be a Successful Wife and Mother as Well as a Successful Scientist," *Radcliffe Quarterly*, June 1976, 16-18.

235 위해: Margaret Horton Weiler, Letter to the Editor, *Radcliffe Quarterly*, September 1976, 32.

236 굿이너프는 주장했다: Ursula W. Goodenough, Letter to the Editor, *Radcliffe Quarterly*, September 1976, 31.

237 모든 면에서 낸시가: Nancy Kleckner, Letter to the Editor, *Radcliffe Quarterly*, September 1976, 32.

238 현재 상황을: Barbara McClintock이 Nancy Hopkins에게 보낸 편지, NHP, September 21, 1976.

239 소식이: Catherine Brady, *Elizabeth Blackburn and the Story of Telomeres: Deciphering the Ends of DNA* (Cambridge, MA: MIT Press, 2009), 44.

240 다툼: Jon Cohen, "The Culture of Credit," *Science* 268, no. 23 (1995): 1706-11.

241 전 세계로 실어 나르는: Susan E. Maycock, *East Cambridge: Survey of Architectural History of Cambridge* (Cambridge, MA: MIT Press, 1988), 60-68.

242 시기와 바람에 따라: Doug Brown, "A Brief History of Zoning in Cambridge," *Cambridge Historian* 16, no. 2 (Fall 2016): 1; Nidhi Subbaraman, "The Evolution of Cambridge," *Technology Review*, December 21, 2010.

243 옮겨 가면서: LaDale C. Winling, *Building the Ivory Tower: Universities and Metropolitan Development in the Twentieth Century* (Philadelphia: University of Pennsylvania Press, 2018), 153-57.

244 한때 활기가 넘쳤던: Cambridge Community Development Department, "East Cambridge Riverfront Plan," 1978.

245 시 관계자들: Cambridge Redevelopment Authority, "Background of the

Kendall Square Urban Renewal Area," cambridgeredevelopmentauthority. org/development-history-of-kendall.

246 크레이터: Cambridge Redevelopment Authority, Image Gallery, cambridg-eredevelopment.org.

247 아실로마르: Donald S. Fredrickson, "Asilomar and Recombinant DNA," in *Biomedical Politics*, ed. Kathi E. Hanna (Washington, DC: National Academies Press, 1991).

248 벨루치: David Arnold, "Vellucci Is Back in the Running," *Boston Globe*, August 5, 1991, 13; David Arnold, "Roots of a Quarrel; Vellucci, *Lampoon* Wage Feud over a Tree," *Boston Globe*, April 6, 1991, 25.

249 조지 월드: John Kifner, " 'Creation of Life' Experiment at Harvard Stirs Heated Dispute," *New York Times*, June 17, 1976, 22; Barbara J. Culliton, "Recombinant DNA: Cambridge City Council Votes Moratorium," *Science* 193, no. 4250 (1976): 300-301.

250 전문 용어의: Cambridge RDNA Hearings, 1976, Oral History Collection on the Recombinant DNA Controversy, MIT.

251 켄달 스퀘어는 되었다: Maryann Feldman and Nichola Lowe, "Consensus from Controversy: Cambridge's Biosafety Ordinance and the Anchoring of the Biotech Industry," *European Planning Studies* 16, no. 3 (April 2008).

252 축소되는: MIT, *Report of the President and Chancellor*, 1979-80, 8.

253 2배로 증가했다: *Reports to the President*, 1983, 11.

254 끊임없는: Ibid., 10.

255 산업계의 후원금: *Report of the President*, 1981-82, 7.

256 전체 기부금보다 많은: Center for Education Statistics, *Endowment Assets, Yield, and Income in Institutions of Higher Education: Fiscal Years 1982–85* (Washington, DC: US Department of Education, 1987).

257 MIT는 능숙하다: *Report of the President*, 1981-82, 10.

258 1979년: National Center for Education Statistics, *Digest of Education Statistics: 2019* (Washington, DC: US Department of Education, February 2021).

259 62센트: *Women's-to-Men's Earnings Ratio, 1979–008* (Washington, DC: US Bureau of Labor Statistics, July 31, 2009).

260 10가구 중 9가구: Evan Thomas, *First: Sandra Day O'Connor: An Intimate Portrait of the First Woman Supreme Court Justice* (New York: Random House,

2019), 141.

261 말씀드리기에: Nancy Hopkins가 Jim Watson에게 수기로 쓴 편지, CSHL.

262 실험: P. A. Chatis et al., "Role for the 3' End of the Genome in Determining Disease Specificity of Friend and Moloney Murine Leukemia Viruses," *Proceedings of the National Academy of Sciences* 80 (July 1983): 4408-11.

263 저희는 지금: Nancy Hopkins가 Jim Watson에게 수기로 쓴 편지, CSHL.

264 저널 편집자: John Maddox, "Preface to the Expanded Edition," in Judson, *Eighth Day of Creation*.

265 무슨 일이 있었는지: 이 내용은 낸시와 별개로 낸시의 친구와 인터뷰를 한 내용으로 작성되었다. 당시 일기장에 기록된 내용과 대조를 거쳤다.

266 에블린의 반박에도: Evelyn Fox Keller, "Pot-Holes Everywhere: How (Not) to Read My Biography of Barbara McClintock," in *Writing about Lives in Science: (Auto)biography, Gender, and Genre*, ed. Paola Govoni and Zelda Alice Franceschi (Gottingen, Germany: V&R Unipress, 2014), 33-42.

267 오, 이런: John Noble Wilford, "Woman in the News: A Brilliant Loner in Love with Genetics," *New York Times*, October 11, 1983, C7.

268 미국 대학에: Walter Goodman, "Women's Studies: T he Debate Continues," *New York Times Magazine*, April 24, 1984, 39.

269 훌륭한 실험 과학자: Anne Sayre, *Rosalind Franklin & DNA* (New York: W. W. Norton, 1975), 178.

270 괄괄한 여자: Ibid., 21.

271 시력: Ibid.

272 여러 개의 사슬로: Ibid., 128.

273 단순한 대화조차: Ibid., 102.

274 중요한 문제: Ibid., 37.

275 혼자서: Ibid., 40.

276 선택해야 한다고: Ibid., 53-54.

277 그녀는 여자라는: Ibid., 58.

278 전적으로 비난하진 않았다: Ibid., 192-97.

279 지적인 여성이: Ibid., 22.

280 느리고 점잖은: Ibid., 189.

281 바이러스 질병: "Rosalind Franklin, Virus Researcher," *New York Times*, April 20, 1958, 85.

282 0.5%: "Increasing the Participation of Women in Scientific Research: Summary of a Conference Proceedings, October 1977, and Research Study Project Report, March 1978" (Washington, DC: National Science Foundation, 1978).

283 19명: *Report to the President*, 1980-81, 263.

284 27%: Ibid., 18.

285 최근 실적: *Reports to the President*, 1985-86, 40.

286 매년 봄: Keyser, *Mens et Mania*, 78-79.

287 1983년: "Barriers to Equality in Academia: Women in Computer Science at M.I.T." 1983년 2월 MIT 컴퓨터공학 및 인공지능 연구실의 여성 대학원생과 연구진이 작성한 것이다.

288 가족 중 처음: MIT Department of Biology, "A Conversation with Frank Solomon," June 17, 2014, https://biology.mit.edu/video-post/a-conversation-with-frank-solomon/.

289 문학 세미나: Luria, *Slot Machine*, 150.

290 거의 언급도 되지 않았다: 이 과학자 프랑수아즈 바레-시누시는 25년 후 2008년에 노벨상을 받았다.

291 레드북: "Harvard Class of 1964," Nancy Hopkins가 James D. Watson에게 보내는 편지에 동봉, CSHL.

292 창시자: Mate Varga, "The Doctor of Delayed Publications—he Remarkable Life of George Streisinger," Node, July 21, 2016, https://thenode.biologists.com /doctor-delayed-publications-remarkable-life-george-streisinger/careers/.

293 살아서 호흡하는 물고기: Nancy Hopkins가 Jane Reece에게 보낸 팩스, CSHL.

294 아서는 지원했다: List of Hopkins lab grants, fellowships, other funding, NHP; Nancy Hopkins가 Mark Wrighton에게 보낸 편지, April 13, 1993, NHP.

295 2명의 여성: Kristin Kain, "Using Zebrafish to Understand the Genome: An Interview with Nancy Hopkins," *Disease Models & Mechanisms*, May-June 2009, 214-17.

296 그녀는 전화를 걸어: Nancy Hopkins, "Developing Insertional Mutagenesis to Identify Essential Genes in Zebrafish: A Tale of Serendipity and Luck," 2021 George Streisinger Award Lecture, June 22, 2021.

297 젊고 똑똑한 여성들: Eloise Salholz, "The Marriage Crunch: Too Late for Prince Charming?," *Newsweek*, June 2, 1986.

298 1989년: Felice N. Schwartz, "Management Women and the New Facts of Life," *Harvard Business Review*, January-February 1989.

299 엄마 트랙: Tamar Lewin, " 'Mommy Career Track' Sets Off a Furor," *New York Times*, March 8, 1989, 18.

300 엄마 함정: Beverly Beyette, "A New Career Flap: What's a Mommy Track and Why Are So Many Women Upset About It?," *Los Angeles Times*, March 17, 1989.

301 90년대의 여성들: Claudia Wallis, "Onward, Women!," *Time*, December 4, 1989.

302 기자는 밝혔다: Nikki Finke, "*Time* Picks on Feminism, Ticks Off Feminists," *Los Angeles Times*, November 30, 1989.

303 90%: Megan Brenan, "Gallup Vault: Anita Hill's Charges Against Clarence Thomas," Gallup, September 21, 2018.

304 생물학과장: *Reports to the President*, 1989-90, 452.

305 그렇게 되면: Charles A. Radin, "Sharp Jolts MIT, Rejects Top Post," Boston Globe, February 21, 1990, 1.

306 최우선 과제: *Report of the President*, 1989-90, 16.

307 제멋대로인: Luria, *Slot Machine*, 42.

308 최고의 강사: *Report of the President*, 1992-93, 389.

309 저도 압니다: "A history of 7.012," 125, NHP.

310 건물관리인: Nancy Hopkins가 Phil Sharp에게 보낸 메모, "Recap of my efforts to obtain equipment resources for my lab that are equal to those of the other faculty in the Cancer Center," NHP.

311 스스무가 차지: Ibid. 스스무 도네가와는 2020년 11월 19일 이메일을 통해 "당신의 프로젝트에 참여하고 싶지 않다"라며 나와 이야기하기를 거부했다.

312 다트머스: James D. Watson이 Dr. Edward Bresnick에게 보낸 편지, November 1, 1991, CSHL.

313 박사 후 연구원 2명: "Fish group—unding Needs," Nancy Hopkins가 Jean Dz에게 보낸 메모, May 11, 1992.

314 장비를 고치거나: Bob Bellas이 Nancy Hopkins에게 보낸 메모, July 24, 1992, NHP.

315 박사 후 연구원 중 하나: Nancy Hopkins가 Phil Sharp에게 보낸 메모, August 25, 1992, NHP.

316 완벽하게 일치: Ibid.; sign-up sheet, October 31, 1991-April 8, 1992, copied

April 9, 1992, NHP.

317 존 도/제인 도: Notes from "Conversation with Mary Rowe 7/92," **NHP**.

318 6장: Nancy Hopkins가 Richard Hynes에게 보낸 메모, July 1992, **NHP**.

319 메리는 또한: Jean Dz 및 Mary Rowe와의 만남에서 기록, July 9, 1992, NHP.

320 자신의 사무실에서: Nancy Hopkins가 Jean Dz에게 보낸 편지, July 27, 1992, NHP

321 당신의 말이 옳습니다: Nancy Hopkins가 Mary Rowe에게 보낸 편지, July 24, 1992, NHP.

322 나흘 만에: Nancy Hopkins가 Phil Sharp에게 보낸 메모, August 25, 1992.

323 또 다른 위기: 1992년 지원금에 관한 메모, NHP.

324 그날 오후: 타이핑한 기록, "Monday, 12/21/92," NHP.

325 그는 말했다: Ibid.

326 정확한 정보를: Nancy Hopkins가 Mary Rowe에게 보낸 편지, December 22, 1992, NHP.

327 왜 다른 사람들은: January 11, 1993에 쓰인 기록, NHP.

328 녹음기가 있어야만: Nancy Hopkins가 Phil Sharp에게 쓴 편지, January 12, 1993, NHP.

329 그는 내 말이 사실이 아니라고 말했다: Nancy Hopkins, "Report of most recent problem with Richard Hynes as of 1/11/93," NHP.

330 정말 좋네요: Nancy Hopkins가 John Fresina에게 보낸 편지, January 28, 1993, NHP.

331 습관적으로 사용: Susumu Tonegawa가 Nancy Hopkins에게 보낸 메모, January 28, 1993, NHP

332 사실: Richard Hynes가 Nancy Hopkins에게 보낸 편지, February 5, 1993, NHP.

333 미친: Nancy Hopkins가 Mary Rowe에게 보낸 편지, February 5, 1993, NHP.

334 기적: Nancy Hopkins가 James D. Watson에게 보낸 메모 카드, CSHL.

335 심지어 하급 교수: "Sq. ft. of space available to faculty in the Center for Cancer Research," NHP; color-coded floor plans, NHP.

336 농담했다: "Historical Account of the Problem," NHP; "Nancy: Although Shuo and Christina have some interesting suggestions"로 시작하는 대학원생들이 낸시 홉킨스에게 보낸 메모, NHP.

337 여성의 해: Nancy Hopkins가 Richard Hynes에게 보낸 메모, February 28, 1993, NHP.

338 변호사를 만났다: 수기로 작성된 메모, "Mr. Shapiro, Friday 3/12/93," NHP; Jonathan Shapiro이 Nancy Hopkins에게 보낸 청구서, March 15, 1993, NHP.

339 눈이 내린 주말: Nancy Hopkins가 Mary Rowe에게 보낸 편지, March 17, 1993.

340 일하게 될 예정: 타이핑된 목록, "People who will be working in the Hopkins lab in summer of 1993," NHP; Nancy Hopkins가 Robert Birgeneau에게 보낸 편지, May 3, 1993, NHP.

341 정말 당황스럽군요: 타이핑된 기록, "4/9-0/93," April 10, 1993, NHP.

342 면담: Nancy Hopkins가 Mark Wrighton에게 보낸 메모, April 9, 1993, 첨부된 메모, "What I need," NHP.

343 라이턴은 즐거워하는 듯했고: Mark Wrighton이 Nancy Hopkins에게 보낸 편지, April 20, 1993, NHP; Nancy Hopkins가 Phil Sharp에게 보낸 메모, April 14, 1993, NHP.

344 조수: Nancy Hopkins가 Robert Birgeneau에게 보낸 편지, May 3, 1993, NHP.

345 100제곱피트: Nancy Hopkins가 Mark Wrighton에게 보낸 편지, June 6, 1993, NHP; Nancy Hopkins가 Mark Wrighton에게 보낸 편지, February 24, 1994, NHP.

346 메모: Nancy Hopkins가 Richard Hynes에게 보낸 편지, November 5, 1993, NHP; Nancy Hopkins가 Carol Browne에게 보낸 편지, October 27, 1993, NHP.

347 대략적인 면적과: Richard Hynes가 Nancy Hopkins에게 보낸 편지, November 2, 1993, NHP.

348 가난하게 태어났다: Robert Birgeneau, Paul Burnett이 진행한 인터뷰, January 18, 2019, Oral History Center, Bancroft Library, University of California, Berkeley.

349 순탄한 길: Ibid., February 7, 2019.

350 물리학 박사 학위를 취득한 흑인: Ibid., June 6, 2019.

351 홍보: *Reports to the President*, 1993-94, 455.

352 가장 다채로운: Center for American Women and Politics, *Women Appointed to Presidential Cabinets* (New Brunswick, NJ: Eagleton Institute of Politics, Rutgers University, 2021).

353 캠퍼스에서: Jane Gross, "Love or Harassment? Campuses Bar (and Debate) Faculty-Student Sex," *New York Times*, April 14, 1993, B9.

354 모닥불: Keyser, *Mens et Mania*, 116.

355 우리는 다양한: *Reports to the President*, 1992-93, 7-10.

356 높은 평가 점수: "Undergraduate Evaluations of Biology Courses Taught at MIT in the Last Two Years, 1987-1989," NHP.

357 67%: *Reports to the President*, 1991-92, 24.

358 상당한 노력을 기울여야 했다: Michelle Hoffman, "The Whitehead Institute Reaches Toward Adulthood," *Science* 256 (April 3, 1992): 26.

359 다른 사람들처럼: Christopher Anderson, "Genome Project Goes Commercial," *Science* 259 (January 15, 1993): 300-302.

360 생물학 입문을: Nancy Hopkins, "A history of 7.012 and chronology of recent events," 98, NHP.

361 재미있을 것: Ibid., 125.

362 주도적으로: Ibid., 126.

363 학생들이 어떻게 반응할지: Ibid.

364 점수는 올랐다: Ibid., 100.

365 받으며: 학생들의 생물학 강의 평가, NHP; 생물학 입문을 가르친 모든 교수에 대한 학생들의 평가, NHP.

366 정말 잘했어!: Phil Sharp가 Nancy Hopkins에게 보낸 편지, NHP.

367 절대라: Hopkins, *Fifteen Tenured Women*, 17.

368 상황이 바뀌었어요: Hopkins, "History of 7.012," 101.

369 믿기 어렵게도 위반: Nancy Hopkins가 Phil Sharp에게 보내 편지, January 21, 1994, NHP.

370 내 나이에: Hopkins, "History of 7.012," 129.

371 솔직히 말씀드리자면: Ibid., 125.

372 왜 화를 내지 않는 거지?: Ibid., 130.

373 이 정도면 내가 페미니스트가 되어야겠군: Ibid.

374 아무에게도 말하지 마세요: Ibid., 131.

375 책을 쓰고 싶으신가요?: Nancy Hopkins가 Robert Birgeneau에게 보낸 편지, March 16, 1994, NHP.

376 부당한: Dan Steiner와의 대화에서 참조, Ropes & Gray, March 28, 1994, NHP; Nancy Hopkins가 Daniel Steiner에게 쓴 편지, April 14, 1994, NHP.

377 글락소: Hopkins, "History of 7.012," 122.

378 나는 좋은 강의를 만들었어: Ibid., 105.

379 당분간은 만족스럽지 않겠군요: Ibid., 134.

380 개인적으로: Nancy Hopkins가 Robert Birgeneau에게 보낸 편지, May 5, 1994,

NHP.

381 재앙: Hopkins, "History of 7.012," 107.

382 이런, 낸시: Ibid., 114; Nancy Hopkins가 Alan Grossman에게 보낸 편지, January 15, 2017, NHP.

383 협력: Mark Fishman이 John Potts Jr.에게 보낸 편지, May 20, 1994, NHP.

384 내가 아는 것: Hopkins, "History of 7.012," 117.

385 지금은 학장님과: Ibid., 108.

386 마음이 아프다: Ibid., 111.

387 저는 생물학과 교수입니다: Nancy Hopkins가 Charles Vest에게 쓴 편지 초안, June 1994, NHP.

388 최악의 농담: Hopkins, "History of 7.012," 112.

389 종신 재직권을: Terry L. Orr-Weaver의 인터뷰, "Data Driven" Film Interviews Collection, MIT.

390 테리는 의심했다: 일기, June 7, 1994-February 27, 1995, 4, NHP.

391 파기: Nancy Hopkins가 Marcia McNutt에게 보낸 편지, July 21, 1994, NHP.

392 심신을 피로하게 했다: Nancy Hopkins가 Penny Chisholm에게 보낸 편지, NHP.

393 인식이 널리: 이과대학 여성 종신 교수진이 Robert Birgeneau에게 보낸 편지, July 21, 1994, NHP.

394 우리는 믿습니다: MIT 관리자 측에 제안한 이과대학 여성 교수진의 지위 향상을 위한 계획, July 21, 1994, NHP.

395 더 충격적: 이과대학 여성 종신 교수진이 Robert Birgeneau에게 남긴 기밀 메모, July 21, 1994, NHP

396 눈에 보이는 한 계속해서: Nan Robertson, *The Girls in the Balcony: Women, Men and The New York Times* (New York: Random House, 1992), 5.

397 제 개인적 삶: "Notes on the meeting," Diary, 1.

398 학장님과의 면담: 학장을 만나러 간 이과대학의 여성 종신 교수진에게 보낸 편지, August 12, 1994, NHP.

399 문제가 있습니다: Diary, 2.

400 3개 학과를 제외: Paul Selvin, "Does the Harrison Case Reveal Sexism in Math?," *Science* 252 (June 28, 1991): 1781.

401 총장님이 추진하라고 말씀하심: Diary, 4; Charles M. Vest와의 인터뷰, MIT150 Infinite History Project.

402 33%: *The NEA 1995 Almanac of Higher Education* (Washington, DC: National Education Association, 1995), 14.

403 스무 명이 채 되지 않았다: Jeffrey Mervis, "Efforts to Boost Diversity Face Persistent Problems," *Science* 284 (June 11, 1999): 1757-59.

404 여학생의 패턴: National Center for Education Statistics, *The Educational Progress of Women* (Washington, DC: US Department of Education, November 1995); National Center for Education Statistics, *Women in Mathematics and Science* (Washington, DC: US Department of Education, July 1997).

405 대체: Diary, 3.

406 솔로몬은 나타났다: Ibid

407 절대 안 될 거라고 했죠: Ibid., 4.

408 놀라울 정도로 비슷: Nancy Hopkins가 Robert Birgeneau에게 보낸 편지, September 30, 1994, NHP.

409 필은 말했다: Diary, 6.

410 그 일로 저도 스트레스를 받았어요: Ibid., 3.

411 일과 개인적 삶의 통합: Lotte Bailyn, *Breaking the Mold: Women, Men, and Time in the New Corporate World* (New York: Free Press, 1993).

412 전혀 흥분하지 않는 것: Diary, 5.

413 승리를 축하했다: Daniel J. Boyne, *The Red Rose Crew: A True Story of Women, Winning, and the Water* (Guilford, CT: Lyons Press, 2005).

414 아주 신경이 예민: 1994년 10월 11일 자 메모에서 버지노가 제기한 질문에 대한 답변, NHP.

415 학장이 이과대 교수진에게: *Reports to the President*, 1994-95, 398.

416 24시간 동안 기다렸다가: Diary, 10.

417 절차주의자: Diary, 6.

418 외부 전문 활동: *First Report of the Committee on Women Faculty in the School of Science on the Status and Equitable Treatment of Women Faculty* (MIT), I-22, table 4.

419 여성 교수의 수: Ibid., I-16-21.

420 봄이 되자: "Accomplishments to date"라는 제목으로 타이핑된 메모, NHP.

421 한 가지 매우 유감스러운 문제: Nancy Hopkins가 Bob Birgeneau에게 보낸 편지, July 20, 1995, NHP.

422 우리가 쓰고 있는: Diary, September 5, 1994-October 22, 1995, 136, NHP.

423 55세쯤의 백인 남성: Ibid., 137.

424 비열하다: Nancy Hopkins가 Molly Potter에게 쓴 편지, March 2, 1995, NHP.

425 서로 딴 얘기를 했다: Ibid., 138.

426 홉킨스에게 무슨 짓을 하고 있는 거예요?: Ibid., 139.

427 가르치는 데: Nancy Hopkins가 Bob Silbey에게 보낸 편지, May 24, 1995, NHP.

428 특이하게 많은: Selvin, "Does the Harrison Case?," 1781.

429 창백한 피부": Margy Rocklin, "The Mathematics of Discrimination," *Los Angeles Times Magazine*, May 2, 1993, 29.

430 독자들은 판단했다: C. E. Grubbs and Abigail Thompson, Letters to the Editor, *Los Angeles Times Magazine*, June 6, 1993, 6.

431 세 번째 주요 결실: Paul Selvin, "Jenny Harrison Finally Gets Tenure in Math at Berkeley," *Science* 261 (July 16, 1993): 286.

432 인상적인 일: Nancy Hopkins가 Bob Birgeneau에게 보낸 편지, January 6, 1995, NHP.

433 고심하고 있다: Nancy Hopkins가 Penny Chisholm에게 보낸 편지, NHP.

434 6명: Affidavit, February 16, 1996, NHP.

435 조심스럽지만: Nancy Hopkins가 Bob Birgeneau에게 쓴 편지, February 21, 1996, NHP.

436 그만두는 것으로: Nancy Hopkins가 Miriam McKendall에게 보낸 편지, February 22, 1996, NHP.

437 새로운 편지: Nancy Hopkins가 Phil Sharp에게 보낸 편지, February 22, 1996, NHP.

438 이 문제가 해결될 때까지: Nancy Hopkins가 Sylvia Ceyer에게 보낸 편지, February 22, 1996, NHP.

439 나아갈 준비: Nancy Hopkins가 Jerry Friedman에게 보낸 편지, March 14, 1996, NHP.

440 이러한 모든 문제: "Personal Statement from the Committee Chair," *First Report of the Committee*, D-1.

441 우리는 먼 길을 왔죠: Nancy Hopkins가 Leigh Royden에게 보낸 편지, August 9, 1996, NHP.

442 좀 부드럽게: 낸시가 여성위원회에 보낸 제안서, June 10, 1996, NHP.

443 새 사람: Diary, May 9, 1994-October 17, 1996, 5, NHP.

444 몰리의 전화: Ibid., 5.

445 1997년 2월: Phil Sharp가 Bob Birgeneau에게 보낸 편지, November 4, 1996, 저자 입수; letter from Frank Solomon이 to Molly Potter에게 보낸 편지, March 11, 1997, 저자 입수.

446 분명히 교육이 가능한: Nancy Hopkins, "Meetings in Fall, 1995-inter, 1996," 6, NHP.

447 버지노는 말했다: *Reports to the President*, 1996-97, 443.

448 오늘 모든 걱정이: Nancy Hopkins가 Bob Birgeneau에게 보낸 이메일, March 13, 1997, NHP.

449 적어도 약간은: Virginia Valian, *Why So Slow? The Advancement of Women* (Cambridge, MA: MIT Press, 1998), 2.

450 그럴 때마다: Ibid., 5.

451 이러한 예외적인 경우: Ibid., 6.

452 3시간 만에 글을 완성했다: "A Study on the Status of Women Faculty in Science at MIT," *MIT Faculty Newsletter*, Special Edition, March 1999, https://web.mit.edu/fnl/women/women.html.

453 후원해 달라고 요청했다: Vera Kistiakowsky, "Does MIT Need a Faculty Newsletter?," *MIT Faculty Newsletter*, March 10, 1988

454 나는 늘 믿어 왔다: "Study on the Status of Women."

455 여성의 수: Center for American Women and Politics, *Women Candidates, 1992–2020* (New Brunswick, NJ: Eagleton Institute of Politics, Rutgers University, 2021).

456 페미니즘은 죽었는가?: Ginia Bellafante, "Feminism: It's All About Me!," *Time*, June 29, 1998.

457 과거 경험의 흔적: Anthony G. Greenwald and Mahzarin R. Banaji, "Implicit Social Cognition: Attitudes, Self-Esteem, and Stereotypes," *Psychological Review* 102, no. 1 (1995): 4-27.

458 보고서의 핵심적인 결론: "Study on the Status of Women Faculty."

459 놀라운 인정: Carey Goldberg, "M.I.T. Admits Discrimination Against Female Professors," *New York Times*, March 23, 1999, 1.

460 다른 학교와 다른 직장의 여성들: "Gender Bias on the Campus," *New York Times*, March 28, 1999, sec. 4, 16.

461 아니타 힐: Robin Wilson, "An MIT Professor's Suspicion of Bias Leads to a New Movement for Academic Women," *Chronicle of Higher Education*, December 3, 1999, 16.

462 '중립적인' 과학적 연구의 문제: Leon Eisenberg가 Charles M. Vest에게 보낸 편지, March 24, 1999.

463 포드 재단: Lotte Bailyn, "Academic Careers and Gender Equity: Lessons Learned from MIT," *Gender, Work and Organization* 10, no. 2 (March 2003).

464 심각할 정도로 소질이 없다: Andrew Lawler, "Tenured Women Battle to Make It Less Lonely at the Top," *Science* 286 (November 12, 1999): 1272-78.

465 말도 안 되게 적으며: Committee for the Equality of Women at Harvard, *1996 Report on the Status of Women at Harvard*.

466 이번에 그 차이는: "Subtle Discrimination Spurs MIT to Change," *San Francisco Chronicle*, March 24, 1999.

467 적성의 효용이 다르다: Lawrence H. Summers, 이공계 인력 다양화에 관한 NBER 콘퍼런스에서의 발언, Cambridge, MA, January 14, 2005.

468 획기적 보고서: National Academies of Sciences, Engineering, and Medicine, *Sexual Harassment of Women: Climate, Culture, and Consequences in Academic Sciences, Engineering, and Medicine* (Washington, DC: National Academies Press, 2018).

469 이러한 전략 중 일부: 예를 들어, Tessa Charlesworth와 Mahzarin Banaji의 "Gender in Science, Technology, Engineering and Mathematics: Issues, Causes, Solutions," *Journal of Neuroscience* 39, no. 37 (September 11, 2019): 7228-43 참조; Meredith Meyer, Andrei Cimpian, Sarah-Jane Leslie 의 "Women Are Underrepresented in Fields Where Success Is Believed to Require Brilliance," *Frontiers in Psychology* 6 (March 11, 2015): 235 참조

470 2017년에 낸시는 하비 로디시와 함께: Harvey Lodish and Nancy Hopkins, "Boston Biotech Has a Woman Problem," *Boston Globe*, November 15, 2017.